Venedig

Walter M. Weiss

Gratis-Download: Updates & aktuelle Extratipps des Autors

Unsere Autoren recherchieren auch nach Redaktionsschluss für Sie weiter. Auf unserer Homepage finden Sie Updates und persönliche Zusatztipps zu diesem Reiseführer.

Zum Ausdrucken und Mitnehmen oder als kostenloser Download für Smartphone, Tablet und E-Reader.
Besuchen Sie uns jetzt!
www.dumontreise.de/venedig

short.travel/n5ea5

DUMONT
Reise-Taschenbuch

Unterwegs in Venedig

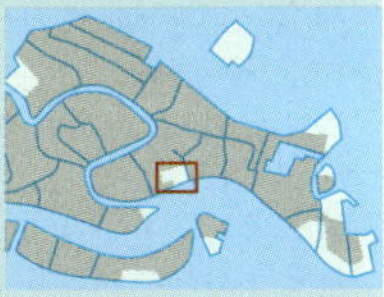

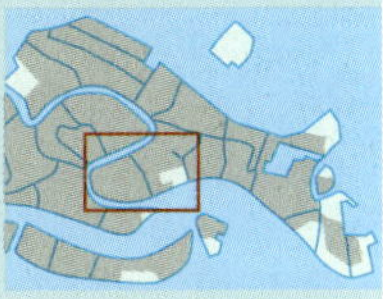

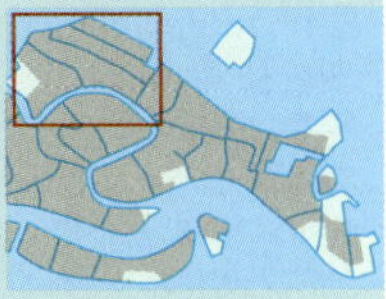

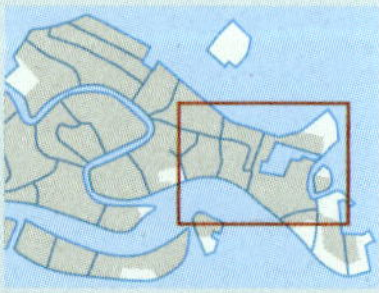

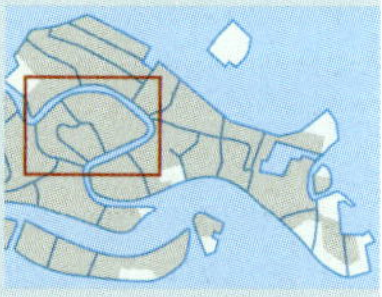

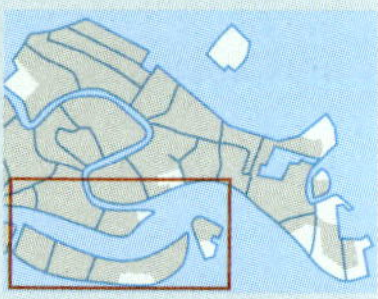

Auf Entdeckungstour

Karten und Pläne

s. hintere Umschlagklappe

▶ Dieses Symbol im Buch verweist auf die Extra-Reisekarte Venedig

Liebe Leserin, lieber Leser,

die Einmaligkeit und Poesie ihres Lichts und ihrer Lage inmitten der Lagune zu rühmen, hieße wohl, Eulen nach Athen zu tragen: Ganze Bibliotheken haben Dichter und Denker, Reiseschriftsteller und (unglücklich) Verliebte seit Jahrhunderten über dieses urbanistische Wunder namens Venedig verfasst, haben die Rialto-Brücke, den Markusplatz und den gleichnamigen Dom, die unzähligen gleißenden Paläste, die ebenso unerbittlichen wie klugen Dogen, die Arien trällernden Gondolieri und all die begnadeten Baukünstler, Bildhauer und Maler gebührlich verewigt.

Ob an einem Herbstabend auf dem Rückweg von Torcello an der Reling eines Vaporetto lehnend, wenn im Nebel die Schemen der Friedhofsinsel vorbeiziehen, oder in heißer Sommernacht auf der Hotelterrasse am Canal Grande vis-à-vis festlich illuminierter Klöppelspitzenfassaden; ob beim morgendlichen Cappuccino auf einem Campo inmitten herzerwärmend volkstümlichen Alltagsgetriebes; bei einem Gläschen Weißwein in der Wintersonne am Zattere-Kai, wenn ein erster Hauch von mediterranem Frühling die Wellen des Giudecca-Kanals kräuselt und glitzern lässt, oder beim Blick vom Campanile über das Dächermeer und die Lagune … Der Momente sind viele, in denen mir durchaus vorstellbar scheint, dass diese Stadt in ihrer vollendeten Herrlichkeit, gleichsam aus dem Nichts entstanden, schon seit Menschengedenken existierte – ein Traumgespinst von flüchtiger Ewigkeit, in dem die Gesetze der Schwerkraft aufgehoben scheinen …

Venedig sei zu schön, um gemalt zu werden, sagte Claude Monet, der hier seine Farbsymphonien aus Kirchen, Gondeln und Palästen wie in Trance in Serie komponierte. Und auch zu schön, um mit schnöden Worten beschrieben zu werden, möchte ich als Autor am liebsten anfügen. Und insgeheim doch hoffen, Sie mit diesem Buch auf den Zauber der großen Verführerin Venezia entsprechend einstimmen zu können. Dass dabei, am Rande, auch trübere Themen wie die Hochwassergefahr oder der Exodus der Einheimischen in Richtung Festland zur Sprache kommen, soll nur verhindern, dass Sie sich als Gast in diesem geheimnisvollen Labyrinth der irdischen Wirklichkeit völlig entrückt fühlen.

Ich wünsche Ihnen einen schönen Aufenthalt und freue mich auf Ihre Rückmeldung!

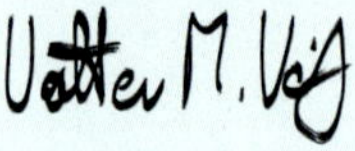

Bella Venezia: Gondel auf dem Canal Grande

Leser fragen, Autoren antworten

Venedig persönlich – meine Tipps

Wohin als Erstes in Venedig?

Das imposante Zentrum der Stadt – und ein Fixpunkt auf jeder noch so kurzen Besichtigungstour – ist der von prunkvollen Bauten gesäumte **Markusplatz** alias »la Piazza«. Es ist ein seelenwärmendes Vergnügen, in diesem »schönsten Salon der Welt« auf und ab zu promenieren und durch die Seitenarkaden zu wandeln. Bei etwas mehr Zeit ein unbedingtes Muss: der Rundgang durch den **Markusdom** und den **Dogenpalast.**

Nur wenig Zeit? – Venedig zum Kennenlernen

Unverzichtbar ist eine Vaporetto-Fahrt auf dem **Canal Grande** – mit der Linie 1 oder 2 zwischen der goldkugelbekrönten **Dogana da Mar** und dem Bahnhof beziehungsweise der Autogarage auf der Piazzale Roma. Entlang der gewundenen Wasserstraße nimmt man einer Vielzahl prachtvoller Palast- und Kirchenfassaden die Parade ab. In der Mitte des Weges unübersehbar: die weltberühmte **Rialto-Brücke.** Wer zwei, drei Stunden zum Herumschlendern erübrigen kann, sollte hier starten. Von der Brücke wandern Sie über den **Campo San Polo** zur **Frari-Kirche** und weiter über den herrlich volkstümlichen **Campo Santa Margherita** zum **Zattere-Kai**. Auf ihm geht es ostwärts

Ein erstes Kennenlernen

Unverzichtbare Museen

bis zur Barockkirche **Santa Maria della Salute,** von wo man die grandiose Ansicht von San Marco genießt.

Übers Wasser oder zu Fuß – wie entdeckt man die Lagunenstadt?

150 Kanäle, über 400 Brücken und etwa 3000 Fußwege machen die Erkundung dieser autofreien Stadt besonders reiz-, aber auch ein wenig mühevoll. Am eindrücklichsten erschließt sich ihr wundersames Raumgefüge natürlich dem Fußgänger. So lässt sich am besten in alle verborgenen und nicht so verborgenen Winkel schnuppern. Einen hervorragenden Gesamteindruck erhält man freilich auch an Bord eines Vaporetto, einer Art schwimmender Tramway. Diverse Linien fahren Sie – außerhalb der Stoßzeiten sehr bequem – über den »Großen« Kanal und durch die wichtigsten Nebengewässer, aber auch rund um die Altstadt und über freies Wasser zu allen bewohnten Laguneninseln.

Venedigs Museen – welche sind unverzichtbar?

Eine Rangliste sehenswerter Sammlungen zu erstellen ist alles andere als einfach. Denn die Auswahl ist enorm. Für Kunstfreunde ist unbestritten die **Gemäldegalerie Accademia** mit ihren Bellinis, Tizians, Tintorettos & Co. Nummer eins. Wer's klassisch-modern liebt, pilgert in die **Collezione Peggy Guggenheim** oder in den Palast **Ca' Pesaro.** Eine venezianische Besonderheit (mit Kunstschreinen allererster Güte) stellen die Bruderschaftsschulen *(scuole)* dar. Wer nur für eine Zeit hat, sollte sich von den 56 Tintoretto-Gemälden in der **Scuola Grande di San Rocco** den Kopf verdrehen lassen. Für das nähere Verständnis der Geschichte von Stadt und Republik unumgänglich ist das **Museo Correr,** lohnend und sehr charmant auch das

Entspannung am Canal Grande, Santa Maria della Salute grüßt freundlich herüber

Museum für Schifffahrt (Museo Storico Navale).

In welcher Gegend wohnt man nett?

Im Grunde überall im Centro Storico, der Altstadt. Wer einen leichten Schlaf hat, sollte die oft bis spätnachts recht lärmigen Hauptschneisen für Fußgänger meiden oder um ein Zimmer nach hinten bitten, das dann allerdings auch eher lichtarm ausfallen kann. Eine plausible Alternative ist für Ruhebedürftige ein Quartier am **Lido:** Von dort ist es nur eine kurze Bootsfahrt ins Zentrum des Geschehens. Und noch näher lockt dort – als entspannende Abwechslung zur engen Stadt und der vielen Kunst – der mancherorts von Grünanlagen gesäumte Meeresstrand.

Wo geht abends die Post ab?

Gemach, gemach! Venedig ist, was seine Nachtszene betrifft, nicht London oder Berlin, weil bevölkerungsmäßig eine bessere Kleinstadt. Nachtvögel kommen dennoch keineswegs zu kurz. Am lebhaftesten, weil von Studenten befeuert, quirlt das Nightlife auf den und rund um die beiden Campi **San Pantalon** und **Santa Margherita.** Ebenfalls von seiner jugendlichen, feierfreudigen Seite zeigt sich die Stadt bis lange nach Mitternacht entlang der breiten **Kanäle Cannaregios** und beiderseits der Rialto-Brücke, namentlich auf den Plätzen **San Bartolomeo, San Lio** und **San Luca** sowie entlang der **Fabbriche Vecchie;** und im Hochsommer natürlich in den Strandlokalen im Nordbereich des **Lido.**

Wo unternimmt man einen Einkaufsbummel?

Exquisite Boutiquen in- und ausländischer Modedesigner, aber auch edle Läden von Juwelieren, (Glas-)Künstlern, Stoff- und Antiquitätenhändlern reihen sich dicht an dicht in den sogenannten **Mercerie** zwischen Markusplatz und Rialto-Brücke. Noch exklusiver ist das Warenangebot unter den **Arkaden des Markusplatzes** und in der westlich angrenzenden **Calle Larga XXII Marzo.** Ein bunter Ladenmix für trendige Kleidung und Accessoires, für originelle Souvenirs und traditionsreiches Kunsthandwerk findet sich allerdings über fast alle zentralen Bezirke gestreut, am konzentriertesten in den Gassen westlich der Rialto-Brücke sowie entlang der **Lista di Spagna, Rio terrà San Leonardo** und **Strada Nova,** der Hauptschneise vom Bahnhof Richtung Rialto. Wer Überraschungen liebt, sollte sich immer wieder durch Nebengässchen und Campi treiben lassen. Wetten, Sie finden auch dort genau jenen eleganten oder kuriosen Laden, in dem Sie immer schon stöbern wollten?

Tipps für den Einkaufsbummel

Musikalisches Venedig – die stimmungsvollsten Adressen?

Ein Epizentrum der Sangeskunst bildet seit über 200 Jahren Venedigs Opernhaus **La Fenice.** Die ohnedies wenigen Theater kommen wegen der Sprachbarriere wohl nur für eine Minderheit deutschsprachiger Gäste infrage. Umso hörenswerter ist die Instrumentalmusik von Vivaldi, Rossini & Co., die abends an Dutzenden Orten erklingt. Zwei besonders famose Ensembles geigen, blasen und zupfen in den ehemaligen Kirchen **San Vidal** (Interpreti Veneziani, s. S. 167) und **Ateneo di San Basso** (Virtuosi di Venezia, s. S. 57). Schwungvolles Kontrastprogramm bieten die zahlreichen Jazz-Kneipen. Zwei der besten mit regelmäßiger Livemusik sind **Paradiso Perduto** (s. S. 189) und **Da Codroma** (s. S. 55).

Was tut sich in der Stadt?

Ein Großereignis von internationalem Format ist das jeweils Anfang September mit riesigem Aufwand und Promi-Einsatz am Lido inszenierte Filmfestival **Mostra del Cinema,** für das man auch als Normalsterblicher durchaus Last-Minute-Tickets ergattern kann. Ein zweiter Höhepunkt im Kunstkalender und ein Garant für kurzweilige Stunden ist die abwechselnd mit der kaum minder besuchenswerten **Architekturbiennale** alle zwei Jahre abgehaltene **Biennale d'Arte.** Zwei Hotspots für Gegenwartskunst bilden die von dem französischen Milliardär François Pinault betriebenen Museen im **Palazzo Grassi** und in der **Punta della Dogana.**

Heiter-lehrreiche Einblicke in die maritime Geschichte gewähren, über das Jahr verstreut, die großen und kleinen **Ruderregatten.** Für Zaungäste – aber auch für teilnahmewillige Amateure! – besonders lohnend, weil spektakulär: die Vogalonga (im Mai) und die Regata Storica (am 1. So im Sept.). Außerdem empfiehlt sich ein Blick auf den aktuellen Veranstaltungskalender. Denn diverse **Folklore-Feste** auf den kleinen Inseln, wie etwa die Kirmes und das Weinfest auf Sant'Erasmo (Anf. Juni bzw. Okt.) oder das Fest der Schutzheiligen auf Burano (21. Juni), bieten Gelegenheit zu charmanten Begegnungen mit der venezianischen Volksseele.

Erholungsspots und Ausflugsziele

Venedig von oben – wo hat man die prächtigste Aussicht?

Die prächtigsten Blicke ins Dekolleté der Serenissima genießt man vom **Campanile di San Marco** und, direkt gegenüber, vom Glockenturm des Klosters **San Giorgio** (s. S. 265). Einen Spezialtipp verdient die Dachterrasse des Hotels **Molino Stucky Hilton** am westlichsten Zipfel der Giudecca. Von der dortigen Skyline-Bar betrachtet, liegen einem Altstadt und Lagune aus so umfassender wie ungewohnter Perspektive zu Füßen (s. S. 267).

Venedig naturnah – wo lässt sich gut durchatmen?

So richtig auf dem Land kann man sich, keine 20 Bootsminuten von der Altstadt entfernt, auf der »Gemüseinsel« **Sant' Erasmo** und dem benachbarten Eiland **Le Vignole** fühlen. Strandleben pur, mit kilometerlangen Sandflächen, hölzernen Badehütten, *dolce far niente* und *gelato* sowie, im Hintergrund, altehrwürdigen Ferienvillen und Luxushotels, bietet der legendäre **Lido.** Ein neues, sehr familientaugliches, für Erholungssuchende und Sportler – insbesondere Radfahrer und Inline-Skater – gleichermaßen attraktives Grünareal ist der Landschaftspark **San Giuliano.** Er liegt am Ostrand von Mestre, unmittelbar dort, wo die Ponte della Libertà auf das Festland stößt, ist 700 Hektar groß und mit dem öffentlichen Bus von der Piazzale Roma aus rasch erreichbar.

Burano begeistert durch Buntes …

Inselhüpfen – die lohnendsten Ausflugsziele in Altstadtnähe …

Wer Zeit für einen halbtägigen Lagunenausflug hat, sollte **Murano** und die Friedhofsinsel **San Michele** ansteuern. Erstere lockt mit ihren berühmten Glasfabriken, dem dazugehörigen Museum und zwei sehenswerten Kirchen. Letztere bezaubert durch ihren morbiden Charme und gibt Gelegenheit, mehreren weltberühmten Künstlern, Igor Strawinsky zum Beispiel, Sergej Diaghilew und Ezra Pound, die Reverenz zu erweisen.

… und weiter draußen

Am Nordrand der Lagune locken zwei weitere Inseln: das heute agrarisch geprägte und melancholisch stimmende **Torcello,** in dessen Herzen noch zwei großartige Kirchen von jener frühmittelalterlichen Wirtschaftsblüte zeugen, als man hier den Händlern vom Rialto Konkurrenz machte; und **Burano,** berühmt für seine Spitzenklöpplerinnen und die niedlich-bunten Häuserzeilen, wo man sich entlangschlendernd ein wenig wie in einem – allerdings sehr geschichtsträchtigen – Lego-Dorf fühlt.

Tipp für Freunde sakraler Kunst

Wenn Sie planen, eine ganze Reihe von Kirchen von innen anzusehen, empfiehlt sich der Kauf eines sogenannten **Chorus Pass.** Mit ihm in der Hand kommen Sie kostengünstig in etliche der grandiosesten Gotteshäuser (darunter die Frari, Il Gesuati und Santa Maria dei Miracoli). Wenig bekannte Kirchen kann man im Rahmen geführter Touren der **Associazione Sant'Apollonia** erkunden.

Ein besonderer Tipp zum Schluss: per Boot in die unberührte Lagunennatur

An Bord historischer Segel- oder Motorbarken einen oder mehrere Tage lang durch die wässrige Traumwelt zwischen Schilf, Schlickinseln und Salzmarschen schippern: Man erfährt den Zauber von Stille und Menschenleere, aber auch Interessantes über das Leben von Fischern, frühen Siedlern und Zugvögeln und besucht auf Landgängen entlegene Salinen, Klöster, Pfahlhütten und archäologische Stätten (s. S. 278).

NOCH FRAGEN?

Die können Sie gern per E-Mail stellen, wenn Sie die von Ihnen gesuchten Infos im Buch nicht finden:
weiss@dumontreise.de
Auch über eine Lesermail von Ihnen nach der Reise mit Hinweisen, was Ihnen gefallen hat oder welche Korrekturen Sie anbringen möchten, würden wir uns freuen.

Palast eines legendären Künstlers und Exzentrikers: Museo Fortuny, S. 159

Auf dem Campo dei Mori vier Herren aus dem Orient Reverenz erweisen, S. 185

Lieblingsorte!

Unerreichte Qualität: Carlo Pistacchis Gelateria Alaska, S. 239

Die Giardini Ex Reali, eine Grünoase im Herzen der Stadt, S. 146

Aus der Vogelperspektive: Campanile auf San Giorgio Maggiore, S. 265

Traumkulisse: bei Rosa Salva auf dem Campo San Zanipolo, S. 208

Unmittelbar hinter dem Markusplatz unter Bäumen sitzen und die Seele baumeln lassen, im Museo Fortuny die Aura des berühmten Stoffdesigners und seines gotischen Prachtpalastes genießen, sich vor der Traumkulisse des Campo San Zanipolo an Caffè und Dolci gütlich tun, die exotischen Kreationen des wohl besten Gelatiere der Stadt verkosten oder im Park der Hotelinsel San Clemente beim Spaziergang durchatmen ... Jeder dieser Orte, die ich immer wieder ganz gezielt und mit Freude aufsuche, bringt mir in Erinnerung, was Venedigs Atmosphäre so einzigartig und zauberhaft macht.

Sehenswert: der Park der Hotelinsel San Clemente, S. 284

Die rare Kunst des Forcole-Schnitzens: in der Werkstatt von Saverio Pastor, S. 253

Schnellüberblick

San Polo und Santa Croce
Das alte Geschäftsviertel am Rialto, die Frari-Kirche, San Rocco und die Paläste am Canal Grande machen aus San Polo einen an Kunst, Architektur und Atmosphäre reichen Bezirk. Reizvoll: die Gegend zwischen Hafen und Garage bzw. Bahnhof. S. 216

Cannaregio
Zwischen Bahnhof und Rialto sind die Kanäle geradliniger, die Wege heller und die Touristen seltener. Idyllische Trattorien, Läden für Schnäppchenjäger, aber auch manch »Must See«, allen voran das Ghetto, harren der Entdeckung. S. 170

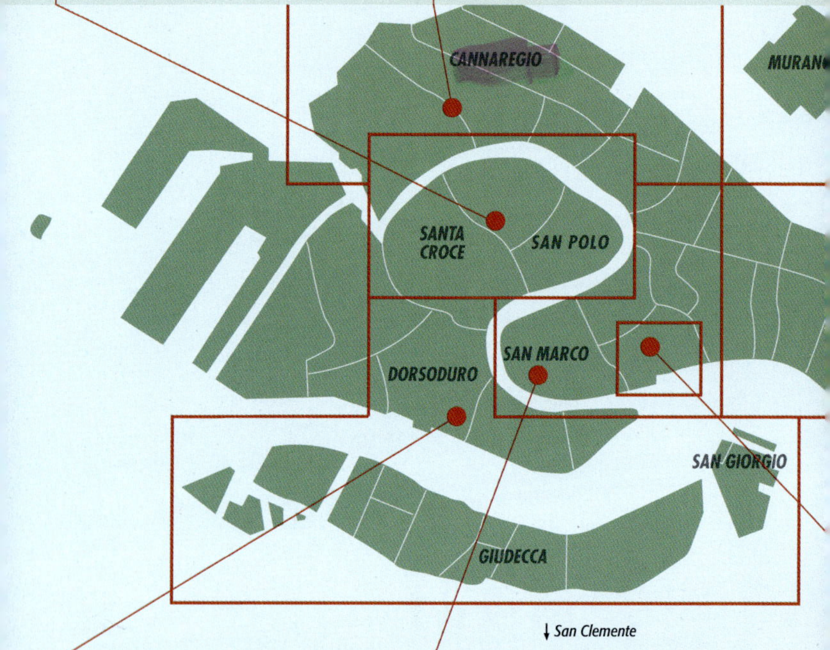

Dorsoduro, San Giorgio und Giudecca
Die südwestliche Altstadt lockt mit Musentempeln von Weltrang wie Accademia, Ca' Rezzonico, Sammlung Guggenheim und, auf den vorgelagerten Inseln San Giorgio und Giudecca, mit gleich drei Meisterwerken Palladios. Dazwischen wogt vielerorts volkstümliches Campo-Leben. S. 242

San Marco
Die historische Kernzone der »Serenissima« wartet mit kostbaren Kirchen, hochkarätigen Palästen, Museen und Musentempeln auf. Die exquisitesten Shopping-Reviere der Stadt finden sich im Dreieck zwischen Piazza, Rialto- und Accademia-Brücke. S. 148

Castello

Der Blick über die Lagune beim Flanieren auf der Riva degli Schiavoni, Kunstjuwele wie San Zanipolo oder die Miracoli-Kirche, dazu Biennale-Gelände, Arsenal ... Die östliche Altstadt lockt mit reizvollen Kontrasten. S. 190

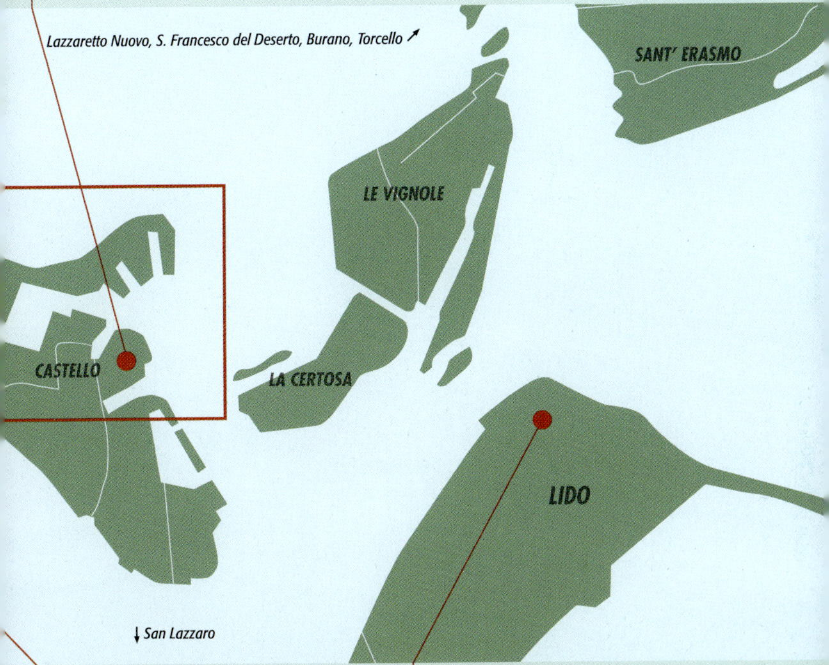

Rund um den Markusplatz

Im Osten des »schönsten Salons der Welt« liegen Dogenpalast und Markusdom. Vis-à-vis laden Museo Correr und Biblioteca Marciana zur Besichtigung, der Campanile zum Panoramablick und legendäre Cafés zur Einkehr. S. 126

Der Lido und die Laguneninseln

Inselhüpfen statt Altstadtwandern: die Glasbläser auf Murano, Buranos Spitzenklöppler, die Gemüseinseln Vignole und Sant'Erasmo, das Armenierkloster auf San Lazzaro und für Melancholiker Lazzaretto Nuovo und Torcello – der lohnenden Ziele für Vaporetto-Touren sind viele. S. 268

Reiseinfos, Adressen, Websites

Eine der bekanntesten Sehenswürdigkeiten der Stadt: die Rialto-Brücke

Informationsquellen

Infos im Internet

www.turismovenezia.it
Die offizielle Website des Tourismusverbandes liefert eine Fülle von Informationen zu allen nur erdenklichen Aspekten des Stadtlebens, von Sightseeing, geführten Touren und Veranstaltungen über Hotels, Restaurants und Bars und Stränden bis zu vielerlei Hintergrund- und praktischen Basisinformationen (übrigens auch über Jesolo, Bibione, Caorle und Chioggia). Ebenfalls auf Deutsch!

www.hellovenezia.com
Ob Fahrpläne, Routen und Preise öffentlicher Verkehrsmittel, Öffnungszeiten von Museen, aktuelle Ausstellungen, Konzerte, Theaterabende, Sportevents ... Vela, ein Subunternehmen der Verkehrsbetriebe ACTV, bietet unter dem Markennamen »Hellovenezia« eine Vielzahl praktischer Informationen (s. auch Kasten, S. 19). Außerdem online möglich: Reservierung und Kauf von Tickets für alle Arten von Veranstaltungen (derzeit nur auf Englisch, Italienisch, Französisch und Spanisch).

www.veniceconnected.com
Tickets für die Autogarage, öffentliche Verkehrsmittel und Toiletten, städtische Museen etc. von daheim preisgünstig online buchen. Details: s. Kasten »Infos & Rabatte« S. 29.

www.actv.it
Alles rund um Vaporetti und Busse – Routen der Linien, Fahrpläne und Tarife.

www.comune.venezia.it
Umfassende News und Infos über alle Arten von kommunalen Belangen, von Verwaltung bis Kulturprogramm (nur engl./ital.).

www.agendavenezia.org
Sehr kompetente Website mit aktuellen Kulturnachrichten, aber auch Infos über Sportveranstaltungen, Konferenzen, Messen etc., erstellt von der Fondazione di Venezia (engl./ital.).

www.venedig.com
Private Website für Zimmervermittlung, angereichert durch diverse Hintergrundinfos und spezielle Themenführungen.
Weitere Adressen für Online-Zimmerbuchung:
www.venicehotel.com
www.veneziasi.it
www.hotel.de

www.venedigblog.org
Aktuelle Nachrichten mit großer thematischer Bandbreite, von Kunst und Kultur bis Wirtschaft und Politik, privat zusammengetragen, kompetent und kritisch; ergänzend: Reiseberichte, Buchtipps, kunst- und kulturgeschichtliche Hintergrundtexte.

www.aguestinvenice.com; www.venezianews.it
Wann wo was los ist, findet sich umfassend in den Online-Ausgaben der beiden zweisprachigen (ital./engl.) Programmzeitschriften »Venews« (monatlich) und »Un Ospite di Venezia« (zweiwöchentlich) aufgelistet. Erstere bietet auch eine brauchbare Übersicht zu den Veranstaltungen der trendigsten Clubs.

www.meetingvenice.it
Aktuelles Kulturprogramm, Geschichte, Sehenswürdigkeiten der Stadt, ansprechend präsentiert von einem auf der

Giudecca beheimateten Werbeunternehmen.

www.guidevenezia.it
Website der Vereinigung lizenzierter Fremdenführer: Wer einen professionellen Begleiter für seine Stadterkundung sucht, ist hier goldrichtig.

www.visitmuve.it
Sammlungsgeschichte und praktische Infos aller elf städtischen Museen, von Dogenpalast und Museo Correr bis Fortuny-, Glas- und Spitzenmuseum.

www.labiennale.org
Die offizielle Online-Selbstdarstellung der weltberühmten Kunstschau und ihrer diversen »Ableger«.

Fremdenverkehrsämter

In Deutschland

Italienische Zentrale für Tourismus ENIT Deutschland: D-60325 Frankfurt am Main, Barckhausstr. 10, Tel. 069 23 74 34, Fax 069 23 28 94, www.enit-italia.de, Mo–Fr 9.15–17 Uhr

In Österreich

A-1060 Wien, Mariahilferstr. 1b/Mezzanin Top XVI, Tel. 01 505 16 30 14, Fax 01 505 02 48, www.enit.at, Mo–Do 9–17, Fr 9–15.30 Uhr

In der Schweiz

CH-8001 Zürich, Uraniastr. 32, Tel. 043 466 40 40, Fax 043 466 40 41, www.enit.ch, Mo–Fr 9–17 Uhr

In Venedig

Azienda di Promozione Turistica (APT = städtische Tourismusinformation):
Palazzetto Carmagnani, I-30124 Venezia, San Marco, 2637, Fondamenta Cornér-Zaguri, Tel. 041 529 87 11, www.turismovenezia.it, Mo–Fr 8.30–14.30 Uhr

Touristen-Servicetelefon
Beschwerden? Fragen? Die Stadt gibt Gästen Gelegenheit, auf eventuelle Mängel bei öffentlichen Dienstleistungen oder Verhaltensweisen zum Nachteil der Touristen per E-Mail aufmerksam zu machen: complaint.apt@turismovenezia.it. Bei dringenden Fragen steht zu Bürozeiten die Service-Nummer 041 529 87 10 zur Verfügung. Sie erhalten dort konkret Hilfe.

Zentrale Auskunftsstelle: Venice Pavilion
Fond. delle Farine (zw. dem Anleger San Marco Vallaresso und den Giardini Ex Reali), Tel. 041 529 87 11, tgl. 9–14.30 Uhr. Info-Point, Tickets, Buchladen.
Weitere ganzjährig geöffnete **Auskunftsbüros der APT** befinden sich in der Südwestecke des Markusplatzes (San Marco all'Ascensione, tgl. 13.30–19 Uhr), am Bahnhof (Ferrovia S. Lucia), an der Piazzale Roma und am Tronchetto (alle tgl. 9–14.30 Uhr) sowie am Flughafen Marco Polo (tgl. 9–20 Uhr).

Ebenfalls ganzjährig geöffnet ist die Informationsstelle in **Mira** (Villa Widmann, Via Nazionale, 420, tgl. 10.30–13, 13.30–16.30 Uhr), nur in der Sommersaison hingegen die beiden in **Cavallino Treporti** (Via Equilia 26 bzw. Piazzale di Sabbioni, tgl. 8.30–14 Uhr). Achtung: Die Öffnungszeiten sämtlicher Auskunftsstellen sind häufig Änderungen unterworfen!

Lesetipps

Belletristik

Alfred Andersch: Die Rote, Diogenes, 2006. Emotions- und problembeladener Pionierroman der Women's Lib aus den späten 1950ern, angesiedelt im winterlichen Venedig.

Louis Begley: Mistlers Abschied, Suhrkamp, 2008. Reminiszenzen eines in sublimer, süßer Schwermut schwelgenden Krebskranken während eines letzten Aufenthalts in der Lagunenstadt.

Joseph Brodsky: Ufer der Verlorenen, Hanser, 2001, mit Fotografien von P. A. Hassiepen. Der Nobelpreisträger widmet sich vor dem Hintergrund der winterlichen Lagunenstadt in hochpoetischer Prosa den ewigen Themen Liebe, Eros, Sehnsucht, Treue, Träume und Trennung.

Carlo Fruttero und Franco Lucentini: Der Liebhaber ohne festen Wohnsitz, Piper, 2008. Eine überaus charmante Liebes- und Kriminalgeschichte, bei der auch der gehörige Schuss Wehmut nicht fehlt.

Birgit Haustedt (Hg.): Mit Rilke durch Venedig. Literarische Spaziergänge, Insel Tb, 2006. Eine sehr lyrische Annäherung, in der freilich viel mehr Realitätssinn steckt, als man auf den ersten Blick erwarten würde.

Donna Leon: Die seit mehr als einem Vierteljahrhundert in Venedig wohnhafte Amerikanerin hat ihren Helden, Commissario Guido Brunetti, seit »Venezianisches Finale«, ihrem höchst erfolgreichen Erstling Ende der 1980er-Jahre, in mittlerweile 20 Thrillern (Stand Frühjahr 2014) knifflige Fälle lösen lassen und dabei auch manch soziale Missstände in der Lagunenstadt angeprangert (erschienen alle bei Diogenes).

Hanns-Josef Ortheil: Venedig. Eine Verführung, Sanssouci, 2007. Der Romancier entführt in literarisch-kulinarische Gefilde, Rezepte der Lagunenküche inklusive.

Sachbücher

Peter Feldbauer (mit J. Morrissey): Weltmacht mit Ruder und Segel, Magnus, 2004. Fundierte Darstellung der Geschichte der Markusrepublik zwischen 800 und 1600 mit speziellem Fokus auf ihre Handelspolitik.

Norbert Huse: Venedig. Von der Kunst, eine Stadt im Wasser zu bauen, C. H. Beck, 2005. Die Lage der Lagunenstadt, ihre Baustruktur und Entwicklung von der Renaissance bis zur Gegenwart, äußerst kenntnisreich und anschaulich erläutert.

Petra Reski/Johannes Thiele: Alles über Venedig, Thiele, 2007. Großformatiger, liebe- und stilvoll gestalteter Band, dessen feuilletonistische Texte und historische Schwarz-Weiß-Abbildungen zu ausgedehnten kulturellen und kulinarischen Streifzügen im Fauteuil laden.

Dorothee Ritter: Venedig in historischen Photographien, Beck, 2006. Schauvergnügen für Nostalgiker: 180 Schwarz-Weiß-Aufnahmen aus den Jahren 1841–1920, mit Erläuterungen.

Dirk Schümer: Leben in Venedig, List Tb., 2004. So amüsanter wie kundiger Bericht eines seit Jahren im Centro Storico lebenden Korrespondenten über Freud und Leid am venezianischen Alltag fernab aller Touristenpfade.

Gaston Salvatore: Einladung zum Untergang, Picus, 2000. Launisch und liebevoll, kritisch und kenntnisreich blickt der Dichter hinter die musealen Kulissen seiner Wahlheimat.

Tiziano Scarpa: Venedig ist ein Fisch, Wagenbach, 2009. Charmante Annäherung jenseits gängiger Klischees und ohne Bildungsballast.

Giuseppe Sinopoli: Parsifal in Venedig ..., List, 2003. Höchst originelle, philosophisch-poetische Hommage des berühmten Dirigenten an seine Heimatstadt, in der die Symbolwelt des steinernen Labyrinths und die Leitmotive der Wagner'schen Gralsgeschichte im Parsifal zu einer großen Reflexion über Leben und Tod verschmelzen.

Wetter und Reisezeit

Grundsätzlich herrscht in Venedig aufgrund seiner Lage südlich des Alpenbogens, an der Nordküste der Adria, ein gemäßigt mediterranes Klima. Doch bewirkt die Lagune einige mikroklimatische Besonderheiten. Da ist der *scirocco*, der gefürchtete Südwind, der Venedig im Juli und August häufig in bleiernen Dunst hüllt und die Kanäle gehörig stinken lässt. Da ist das Hochwasser, *acqua alta*, mit dem die Adria die Stadt vor allem zwischen November und Februar immer öfter heimsucht. Und da ist die extrem hohe Luftfeuchtigkeit, die aus Sommerhitze Schwüle macht und aus Winterkälte nassen – manch einer sagt: romantischen – Nebel.

Für das Gros der Besucher gelten deshalb April und Mai, September und Oktober als ideale Reisemonate. Denn dann sind die Temperaturen in der Regel mild und die Straßen belebt, aber nicht überfüllt und die zahlreichen Konzerte und Bühnenabende in den Kirchen und Theatern nicht ausverkauft. Und mit etwas Glück können sportliche Naturen draußen am Lido schon oder noch ein Bad im Meer nehmen. Immer mehr Kenner versichern allerdings, die Stadt sei eigentlich im Januar und Februar am schönsten: Wenn die *bora*, der kalte Nordwind, die Wolken vertreibt und das Quecksilber unter Null sinken lässt. Wenn Paläste und Plätze in einem Licht von gläserner Reinheit erstrahlen. Und Venedig (fast) den Venezianern gehört. Nüchtern kalkulierende Zeitgenossen loben außerdem die in jenen Monaten moderateren Preise im Allgemeinen und im Speziellen die lukrativen Pauschalangebote unter dem Titel ›Venedig im Winter‹. Was freilich nicht für die Tage des 1979 zu neuem Leben erweckten Karneval gilt, in denen die Venezianer, geschäftstüchtig, wie sie nun mal sind, ihre Gäste pekuniär gehörig zur Ader lassen.

Aktuelle Wetterprognosen liefert **www.arpa.veneto.it.**

Kleidung

Wer nicht gerade zu einem der hocheleganten Karnevalsbälle eingeladen ist oder den Besuch einer Galapremiere im Fenice plant, für den genügt im touristischen Alltag in der Regel Freizeitkleidung. Allerdings sieht man es in Luxusrestaurants und -hotels nicht so gerne, wenn Gäste allzu lässig gekleidet sind. Und in kurzen Hosen und mit Unterleibchen oder gar, wie schon vorgekommen, mit bloßem Oberkörper sollte man sich im Stadtgebiet selbst bei der größten Affenhitze keinesfalls tummeln.

Klimadiagramm Venedig

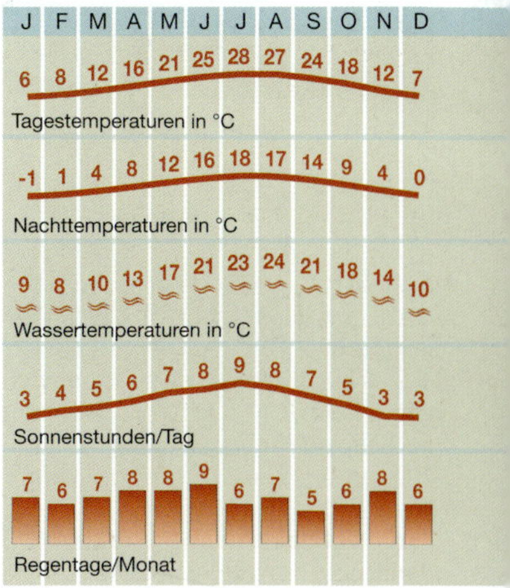

Karneval in Venedig – lohnend für die Sinne, schröpfend für den Geldbeutel ...

Hochwasser

Vor allem in den Wintermonaten wird Venedig immer öfter vom Hochwasser, dem sogenannten *acqua alta,* heimgesucht. Kündigt sich wieder einmal eine Flut an, ertönen in der ganzen Stadt Warnsirenen. Einheimische, die das Ganze schon kennen, streifen dann ihre hüfthohen Stiefel über. Gäste sollten ein mindestens einen halben Meter über Straßenniveau gelegenes Ruheplätzchen suchen und sich in Geduld üben. Aber kein Grund zur Sorge: Der Spuk ist fast immer in wenigen Stunden vorbei.

In manchen Vaporetto-Stationen hängen Stadtpläne aus, auf denen jene Holzstege eingezeichnet sind, über die man auch bei Hochwasser trockenen Fußes sein Ziel erreicht. Hochwasser-Vorhersage unter Tel. 041 241 19 96 bzw. www.comune.venezia.it.

Anreise und Verkehrsmittel

Einreisebestimmungen

Für die Einreise aus den Mitgliedstaaten der EU wie auch der Schweiz gelten die Bestimmungen der EU, die den unbeschränkten Aufenthalt zulassen. Ausweispapiere müssen mitgeführt werden, ebenso Führerschein und Fahrzeugpapiere, wenn man mit dem Auto anreist. Seit 26. Juni 2012 benötigt jedes Kind, das ins Ausland reist, unabhängig vom Alter ein eigenes Reisedokument.

Zoll: Ein- und Ausfuhrbeschränkungen von Waren gibt es nicht, sofern sie mit sich geführt werden und dem eigenen Bedarf dienen. Kontrollen werden bei der Einreise aus einem EU-Land gemäß dem Schengener Abkommen nicht mehr durchgeführt. Stichproben sind – insbesondere bei Einreise aus der Schweiz – freilich jederzeit möglich.

Anreise

Mit dem Auto

Als Anfahrtsweg über die Alpen bieten sich die bekannten Transversalen über den Brenner-, Felbertauern- oder Plöckenpass an (Mautgebühr!). Wer über Österreich anreist, sollte beachten, dass dort auf Autobahnen und Schnellstraßen (überall dort, wo die Autobahnvignette benötigt wird) die Bildung von Rettungsgassen bei stockendem Verkehr oder Stau Pflicht ist, auch dann, wenn sich noch kein Einsatzfahrzeug nähert. Bei Behinderung von Einsatzfahrzeugen sind Geldstrafen bis zu 2180 Euro möglich (Infos: www.rettungsgasse.com). Einmal angekommen, stellt sich das Problem des Parkens. Der Altstadt am nächsten, weil am Ende des Fahrdamms, und für Tagesbesucher am günstigsten liegen die Parkhäuser auf der Nuova Isola del Tronchetto sowie rund um den Piazzale Roma (›Autorimessa Communale‹ und ›San Marco‹, 24 Std. geöffnet, bzw. ›Isotta‹ und ›Venezia‹, nur Tagesbetrieb). Sie sind allerdings teuer und häufig heillos überfüllt. Zwischen Tronchetto und Piazzale Roma verkehrt übrigens eine knapp 900 m lange, hypermoderne Kabinenbahn auf Stelzen, genannt **People Mover** (Ticket 1 €).

Preiswerter sind die Festland-Parkplätze von Treporti, Punta Sabbioni und Fusina (Weiterfahrt: s. S. 25, Öffentliche Verkehrsmittel). Es besteht auch die Möglichkeit, den Wagen bereits in Mestre abzustellen und mit dem Pendelzug über den Damm nach Santa Lucia zu fahren. Dringend abzuraten ist hingegen von wildem Parken rund um die Piazzale Roma. Falschparker werden ausnahmslos abgeschleppt. Wer sein Auto nicht mehr findet, erhält Auskünfte unter Tel. 041 274 70 70 (= Polizia Municipale).

Wer sein Quartier auf dem Lido hat, kann den Wagen praktischerweise auf der Fähre *(traghetto)* dorthin mitnehmen.

Parkplatzsorgen lösen hilft die Website www.veniceparking.it.

Mit der Bahn

Alle Großstädte Deutschlands, Österreichs und der Schweiz sind durch Schnellzüge täglich direkt mit Venedig verbunden. Von Frankfurt ist man etwa 13 Std., von München, Zürich und Wien gut acht Stunden unterwegs. Darüber hinaus gibt es unzählige Verbindungen mit Anschlüssen in Mailand, Verona und Mestre.

Ein besonderes Erlebnis stellt der Venice-Simplon-Orient-Express dar, ein historischer Luxuszug, der mehrmals pro Woche zwischen Venedig und Paris bzw. London verkehrt: Informationen in Köln unter Tel. 0221 33 80 30-0.

Abreise: Von Venedigs Bahnhof Santa Lucia gibt es täglich jeweils eine Tages- und eine Nacht-Direktverbindung nach München, Wien, Zürich und Genf bzw. Bern. Die Fahrzeiten betragen jeweils ca. 8 Std., nach Genf 7 Std., nach Bern 10 Std.; Fahrplanhinweise erhält man von Italien aus unter Tel. 89 20 21, aus dem Ausland unter Tel. 00 39 06 68 47 54 75 bzw. 00 39 06 30 00 oder unter www.trenitalia.com bzw. www.fs-on-line.it.

Mit dem Flugzeug

Der Flughafen Marco Polo liegt im Norden der Lagune 13 km (das Festland 3,6 km) von der Piazzale Roma entfernt. Venedig ist über die Luft mehrmals täglich direkt u. a. von Berlin, Stuttgart, Düsseldorf, Frankfurt/Main, München, Wien, Genf und Zürich (via Lugano) aus erreichbar. Daneben bestehen mehrmals wöchentlich Direktverbindungen zu den wichtigsten europäischen Städten wie Brüssel, London, Madrid, Moskau oder Paris. Ein kleinerer Flughafen namens G. Nicelli für Sportflugzeuge befindet sich am Lido, jener von Billigairlines wie Ryanair oder SkyEurope genutzter im 20 km entfernten Treviso.

Aeroporto Marco Polo, Tessera: allg. Infos Tel. 041 260 92 40, Flugauskünfte Tel. 041 260 92 60 oder unter www.veniceairport.com.

Flughafentransfer: Zwischen Aeroporto Marco Polo in Tessera am Nord-

Anderswo gibt es eine S-Bahn, in Venedig nimmt man das Vaporetto

rand der Lagune und Piazzale Roma, dem Tor zur Altstadt, verkehrt alle halbe Stunde der Bus Nr. 35 der ATVO. Abfahrt außerhalb des Ankunftsbereiches rechts; Fahrtdauer: ca. 20 Min., Preis inkl. Gepäck 7 € (hin und zurück 11 €); Infos: Tel. 0421 59 46 71 oder www.atvo.it

Die einfache Fahrt im privaten Taxiboot *(motoscafo)* kostet ca. 70 €. Weit preiswerter (zwischen 6,50 und 15 €) sind die Linienboote von Alilaguna. Deren »Rote Linie« (Linea Rossa) verbindet den Airport mit Murano, Certosa und dem Lido, die »Blaue« (Linea Blu) führt über Murano, die Fondamente Nuove, Lido, Arsenale, San Marco, Giudecca und Zattere zum Terminal für Kreuzfahrtschiffe (Abfahrten stündlich). Die »Orange Linie« (Linea Arancio) führt vom Flughafen

nach Cannaregio, Bahnhof, Rialto und San Marco. Infos: Tel. 041 240 17 01, www.alilaguna.it (Online-Buchungen preisreduziert).

Aeroporto di Treviso: Info-Tel. 0422 31 51 11, www.trevisoairport.it; Bus-Transfer mit Eurobus ›Canova‹ via Mestre, einfache Fahrt 10 €, hin und zurück 18 €, Info: Tel. 0422 31 53 81.

Mit dem Schiff

Kreuzfahrer (mittlerweile pro Jahr rund 1 Mio. Passagiere) betreten Venedig entweder an der Zattere (Stazione Marittima) am Südostrand der Altstadt oder an der Riva dei Sette Martiri, dem breiten Kai von Castello vis-à-vis der Isola di San Giorgio Maggiore. Wer sein eigener (Segel-) Kapitän ist, legt auf Sant'Elena (im äußersten Osten der Altstadt) oder im Jachthafen von San Giorgio Maggiore bzw. auf La Certosa an.

Passagier-Terminal an der Stazione Marittima für Fähren, Jachten und Kreuzfahrtschiffe: Tel. 041 240 30 00, www.vtp.it.

Öffentliche Verkehrsmittel

Das innerstädtische Verkehrsnetz besteht aus 150 Kanälen (darunter der 3,8 km lange und 40–70 m breite Canal Grande), etwa 3000 Fußwegen, 411 Brücken und 127 Plätzen. Venedig ist mit Ausnahme des Lido eine Fußgängerstadt. Der öffentliche Personennahverkehr basiert auf einem dichten Liniennetz von Wasserbussen *(vaporetti)*. Von den einst über 10 000 Gondeln sind nur noch knapp 400 übrig, die fast ausschließlich für touristische Vergnügungsfahrten Einsatz finden.

Mit dem Linienboot (vaporetto)

Der Großteil des venezianischen Verkehrs spielt sich naturgemäß auf dem

Hilfe im Labyrinth

Venedig hat rund 150 Kanäle und 3000 Gassen sowie 127 Plätze und 411 Brücken. In einem solchen Labyrinth ist die Orientierung erwartungsgemäß nicht einfach. Hinzu kommt, dass viele Straßennamen mehrfach verwendet werden – so gibt es in der Stadt allein 18 Gassen namens Calle Forno. Wer die unten aufgeführten **Ortsbezeichnungen** kennt, findet sich leichter zurecht. Und ernsthaft verirrt hat sich in Venedig ohnehin noch niemand. Denn nach kurzem Herumirren stößt man immer wieder auf einen Hauptverkehrsweg.

Wichtig zur Orientierung in Venedig ist auch zu wissen, dass die **postalischen Adressen** sich nicht, wie sonst üblich, aus Straßenbezeichnung und Hausnummer zusammensetzen. Die Hausnummernzählung bezieht sich hier auf die Stadtviertel – eigentlich Sechstel *(sestiere)* – Venedigs, sodass man häufig mit Nummern im vierstelligen Bereich konfrontiert wird. Um ein Gebäude genau zu lokalisieren, d. h. die zugehörige Straße herauszufinden, kann man spezielle Verzeichnisse konsultieren, die in Postämtern und an Kiosken hinterlegt sind.

Autorimessa – Autogarage
Bacino – Bassin (auch: Dock)
Ca' (Kurzform für casa) – Haus bzw. Palast
Calle – Straße, Gasse
Campiello – kleiner Platz
Campo – Platz (eigentlich Feld)
Chiesa – Kirche
Cimitero – Friedhof
Corte – Hof bzw. Sackgasse
Ferrovia – Bahnhof
Fondamenta – befestigtes Ufer, Kai
Giardino – Garten bzw. Park
Isola – Insel
Lido – Strand
Molo – Pier
Palazzo – Palast
Parrocchia – Pfarrbezirk
Piazza – Platz (in Venedig nur für den Markusplatz verwendet)
Piazzetta – kleiner Platz
Piscina – Teich (in Venedig: ehemals, jetzt zugeschüttet)
Ponte – Brücke
Quartiere – Stadtteil
Ramo – (wörtlich: Ast) in Venedig schmale Gasse, die meist am Kanal endet
Rio – Bach (venez.: kleiner Wasserweg zwischen Kanälen)
Rio Terra – zugeschütteter Kanal, jetzt Straße
Riva – (befestigtes) Ufer
Ruga – eigentlich Runzel, venez.: Gasse
Rughetta – kleine Ruga
Salizzada – Hauptweg eines Stadtbezirks
Scuola – ›Schule‹ (vgl. S. 93)
Sestiere – Stadtbezirk (Sechstel)
Sottoportico (venez.: sottoportego) – Gässchen, durch einen Torbogen zu betreten
Squero – Gondelwerft
Terra Ferma – Festland

Wasser ab. Steuert man eine der Inseln an oder will man einmal nicht zu Fuß gehen (obwohl man so oft am schnellsten vorankommt) und Sightseeing vom Wasser aus betreiben, ist man auf Boote angewiesen.

Die häufigsten und preiswertesten Fortbewegungsmittel sind die *vaporetti*, die Linienboote der städtischen Verkehrsbetriebe (ACTV). Sie verkehren – in unterschiedlichen Frequenzen – rund um die Uhr auf dem Canal Grande und auf den wichtigsten Nebenkanälen. Außerdem verbinden sie Venedig mit den Laguneninseln, dem Lido und dem Festland. Die von Touristen besonders häufig frequentierten Linien sind Nr. 1 (von Piazzale Roma bzw. Bahnhof durch den Canal Grande zum Lido und retour), Nr. 2 (von Piazzale Roma bzw. Bahnhof durch den Giudecca-Kanal via San Marco zum Lido und retour) sowie zur Umrundung der gesamten Altstadt die Linien Nr. 4.1/4.2 und Nr. 5.1/5.2. Nachteulen können die Dienste der Linee Notturne in Anspruch nehmen.

Eine Einzelfahrt kostet 7 € (für Kinder von 6–10 J. gültig für 2 Fahrten von jew. max. 10. Min.; Kinder unter 6 fahren gratis, solche über 10 zum Erwachsenentarif). Darüber hinaus werden Tickets für 12, 24 oder 36 Std. (um 18 bzw. 20 oder 25 €) und für zwei oder drei Tage (30 bzw. 35 €) angeboten (gültig jeweils für alle Linien inkl. Busse am Lido sowie in und um Mestre). Große Gepäckstücke werden extra berechnet. Preisvergünstigungen für Inhaber der Rolling VENICEcard: Drei-Tage-Ticket 18 € (alle Preisangaben: Frühjahr 2014).

Auskünfte über Liniennetz und Betrieb der Vaporetti, aber auch der Autobusse: tgl. 7.30–20 Uhr in der ACTV-Infostelle beim Pkw-Terminal am Piazzale Roma bzw. unter Tel. 041 24 24, www.actv.it (zu den einzelnen Linien und Routen s. auch Faltkarte am Ende dieses Buches).

Bootstaxis (motoscafi)

Häufiger Benutzung erfreuen sich auch die *motoscafi*, die Bootstaxis. Ihr Taxometer steht bei Abfahrt auf 13 € (tel. Bestellung: 6 € extra), alle weiteren 60 Sekunden kommen 1,80 € hinzu. Für mehr als vier Personen, Nachtfahrten, große Gepäckstücke etc. werden allerlei saftige Zuschläge berechnet. Auch die Fixtarife für Fahrten außerhalb des Centro Storico sind gesalzen.

Die wichtigsten Standplätze sind am Bahnhof, an der Piazzale Roma und Rialto-Brücke (alle: Tel. 041 71 69 22), in San Marco und am Lido (beide: Tel. 24 06 741 sowie beim Flughafen (Tel. 041 541 50 84).

Gondeln

Für romantische Touristenseelen immer noch unverzichtbar, von Einheimischen im Alltag allerdings kaum mehr praktiziert, ist eine Gondelfahrt. Die Preise dafür sind freilich eher ernüchternd: 90 € bis sechs Personen für 40 Min. Preisabsprache vor Abfahrt empfehlenswert! Die Honorare für eventuelle Vokalbegleitung seien hier wohlweislich verschwiegen. Sie übersteigen das Normalurlaubern Zumutbare.

Die Standplätze der Gondolieri befinden sich an der Mole vor der Piazzetta San Marco (Tel. 041 520 06 85), vor dem Hotel Danieli (Tel. 041 522 22 54), auf der Hinterseite des Markusplatzes am Bacino Orseolo (Tel. 041

Mein Tipp

Venedigs Gondelfähren: Eine Fahrt mit den Traghetti

Eine Gelegenheit, die man wenigstens einmal nutzen sollte, ist die Überquerung des Canal Grande auf einer der sechs Gondelfähren, den sogenannten *traghetti*. Sie pendeln vormittags (teilweise auch nachmittags) zwischen San Marcuola und Fondaco dei Turchi, Campo S. Sofia und Pescheria, Riva del Carbon und Riva del Vin (Rialto), Ca' Garzoni und San Tomà, San Samuele und Ca' Rezzonico sowie zwischen Santa Maria del Giglio und San Gregorio und kosten zwischen 0,50 € und 1,50 € (bezahlt wird an Bord).

528 93 16) bzw. am Campo San Moisè (Tel. 041 523 18 37). Entlang des Canal Grande findet man sie am Piazzale Roma (Tel. 041 522 11 51), am Bahnhof (Tel. 041 71 85 43), in der Nähe des Campo Santa Sofia (Tel. 041 522 28 44), bei Rialto (Tel. 041 522 49 04), San Tomà (Tel. 041 520 52 75), Santa Maria del Giglio (Tel. 041 522 20 73) und an der Calle Vallaresso bei dem Hotel Monaco & Gran Canal (Tel. 041 520 61 20).

Autobusse & Sonstiges

Die Busse der ACTV (www.actv.it) verkehren auf dem Lido, über die Brücke aufs Festland und im Großraum Mestre bis nach Chioggia (Einzelticket 1,30 €), während jene der ATVO (www.atvo.it) über ein dichtes Streckennetz den ganzen Osten des Veneto bedienen.

Gepäckträger

In manchen Situationen sind in der Stadt der Brücken und Gässchen die Dienste eines Porters *(facchino)* unverzichtbar. Die muskulösen Helfer findet man an folgenden Ständen: Ferrovia/Bahnhof (Tel. 041 71 52 72), Piazzale Roma (Tel. 041 522 35 90), San Marco/Campo della Guerra (Tel. 347 867 54 91), San Marco/Bacino Orseolo (Tel. 041 520 05 45), Calle Vallaresso und San Zaccaria (beide: Tel. 346 588 15 08).

Die Preise sind gesetzlich festgelegt. Danach sind für den Transport zwischen zwei beliebigen Punkten innerhalb der Altstadt (mit Ausnahme von Tronchetto und speziellen Diensten) für ein Stück 24 €, für zwei 30 €, für drei bis vier 36 € zu berappen. Für den Transport zum Lido, zur Giudecca, nach S. Elena oder auf Laguneninseln ist mit ca. 60%igem Aufschlag zu rechnen, bei besonders kurzen Distanzen ist der Tarif individuell auszuhandeln.

Mit dem Fahrrad

Adressen von Verleihstellen in der Nähe des zentralen Vaporetto-Anlegers am Lido und in Mestre s. S. 62. Vorschläge für (ent-)spannende (Halb-) Tagesausflüge: s. S. 280.

Rundflüge

Ökologisch zwar nicht ganz lupenrein, aber ein unvergessliches Erlebnis: mit dem Helikopter vom Aeroporto Nicelli am Lido aus über die Lagune – s. S. 63 und S. 270.

Die schönsten Aussichtspunkte

Campanile di San Marco auf der Piazza San Marco (Ostern–Juni, Okt. 9–19, Juli–Sept. 9–21, Nov.–Ostern 9.30–15.45 Uhr), **Campanile di San Giorgio**, Isola di San Giorgio (tgl. 9.30–12.30 und 14.30–16.30, Mai–Sept bis 18.30 Uhr) sowie **Torre dell' Orologio**, Mercerie/San Marco (Terminbuchung für Besteigung unter Tel. 041 42 73 08 92).

Stadtführungen

Organisierte Rundgänge

Lizenzierte **Fremdenführer** vermittelt die Cooperativa Guide Turistiche (Tel. 041 520 90 38, Fax 041 521 07 62, www.guidevenezia.it). Die Tarife für halbtägige Führungen: bis zu 30 Personen 115 €, jede weitere Person 4 €; für mehr als zwei Sprachen pro Sprache 20 €; für individuelle Touren pro 2 Std. 130 € plus einmalige Pauschalgebühr von 22 €.

Rundgänge in Gruppen zu diversen **Spezialthemen** bietet der städtische Tourismusverband (APT) an, ganzjährig, Detailinfos: Tel. 041 529 87 11 oder www.turismovenezia.it.

Boots- und Festlandtouren: Wer die Lagune, die Terra Ferma, aber auch weiter entfernte Regionen Italiens nicht auf eigene Faust erkunden

Infos & Rabatte

Wo gibt es was in Venedig und zu welchen Preisen? Ein kurzer Überblick:
Hellovenezia: 041 24 24 – unter dieser zentralen Telefonnummer erhält man – zeitweise auch auf Deutsch – tgl. 7.30–20 Uhr alle nur erdenklichen Auskünfte über Fahrpläne, Routen und Preise öffentlicher Verkehrsmittel, Öffnungszeiten von Museen, aktuelle Ausstellungen, Konzerte, Theaterabende, Sportevents sowie Adressen und wie man sie findet. Außerdem möglich: Reservierung und Kauf von Tickets für alle Arten von Veranstaltungen.

Junge Besucher zwischen 14 und 29 Jahren im Besitz der **Rolling VENICEcard** (4 €) genießen neben anderen Vergünstigungen reduzierte Eintrittspreise in etlichen Museen.

Eine plausible, allerdings nicht sonderlich preisgünstigere Alternative zum Kombi-Kauf von Museum Pass (s. Kasten auf S. 65) und Chorus Pass (s. u.) stellt die **Venice Card** dar. Sie gilt sieben Tage lang und umfasst freien Eintritt in zehn führende Museen (u. a. Dogenpalast, Museo Correr) und die meisten Kirchen sowie alle öffentlichen Toiletten. Darüber hinaus genießt, wer sie vorzeigt, in etlichen Läden beim Einkaufen Rabatt. Kostenpunkt: Junior (bis 29 Jahre) 29,90 €, Senior (ab 30) 39,90 €. Erhältlich ist die Venice Card an allen Tourist-Info-Stellen und Ticket-Büros von Hellovenezia.

Umfangreiche Infos zur Venice Card und auch zu einer Fülle anderer Serviceleistungen finden sich in Englisch, Französisch, Spanisch und Italienisch auch auf der Website www.hellovenezia.com.

Venice Connected: Die Website www.veniceconnected.com ermöglicht es, städtische Serviceleistungen wie Fahrkarten für alle öffentlichen Verkehrsmittel, Zugang zum Parkhaus an der Piazzale Roma, zu den städtischen Museen etc. saisonspezifisch zum reduzierten Online-Tarif von daheim direkt zu buchen bzw. erwerben. Achtung, Sperrfrist 15 Tage vor der Ankunft in Venedig!

will, aber dennoch neugierig ist, tut gut, eine organisierte Rundfahrt zu buchen. Zahlreiche Reisebüros vermitteln solche Touren; am besten an der Hotelrezeption nach guten Anbietern erkundigen. Schifffahrten auf dem Brenta-Kanal: s. Mein Tipp S. 279.

Kirchenbesichtigungen

Eine ideale Möglichkeit, 16 der wichtigsten Kirchen der Stadt im Rahmen von Führungen kennenzulernen, bietet **Chorus – Associazione Chiese di Venezia**, die auch diverse andere Themenführungen im Programm hat. Eintritt pro Kirche (auch für individuelle Besichtigung): 3 €, Besichtigung aller Kirchen Mo–Sa 10–17 Uhr (Ausnahmen: San Giobbe, San Stae und Basilica dei Frari) mit dem ein Jahr gültigen **Chorus Pass** um 10 € (ermäßigt 7 €, Familienpass 20 €, Tel. 041 275 04 62, www.chorusvenezia.org).

Geführte Touren zu und in Kirchen, die abseits der üblichen Touristenpfade liegen (San Pantaleon, Carmini, San Francesco della Vigna, Torcello etc.) offeriert die **Associazione Sant' Apollonia**, Tel. 041 270 24 64, http://assap.provincia.venezia.it.

Übernachten

Venedig verfügt über circa 370 Hotels und Pensionen mit mehr als 23 000 Betten. Dennoch findet man in der Hauptsaison – im Hochsommer, zu Ostern und im Karneval – ohne Reservierung nur mit Glück ein Quartier. Wer sich nicht auf einem der Campingplätze niederlassen will, kann in die meist wesentlich preisgünstigeren Adressen auf dem Festland ausweichen. Im Centro Storico sind selbst in gehobenen Häusern älteren Datums nicht wenige Zimmer eng und das Frühstück karg und überteuert. Ein Tipp: Ein Kaffee mit Croissant in einer Bar tut's auch und vermittelt zudem schon frühmorgens authentisches Venedig-Flair. Unter der jüngeren Generation von Vier- und Fünf-Sterne-Hotels hingegen finden sich einige, die dank ihrem zeitgemäßen Schick, der Geräumigkeit und modernen Ausstattung In-Adressen in Berlin, London oder Paris absolut das Wasser reichen.

Für hellhörige Gemüter empfehlenswert sind Ohrenstöpsel, denn durch die engen Gassen hallt auch spätnachts des Öfteren der Lärm oder Gesang ausgelassener Passanten. Budgetbewusste versuchen übrigens in der Nebensaison – oft mit Erfolg – beim Zimmerpreis Rabatte zu erfeilschen. Und last but not least, ganz wichtig: Vor allem bei Häusern im gehobenen Segment stößt man auf deren Homepage oft auf markant günstigere Angebote, vorausgesetzt man bucht kurzfristig und online! Die hier im Buch angegebenen Preise entsprechen den Angaben im offiziellen Katalog.

Empfehlenswerte **Webadressen** für die bequeme Zimmerbuchung von daheim lauten u. a.:
www.venedig.com,
www.hotel.de,
www.venicehotel.com,
www.cross-pollinate.com,
www.veneziasi.it
Letztere wird von der Organisation Venezia Si betrieben, die auch bei telefonischen Reservierungen sehr gut und verlässlich arbeitet. Aus dem Ausland: Tel. 0039 041 522 22 64; in Italien selbst gilt die gebührenfreie Nummer 199 17 33 09 (tgl. 8–21 Uhr).

Und natürlich gibt es günstige Angebote über die längst sehr populären, in jüngster Zeit rapide wachsenden, global vernetzten **Online-Schlafplatzmakler** wie Couchsurfing (www.couchsurfing.org), Wimdu (www.wimdu.at) oder Airbnb (www.airbnb.de).

Mitwohnzentrale

Alloggi Temporanei – Möglichkeiten zum ›Wohnen auf Zeit‹ vermittelt die Wahlvenezianerin Helga Anna Gross in ihrer **Agentur@home.** Das Angebot umfasst an die 50 Quartiere, vom einzelnen Privatzimmer bis zur geräumigen Familienwohnung (Tel. 041 523 16 72, Fax 041 520 88 18, info@venrent.com, www.mwz-online.com; Büro: San Marco 2923, Calle Vitturi o Falier).

Edel und teuer

Oase des Luxus und der Stille – **Cipriani:** ▶ G 8, Giudecca 10, Tel. 041 520 77 44, Fax 041 520 39 30, www.hotelcipriani.it, hoteleigenes Bootstaxi von San Marco, 95 Zi., DZ ab 1100 €. Wer in dieser exquisiten Hotel-Legende am Ostende der Giudecca logiert, ist vom Trubel der Stadt völlig abgeschirmt. Beispiellos für die venezianische Hotellerie sind der große Garten, der Swimmingpool, die Tennisplätze und

Das Hotel Danieli wartet mit einem gotischen Innenhof auf

der private Yachthafen. Das Hotelerlebnis wird noch gesteigert durch die direkt an das Haupthaus angrenzende Dependance im Palazzo Vendramin. Wer noch abgelegener zu residieren wünscht, reserviert bei Bonifacio Brass in der Locanda Cipriani auf Torcello, www.locandacipriani.com.

Allein das Entree! – **Danieli:** ► G 6, Castello 4196, Riva degli Schiavoni, Tel. 041 522 64 80, Fax 041 520 02 08, www.danielihotelvenice.com, Stazione San Zaccaria, 233 Zi., DZ ab 270 €. Das größte Luxushotel im Centro Storico umfasst einen Palast aus dem 15. Jh. und einen ziemlich gesichtslosen Anbau aus der Nachkriegszeit. Besonders spektakulär sind sein als Lobby genutzter gotischer Hof und das Dachrestaurant, die Terrazza, von dem aus man das ganze San-Marco-Becken überblickt (s. Mein Tipp, S. 211). Das Gästebuch liest sich wie ein Who's who der Geisteselite des 19. Jh.

Residieren wie ein Doge – **Gritti Palace:** ► E 6, San Marco 2467, Campo Santa Maria del Giglio, Tel. 041 79 46 11, Fax 041 520 09 42, www.gritti.hotelinvenice.com, Stazione Giglio, 91 Zi., DZ ab 300 €. Der überaus prächtige Palast, den sich der Doge Andrea Gritti im 16. Jh. am Canal Grande schuf, zählt europaweit zu den absoluten Top-Hotels. Auch für ›non-residents‹ einen vergleichsweise tiefen Griff ins Portemonnaie wert: ein Drink in der entzückenden Bar oder, schöner noch, auf der Terrasse mit Blick auf den Großen Kanal.

Tradition mit neuem Schick – **Monaco & Grand Canal:** ► F 6, San Marco 1332, Calle Vallaresso, Tel. 041 520 02 11, Fax 041 520 05 01, www.hotelmonaco.it, Stazione San Marco, 100 Zi., DZ ab 190 €. Eines der ansprechendsten First-Class-Hotels am Canal Grande. Das Restaurant (mit schöner Terrasse) ist exzellent, die angrenzende Bar ein Hort der Behaglichkeit und das gesamte Haus aufwendig generalrenoviert und erweitert. In den Zimmern dominiert klassische Elegance des 19. Jh., im öffentlichen Bereich postmoderne Transparenz mit klaren Linien und viel Glas.

Komfortabel und stilvoll

Adelspalast goes Top-Hotel – **Russini Palace:** ▶ G 4, Castello 5866, Campo Santa Formosa, Tel. 041 241 04 47, Fax 041 523 09 56, www.ruzzinipalace.com, Stazione Rialto, 28 Zi., DZ ab 150 €. Eine stattliche Erscheinung ist dieser viergeschossige Palast in der Nordwestecke eines der malerischsten Campi der Stadt – besonders wenn man sich ihm bei Dunkelheit nähert und er einem effektvoll illuminiert entgegenstrahlt. Im Inneren feiern das aristokratische Flair eines im Übergang von der Renaissance zum Barock erbauten Hauses, die schwelgerische Dekoration aus dem 18. Jh. mit modernstem Komfort des 21. Jh. eine sehr stimmige Hochzeit. Der optischen Gediegenheit entspricht der exzellente Service.

Pionier unter den Designhotels – **Ca' Pisani:** ▶ D 7, Dorsoduro 979a, Tel. 041 240 14 11, Fax 041 277 10 61, www.capisanihotel.it, Stazione Accademia, 29 Zi., DZ ab 150 €. Venedigs ältestes Boutique-Hotel, eine Gehminute von der Accademia entfernt. Im Stil der Futuristen der 1930er- und 40er-Jahre mit Originalmöbeln und -gemälden jener Avantgardeströmung äußerst geschmackvoll bestückt, mit ungewöhnlichen geometrischen Formen und Farben, von Beige und Grau bis Senfgelb und Orange. Ein entspannender Genuss: das hoteleigene Dampfbad und Solarium gleich neben der einladenden Dachterrasse. Auch empfehlenswert: das zugehörige Restaurant La Rivista.

Mainstream mit Niveau – **Cavaletto & Doge Orseolo:** ▶ F 5, San Marco 1107, Calle Cavaletto, Tel. 041 520 09 55, Fax 041 523 81 84, www.sanmarcohotels.com, Stazione San Marco Vallaresso, 95 Zi., DZ ab 110 €. Zentraler ist die Lage und klassischer der Ausblick wohl kaum möglich – unter den Fenstern: ein Kanal samt Standplatz der Gondolieri; der Markusplatz eine Gehminute entfernt. Das

Gediegenen Charme strahlen viele venezianische Hotels aus

Haus selbst bietet zwar wenig Originär-Venezianisches, aber internationale Funktionalität, gepaart mit Elegance und tadellosem Service.

Charmant geführter Familienbetrieb – **Giorgione:** ▶ F 3, Cannaregio 4587, Calle Larga dei Proverbi, Tel. 041 522 58 10, Fax 041 523 90 92, www.hotelgiorgione.com, Stazione Ca' d'Oro, 76 Zi., ab 115 €. Vereint venezianische Elegance (alte Stilmöbel) mit modernem Komfort; eines der empfehlenswertesten Häuser in dieser Kategorie. Entzückende Dachterrasse und Innenhof zum Frühstücken, Billardsalon.

Haus mit Charakter in Traumlage – **Londra Palace:** ▶ G 5, San Marco 4171, Riva degli Schiavoni, Tel. 041 520 05 33, Fax 041 522 50 32, www.londrapalace.com, Stazione Arsenale, 53 Zi., DZ ab 285 €. Erstklassiges Hotel mit ›100 Fenstern zur Lagune‹, makellosem Service und sehr gutem Restaurant (Do' Leoni), behutsam auf Hochglanz renoviert. Nicht zuletzt dank der Traumlage seinen – nicht eben niedrigen – Preis wert.

Refugium in Strandnähe – **Quattro Fontane:** ▶ Karte 6, C 3, Lido, Via Quattro Fontane, 16, Tel. 041 526 02 27, Fax 041 526 07 26, www.quattrofontane.com, Stazione Lido, 60 Zi., geöffnet Ende April–Anf. Nov., DZ ab 230 €. Das beste der kleinen Hotels am Lido, untergebracht in der früheren Sommervilla einer Familie aus dem Centro Storico; ruhiger Rückzugsort für Individualisten, elegante Stuckfassade, stilvolle Einrichtung, eigener Tennisplatz. Unbedingt frühzeitig buchen!

Mittelklassehotels

Schöne Bleibe für Nostalgiker – **Accademia:** ▶ C 6, Dorsoduro 1058, Fondamenta Bollani, Tel. 041 521 01 88, Fax 041 523 91 52, www.pensioneaccademia.it, Stazione Accademia, 27 Zi., DZ ab 180 €. Einst Quartier der russischen Botschaft und heute auch unter dem Namen Villa Maravege bekannt, verströmt diese Pension das Flair vergangener Tage. Jedes der individuell gestalteten Zimmer blickt entweder auf den Kanal oder in den romantisch verwachsenen Garten. Dementsprechend ist eine Reservierung Monate im Voraus notwendig.

Individuelle Betreuung ist Trumpf – **Angelika:** ▶ Karte 6, E 3, Lido, Via Antonio Loredan, 12a (c/o Fehle Franco), Tel./Fax 041 526 87 01 oder 348 338 55 21, www.angelikalido.com, Stazione Lido, DZ ab 80 €. Wohltuend ruhige Lage am Lido, aber nur fünf Gehminuten vom Vaporetto-Anleger: gediegene, dennoch preiswerte Bed & Breakfast-Zimmer, auch Familienapartment. Deutschsprachige, sehr hilfsbereite Gastgeberin, WLAN, Gratis-Nutzung hauseigener Fahrräder. Ganzjähriger Betrieb.

Stilvolle Grünoase im Stadtherz – **Flora:** ▶ E 6, San Marco 2283/a, Calle Larga XXII Marzo, Tel. 041 520 58 44, Fax 041 522 82 17, www.hotelflora.it, Stazione San Marco, 43 Zi., DZ ab 130 €. So romantisch der wunderschön verwachsene Garten, so komfortabel und stilvoll sind die Zimmer dieses Palasts aus dem 17. Jh., der ursprünglich eine berühmte Malerschule beherbergte. Ruhige Atmosphäre, moderner Komfort.

Spektakuläre Lage, altes Flair – **Gabrielli Sandwirth:** ▶ H 6, Castello 4110, Riva degli Schiavoni, Tel. 041 523 15 80, Fax 041 520 94 55, www.hotelgabrielli.it, Stazione Arsenale, 107 Zi., DZ ab 120 €. Haus im Stil der venezianischen Gotik, gebaut um einen dicht bewachsenen Garten, mit geräumigen und tadellos möblierten Zimmern (südseitige Lage Richtung Wasser verlangen!); das Stadtpanorama von der Dachterrasse ist ein Traum.

Nette Mittelklasse, sehr verkehrsgünstig – **Guerrini:** ▶ C 3, Cannaregio 265, Lista die Spagna, Tel. 041 71 53 33, Fax 041 71 51 14, www.hotelguerrini.it, Stazione Ferrovia bzw. zu Fuß vom Bahnhof, 16 Zi., DZ ab 75 €. In einer ruhigen Sackgasse nahe dem Campo San Geremia; einfach, sauber und sehr praktisch nahe dem Bahnhof. Tadelloses Preis-Leistungs-Verhältnis.

Gediegene Tradition – **Kette:** ▶ E 6, San Marco 2053, Piscina San Moisè, Tel. 041 520 77 66, Fax 041 522 89 64, www.hotelkette.com, Stazione Giglio, 61 Zi., DZ ab 200 €. Keine fünf Gehminuten vom Markusplatz: tadellose gehobene Mittelklasse, leider ohne Bar oder Restaurant. Achtung: Alle Zimmer sind zwar renoviert, viele geräumig, mit marmorgetäfeltem Bad, einige aber recht beengt.

Qualitätsadresse für Kenner – **La Calcina:** ▶ D 7, Dorsoduro 780, Zattere, Tel. 041 520 64 66, Fax 522 70 45, www.lacalcina.com, Stazione Zattere, 29 Zi., ab 90 €. Das ehemalige Wohnhaus des Stadthistorikers John Ruskin. Am Dach eine Altane für Sonnenanbeter, und direkt am Giudecca-Kanal eine geräumige Terrasse, auf der man bei warmem Wetter das Frühstück serviert bekommt. Wlan! Besonders schöne Eckzimmer: Nr. 2, 22 und 32, frühzeitig reservieren!

Wohnen (fast) wie die Einheimischen – **Locanda ai Santi Apostoli:** ▶ F 3, Cannaregio 4391, Strada Nuova, Tel. 041 099 69 16, Fax 894 60 06, www.locandasantiapostoli.com, Stazione Ca' d'Oro, 11 Zi., ab 99 €. Wer wollte nicht einmal privat in einem Palazzo direkt am Kanal residieren? In dieser Pension kommt man der Erfüllung dieses Wunschtraums denkbar nahe – zu moderaten Preisen. Durch einen kleinen Korridor, per Lift ins oberste Stockwerk dieses 500 Jahre alten Palasts und schon fühlt man sich zu Hause.

Einfach und günstig

Tolle Lage für Kunstfreunde – **Alex:** ▶ D 4, San Polo 2606, Rio Terra Frari, Tel./Fax 041 523 13 41, www.hotelalexinvenice.com, Stazione San Tomà, 11 Zi., DZ ab 60 €. Preiswerter geht's kaum, und das auch noch in bester Lage unmittelbar neben der weltberühmten Frari-Kirche. Allzu viel Komfort darf man freilich nicht erwarten.

Auf Tuchfühlung mit dem ›dörflichen‹ Venedig – **Antico Capon:** ▶ C 5, Dorsoduro 3004/b, Campo Santa Margherita, Tel./Fax 041 528 52 92, www.anticocapon.altervista.org, Stazione Ca' Rezzonico, 7 Zi., DZ ab 45 €. Die Unterkunft ist zwar schlicht, die Lage aber ungemein charmant – direkt an einem der volkstümlichsten Campi der Stadt mit regem gastronomischen Treiben bis weit nach Mitternacht. Vorsicht: Platzseitige Zimmer in der warmen Jahreszeit sind nicht zuletzt wegen des zum Haus gehörigen Ristorante recht laut.

Tadellos und zentral – **San Samuele:** ▶ D 5, San Marco 3358, Salizzada di S. Samuele, Tel./Fax 041 522 80 45, www.albergosansamuele.it, Stazione San Samuele, 10 Zi., DZ 50–110 €. Charmant und ruhig; die meisten Zimmer mit eigenem Bad. Tolle Lage zwischen Campo Santo Stefano und Palazzo Grassi in unmittelbarer Nähe des Canal Grande. Rechtzeitig buchen!

Nett, insbesondere für Individualisten – **Sant'Anna:** ▶ K 6, Castello 269, Corte del Bianco, Tel. 041 528 64 66, Fax 041 520 42 03, www.locandasantanna.com, Stazione Giardini, 8 Zi., DZ ab 50 €. Für venezianische Verhältnisse sehr peripher, im Norden der öffentlichen Gärten und des Biennale-Geländes, dafür aber garantiert abseits der Touristenströme gelegen.

Traditionsadresse für Thriller-Fans – **Pensione Seguso:** ▶ D 7, Dorsoduro 779, Zattere ai Gesuati, Tel. 041 528 68 58, Fax 041 552 23 40, www.pensionesegusovenice.com, Stazione Zattere, 36 Zi., DZ ab 80 €. Von außen auf den ersten Blick ein wenig desolat, doch innen ein netter Ankerplatz für Nostalgiker – mit altmodischem Mobiliar, Bibliothek, Salon und schönem Panorama auf den Giudecca-Kanal und literarischer Bedeutung als zentraler Schauplatz in Patricia Highsmiths Kriminalroman »Venedig kann sehr kalt sein«. Wermutstropfen: In der Saison nur Halbpension.

Nah dem Nabel der Stadt – **Silva:** ▶ G 5, Castello 4423, Fondamenta del Remedio, Tel. 041 522 76 43, Fax 041 528 68 17, www.locandasilva.it, Stazione San Zaccaria, 23 Zi., DZ ab 80 €. Ein Quartier-Schnäppchen an einem besonders malerischen kleinen Kanal, etwa auf halbem Weg zwischen Markusdom und Campo Santa Maria Formosa. Kein Lift, keine Klimaanlage, aber tadellose Räume; Atmosphäre und Personal sind freundlich.

Jugendherbergen

Prachtlage mit Blick Richtung Altstadt – **Ostello Venezia:** ▶ E 8, Giudecca 86, Fondamente delle Zitelle, Tel. 041 523 82 11, Fax 041 523 56 89, www.hostelvenice.org, Stazione Zitelle, 20 Zi. mit 260 Betten, pro Nacht inkl. Frühstück und Bettzeug 19 €. Traumlage mit Blick auf San Giorgio und San Marco, ganzjährig geöffnet, häufig überfüllt, Check-In 24 Std. mögl., zwischen 10 und 14 Uhr sind Zi. zwecks Reinigung zu verlassen. Für den Hochsommer ist eine schriftliche Reservierung anzuraten.

Zwei Sterne – gehoben – **Ferienhaus Domus Cavanis:** ▶ D 7, Dorsoduro 895, Rio Terra Foscarini, Tel. 041 528 73 74, Fax 041 52 28 55, info@hotelbellearti.com, Stazione Accademia, 35 Zi., 47 Betten, p. P. im Mehrbettzimmer ab 27 €, auch DZ. Einwandfrei, jedoch schlicht, was die Ausstattung und den Service betrifft, ganzjährig geöffnet.

Camping

Zahlreiche Campingplätze finden sich im Gebiet von Mestre/Marghera und Umgebung bzw. in Cavallino-Treporti. Umfassende Informationen über Lage, Ausstattung, Preise etc. diverser Plätze im Raum Cavallino-Treporti gibt die **Vereinigung Assocamping**, Tel. 041 537 90 70, Fax 041 537 11 06, www.assocamping.it.
Hier seien zwei empfehlenswerte Adressen genannt:

Campeggio San Nicolò: ▶ Karte 5, D 3, Lido, Via die Sammicheli, 14, Tel./Fax 041 526 74 15, www.campingsannicolo.com, 174 Zelt-, 50 Stellplätze, p. P. ab 14 €.
Camping Village Alboschetto: ▶ Karte 5, E 3, Cavallino-Treporti, Tel. 041 96 61 45, Fax 041 530 11 91, www.alboschetto.it, p. P. ab 6 €; auch Bungalows sind zu mieten.

Essen und Trinken

Wie Sie das richtige Restaurant finden ...

Mit diesem Buch

Auf den folgenden Seiten finden Sie eine Auswahl derjenigen Restaurants, die zu den besten der Stadt zählen, sich als bewährte Klassiker der venezianischen Kochkunst einen Namen gemacht haben oder die gerade angesagt und in aller Munde sind. Dazu kommen alteingesessene Gasthäuser (*osterie* oder *trattorie*) mit ursprünglicher, oft eher deftiger Traditionsküche und die sogenannten *bacarì*, Stehbars, in denen eine unüberhörbar gesprächige Stammklientel im Stehen pikante Häppchen zu schnabulieren und dazu ein oder mehrere Gläschen Weißwein zu kippen pflegt.

Viele Restaurants bieten Touristenmenüs zu Fixpreisen an, die meist kostengünstiger sind. Gourmets kommen dabei freilich selten auf ihre Kosten.

Hier können Sie sich selbst umsehen ...

Trotz der Millionen Touristen ist Venedig eine kleine Stadt, eine spezielle Gastronomieszene für ein jeweiliges Viertel gibt es hier nicht. Böse Zungen behaupten allerdings, die Esslokale seien umso besser, je weiter sie vom Markusplatz entfernt wären. Wie bei jedem Klischee steckt auch in diesem ein Körnchen Wahrheit. Billiger sind die Lokale in unbekannteren Lagen in Dorsoduro, Cannaregio oder im Norden und Osten von Castello allemal.

Venezianische Küche

Die *cucina veneziana* galt in früheren Zeiten dank ihrer ausgefallenen Rezepte und ihrer Vorliebe für orientalische Gewürze und Zucker als feinste

Gastronomie in Venedigs Vierteln

Rund um den Markusplatz:
- Stadtviertelkarte S. 130
- Restaurantbeschreibung S. 144

San Marco:
- Stadtviertelkarte S. 153
- Restaurantbeschreibung S. 165

Cannaregio:
- Stadtviertelkarte S. 177
- Restaurantbeschreibung S. 187

Castello:
- Stadtviertelkarte S. 195
- Restaurantbeschreibung S. 210

San Polo und Santa Croce:
- Stadtviertelkarte S. 225
- Restaurantbeschreibung S. 236

Dorsoduro, San Giorgio und Guidecca:
- Stadtviertelkarte S. 247 und S. 257
- Restaurantbeschreibung S. 263 und S. 266

Der Lido und die Laguneninseln:
- Stadtviertelkarte S. 272
- Restaurantbeschreibung S. 272 und S. 274 und S. 278

Küche der Welt. Mag sie seither auch an Raffinement etwas eingebüßt haben: Venedig ist immer noch ein Schlaraffenland für Schlemmer und die Vielfalt an frischen Fischen und anderem Meeresgetier ist – ein frühmorgendlicher Besuch der Pescheria beweist es (s. S. 221) – nach wie vor groß.

Auch die Schätze von den Feldern des Festlands und der Gemüseinseln (etwa Reis und Mais aus der Po-Ebene, Spargel, Artischocken und Salate von Sant'Erasmo, Vignole und den Ufern der Brenta) sind von höchster Qualität. Dazu kommen leckere Spezialitäten wie hausgemachte *paste* in dutzenderlei Formen, der *prosciutto* aus San Daniele, der *radicchio trevisano* (Chicoree), der mildwürzige Käse aus Asagio und der *grappa* aus Bassano. Gar nicht zu reden von den erstklassigen Weinen aus dem Veneto und dem Friaul, den raffinierten Süßigkeiten (*dolci*) der venezianischen Konditoren und dem nach alten Traditionen gebrauten Kaffee.

Klassiker der Speisekarte

Auf Venedigs Speisekarten finden sich u. a. folgende Klassiker: als **Vorspeise** (*antipasto*) zum Beispiel eingelegtes Gemüse oder sauer eingelegte Sardinen mit Zwiebel. Als **erster Hauptgang** *(primo piatto),* beliebt sind diverse gebundene Suppen, Fischsuppe bzw. -brühe, ein *risotto*, insbesondere *risi e bisi* (Reis mit Erbsen), *bigoli*, eine Art dicke Spaghetti aus dunklem Mehl, die man sehr gerne mit Bohnen oder Sardellensauce kombiniert, aber auch das legendäre, von Arrigo Cipriani, dem Begründer von Harry's Bar, kreierte *Carpaccio* – hauchdünne Rindfleischscheiben, die man in Zitronensaft, mit Rucola und *grana-padano*-Käse kredenzt. Eine für Venedig typische Zutat ist Tintenfisch, der *paste* und *risotti* schwarz färbt.

Als **zweiter Hauptgang** (*secondo piatto*) sind, wenig überraschend, Fisch und Meeresfrüchte gang und gäbe – namentlich *baccalà mantecato* (pürierter Stockfisch mit Petersilie und Knoblauch), Seebarsch, Goldbrasse, Seezunge, Seeteufel, Aal, *calamari*, Hummer, Venus- und Miesmuscheln. Ein häufig angebotenes Gericht ist *frittura mista*, ein Potpourri von gebackenem Fisch.

Wer es lieber mit Fleisch hält, sollte die Spezialität *fegato alla veneziana*, eine leicht angebratene Leber mit gerösteten Zwiebeln und Rotwein, kosten. Zum Standard gehören Koteletts bzw. Steaks, und zwar *ai ferri* (vom Grill) vom Rind, Kalb, Lamm, aber auch Schweinerippchen, Kutteln, Geschnetzeltes, Huhn und der klassische Braten.

Süßmäuler schließen ihr Mahl mit einem **Dessert** (*dolce*) wie etwa den *aranci caramellizzati* (karamellisierten Orangen), *fiori di zucca* (gebackenen Kürbisblüten), *fritole* (Krapfen mit Rosinen und Pinienkernen) oder *baicoli*, dünnem, süßen Zwieback, den man in seinen Kaffee oder Dessertwein tunkt.

Zubereitungsarten

Diese sind ungezählt. Für Teigwaren gängig sind u. a. *al burro*, *pomodoro*, *ragù* und *salmone* (in Butter-, Tomaten-, Fleisch- oder Lachssauce), *al olio* (in Öl), *alla carbonara* (mit Eiern und Speck) oder *all'amatriciana* (mit Tomatensauce, Speck und Zwiebeln). Der Fantasie des Küchenchefs wenig Grenzen setzen die Bezeichnungen *della casa* (nach Art des Hauses), *di stagione* (nach Jahreszeit) bzw. *a sceltala piacere* (nach Wahl).

Häppchenweise

Unter den *cicheti*, den berühmten Häppchen zwischendurch, bevorzugen Bargänger, abgesehen von den omnipräsenten und fantasiereich gefüllten *panini* (Sandwiches) und *tramezzini* (dreieckige Weißbrot-Schnitten), je nach Saison u. a. *verdure fritte* (in Butterbrösel gebackenes Gemüse), Artischockenherzen, speziell die *castraure* genannten kleinen, violetten; ferner kleine Schnecken, kleine Tintenfische, Spinnenkrabben, Hackfleischbällchen oder schlicht und einfach Brot mit Sardellen.

Eine kurze Anmerkung zu den Preisangaben auf den folgenden Seiten: Diese – wie auch bei den gastronomischen Empfehlungen am Ende jedes Rundgangs im Routenteil – beziehen sich üblicherweise, wenn nicht anders angegeben, auf ein Drei-Gänge-Menü ohne Getränke. Der Zuschlag für die Bedienung (*servizio*) ist gemeinsam mit jenem für das Gedeck (*coperto*) in der verrechneten Endsumme für gewöhnlich bereits eingeschlossen. Ein Trinkgeld (*mancia*) von 10 % ist ausreichend und wird auf dem Tisch liegen gelassen.

Spitzengastronomie

Ein Pionier der Renaissance qualitätvoller Osterien – **Da Fiore:** ▶ D 4, San Polo 2202/a, Calle del Scaleter, Tel. 041 72 13 08, www.dafiore.net, Stazione San Stae, Di–Sa 12.30–15.30, 19.30–22.30 Uhr, ab 75 €. In diesem kleinen Restaurant scheint die Zeit still zu stehen. Von warmherziger Atmosphäre umfangen, genießt man absolute Spitzenküche *alla veneziana* (die freilich ihre satten Preise hat). Ein Schwerpunkt liegt auf feinst zubereiteten einheimischen Fischen. Dementsprechend sind Tische mindestens zwei Wochen im Voraus zu reservieren. Besonders einladend: ein Platz auf dem kleinen Balkon.

Tutto perfetto! – **De Pisis:** ▶ F 6, San Marco 1413d, Hotel Bauer, Tel. 041 520 70 22, www.ilpalazzovenezia.com, Stazione San Marco Vallaresso, tgl. 12–16 u. 19–22.30 Uhr, ab 100 €. Der Rolls Royce der venezianischen Hotelgastronomie: In aristokratischem Ambiente

Ombra, cicheto, bacaro – Essen auf Venezianisch

Ein Wort zu den venezianischen Häppchen (*cicheto*): Christoph Wagner (gest. 2010), als Wiens Gourmetpapst ein alpenländischer Wolfram Siebeck gewissermaßen, nahm in einem seiner zahllosen Bücher folgende Definition der Grundbegriffe vor: Ein *bacaro* sei, schrieb er, »ein Ort des (von Bacchus selbst, wem sonst?) institutionalisierten Gelages, wo immer dieses auch stattfinden mag«. Ein *cicheto* sei jener Bissen oder Happen, der »dort so lange gereicht wird, bis aus einzelnen Bissen und Happen tatsächlich ein Gelage wird«. Eine *ombretta* sei die Verkleinerungsform von *ombra*. Diese wiederum bedeute zunächst »Schatten«, meine aber in Wahrheit jenes Gläschen Wein (meist ein Deziliter), dem für gewöhnlich ein weiteres folgen müsse, weil alles andere ungewöhnlich wäre. Wenn, was in Venedig ganz normal sei, die stetige Aufeinanderfolge vom *ombre* und *cicheti* nicht auf eine Lokalität beschränkt bleibe, werde daraus der berühmte *Giro da ombre*, jener hedonistische Spaziergang, der über die Seele Venedigs mindestens so viel aussage wie der Markuslöwe, Vivaldi, Tizian oder das Muranoglas. In Venedig würden bei 60 000 Einwohnern täglich geschätzte 50 000 Ombre ausgeschenkt. Man sei also mit seinem Durst keineswegs allein.

zelebriert Chef Giovanni Ciresa, indem er mit unerschöpflicher Kreativität die Essenz der norditalienischen Küche mit fernöstlichen Einflüssen würzt, allabendlich kulinarische Hochämter der Sonderklasse. Wie wär's etwa mit Kaninchen-Carpaccio plus süßsaurem Kürbis und Macadamianüssen, hernach Ravioli »Coca Cola« mit Zwiebeln und Muscheln und als Secondo Sirloin Steak in der Salzkruste?! Wirklich unvergesslich: ein Dinner auf der Terrasse mit Blick auf die barocken Kurven der Salute-Kirche.

Höchste Eleganz seit mehr als 200 Jahren – **Ristorante Gran Caffè Quadri:** ▶ F 5, Piazza San Marco 121, Tel. 041 522 21 05, www.ristorantequadri.it, tgl. 12–14.30 u. 19–22.30 Uhr, Nov.–März Mo geschl., Café im Erdgeschoss tgl. 9–23.30 Uhr, ab 80 €. Elegant dinieren wie zu Casanovas Zeiten – im ersten Stock des Renommiercafés mit Blick auf das abendliche Treiben auf der Piazza. Dem exquisiten Ambiente mit satinroten Stofftapeten und Muranolüstern entsprechen die Gediegenheit von Service und Küche. Spezialtipp für Süßmäuler: die »gebackene Eiscrème« – Amaretto-Mousse mit Mandeln und obendrauf leicht flambierte Meringe. Am berauschendsten sitzt sich's im Quadri übrigens während des Karnevals, wenn vor den Fenstern extravagante Kostüme und Masken wogen. Was u. a. schon Balzac, Stendhal, Lord Byron, Proust und Richard Wagner zu schätzen wussten. Preiswerteres Essen bekommt man im **abcQuadri** im informelleren Ambiente der Sala Ponga im Untergeschoss des Ristorante (selbe Öffnungszeiten).

Lokallegende – **Harry's Bar:** ▶ F 6, San Marco 1323, Calle Vallaresso, Tel. 041 528 57 77, www.harrysbarvenezia.com, Stazione San Marco Vallaresso, tgl. 10.30–23 Uhr, ab 70 €. Inbegriff venezianischer Top-Gastronomie, Treffpunkt des internationalen Jetset. Spezialität: das vom Hausherrn erfundene *Carpaccio*. Relativ locker speist man in Nähe der Bar im Erdgeschoss, formeller geht's im 1. Stock zu. Freilich: Extrem hoch wird die Rechnung da wie dort. Oder man beschränkt sich darauf, einen der berühmten Bellinis (Cocktails aus Pfirsichsaft und Prosecco) zu schlürfen. Und wer's noch nicht weiß: Auch Hemingway pflegte hier zu tafeln (und dem Alkohol zuzusprechen).

Fischgerichte in gediegenem Rahmen – **Poste Vecie:** ▶ E 4, San Polo 1608, Pescheria, Tel. 041 72 18 22, www.postevecie.com, Stazione Rialto, Mi–Mo 12–15, 19–22.30 Uhr, ab 78 €. Nehmen Sie Platz bei Kaminfeuer und Kerzenlicht im freskengeschmückten Palazzo aus dem Cinquecento! Schon im 16. Jh. kehrten die Händler des nahen Rialto-Bezirks hier gerne ein. Entsprechend der Lage an der Pescheria empfiehlt sich in diesem über ein hölzernes Brückchen erreichbaren Restaurant der Genuss der ausgezeichnet zubereiteten Fische und Krustentiere.

Mittlere Preisklasse

Gehoben speisen – **Agli Alboretti:** ▶ D 6, Dorsoduro 882, Rio Terra Foscarini, Tel. 041 522 99 37, Stazione Accademia bzw. Zattere, Fr–Mi 12.30–14.30, 19.30–22.30 Uhr, im Winter auch Mi geschl., ab 45 €. Elegantes Restaurant mit kreativer Küche; empfehlenswert für gesellige Abende im gehobenen Rahmen. An Sommerabenden sitzt man im Innenhof unter weinumrankter Pergola.

Eleganter Künstler-Treff – **Al Colombo:** ▶ E 5, San Marco 4619, Corte del Teatro (bei Campo San Luca), Tel. 041 522 26 27,www.alcolombo.com, Stazione Rialto, tgl. 11–24 Uhr, ab 40 €. Hier pflegen bevorzugt auch Künstler zu tafeln. Und das bereits seit dem späten 18. Jh.! Spezialitäten: frischer Adria-Fisch, hausgemachte Teigwaren und Desserts, und das ganze Jahr über schwarze und weiße Trüffel.

Eine Freude für Freunde von gutem Fisch – **Al Covo:** ▶ H 5, Castello 3968, Campiello della Pescaria, Tel. 041 522 38 12, www.ristorantealcovo.com, Stazione San Zaccaria, Fr–Di 12.45–14.15, 19.30–22 Uhr, ab 35 €. Es mag wohl an der Nationalität von Patron Cesare Benellis charmanter Gattin, Diane, liegen, dass hier mit Vorliebe Feinschmecker von jenseits des Großen Teiches einkehren. Sie tun gut daran. Die Fischküche in dieser gepflegten Trattoria ist nämlich stets sehr gut, bisweilen sogar exzeptionell. Auch wer gute Weine und üppige Süßspeisen liebt, kommt hier voll auf seine Rechnung.

Gourmet-Treff auf der Höhe der Zeit – **Al Giubagio:** ▶ F 3, Cannaregio 5039, Fondamente Nove, Tel. 041 523 60 84, www.algiubagio.net, Mi–Mo 12.30–15 u. 18.30–22 Uhr (Bar ganztägig durchgehend), ab 35 €. Wer hier auf sein Vaporetto Richtung Murano wartend nur kurz hereinschaut, könnte meinen, es handele sich um eine, zugegeben überdurchschnittlich schicke Panini-Bar. Ihr wahres Können offenbaren Alberto, Giulio, Paolo und ihr Team erst im originell designten Hinterzimmer. Zwischen Ziegelwänden und Flaschenregalen – oder im Sommer auf der Terrasse mit Blick auf San Michele – genießt man eine mehr als gehobene, zeitgemäß kreative Küche und dazu die äußerst smarte Bedienung.

Fisch & Kunst nach einem Tag am Meer – **Andri:** ▶ Karte 6, D 3, Lido di Venezia, Via Lepanto 21, Tel. 041 526 54 82, Stazione Lido, Mi–So 12–15, 19–23 Uhr, Jan./Feb. geschl., ab 25 €. Das erlebt man nicht alle Tage: ein weit über dem Durchschnitt aufkochender Wirt, der sein schniekes Restaurant mit selbst fabrizierten abstrakten Gemälden von beachtlicher Qualität ausstaffiert und zudem auch noch seinen süffigen Wein in selbst designten bunten Glaskaraffen kredenzt! Luca Menighetti ist offensichtlich ein Multitalent. Die Augen freut's, aber mehr noch den Gaumen. Denn speziell die Fischgerichte (probieren: Antipasti-Teller und Risotto!) sind so gut, dass man die Wahl getrost dem Hausherrn – und seiner im Küchenhintergrund tätigen Mama – überlassen kann.

Famose Fischgerichte – **Da Franz:** ▶ K 7, Castello 754, Fondamenta San Giuseppe, Giardini Biennale, Tel. 041 522 08 61, www.hostariadafranz.com, Stazione Giardini, 11.30–15, 18–23 Uhr geschl. Mitte Nov.–Mitte März, ab 50 €. Nicht nur zur Zeit der Biennale ist es schwer, in dieser vor allem für seinen Fisch weithin gerühmten Hostaria spontan einen Tisch zu ergattern. Allzu behaglich sitzt es sich in dem eleganten, seit einem Vierteljahrhundert von Vater Gianfranco und Sohn Maurizio Gasparini mit viel Charme geführten Lokal (und auch draußen an den Tischen am Kanal). Und, wichtiger noch: Allzu herrlich lässt sich's hier schmausen. Highlights der Küche sind die *seppie* (Tintenfisch), der gegrillte Aal und, aus der Vielzahl der hausgemachten Desserts, das Tiramisu. Nicht ohne Grund geben sich bei »Franz« bisweilen auch TV- und Filmstars die Ehre. Auch der Weinkeller präsentiert sich bestens bestückt.

Das Café Florian ist das älteste seiner Art in Venedig

Schinken und sardische Spezialitäten – **Pane, Vino e San Daniele:** ▶ B 6, Dorsoduro 1722, Campo Anzolo Raffaele, Tel. 041 523 74 56, Stazione San Basilio, Mo–Fr 10–15, 19–24 Uhr, Sa/So nur abends, ab 25 €. Luigi Secchi, der Chef dieser abseits der üblichen Touristenpfade, zu Füßen der Kirche Anzolo Raffaele situierten und sehr sympathisch geführten Osteria fühlt sich den gastronomischen Traditionen seiner Heimat Sardinien verpflichtet. Der Schwerpunkt liegt aber, nomen est omen, auf Gerichten mit San-Daniele-Schinken und friaulischen Weinen. Besonders lecker: die Desserts wie z. B. Feigen- oder Birnentorte. Zum Schließen des Magens empfehlen sich Mandelkekse mit Mirto-Likör, beide ebenfalls sardischen Ursprungs.

Anspruchsvoll und charmant – **Riviera:** ▶ B 6, Dorsoduro 1473, Zattere, Tel. 041 522 76 21, www.ristoranteriviera.it, Stazione San Basilio, Di u. Do–So 12.30–15, 19.30–22.30 Uhr, Mi nur abends, ab 35 €. Ein sonniges Lunch oder Candlelight-Dinner direkt am Wasser mit Giudecca-Blick, auf dem Teller feinst Zubereitetes *alla stagione*, das die ideale Balance zwischen Tradition und Innovation hält, im Glas Gaumenschmeichelndes von den Reben der Terra Ferma ... In der Tat, ein Mahl bei Monica und Luke, am westlichen Ende der Zattere, verspricht Hochgenuss im umfassenden Sinn.

Künstlertreff seit über 100 Jahren – **Taverna La Fenice:** ▶ E 5, Campiello della Fenice 1939, Tel. 041 522 38 56, www.ristorantelafenice.it, Stazione Giglio, tgl. 12–14.30 u. 19–23 Uhr, nach Opernabenden auch späte Küche, ca. 50 €. Mascagni, Respighi, Strawinsky, Toscanini, Lehár und Strauss ... Das virtuelle Gästebuch dieses unmittelbar hinter der Oper gelegenen Feinschmeckertreffs liest sich wie ein

Who's who der Musikgeschichte des 19. und 20. Jh. Die Prominenz hat nicht gerirrt. Hier lässt sich's bis heute vorzüglich tafeln – Fischplatten, Risotti und, als Kuriosum, kunstvolle Konditorgebilde aus Zucker sind die Markenzeichen. Die Weinkarte birgt über 100 Kreszenzen aus nah und fern.

Fast schon klassisch – **Vini da Gigio:** ▶ E 3, Cannaregio 3628, Fondamenta San Felice, Tel. 041 528 51 40, www.vinidagigio.com, Stazione Ca' d'Oro, Mi–So 12–14.30, 18–22.30 Uhr, ab 25 €. Überaus gemütliche Trattoria, in der exzellent aufgetischt wird; *piatti tipici* vom Fisch ebenso wie vom Rind und Wild. Gut sortierte Weinkarte.

Mein Tipp

Selbst versorgen in Venedig
Warum sich nicht mal zum Spaß und weil's die Geldbörse schont, für ein kleines Picknick in Eigenregie verproviantieren? Fisch, Obst, Gemüse, Käse, Brot bekommt man günstig und unübertroffen frisch auf den Lebensmittelmärkten (*mercati*), z. B. auf dem Campo Santa Margherita, an der Rio Terrà San Leonardo und natürlich am Rialto (Erberia bzw. Pescheria); geöffnet jeweils Mo–Sa ca. 7.30 bis spätmittags. Gut sortiert und preiswert sind auch die Supermercati – etwa in der Calle Seconda dei Saoneri/Ecke Rio Terrà (San Polo) oder in der Salizzada San Lio/Ecke Calle del Mondo Novo (San Marco) bzw. in den Filialen von Billa an der Zattere (nahe der Staz. San Basilio) und am Lido (Gran Viale S. M. Elisabetta/Ecke Via Corfù). Geöffnet ganztägig, teilweise auch sonntags!

Preiswerte Restaurants

Rustikal und raffiniert zugleich – **Ai Canottieri:** ▶ B 2, Cannaregio 690, Fondamenta San Giobbe, Tel. 041 71 79 99, www.osteriaaicanottieri.com, Stazione Tre Archi, Mo–Fr 9–23, Sa u. So 16–23 Uhr, ab 18 €. In dem malerisch nahe dem ehemaligen Schlachthaus gelegenen Lokal gibt sich die Stadtjugend gerne ein Stelldichein. Serviert wird mittags für die Arbeiter der Gegend vornehmlich Fleisch (preisgünstige Fixmenüs!), abends wird's anspruchsvoller mit Schwerpunkt auf Meeresgetier – etwa mit *Fritto Misto di Mare*, Kürbiskuchen mit Scampi und Zucchiniblüten oder Lasagne mit Spargel und Shrimps. Im Winter unbedingt probieren: Seebarsch im Teigmantel, gefüllt mit schwarzen Oliven, Lorbeer und diversen Gewürzen. An Wochenenden gibt's nicht selten Livemusik.

Klassische cucina veneziana – **Al Gazzetino:** ▶ F 5, San Marco 4997, Calle di Mezzo, Tel. 041 521 04 94, Stazione Rialto, Di–So 12–15, 19–22 Uhr, ab 17 €. Stimmungsvolle Trattoria, deren Wände mit alten Zeitungen und vergilbten Starfotos übersät sind. Highlights: Seebarsch in der Salzkruste, Kabeljau mit Polenta, Spaghetti *alla seppia*, Muscheln, Risotti usw. Zugehörig: hübsches Mittelklassehotel mit elf Zimmern. Quittung sicherheitshalber überprüfen!

Authentisch nach alten Rezepten – **Antica Mola:** ▶ D 2, Cannaregio 2800, Fondamenta Ormesini, Tel. 041 71 07 68, Stazione Guglie, Do–Di 12–15, 18.30–21.30 Uhr, ab 17 €. »Mangia e bevi che la vita 'xe un lampo« (Esse und trinke, denn das Leben ist ein Blitz): Nach diesem der Speisekarte vorangestellten Motto kredenzt man in dieser so gemütlichen wie preiswerten Trattoria gleich hinter dem Ghetto *cucina tipi-*

ca veneziana, von *sarde in saour* oder *crostini* über *risotti* oder *pasta e fagioli* bis zur *fegato*, dem *baccalà mantecato* oder der *fritto misto di mare*.

Idealer Lunch für Stadtflaneure – **Osteria Doge Morosini:** ▶ D 6, San Marco 2958, Calle delle Botteghe, Tel. 041 522 69 22, www.osteriadogemorosini.it, Stazione Accademia, Di–So 12–24 Uhr, Tagesteller ab 7 €. Schnörkelloses Ambiente, höchste Sauberkeit, rasche, professionelle Bedienung, vor allem aber leckere Speisen in großen Portionen zu vernünftigen Preisen. Täglich neue Karte mit je fünf *primi* und *secondi piatti* (zu 7 bzw. 11 €), als Antipasto empfehlenswert: die üppige *cicheti*-Platte für zwei um 35 € oder die guten Suppen; zur Abrundung gibt's hausgemachte Desserts.

Authentisch und kommunikativ – **Rivetta:** ▶ G 5, Castello 4625, Ponte San Provolo, Tel. 041 528 73 02, Stazione San Zaccaria, Di–So 10–22.30 Uhr durchgehende Küche (!), ca. 30 €. Schreckhafte Zeitgenossen mit Kontaktscheu sind hier vermutlich fehl am Platz. Denn der Padrone wirkt bisweilen etwas ruppig. Und das Gedränge kann erheblich sein. Dafür bietet diese zu Füßen einer Brücke hingeduckte Trattoria, obwohl nur zwei Gehminuten östlich des Markusdoms, authentische Atmosphäre pur; dazu wohlschmeckendes Essen in sättigenden Portionen zu vernünftigen Preisen, und, als Sitznachbarn am selben Tisch, häufig leibhaftige, in der Ruderpause herzhaft zulangende Gondoliere.

Mein Tipp

Für Vegetarier und Veganer

Vegetarische und vegane Gerichte bieten in Venedig inzwischen etliche Lokale an. Aber gänzlich fleischlose Speisekarten sucht man leider noch vergeblich. Folgende Qualitätsshops ermöglichen zumindest eine entsprechende Eigenversorgung: **Naturalia** (▶ B 4, Fod. del Gafaro 3525), **La Serenissima** (▶ F 5, Corte Coppo 4350) und **Le Spighe** (▶ J 6, Via G. Garibaldi 1341), Letzterer mit Deli- und Salat-Bar. Organisches Obst und Gemüse führt **Baldrocco** (▶ D 2, Rio Tera della Maddalena 2000) am Fuß der Brücke über den Rio di S. Marcuola. Als Saftbar mit großer Auswahl veganer Getränke lädt **Frulala** (▶ C/D 1, Campiello Ricc. Selvatico 6520) zur Einkehr; als Gelateria mit organischen, teilweise veganen Eiscremes **Grom** (▶ C 6, Campo San Barnaba).

Bacari & Osterie

Brötchen für Feinschmecker – **Ai Rusteghi:** ▶ F 4, San Marco 5513, Campiello del Tentor, Tel. 041 523 22 05, Stazione Rialto, Mo–Sa 10–15, 18–24 Uhr, Feb. und Aug. geschl. Snacks ab 1,50 €. Allein ist man auf dem schattigen Campiello gleich hinter San Bartolomeo selten. Und das mit gutem Grund: Die Qualität der Panini, die man in diesem Bacaro kredenzt, hat sich weit herumgesprochen. Ungefähr 30 verschiedene Füllungen umfasst das Sortiment, darunter neben der üblichen *Formaggio e Prosciutto*-Routine auch Pikantes wie Hühnersalat, Spanferkel mit Radicchio, Shrimps mit Steinpilzen oder Spargel mit Ei. Die vier *rusteghi* (Grobiane) aus Carlo Goldonis gleichnamiger, später von Ermanno Wolf-Ferrari vertonten Komödie hätten wohl ihre Freude.

Seit über 100 Jahren im Trend – **Ca' d'Oro Alla Vedova:** ▶ E 3, Cannaregio 3912, Ramo Ca' d'Oro, Tel. 041 528 53

24, Stazione Ca' d'Oro, Fr–Mi 11.30–14.30, 18.30–22.30 Uhr, So nur abends, ab 23 €. Bei der ›Witwe‹ verkehren hauptsächlich Einheimische, die Wert auf gediegene Küche legen. Vielerlei Arten von Fisch, Fleisch, Gemüse, Paste. Leckermäuler sollten unbedingt *bussolai* und/oder *zibibbo* probieren!

Gehoben, aber ohne Schnickschnack – **Alle Testiere:** ▶ F/G 4, Castello 5801, Calle del Mondo Novo, Tel. 041 522 72 20, www.osterialletestiere.it, Stazione Rialto bzw. San Zaccaria, Di–Sa 12–15, 18.30–23 Uhr, ab 30 €. Nur neun Tische zählt diese so schnörkellos wie stilvoll gestaltete Osteria. Doch was auf ihnen landet, ist eine wärmste Empfehlung wert. Bruno und Luca, die beiden Betreiber, verwenden wo immermöglich lokale Rohware, Fisch, Gemüse, Kräuter, Gewürze aus der Lagune und ihren Inseln. Auch die Rezepte und mehr als hundert feine Weine sind lokaler Provenienz. Die Ergebnisse ihrer in einer winzigen Küche zelebrierten Kochkünste sind durch die Bank famos. Hochinfektiös ist die sehr herzliche Atmosphäre.

Innovativ, bodenständig und elegant zugleich – **Vecio Fritolin:** ▶ D 4, Santa Croce 2262, Calle della Regina, Tel. 041 522 28 81, www.veciofritolin.it, San Stae, Mi–So 12–14.30, 19–22.30 Uhr, Mo, Di nur abends, ab 22 €. Diese unweit des Ca' Pesaro gelegene Osteria ist in ihrer Weise einzigartig: Aus einer uralten Fischbraterei hervorgegangen, bietet sie bis heute *pesce in scartosso* (frittierten Fisch) mit Polenta, auf Wunsch sogar in Papier gewickelt als Take Away, sowie anderes typisch venezianisches Appetithäppchen, vom Stockfisch über die Bigoli-Nudeln in Sardellen-Zwiebelsauce bis zum Mandeltörtchen. Darüber hinaus kredenzen die Wirtsleute Irina Fregua und Vlad Salvan gemeinsam mit Chef Mauro Cautiello aber auch Elaboriertes wie Muscheln mit Zucchiniblüten, Gänsebrust mit Fenchel, Steinbutt oder Angussteak. Famos, weil täglich frisch selbst fabriziert sind auch das Vollkornbrot, die Paste und Desserts.

Cafés/Eissalons

Paradies für Kaffee-Connaisseure – **Caffè del Doge:** ▶ E 4, San Polo 608, Calle dei Cinque, Tel. 041 522 77 87, www.caffedeldoge.com, Stazione Rialto oder San Silvestro, Mo–Sa 7–19, So (außer Juli/Aug.) 7–13 Uhr. Zwei Minuten von der Rialto-Brücke: Venedigs Paradies für Kaffee-Connaisseure. Dutzende Spezialsorten aus aller Welt, frisch gemahlen für jede Tasse, nette, kundige Beratung.

Platzhirsch auf der Piazza – **Florian:** ▶ F 6, San Marco 56, Piazza San Marco, Tel. 041 520 56 41, www.caffeflorian.com, Stazione San Marco, tgl. 10–24, Nov.–April bis 23 Uhr, im Winter Mi geschl. 1720 eröffnet, ist das Florian das älteste Café Venedigs. Kein prominenter Besucher der Lagunenstadt, der nicht auf den plüschigen Bänken zwischen den Holztäfelungen und Spiegeln seinen Cappuccino schlürfte und den Melodien des Salonorchesters lauschte. Freilich: Tradition hat ihren Preis. Achtung, Musikzuschlag draußen, p. P. 5,50 €, im Café Quadri vis-à-vis 4,80 €!

Allseits bekannter Eissalon – **Lino da Titta:** ▶ Karte 6, E 3, Lido di Venezia, Viale Santa Maria Elisabetta 61/Ecke Via Zara, Tel. 041 526 03 59, Stazione Lido, April–Okt. tgl. 10–22 Uhr. Ideal für das süße Finale eines Sonnentages am Strand oder beim abendlichen Flanieren: seit drei Generationen der Treffpunkt für Schleckermäuler am Lido, Gefrorenes aus eigener Produktion, schöne Laube zum Sitzen, Spezialtipp: ein Stück Gianduiotto-Eistorte.

Einkaufen

Wo gibt es was?

Eines sei vorneweg geklärt: Für die Schnäppchenjagd eignet sich Venedig nur sehr bedingt. Wer nach schicker und preiswerter Kleidung Ausschau hält, der wird in den nahen Städten des Festlands, vor allem in Padua, eher fündig. Die Lagunenstadt gilt generell als ziemlich teures Pflaster. Augenfällig wird das in den engen Ladenzeilen, den sogenannten *Mercerie*, **zwischen Markusplatz und Rialto-Brücke**. Dort sind so gut wie alle großen italienischen und internationalen Modedesigner mit Boutiquen vertreten. Noch exklusiver, weil durchmischt mit Juwelier- und Antiquitätenläden, (Glas-) Galerien und anderen edlen Geschäften ist das Warensortiment unter den **Arkaden des Markusplatzes** und in der von dort Richtung Westen verlaufenden **Calle Larga XXII Marzo.**

Doch auch abseits dieser Hauptshoppingrouten lässt sich der Konsumfreude hemmungslos fröhnen: Fast alle zentralen Bezirke sind durchzogen von Shoppingmeilen. Besonders gut bestückt und gerne frequentiert: die **Gassen westlich der Rialto-Brücke**, der Weg von dort bis zum **Campo San Polo** sowie die **Hauptschneise vom Bahnhof** (Lista di Spagna) **Richtung Rialto** (Strada Nova). Und auch in zahlreichen Nebengässchen oder auf verträumten Campi stößt man auf manch

Mein Tipp

Galerien für moderne und zeitgenössische Kunst

Bugno Art Gallery: ▶ E 6, San Marco, Campo San Fantin 1996d, Tel. 041 523 13 05, www.bugnoartgallery.it (auch zum Thema Fotografie)

A plus A: ▶ D 5, San Marco 3073, Tel./Fax 041 277 04 66, www.aplusa.it (Schaufenster für zeitgenössische Avantgardekunst aus dem Nachbarland Slowenien)

Fond. Bevilacqua la Masa: ▶ F 6, Piazza San Marco 71c, Tel. 041 523 87 19, www.bevilacqualamasa.it (Galerie der Stiftung für Gegenwartskunst)

Jarach Gallery: ▶ E 6, San Marco, Campo San Fantin 1997, Tel. 041 522 19 38, www.jarachgallery.com, (Top-Adresse für zeitgenössische Fotografie)

La Galleria Van der Koelen: ▶ E 6, San Marco, Calle Calegheri 2566, Tel. 041 520 74 15, www.galerie.vanderkoelen.de (Ableger der arrivierten Kunstgalerie aus Mainz; Schwerpunkt: internationale Avantgarde)

Caterina Tognon Arte Contemporanea: ▶ D 6, San Marco, Campo San Maurizio 2671 und Calle del Dose da Ponte 2746, Tel. 041 520 78 59, www.caterinatognon.com (Einzelschauen zum Werk heutiger etablierter wie auch Nachwuchskünstler)

Galleria Traghetto: ▶ E 6, San Marco, Campo S. Maria del Giglio 2543, Tel. 041 522 11 88, www.galleriatraghetto.it (verdienstvolle Adresse für Gegenwartskunst

Eine Fundgrube für edle und ausgefallene Stoffe ist Venedig allemal

eleganten oder kuriosen Laden, dessen Angebot zu durchstöbern lohnt.

Besonders beliebte **Souvenirs,** mit denen man sich in Aberdutzenden Läden eindecken kann, bilden Muranoglas, marmoriertes Papier, Masken, ja überhaupt Kunsthandwerk aller Art, kulinarische Spezialitäten vom exquisiten Käse und Wein bis zu originellen Teigwaren, edlen Essigen und Ölen. Aber auch Spitzen und qualitätvolle Stoffe sind beliebte Mitbringsel.

Antiquitäten

Nomen est omen – **Quel Che Mancha:** ▶ E 5, San Marco 3965, Campo San Beneto, Tel. 041 522 26 81, Stazione Sant'Angelo. Ein schmales Gässchen nahe dem Museo Fortuny offenbart eine reiche Fundgrube für gehobenen Krimskrams, eben »das, was fehlt«. Möbel, Dekorobjekte, Nippes, Bilder – wer geduldig stöbert, entdeckt vielleicht sogar Raritäten.

Bücher/CDs

Preiswerter Intellektuellen-Treff – **Alla Toletta:** ▶ C 6, Dorsoduro 1213, Sacca della Toletta, www.libreriatoletta.it, Tel. 041 523 20 34, Stazione Accademia. Große Auswahl tadelloser Bildbände und Belletristik, zum Teil auch auf Englisch vorrätig, zu reduzierten Preisen.

Fundgrube für Bibliophile – **Emiliana:** ▶ E 5, San Marco 4487, Calle Goldoni, www.libreriaemiliana.com, Tel. 041 522 07 93, Stazione Rialto. Der Mitte des 19. Jh. begründete und damit älteste existierende Buchladen der Stadt ist, was Titel über die Serenissima betrifft, wahrscheinlich ihr bestsortierter. Außerdem findet sich hier auch ein reicher Bestand antiquarischer Bücher über Venedigs (Kunst-) Geschichte sowie historische Karten, Stiche etc.

Musikalische Vielfalt – **Il Tempio della Musica:** ► F 4, San Marco 5368, Ramo del Fontego dei Tedeschi, Tel. 041 523 45 52, Stazione Rialto. Rock, Pop, Jazz und Klassik ... bestens sortierter Generalist unter Venedigs CD-Händlern; immer wieder auch für Schnäppchen gut.

Schatztruhe für Venedig-Fans – **Libreria Miracoli:** ► F 4, Cannaregio 6062, Campo Santa Maria Nova, Tel. 041 523 40 60, Stazione Rialto oder Ca' d'Oro. Von Buchhändler Luigi Frizzi kenntnisreich verwaltete Fundgrube für rare Titel zur Kunst- und Kulturgeschichte Venedigs, auch deutschsprachig und secondhand.

Sündhaft süß – **Venchi:** ► F 5, San Marco 989, Calle dei Fabbri, www.venchi.it, Tel. 041 241 23 14, Stazione Rialto oder San Marco. In aller Welt, von Bukarest über Singapur bis Jeddah, verwöhnt diese 1878 in Turin gegründete Edelschokolaterie in dutzenden eigenen Filialen Schleckermäuler mit Hang zum Luxus. Aus ihrem »Atelier der Konfektmacherkunst« kommen Milch- und dunkle Schokoladen ebenso wie Pralinen, Prendivoglie-Riegel mit ganzen Haselnüssen, Gianduias, Eiscreme, Chocaviar u. v. m. – ein Gaumentraum!

Delikatessen

Pikante Zutaten zum Schlemmen – **Pantagruelica:** ► C 6, Dorsoduro 2844, Campo San Barnaba, Tel. 041 523 67 66, Stazione Ca' Rezzonico. Olivenöl *extra vergine*, biologisch produzierte Paste, getrocknete Pilze, köstliche Käse, Schinken, Würste, Spitzenweine und -grappe ... Feinschmeckerherz, was willst du mehr? Nicht ohne Grund trägt der unscheinbare, aber feine Laden den Namen von Rabelais schlemmendem Romanhelden Pantagruel.

Paradies für Teigwaren-Tiger – **Giacomo Rizzo:** ► F 4, Cannaregio 5778, Salizzada San Giovanni Crisostomo, Tel. 041 522 28 24, Stazione Rialto. Täglich frisch zum Mitnehmen – Cannoli, Linguine, Gnocchi, Ravioli, Agnolotti, Tagliatelle, Tortelloni etc. mit dutzenderlei Füllungen, und alles streng biologisch, teils gar makrobiotisch hergestellt.

Ankerplatz für Schleckermäuler – **Pasticceria Marchini Time:** ► E 5, San Marco 4589, Campo San Luca, Tel. 041 522 91 09, Stazione San Zaccaria. Köstliche Süßigkeiten von Cremeschiffchen aus Blätterteig bis zu diversen sündhaften Torten lassen in der Konditorei Marchini, auf halbem Weg zwischen Markusdom und San Zulian-Kirche, das Wasser im Mund zusammenlaufen (auch Bar).

Geschenke

Holzobjekte mit Stil – **Angelo dalla Venezia:** ► D 4, San Polo 2204, Calle del Scaleter, Tel. 04172 16 59, Stazione San Silvestro. Liebevoll gedrechselte Kerzenständer, Türklinken, Vasen, Füllfederhalter und Fantasieobjekte aus edlen Hölzern.

Feines Metall – **Rosettin:** ► C 5, Dorsoduro 3220, Calle Foscari, Tel. 041 522 41 95, Stazione San Tomà. Bei Diego Rosettin wird die Tradition der gehobenen Metallarbeiten liebevoll gepflegt. Das Resultat kann sich sehen lasse: Beschläge, Treibarbeiten, Messingnippes ... kurz: Schönes wie Nützliches für daheim.

(Ost-)Asiatisches Kunsthandwerk – **Gems of Venice:** ▶ E 4, San Polo 1044, Ruga Rialto, Tel. 041 522 51 48, Stazione Rialto. Orientalische Kostbarkeiten, von Seidenbildern und Silberarbeiten aus Indien, Tankas und Türkisschmuck aus Tibet bis zu Statuetten aus chinesischem Sandelholz.

Historische Ansichten – **Petra SAS:** ▶ E 6, San Marco 2424, Calle Largo XXII Marzo, Tel. 041 523 18 15, Stazione San Marco Vallaresso. Alte Fotos, Gemälde, Drucke, Aquarelle und auch allerlei dreidimensionale, gediegene Hervorbringungen des örtlichen Kunsthandwerks.

Familienbetrieb für 1A-Silberarbeiten – **Sfriso:** ▶ D 5, San Polo 2849, Campo San Tomà, Tel. 041 522 35 58, Stazione San Tomà. Werkstatt und Verkaufsraum des führenden Silberschmieds der Stadt – Vasen, Obstschalen, Zuckerdosen u. v. m. Gut als Mitbringsel geeignet: Schlüsselanhänger mit Reproduktionen alter venezianischer Münzen.

Forcole-Schnitzer – **Saverio Pastor:** ▶ E 7, Dorsoduro 341, Fondamenta Soranzo, Tel. 041 522 56 99, www.forcole.com, Stazione Salute. Der Hüter des Erbes und unbestrittene Meister unter den wenigen noch existierenden Herstellern von traditionellen Rudergabeln arbeitet nicht nur für die Gondelbauer. Seine *forcole* bereichern als abstrakte Holzskulpturen längst auch elegante Interieurs rund um den Erdball. Erhältlich im Shop: Modelle im Maßstab 1 : 4 ab 90 €; ein sehr schönes Souvenir sind auch die Vierersets hölzerner Lesezeichen (ab 35 €), s. S. 253.

Glasobjekte von schwelgerischer Eleganz – **Zora da Venezia:** ▶ E 6, San Marco 2407, Calle Larga XXII Marzo, Tel. 041 277 08 95, www.zoradavenezia.com, Stazione Giglio. Blüten, Früchte, Vasen, Ketten und vieles mehr, fantasievoll gestaltet und edel ausgeführt.

Glas & Keramik

Alte Perlen und neuer Schmuck – **Costantini:** ▶ Karte 3, C 2, Laden: Murano 4, Calle Brussa, Erzeugung: Murano 17, Via Cimitero 11, Tel. 041 73 92 74 bzw. 340 727 49 93, Stazione Venier, www.glassbeads.org. Hier sind Hüter fragiler Traditionen am Werk – und bieten traditionelle Perlen, aber auch neuen Schmuck aus Glas sowie Lampenschirme feil.

Doyen der Meisterbläser – **Seguso Archimede:** ▶ F 5, Laden: San Marco 143, Piazza San Marco; Erzeugung: Murano 18, Fondamenta Serenella, Tel. 041 528 90 41 bzw. 041 73 02 34, Stazione San Marco bzw. Colonna; Fabrik: www.aseguso.com. Seit über 500 Jahren macht die Seguso-Familie erfolgreich in Sachen Glas. Archimede verlieh dem Geschäft durch die Entwicklung neuer Techniken, Farben und Designs innovative Impulse; ein Markenzeichen seiner Kreativität ist das Lattimo-Glas, dessen milchweiße Struktur an jene von Spitzen erinnert. Was aus diesem Atelier kommt, ist ebenso exklusiv wie prominent (und dementsprechend teuer).

Design-Avantgarde – **Sent:** ▶ D 7, Dorsoduro 669, Campo San Vio, www.marinaesusannasent.com, Tel. 041 520 81 36, Stazione Accademia. Die zwei experimentierfreudigen Schwestern kreieren auf höchstem Niveau avantgardistischen Schmuck, Vasen und Arbeiten aus Holz oder Papier. Weitere Niederlassungen in San Marco (Ponte San Moisè, 2090) und Murano (Fondamenta Serenella, 20).

Kaufhäuser

Schicke Kleidung und vieles mehr – **Coin:** ▶ F 4, Cannaregio 5790, Salizzada San Giovanni Crisostomo, Tel. 041 520 35 81, Stazione Rialto, Mo–Sa 9.30–19.30, So 11–19.30 Uhr. Die Filiale der landesweit größten Kaufhauskette befindet sich nur ein paar Schritte von der Rialto-Brücke entfernt. Großes Sortiment unter einem Dach, teilweise wohltuend preiswert.

Masken

Kostbare »Mascareti« und Kostüme – **Flavia:** ▶ F 4, Castello 6010, Campo Corte Specchiera, Tel. 041 528 74 29 oder 347 139 34 01, www.veniceatelier.com, Stazione Rialto. Bei Flavia gibt es handgemachte, teilweise blattvergoldete Masken aus Papiermaché. Neben diesen Kostbarkeiten verleiht der Laden außerdem authentische Karnevalskostüme und Smokings.

Kunstvoll und elegant – die venezianische Maske

Handarbeit seit Jahrzehnten – **Magie di Carnevale** ▶ G 5, Castello 4518, Salizzada San Provolo, Tel./Fax 041 522 73 10, www.magiedicarnevale.com, Stazione San Zaccaria. Mitte der 1980er-Jahre, im Zuge der Wiedergeburt des örtlichen Carnevals, begann Maria Rita ihre Arbeit an Masken. Heute stellt sie gemeinsam mit Tochter Grazia in minuziöser Handarbeit neben klassischen Masken aus Papiermaché auch historische Kostüme und Porzellanpuppen her.

Feuerwerk der Fantasie – **Tragicomica:** ▶ D 5, San Polo 2800, Calle dei Nomboli, Tel. 041 72 11 02, www.tragicomica.it, Stazione San Tomà. Hier sind mit die kreativsten und qualitätsbewusstesten Köpfe im Heer der venezianischen Maskenerzeuger am Werk. Dementsprechend schwelgt die gleich neben der Casa Goldoni gelegene Auslage in opulenter Formen- und Farbenvielfalt. Zu Karneval organisieren die Betreiber auch Partys und Feste.

Mode/Schuhe

Nicht nötig zu erwähnen, dass sich in einer Touristenhochburg wie Venedig mit einer so auf hochwertige Produkte bedachten Klientel die Großen der internationalen Modebranche gehörig um die besten Lagen drängeln. Dementprechend findet man in den elegantesten **Shoppingzeilen**, also etwa der Frezzeria, Spadaria, Calle dei Fabri, Calle Larga XXII Marzo und natürlich den **Mercerie**, alle paar Schritte prominente Vertreter der Markennamenwelt. In Venedigs Zentrum jedoch auf Modeschnäppchen zu stoßen gelingt eher selten. Da kauft es sich am Festland, etwa in Padua, deutlich günstiger. Dennoch ein paar Tipps für textile Souvenirs:

Mein Tipp

Für Verkleidungskünstler: Masken selber machen

Colombina, Dottore, Bauta ... Für alle, die sich ihre Maske nicht schnöde kaufen wollen: Zwei Qualitätshersteller von traditionsreichen Masken bieten in ihren Ateliers Kurse an, bei denen Touristen gruppenweise oder individuell die Kunst des Maskenmachens erlernen können. Während man bei Ca' Macana mit 45- oder 150-minütigen Instant-Kursen den eiligen Kurzbesucher ansprechen will, geht man bei Ca' del Sol in fünfzehnstündigen, auf fünf Tage verteilten Intensivkursen, was die Herstellung von Schablonen und Gießformen sowie verschiedene Dekorationstechniken betrifft, in die Tiefe. Ob kurz oder ausführlich: Allen Kursteilnehmern winkt ein Heidenspaß und ein erinnerungsträchtiges Souvenir.

Ca' Macana: ▶ C 6, Dorsoduro 3172, Fondamenta Rezzonico, www.camacana.com, Tel. 041 277 61 42, Stazione Ca' Rezzonico.

Ca' del Sol: ▶ G 5, Castello 4964, Fondamenta dell'Osmarin, www.cadelsolmaschere.com, Tel. 041 528 55 49, Stazione San Zaccaria (hier auch Verleih authentischer Masken und Kostüme für klassische Karnevalsfiguren).

Luxus aus Leder – **Bottega Veneta:** ▶ F 6, San Marco 1473, Calle Vallaresso, Tel. 041 522 84 89, www.bottegaveneta.com, Stazione S. Marco Vallaresso. Schuhe, Handtaschen und diverse lederne Accessoires für die Dame und den Herren mit Stil. Filiale: Campo San Moïse.

Auf edlem Fuß – **Bruno Magli:** ▶ F 5, San Marco 1302, Calle dell'Ascensione, Tel. 041 522 72 10, www.brunomagli.it, Stazione San Marco. Qualitätsschuhe fast wie maßgefertigt von führenden Designern Italiens.

Qualitätshemden, Blusen etc. – **Camiceria San Marco:** ▶ E 6, San Marco 1340, Corte Barozzi (Hotel Europa Regina), Tel. 041 522 14 32, www.camiceriasanmarco.it, Stazione S. Marco. Hemden, Blusen, Pyjamas und Damenkleider aus eigener (Maß-) Produktion. Außerdem im Angebot: feinste Meterware italienischer Designerstoffe. Kostenloser Versand in alle Welt.

Casual mit Stil – **Castiglia:** ▶ D 5, San Polo 2102, Calle dei Saoneri, Tel. 041 522 33 73. Stazione San Silvestro oder San Tomà. Qualitätvolle, modischässige Kleider, Capes, Schals etc. aus Leinen.

Lederaccessoires – **Fanny:** ▶ D 5, San Polo 27, Calle dei Saoneri/Campo San Polo 2723, Tel. 041 522 82 66, Stazione San Silvestro oder San Tomà. Das Fanny bietet eine reiche Auswahl feiner Handschuhe, Taschen und hübscher Accessoires.

Eleganza veneziana – **Monica Daniele:** ▶ D 4, San Polo 2235, Calle Scaleter, Tel. 041 524 62 42 od. 349 139 59 87, www.monicadaniele.com, Stazione San Stae oder San Silvestro. Einzige Adresse für einen *Tabarro*, den klassischen venezianischen Cape- Mantel aus Wolle oder Kaschmir, wie man ihn auf vielen alten Stichen und Gemälden venezianischer Genremaler die einheimischen Männer tragen sieht; nicht ganz billig ... aber authentisch. Außerdem im Angebot: passende Hüte aus eigener Fabrikation in diversen Formen und Farben für Sie und Ihn.

Hochwertige Schuhe – **Rossetti:** ▶ F 6, San Marco 1477, Salizzada San Moisè, und 4800, Campo S. Salvador, Tel. 041 522 08 19 bzw. 523 05 71, www.fratellirossetti.com, Stazione San Marco bzw.Rialto. Zwei Niederlassungen des globalen Schuh-Imperiums: wie zu erwarten eine Fundgrube für Freunde gediegener und fashionabler Fußbekleidung.

Papierwaren

Kleine Kunstwerke aus Papier – **Cartavenezia:** ▶ D 3, Santa Croce 2125, Campo Santa Maria Mater Domini, Tel. 041 524 12 83. Fernando Masone zaubert aus cremefarbenem, handgeschöpftem Papier originelle Kuverts, Lesezeichen oder mit festen Baumwollfäden gebundene Notizbücher in extremem Hochreliefdruck, aber auch papiernen Schmuck, Behältnisse u. v. m. Sehenswert!

Edles Papier seit über 150 Jahren – **Legatoria Piazzesi:** ▶ E 6, San Marco 2511/c, Santa Maria del Giglio, Tel. 041 520 19 78, www.legatoriapiazzesi.it, Stazione Giglio. Hier werden Papiere handgeschöpft und bedruckt, Bücher gebunden, Einbände hergestellt und verkauft.

Dekoratives für Schreibtisch und Kommode – **Paolo Olbi:** ▶ E 5, San Marco

3653, Calle della Mandola, Tel. 041 528 50 25, http://olbi.atspace.com, Stazione S. Angelo (Filiale in Cannaregio: Campo S. Maria Nova 6061). Kalender, Notizbücher, Fotoalben und -rahmen sowie diverse Geschenkartikel, handgefertigt aus bestem Leder bzw. Büttenpapier.

Schmuck

Stilvoll aus eigenem Atelier – **Attombri:** ▶ E 4, San Polo 65, Sott. Degli Oresi (seitlich der Ruga dei Orefici, an der Westseite der Rialto-Brücke), Tel. 041 521 25 24, www.attombri.com, Stazione Rialto. Originelle, hochwertige Ohrringe, Halsketten, Lampen, Spiegel etc. aus alten Murano-Glasperlen und Silberdraht, eigene Fertigung, erschwingliche Preise.

Textil & Wohnen

Wohnaccessoires mit Stil – **Domus:** ▶ E/F 5, San Marco 4746, Calle dei Fabbri, Tel. 041 522 62 59, Stazione San Marco bzw. Rialto. Porzellan, Lampen, Kleinmöbel und andere Einrichtungsobjekte von Designerhand.

Textiles Luxusinterieur – **Gaggio:** ▶ D 5, San Marco 3441-3451, Campo Manin 4296, Tel. 041 522 58 27, www.gaggio.it, Stazione Accademia. Stilmöbel sowie Samtstoffe, Brokate, Velours und andere handgefärbte Edelstoffe aus eigener Fertigung.

(Licht-)Träume aus Seide – **Venetia Studium:** ▶ E 6, San Marco 2403, C. Larga XXII Marzo, Tel. 041 523 69 53, www.venetiastudium.com, Stazione San Marco. Diverse Filialen (u. a. Mercerie dell' Orologio 298 und Ponte del' ovo 4753). Wunderschöne, handbemalte Seidenlampen, Kissen, Plissee-Stoffe, Schals, hergestellt nach Entwürfen des legendären Designers Mariano Fortuny (s. auch S. 157).

Feinste Textilien – **Bevilacqua:** ▶ F 5 bzw. E 6, San Marco 337b, Fondamenta Canonica, Tel. 041 528 75 81, Stazione San Zaccaria und 2520 Campo S. Maria del Giglio, Tel. 041 241 06 62, Stazione Giglio, beide: www.bevilacquatessuti.com. Brokate, Seiden, Samte, Velours und Damaste, Litzen, Kissen und Seidentapeten ... Seit dem frühen 18. Jh. fabriziert diese legendäre Firma textile Kostbarkeiten für Königshäuser, Adelspaläste, Luxushotels. In den Werkstätten wenige Schritte östlich der Markusbasilika sind die historischen Holzwebstühle noch in Gebrauch. In den Archiven lagern an die 3500 verschiedene Musterentwürfe. Edlere Ware als in den beiden Verkaufsläden wird man weltweit kaum irgendwo finden können.

Opulentes für Möbel und Wände – **Campiello di Arras:** ▶ C 5, Dorsoduro 3234, Campiello Squellini, Tel. 041 522 64 60, Stazione Ca' Rezzonico. Riesenauswahl hochwertiger, handgewebter Stoffe, insbesondere Brokate und Samte, aus eigener als Sozialkooperative betriebenen Herstellung.

Spitzen-Ware – **Frette:** ▶ E 6, San Marco 2070/a, Calle Larga XXII Marzo, Tel. 041 522 49 14, www.frette.com, Stazione Giglio. Hier gibt es Tisch- und Bettwäsche vom Allerfeinsten, eigene Produktion.

Pflichtadresse für Textil-Connaisseure – **Trois:** ▶ E 6, San Marco 2666, Campo San Maurizio,Tel. 041 522 29 05, Stazione Giglio. Eine textile Institution der Stadt: Möbelbezugsstoffe in Hunderten Mustern und Farben, teilweise nach Mariano Fortunys Entwürfen.

Ausgehen, Abends und Nachts

Für eine Kleinstadt mit kaum noch mehr als 60 000 Einwohnern ist Venedigs Kulturangebot enorm, für einen weltberühmten Touristenmagneten hingegen ziemlich enttäuschend. Erwarten Sie also nicht für jeden Abend des Jahres ein reichhaltiges Potpourri an Bühnenveranstaltungen. Die Zeiten, da Venezianer die Nacht zum Tag voller rauschender Feste machten, liegen lange zurück.

Sehr wohl genießen lassen sich jedoch die regelmäßig veranstalteten Konzerte, die Opernabende im Teatro Fenice bzw. Teatro Malibran, die großen Kunstereignisse wie die Biennale oder das Filmfestival, genauso wie die zahllosen großen und kleinen Brauchtumsfeste im Jahreslauf. Sehenswert sind auch die das ganze Jahr über gebotenen Ausstellungen. Die großen Schauen finden regelmäßig im Museo Correr, Palazzo Ducale, Ca' Pesaro, Palazzo Grassi und, seit ein paar Jahren, in der Punta della Dogana statt. Zu den interessantesten kleineren Ausstellungsorten zählen die Fondazioni Querini Stampalia, Bevilacqua La Masa und Masieri.

Infos in Magazinen und im Internet

Welche Veranstaltungen wann, wo stattfinden, erfährt man aus den einschlägigen, in der Regel gratis an Rezeptionen guter Hotels und in Auskunftsbüros erhältlichen, italienisch- und englischsprachigen (Programm-) Zeitschriften und Broschüren wie etwa **›Un Ospite di Venezia‹** (www.aguestinvenice.com), ›Venews‹ (www.venezianews.it), **›Meeting Venice‹** (www.meetingvenice.it) sowie, tagesaktuell, auf den Kulturseiten der Lokalzeitungen ›Il Gazzettino‹ und ›La Nuova Venezia‹.

Offizieller Veranstaltungskalender für die Stadt und ihre Umgebung ist die von der APT (Azienda di Promozione Turistica) regelmäßig auch auf Deutsch aufgelegte, stets aktuelle Gratisbroschüre **›Ereignisse und Veranstaltungen‹**. Kulturempfehlungen, Kritiken und Hintergründiges enthalten auch die zweisprachigen (ital./engl.) Zeitschriften **›La Rivista di Venezia‹** und **›Venezia News‹**.

Ebenfalls hilfreich ist ein Blick auf die Hauswände in der Stadt: Die meisten Veranstaltungen werden in der Stadt auf Plakaten angekündigt.

Szene Venedig

Venedig stand jahrzehntelang – und das durchaus zu Recht – im Ruf, ab dem mittleren Abend in Tiefschlaf zu verfallen. Gewiss, auch heute ist es nur eine Provinzstadt, die zudem an Überalterung und Abwanderung leidet. Doch

Ticketverkauf
Informationen über den Kartenvorverkauf für Konzerte, Oper, Theater etc. gibt es im **Venice Pavilion** (tgl. 9–14.30 Uhr, Tel. 041 529 87 11), bei den übrigen Büros der **Städtischen Touristeninformation** (s. S. 19) sowie in den einschlägigen **Programmheften** (s. rechts). Karten für La Fenice und diverse andere Kulturveranstaltungen sind u. a. auch in den Büros der Organisation **Ve.La./Hellovenezia** am Bahnhof und der Piazzale Roma (beide: tgl. 8–20 Uhr) sowie über Tel. 041 24 24 (auf Englisch und Italienisch) erhältlich.

ist in den letzten Jahren im Centro Storico – von der Außenwelt noch zu wenig beachtet – eine quirlige Lokalszene entstanden, mit etlichen, teilweise bis weit nach Mitternacht geöffneten Bars, Künstlercafés und Pubs, in denen Kabarett, Livejazz und andere Kleinkunst aufgeführt wird. Und an Sommerabenden kann man auf etlichen Plätzen seit ein paar Jahren auch wieder Gegenwartsmusik und -literatur unter freiem Himmel genießen.

Zum inoffiziellen Zentrum für erlebnishungrige Nachtvögel, zu deren Lebendigkeit auch die vielen in der Lagunenstadt temporär heimischen Studenten beitragen, hat sich die Gegend rund um den **Campo Santa Margherita** und, ein Stückchen weiter nördlich, um den **Campo San Pantalon** gemausert. Auch entlang der breiten **Kanäle Cannaregios** finden sich einige Hotspots der Szene, ebenso **östlich der Rialto-Brücke**, rund um die **Campi San Bartolomeo, San Luca und San Lio** sowie nordwestlich der Brücke, nahe den **Fabbriche Vecchie**. Während der Badesaison geht's auch in etlichen Strandlokalen am Nordteil des **Lido** bis frühmorgens rund.

Bars & Szenetreffs

Britische Insel – **Corner Pub/Senso Unico:** ▶ D 7, Dorsoduro 684, Calle della Chiesa, Tel. 340 258 14 48, Stazione Accademia, Mi–Mo 10.30–1 Uhr. Wenige Schritte westlich des Guggenheim-Museums wartet eine Oase angelsächsischen Lebensstils, mit roten Lederfauteuils, Wänden voller Bildern sowie köstlichen Drinks und Snacks.

Für ausgelassenes Feiern – **Olandese Volante:** ▶ F 4, San Marco 5658, Campo San Lio, Tel. 041 528 93 49, Stazione Rialto, tgl. 19–0.30, Fr/Sa bis 2, So ab 17 Uhr. In-Treff für die Jugend und Junggebliebene, die den charmanten Platz stets scharenweise bevölkern. Schmackhafte Küche, Biere, dazu gute Auswahl an Grappe, Rums und Whiskys.

Mein Tipp

Tanzen in Venedig

Die Gelegenheiten sind rar in Venedig. Doch ein paar Orte, an denen sich das Tanzbein schwingen lässt, gibt es. Einige seien hier genannt:

Club 947: Eine Gehminute östlich des Markusplatzes, ein schicker Loungeclub, glamourös designt in ›barockem Minimalismus‹, beige und rot, mit Restaurant (angeschlossen: kleines, feines Boutiquehotel). ▶ G 5, Castello 4337, Campo Santi Filippo e Giacomo, Tel. 041 528 56 86, www.947club.com, Stazione San Marco Vallaresso, tgl. 19–mind. 24 Uhr.

B-Bar: Elegant-intimer Treffpunkt für Nachteulen im Luxushotel Bauer, tolle Cocktails, manchmal DJ. ▶ F 6, San Marco, Tel. 041 520 70 22, www.bauervenezia.com, Stazione San Marco Vallaresso, Mi–So 18.30–3 Uhr.

Club Piccolo Mondo Music & Dance: altgediente Piano-Bar, halb English Pub, halb Diskothek. ▶ D 6, Dorsoduro 1056/a, Calle Contarini Corfù, Tel. 041 520 03 71, Stazione Accademia, tgl. tagsüber Bar, 23–4 Uhr Diskothek.

Pachuka: ▶ Karte 5, Lido, nur samstags im Sommer, s. S. 55.

Heiße Nächte am Strand – **Pachuka:** ▶ Karte 6, H 4, Lido di Venezia, Spiaggia di San Nicolò, Tel. 041 77 01 47, Stazione Lido, So–Fr 9–24, Sa Disco bis 4 Uhr, Küche 12–15.30, 19–22.30 Uhr, im Winter nur Fr–So tagsüber. Karibisch anmutende Bar mit Terrasse am Strand. Gute Weine, Biere, Cocktails und Long Drinks, venezianische Küche, mittags Selbstbedienung.

Highlife am Campo – **Torino@Notte:** ▶ E 5, San Marco 459, Campo San Luca, Tel. 041 522 39 14, Stazione Sant'Angelo, Di–Sa 19–1 Uhr. DJ's und bisweilen auch Livemusiker heizen dem mehrheitlich sehr jungen Publikum in dieser Bar allabendlich gehörig ein. Kein Wunder, dass – an Sommerwochenenden abends auch draußen vor dem Lokal – der Platz rar und die Stimmung ausgelassen ist.

Clubs, Discos, Livemusik

State-of-the-art-Restaurant-Lounge – **Centrale:** ▶ E 5/6, San Marco 1659b, Piscina Frezzeria, Tel. 041 296 06 64, www.caffecentralevenezia.com, Stazione Santa Maria del Giglio, Mi–Mo 18.30–2 Uhr. Das ehemalige Kino Centrale, wenige Schritte östlich des Teatro Fenice, präsentiert sich seit ein paar Jahren als schicke Restaurant-Lounge. Designer-Möbel im 500 Jahre alten Rahmen, kreative Küche, regelmäßig Kunst- und Modeevents, smarte DJ-Musik.

Traditional – **Venice Jazz Club:** ▶ C 6, Dorsoduro 3102, Fondamenta dello Squero, Tel. 041 523 20 56 bzw. 340 150 49 85, www.venicejazzclub.com, Stazione Ca' Rezzonico, Mo–Mi, Fr/Sa 19–ca. 1 Uhr, Konzertbeginn: 21 Uhr. Führende Adresse für Live-Gigs mit eigenem Ensemble, dem VJC-Quartett, Schwerpunkt: klassische Standards; gemütliche Club-Atmosphäre, ab 19 Uhr Happy hour, ab 20 Uhr serviert man Snacks. Special: Dinner for two um 30 €.

Very British – **Pier Dickens Inn:** ▶ C 5, Dorsoduro, Campo Santa Margherita 3410, Tel. 041 241 19 79, Stazione Ca' Rezzonico, tgl. 10–1 Uhr. Gemütliches Pub mit TV, kleiner Bühne für Liveauftritte und jede Menge guter Biere. Den Hunger stillt man mit Pizza, Club Sandwiches oder Spaghetti.

Studentisch gemütlich – **Da Codroma:** ▶ B 6, Dorsoduro 2540, Fondamenta Briati, Tel. 041 524 67 89, Stazione S. Basilio oder Ca' Rezzonico, Mo–Sa 8–24. Einer der anregendsten Szene-Treffpunkte: gemütliche, studentisch geprägte Atmosphäre, Livemusik, gute kleine Gerichte.

Kino

Venedig hat in den letzten Jahren eine Phase akuten Kinosterbens durchlebt. In den verbliebenen Häuser werden mehrheitlich italienisch synchronisierte Filme gezeigt. Eine Ausnahme bildet La Casa del Cinema (s. u.). Eine gewisse, von Cineasten ersehnte Belebung dürfte die für die in nächste Zukunft in Aussicht gestellte Wiedereröffnung des ehemaligen Kinos Rossini mit drei Sälen bringen.

Tickets für Erwachsene kosten in der Regel 6 bis 7 €. Eine Programmübersicht findet sich in der Tageszeitung ›Gazzettino‹, im monatlich erscheinenden **›Circuito Cinema Communale‹** bzw. auf den überall in der Stadt affichierten Plakaten oder auf www.comune.venezia.it/cinema/.

Der Filmkunst gewidmet – **La Casa del Cinema:** ▶ D 3, San Polo, Salizzada San Stae 1990, Palazzo Carminati (nahe Pal. Mocenigo) Tel. 041 524 13 20, Stazione San Stae. Im Jahr 2008 eröffnete Oase in der cineastischen Wüste Venedigs. Regelmäßig hochkarätige Streifen aus aller Welt, teilweise in Originalversion mit italienischen Untertiteln, auch Retrospektiven. Angeschlossen: die gut sortierte Videoteca Pasinetti.

Qualitätsfilme auch abseits von Hollywood – **Giorgione Movie d'essai:** ▶ F 3, Cannaregio, Rio Terrà di Franceschi 4612, Tel. 041 522 62 98, Stazione Ca' d'Oro. Modernes Kino mit zwei Sälen und je drei Vorführungen pro Tag.

Niveauvolles am Lido – **Multisala Astra:** ▶ Karte 6, E 2, Via Corfù 9, Tel. 041 526 57 36, Stazione Lido. Programmgestaltung vergleichbar mit der Giorgione (s. o.)

Sommervergnügen für Cineasten – **Freiluftkino am Campo San Polo:** ▶ D 4. Zwischen Ende Juli und Ende August verwandelt sich Venedigs größter Campo nach Einbruch der Dunkelheit in einen überdimensionalen Kinosaal. Gezeigt werden hochwertige Filme aus dem aktuellen internationalen Angebot. Auch wer des Italienischen nicht mächtig ist: Allein die ausgelassene Stimmung und das Ambiente lohnen an lauen Abenden den Kauf einer Karte. Näheres in den Tageszeitungen, im ›Ospite di Venezia‹, auf eigens affichierten Plakaten oder unter Tel. 041 524 13 20 bzw. www.comune.venezia.it/cinema, jeweils unter dem Stichwort ›Un estate al cinema‹.

Konzerte, Oper und Theater

In zahlreichen Kirchen der Stadt finden während des gesamten Jahres Konzerte statt. Im Mittelpunkt steht dabei natürlich Barockmusik, insbesondere von Antonio Vivaldi. Über die Programme informieren allerorten Flyer und öffentliche Anschläge. Während des Karnevals und im Sommer werden auf diversen Campi auch sporadisch Rock- und Popkonzerte veranstaltet.

(Barock-)Konzerte

Die wahrscheinlich besten der Stadt – **Chiesa di San Vidal:** ▶ D 6, San Marco 2862b, Campo San Vidal, Tel. 041 277 05 61, www.interpretiveneziani.com, Stazione Accademia. Hauptsächlich Werke für Streicher von Vivaldi, Albinoni, Bach & Co., gespielt auf sehr hohem Niveau.

I Musici Veneziani – **Scuola Grande di San Teodoro:** ▶ F 5, San Marco, Campo San Salvador, Tel. 041 521 02 94, www.imusicivenezian.com. Barockopern, Vivaldis »Vier Jahreszeiten« und Verwandtes, gekonnt interpretiert in prächtigem Ambiente. Während der warmen Jahreszeit auch Konzerte auf Gondeln.

Barocke Musizierfreude – **Chiesa di San Giacometto:** ▶ E 4, San Polo, Campo Rialto, Tel. 041 42 66 559, www.ensembleantoniovivaldi.com, Stazione Rialto, Konzertbeginn: 20.45 Uhr. Musik aus Barock und früher Klassik, mehrmals pro Woche gespielt vom Ensemble Antonio Vivaldi in einer der ältesten Kirchen der Stadt.

Opern als Kammerspiel – **Scuola Grande di S. Giovanni Evangelista:** ▶ C 4, San Polo 2454, Calle dell'Olio, Tel. 041 426 65 59, www.scuolasangiovanni.it, Stazione Piazzale Roma oder San Tomà, Beginn: 20.30 Uhr. Große Oper gleichsam im Taschenformat, musi-

Musik lässt sich auch außerhalb der Konzertsäle genießen

kalisch auf tadellosem Niveau, herrliches Ambiente (s. S. 230, Rundgang San Polo).

Barocke Kammermusik – **Virtuosi di Venezia:** ▶ F 5, San Marco, Ateneo di San Basso, Piazza dei Leoni, Tel. 041 528 28 25, www.virtuosidivenezia.com, Stazione San Zaccaria. An sechs Abenden pro Woche konzertiert, gleich hinter dem Markusdom, das San-Marco-Kammerorchester in Form einer »musikalischen Hommage an Antonio Vivaldi« – Di, Do, Sa die »Vier Jahreszeiten«, Mo, Mi, Fr »Vivaldi und die Oper«, Beginn jeweils 20.30 Uhr, Tickets 26 €.

Kombination aus Konzert und Musikvortrag – **Fondazione Querini Stampa-**

lia: ▶ G 5, Castello 4778, Campo Santa Maria Formosa, Tel. 041 271 14 11 bzw. 041 523 14 61, www.querinistampalia.it, Stazione San Zaccaria. Hochkarätige Kammermusik von Frühbarock bis Frühklassik, mit Erläuterung der oft ungewöhnlichen Instrumente (jeweils Sa 17 Uhr).

Oper und Sprechtheater

Große Oper! – **Teatro La Fenice:** ▶ E 6, San Marco 2549, Campo San Fantin. Programminfo: www.teatrolafenice.it oder Tel. 041 24 24 (Hellovenezia, tgl. 9–18 Uhr), Kartenvorverkauf aus dem Ausland ebenfalls unter Tel. 041 24 24 (tgl. 7.30–20 Uhr) bzw. online (www.teatrolafenice.it oder www.vivaticket.it) oder per Fax 041 272 26 73. Karten in Venedig sind erhältlich: an der Theaterkasse, Campo S. Fantin (tgl. 10–17 Uhr) sowie in den Kartenbüros am Tronchetto und Lido (beide geöffnet: tgl. 8.30–18.30 Uhr). 45-minütige Führungen mit deutschsprachigem Audioguide täglich möglich; über die genauen Zeiten informieren die Website des Theaters oder, telefonisch, Hellovenezia (s. o.).

Der kleine Bruder des Fenice – **Teatro Malibran:** ▶ F 4, Cannaregio 5870, San Giovanni Crisostomo. Info & Karten: Tel. 041 24 24, www.teatrolafenice.it. 1687 eröffnet und nach der spanischen Diva Maria Malibran benannt, kommen hier seit der aufwendigen Renovierung (2000) neben italienischem Sprechtheater auch Opern zur Aufführung.

Besuchenswert trotz Sprachbarriere – **Teatro Goldoni:** ▶ E 5, San Marco 4650, Calle del Teatro, Tel. 041 240 20 11, Karten: 041 240 20 14, www.teatrostabileveneto.it. Commedia dell'Arte, speziell natürlich Goldoni-Stücke; gelegentlich auch Zeitgenössisches.

Engagierte freie Bühne – **Teatro Fondamenta Nuove:** ▶ F 2, Cannaregio 5013, Fondamenta Nuove, Tel. 041 522 44 98, www.teatrofondamentanuove.it, Stazione Fond. Nuove. Zeitgenössische Kleinkunst, vor allem Sprechtheater (auf Italienisch), gelegentlich aber auch Opernaufführungen und modernes Musiktheater.

Kulturprogramm in Mestre

Kultur für alle – **Teatro Toniolo:** ▶ Karte 5, Mestre, Piazzetta Battisti 1, Tel. 041 396 92 20, www.teatrotoniolo.info. Im Teatro Toniolo gibt's Konzerte von E- und U-Musik, Tanz, Komödien, Gastspiele u. v. m.

Die neue »Kulturfabrik« – **Centro Culturale Candiani:** ▶ Karte 5, Mestre, Piazzale Candiani 7, www.centroculturalecandiani.it, Info & Tickets: Tel. 041 238 61 26, Di–Sa 10.30–12.30, 15.30–22 Uhr, Juli/Aug. geschl.). Innovativ, interdisziplinär mit reichhaltigem Angebot an Konzerten, Theater, Film, Vorträgen, bildender Kunst ...

Sonstiges

Gastronomie & Kultur – **Bistrot de Venise:** ▶ F 5, San Marco 4685, Calle dei Fabbri, Tel. 041 523 66 51, www.bistrotdevenise.com, Stazione Rialto, tgl. 12–15, 19–24, Weinbar durchgehend 10–24 Uhr, ab 50 €. Stilvolles Restaurant mit engagiertem Kulturprogramm – Vorträge, Lesungen, Degustationskurse, Kunstausstellungen etc.

Multimedia-Show – **Venezia:** ▶ F 5, San Marco 1097, Campo San Gallo, s. Mein Tipp, S. 145.

Das Glück versuchen – **Casino:** ▶ D 3, im Palazzo Vendramin-Calergi bzw. in der Ca' Noghera beim Flughafen in Tessera, s. Mein Tipp, S. 189.

Feste und Festivals

Auch wenn jene dekadenten Zeiten, als das Leben in Venedig für manche ein rauschendes und frivoles Fest bedeutete, längst der Vergangenheit angehören: Vieles von der Freude am Schau-Spiel und Spektakel hat sich bis auf den heutigen Tag erhalten. Und es vergeht kaum ein Wochenende, an dem nicht irgendwo in der Lagune gefeiert, um die Wette gerudert und gelaufen oder mit einer Prozession Heiligen gehuldigt wird. Bei allen hier angeführten Spektakeln sind Gäste hochwillkommen. In vielen Fällen werden sie sogar ausdrücklich zum Mitmachen aufgefordert.

Festkalender

Januar bis Februar

Befana: 6. Januar. Das Dreikönigsfest mit diversen Attraktionen: einer Regatta zwischen San Tomà und Rialto-Brücke, einem Volkslauf auf dem Lido und einem Kinderfest auf Sant'Erasmo, bei dem die Befana-Hexe erscheint.

Karneval: etwa 14 Tage vor Aschermittwoch. Das klassische, 1979 wieder belebte venezianische Fest. Trotz Massen, hohen Preisen und immer mehr zugereisten Akteuren nach wie vor das wichtigste Ereignis des Jahres. Mit Stegreifbühnen und Artisten auf dem Markusplatz und traumhaft schönen Masken und Kostümen in der ganzen Stadt (Infos: www.carnevale.venezia.it).

März

Su e zo per i ponti: an einem der Sonntage im März. Der größte und ausgelassenste Volkslauf von allen. ›Die Brücken hinauf und hinunter‹ führt er durch sämtliche Stadtsechstel bis zur Piazza San Marco.

April

Das Fest des hl. Markus: 25. April. Zu Ehren des Stadtpatrons wird in der Basilika ein Hochamt zelebriert und auf dem Markusplatz ein riesiges Volksfest veranstaltet, rudern die Gondolieri bei der Regatta dei Traghetti um die Wette und schenken die Männer ihren Frauen den *bòcolo*, eine Rosenknospe.

Mai bis Juni

Spargelfest von Cavallino: 1. Mai. Am Vormittag Volkslauf und Regatta mit den *pupparini*, den flachen Inselbooten; am Tagesende Spargelverkostung, Fest und Feuerwerk.

Vogalonga: an einem der Maisonntage. Die große Lagunenregatta für alle. Start frühmorgens vor San Marco. Die Route führt über Le Vignole, Sant'Erasmo, San Francesco del Deserto, Burano und Murano zurück zum Canal Grande (www.vogalonga.com).

Festa della Sensa: Sonntag nach Christi Himmelfahrt. Zwischen den Jahren 1000 und 1797 pflegte die Republik alljährlich in einer feierlichen Zeremonie der Eroberung der dalmatischen Küste zu gedenken – mit Festbankett im Dogenpalast sowie Jahrmarkt und Handwerksmesse auf dem Markusplatz. Heute vollzieht Venedig die Vermählung mit dem Meer durch die Nachahmung der Überfahrt einer Flotte historischer Boote zum Lido. Seit

Festkalender

Jahren wird die Wiederbelebung der internationalen Messe diskutiert.
Kirmes auf Sant'Erasmo: 1. Junisonntag. Eine echte ländliche Kirchweih mit Regatta und Gemeinschaftsspielen.
Fest der Schutzheiligen auf Burano: an einem Sonntag um den 21. Juni. Zu Ehren der hll. Albano, Orso und Domenico wird auf der Insel eine Prozession abgehalten.
Giovanni e Paolo & San Pietro in Volta: 29. Juni. Zwei ziemlich berühmte Regatten zu Ehren der hll. Peter und Paul.

Juli

Fischerfest von Malamocco: 2. Julisonntag. Die Feier der Auffindung eines wunderwirkenden Marienbildnisses wird mit einer Regatta und einem gemütlichen Fischessen begangen.
Redentore: 3. Julisonntag. Anlässlich des Baus der Redentore-Kirche im Jahre 1576 zieht alljährlich auf einer Pontonbrücke eine feierliche Prozession über den Giudecca-Kanal zu Palladios Meisterwerk. Am Vorabend feiert ganz Venedig auf lampiongeschmückten Booten, genießt um Mitternacht ein grandioses Feuerwerk und erwartet am Lidostrand bei Wein und den berühmten Sauersardinen den Sonnenaufgang.
Muschelfest von Alberoni: 4. Julisonntag. Auf dem Hauptplatz gibt's frische *peoci*, Muscheln, zu verkosten. Dazu eine 8 km lange Regatta und um Mitternacht ein Riesenfeuerwerk.

August bis September

Regatten von Pellestrina und Treporti: 1. Augustsonntag. Im Gedenken an eine Marienerscheinung im Jahre 1716 – Wettrudern mit *pupparini* im Rahmen eines bunten Volksfestes.
Regata Storica: 1. Septembersonntag. Das pompöse Spektakel am Canal Grande. Hunderte von Venezianern in bunten Trikots messen Kräfte und Geschick beim Rudern der *pupparini, mascarete, gondolini, caorline* und anderer Bootstypen. Der Regatta voraus fahren eine Kopie des Dogenschiffs Bucintoro und andere historische Nachbauten über den Kanal.
Palio dei Quartieri: 3. Septembersonntag. Große Regatta von Murano.
Regatta der Rosenkreuzmadonna: 3. Septembersonntag. Die ›kleine‹ Regata Storica von Burano, an deren Ende Teilnehmer und Zuschauer Polenta und Fisch kredenzt bekommen.

Oktober bis November

Weinfest von Sant'Erasmo: 1. Oktobersonntag. Die obligate Regatta; danach Verkostung des ›Heurigen‹ und Dorffest.
Fest des hl. Martin: 2. November. Bäcker modellieren den Heiligen mit Schwert und Mantel aus Mürbteig, Quittenkäse und Schokolade. Kinder ziehen wild musizierend von Haus zu Haus. Die Erwachsenen treffen sich bei Kastanien und dem neuen Wein in den *bàcari*.
Fest der Madonna della Salute: 21. November. Wie Redentore hat auch dieses besinnliche Fest ein Pestgelübde zum Anlass. Über Pontons pilgern die Gläubigen von Santa Maria del Giglio zur Salute-Kirche, entzünden dort Votivkerzen, schenken ihren Kindern bunte Luftballons und essen die traditionellen *fritelle*, eine Art Rosinenkrapfen.

Kulturfestivals und Events

Seit 2002 geben sich in der 3. Märzwoche Bootsbesitzer und solche in spe beim **Salone Nautico di Venezia**, der in der Stazione Marittima abgehaltenen internationalen Bootswoche, ein Stelldichein (Infos: www.festivaldelmare.com). Um etwa die gleiche Zeit treffen einander Experten beim Mare Maggio im dann anlassbedingt öffentlich zugänglichen Arsenal, um sich zum Thema »Venezianische Schiffahrtsgeschichte«, deren Pflege sowie historische Boote *coram publico* auszutauschen.

Venezia Suona: Im Rahmen des jährlichen Musikfest »Venedig klingt« verwandeln örtliche Musiker aller Stilrichtungen die Gassen und Plätze für einen – hoffentlich strahlenden – Junitag in Konzertbühnen.

Die weltberühmte **Biennale Internazionale d'Arte** ist längst eine Mega-Institution, die eigene Abteilungen und Sonderschauen zu den Bereichen Architektur (Sept.–Nov. in geraden Jahren), Kino (Mostra, s. u.), Tanz, Musik und Theater (jeweils zu wechselnden Zeiten) umfasst. Kernstück aber stellt seit ihrer Gründung im Jahr 1895 die große Kunstschau auf dem Pavillon-Gelände in Castello dar. Allein die einzelnen, teilweise von weltberühmten Architekten wie Josef Hoffmann, Alvar Aalto oder Aldrich & Delano entworfenen Gebäude sind schon den Besuch wert. Diese Esposizione d'Arte findet alle ungeraden Jahre jeweils von Juni bis November statt. Weitere Ausstellungsorte, darunter die Palazzi Grassi und Correr, die Magazzini del Sale, die Kirche San Stae und das Arsenal, sind über das gesamte Altstadtgebiet verstreut. Infos: Tel. 041 521 87 11 bzw. www.labiennale.org; neu: Führungen durch Ca' Giustinian, dem zentralen Biennale-Büro (s. S. 151).

Bei der ebenfalls von der Biennale ausgerichteten **Mostra del Cinema**, den berühmten Filmfestspielen von Venedig, messen Abertausende Filmfans, Journalisten sowie Branchenprofis aus aller Welt im Palazzo del Cinema am Lido der Zelluloidbranche den Puls. Infos, u. U. auch für Last-Minute-Tickets unter Tel. 041 521 87 11 bzw. www.labiennale.org.

Liebhaber der Sportfliegerei kommen beim **Festival dell'Aria** auf ihre Rechnung. Dieses findet seit 2008 jeweils an einem Wochende Ende Sept./Anf. Okt. alternierend auf den Flughäfen Nicelli am Lido bzw. Allegri in Padua (s. S. 282, Entdeckungstour) statt. Infos: www.festivaldellaria.it.

Nicht wegzudenken aus der Kunstwelt – die Biennale

Aktiv sein, Sport, Wellness

Aufgrund der speziellen ›Natur‹ der Stadt sind die meisten Sportaktivitäten auf den **Lido** (▶ Karte 5, C/D 3/5) beziehungsweise das Festland verbannt.

Baden

Schwimmen ist in den Kanälen wie überhaupt innerhalb der Lagune aus hygienischen und verkehrstechnischen Gründen verboten. Zwar besitzt das **Centro Storico** zwei städtische Bäder. Ungleich schöner aber ist ein Bad im offenen Meer am **Lidostrand**. Wer Süßwasser vorzieht: Mehrere Hotels verfügen dort über private Pools. Einziges Hotel der Altstadt mit Pool ist das **Cipriani** (s. S. 30), das freilich nur hauseigenen Gästen den Zutritt gestattet.

Fitness

Kondition lässt sich indoor das ganze Jahr über in folgenden Fitness-Centern trainieren:
Body & Fitness (▶ E 3, Castello 3974, Calle delle Vele; Tel. 041 522 94 34), **Palestra Novafit** (▶ G 3, Cannaregio 5356, Calle Stella, Tel. 041 522 86 36, www.palestranovafit.com), **Palestra Club Delfino** (▶ C 7, Dorsoduro 788, Zattere, Tel. 041 523 27 63), **Fitness Point** (▶ D 5, Castello 6141, Calle del Pestrin, Sta. Maria Formosa, Tel. 041 520 92 46) sowie, deutlich sanfter, im **Wellness Center** (▶ H 6, Castello 3697, Calle Pietà, Riva degli Schiavoni, Tel. 041 318 06 58).

Fußball – passiv

Wer dem Passiv-Sport huldigen will: Im **Stadio Comunale P. Penzo** (▶ Karte 5, D 3, Tel. 041 396 96 00, www.veneziacalcioa5.it) auf der Insel Sant'Elena, östlich des Biennale-Geländes, bestreitet der örtliche Fußballclub seine Matches.

Golf

Golffreunde pilgern nach Alberoni zum 18-Loch-Golfplatz **Circolo Golf Venezia** (▶ Karte 5, C 4, Via Strada Vecchia, Tel. 041 73 13 33, www.circologolfvenezia.it).

Laufen

Von Jahr zu Jahr mehr Langstreckensportler aus aller Welt lockt der jedes Jahr im Herbst (am 4. Okt.-Wochenende) veranstaltete **Venice Marathon** an (Informationen: Tel. 041 532 18 71, www.venicemarathon.it, s. auch Mein Tipp S. 144). Eine ungleich traditionsreichere Gelegenheit zum Konditionscheck bietet der **Volkslauf Su e zo per i ponti** (s. z. B. unter www.veniceconnected.com/de/content/su-e-zo-i-ponti) der alljährlich an einem Märzsonntag stattfindet und ›die Brücken hinauf und hinunter‹ führt.

Radfahren

Venedig per Fahrrad? Klingt unwahrscheinlich, aber Teile des **Lidos** lassen sich gut mit dem Rad erkunden. Auch der **Parco San Giuliano** in Mestre eignet sich zum lustvollen Treten. Und vergnüglich ist schließlich auch eine Radtour entlang dem Brenta-Kanal (s. Aktiv unterwegs S. 280).

Radverleih auf dem Lido

Gardin (▶ Karte 6, E 2, Piazza Sta. Maria Elisabetta 79a, Tel. 041 276 00

05) und **Renato Scarpi** (▶ Karte 6, E 3, Gran Viale S. Maria Elisabetta 21/b, Tel. 041 526 80 19, www.lidoonbike.it), ab 5 € pro 1,5 Std., 10 € pro Tag.

Radverleih in Mestre
Zanetti: ▶ Karte 5, B 2, Via Giorgio Rizzardi, vis-à-vis dem Bahnhof, mobil 335 694 90 64.

Reiten

Für Pferdefreunde gibt es den **Circolo Ippico Veneziano Lido** (▶ Karte 6, A 3, Via Cristoforo Colombo 41, Tel. 041 526 51 62, Infos über APT, s. S. 19).

Tanzen

Eine Möglichkeit, mit argentinischer Passion das Tanzbein zu schwingen, bietet der **Verein Libertango,** beheimatet in den Prigioni Nuove (▶ G 5/6, San Marco, c/o Circolo Artistico di Venezia, Tel. 329 101 35 35).

Tennis

Wie beim Baden gilt auch für den Tennisplatz des Hotels **Cipriani** (s. S. 30): nur für hauseigene Gäste. Sonst muss man die Tennisclubs auf dem **Lido** aufsuchen. Ca' del Moro (Via Parri 6, Tel. 041 77 08 01); Venezia (Lungomare Marconi 41/d, Tel. 041 526 03 35).

Wassersport

Segeln
Für Hobbysegler von Interesse sind die **Compagnia della Vela** (▶ D 7, Isola di San Giorgio Maggiore 5, Tel. 041 520 08 84 bzw. 041 522 25 93, www.compagniadellavela.org/) und die **Associazione Vela al Terzo,** San Marco 556, Merceria San Zulian, Tel. 041 524 21 10, www.velaalterzo.it).

Flüge über die Lagune
Für Panoramaflüge über die Lagune im Helikopter: **Aeroporto Nicelli** (▶ Karte 5, D 3, Lido, Tel. 041 526 02 15, www.heliairvenice.it).

Rudern
Venezianisch rudern lernt man in Traditionsclubs wie der **Società Canottieri Bucintoro** in den ehemaligen Salzmagazinen an der Zattere (▶ E 7, Tel. 335 667 38 51 oder 522 20 55, http://bucintoro.org), den **Canottieri Francesco Querini** in Castello 6576 (Fond. Nuove, Tel. 041 522 20 39) oder der **Ass. Canottieri Giudecca** auf der gleichnamigen Insel (▶ D 8, Fond. del Ponte Lungo, Tel. 041 528 74 09, www.canottierigiudecca.it).

Paddeln
Per Kajak die Lagune erkunden kann man vom Agroturismo-Hotel **Il Lato azzuro** auf Sant'Erasmo aus, das leicht manövrierbare Paddelboote verleiht (Karte 5 D 3, Via Forti 13, Tel. 041 523 06 42, www.latoazzurro.it).

Wellness

Das Angebot an Spa & Beauty-Einrichtungen ist in Venedig überraschend dürftig. Als – freilich sehr teure – Adressen, die auch Tagesgäste aufnehmen, empfehlen sich Luxushotels wie **Bauer Palladio** (▶ F 7/8, Fond. delle Zitelle, 041 520 70 22, www.palladiohotelspa.com) und **Cipriani** (s. S. 30), beide Giudecca, und **Boscolo dei Dogi** (▶ E 2, Fondamenta Madonna dell'Orto, Calle Larga Plave 3500). Noch Zukunftsmusik, aber seit Längerem im Gespräch, ist der Bau eines Wellnesszentrums im ehemaligen Spital von San Nicolò (bis dahin sei das Wellness Center im Castello empfohlen, s. »Fitness«).

Museen, Galerien und Gedenkstätten

Im Folgenden sind sämtliche – vom touristischen Standpunkt aus interessanten – Sammlungen, Schauen, Schulen und Gedenkstätten Venedigs aufgelistet. Bei den genannten Öffnungszeiten muss man allerdings immer wieder mit Änderungen rechnen.

Kunstmuseen und Galerien

Sansovinos Meisterwerk – **Biblioteca Nazionale Marciana:** ▶ F 6, San Marco 7, Piazzetta, Tel. 041 240 72 11, www.marciana.venezia.sbn.it, Stazione San Marco, April–Okt. tgl. 9–19, Nov.–März bis 17 Uhr, Kombi-Eintritt mit Museumspässen (s. S. 65, Zutritt via Museo Correr), s. S. 139.

Erlesene Gemälde im Traumpalast – **Ca' d'Oro/Galleria Franchetti:** ▶ E 3, Cannaregio 3932, Calle di Ca' d'Oro, Tel. 041 520 03 45, www.cadoro.org, Stazione Ca' d'Oro, Di–So 8.15–19.15, Mo 8.15–14 Uhr, Eintritt 6 €, s. S. 183.

Mekka der klassischen Moderne – **Collezione Peggy Guggenheim:** ▶ D/E 6, Palazzo Venier dei Leoni, Dorsoduro 701, San Gregorio, Tel. 041 240 54 11, www.guggenheim-venice.it, Stazione Accademia, Mi–Mo, auch feiertags 10–18 Uhr, 12 €, s. S. 256

Schrein venezianischer Malerei – **Galleria dell'Accademia:** ▶ D 6, Dorsoduro 1050, Campo della Carità, Tel. 041 520 03 45, www.gallerieaccademia.org, Stazione Accademia, Di–So 8.15–19.15, Mo 8.15–14 Uhr, 11 €, tel. Ticket-Buchung: Mo–Fr 9–18, Sa 9–2 Uhr, plus 1 €, s. S. 244.

Zwei Hotspots der Gegenwartskunst – **Palazzo Grassi & Punta della Dogana:** ▶ D 6 bzw. E 6, San Marco 3231, Campo San Samuele bzw. Dorsoduro 1, Fond. Dogana, Stazione San Samuele bzw. Salute; beide: Tel. 041 271 90 39, aus Venedig: 199 13 91 39, www.palazzograssi.it, Mi–Mo 10–19 Uhr, je 15 €, Kombi-Ticket: 20 €, s. S. 156 bzw. S. 255.

Kaum bekanntes Palastjuwel – **Galleria di Palazzo Cini:** ▶ D 6, Dorsoduro 864, Campo San Vio, Tel. 041 521 07 55, www.cini.it, Stazione Accademia, unregelmäßige Öffnungszeiten, im Winter geschl. Interessante Privatsammlung (Gemälde von Botticelli, Pontormo, Tura & Co., Stilmöbel) des Industriellen und Mäzens Graf Vittorio Cini.

Mechitaristenkloster – **San Lazzaro degli Armeni:** ▶ Karte 6, D2, Tel. 041 526 01 04, Linie 20 San Lazzaro, ab Riva degli Schiavoni um 15.10 Uhr, tgl. 15.25–17.25 Uhr, 6 €, s. S. 279.

Klassische Moderne von der Biennale – **Galleria Internazionale d'Arte Moderna:** ▶ D/E 3, **Ca' Pesaro,** Santa Croce 2076, San Stae, Tel. 041 72 11 27, http://capesaro.visitmuve.it, Stazione San Stae, Di–So 10–18, im Winter bis 17 Uhr, Eintritt 10 € (in Kombination mit Museo di Arte Orientale), s. S. 234.

Edles Kunsthandwerk, vorwiegend aus Japan – **Museo d'Arte Orientale:** ▶ D/E 3, **Ca' Pesaro,** Santa Croce 2076, Tel. 041 524 11 73, www.polomuseale.venezia.beniculturali.it, Stazione San Stae, Di–So 10–18, im Winter bis 17 Uhr; Eintritt 10 € (in Kombination mit Galleria d'Arte Moderna), s. S. 232.

Eintrittskarten

Für preisbewusste Museumsgänger empfiehlt sich der Erwerb des **Museum Pass.** Er kostet 24 € und berechtigt sechs Monate lang zu jeweils einem Besuch in allen städtischen Museen mit Ausnahme von Uhrturm und Palazzo Fortuny (Infos: Tel. 041 240 52 11 oder www.visitmuve.it. Als ebenfalls günstig erweist sich das Kombi-Ticket für alle vier an den Markusplatz grenzenden Museen **(San Marco Museum Pass)**, nämlich Dogenpalast, Museo Correr, Archäologisches Museum und Biblioteca Nazionale Marciana. Es kostet 16 € und ist drei Monate gültig. In den staatlichen Museen haben EU-Bürger unter 18 und über 65 Jahren freien Eintritt. Für Kirchenbesichtigungen zu empfehlen: der Chorus Pass (s. S. 29).

Junge Besucher zwischen 14 und 29 Jahren im Besitz des **Rolling VENICEcard-Ausweises** (Infos unter Tel. 041 24 24) genießen neben anderen Vergünstigungen reduzierte Eintrittspreise in etlichen Museen.

Sakrale Kostbarkeiten – **Museo Diocesano:** ▶ G 5, Castello 4312, Chiostro di Santa Apollonia/Ponte della Canonica, Tel. 041 522 91 66, www.veneziaupt.org, Stazione San Zaccaria, Do–Di 10–17 Uhr, 4 €. In dem über 800 Jahre alten Kloster wird anhand wertvoller liturgischer Geräte die Tradition venezianischer Goldschmiedekunst dokumentiert. Außerdem sind kostbare Manuskripte, Holzskulpturen, eine reichhaltige Sammlung historischer Madonnen, vor allem aber auch Werke von Meistern wie Gentile Bellini, Luca Giordano, Palma dem Jüngeren, Tintoretto, Tizian u. a. zu besichtigen.

Heilige Bildnisse aus vier Jahrhunderten – **Museo Dipinti Sacri Bizantini (Ikonenmuseum):** ▶ G 5, Castello 3412, Istituto Ellenico, Ponte dei Greci, Tel. 041 522 65 81, www.istitutoellenico.org, Stazione Riva degli Schiavoni oder San Zaccaria, tgl. 9–17 Uhr, 4 €, s. S. 204.

Hochinteressante Pinakothek – **Museo della Fondazione Scientifica Querini Stampalia:** ▶ G 5, Palazzo Querini-Stampalia, Castello 4778 (nahe Campo Santa Maria Formosa), Tel. 041 271 14 11, www.querinistampalia.it, Stazione Riva degli Schiavoni oder San Zaccaria, Di–Do 10–20, So/Fei 10–18 Uhr, Eintritt 10 €, s. S. 205.

Künstleratelier in grandiosem Palast – **Museo Fortuny:** ▶ E 5, San Marco 3780, Campo San Benedetto/Calle della Mandola, Tel. 041 520 09 95, http://fortuny.visitmuve.it, Stazione Sant'Angelo, Mi–Mo 10–18 Uhr, aber nur während temporärer Ausstellungen, 10 € bzw. Museum Pass, s. S. 157.

Im Herzen einstiger Macht – **Palazzo Ducale (Dogenpalast):** ▶ F/G 5/6, San Marco 1, Piazzetta, Tel. 041 271 59 11, Ticket-Buchung: Tel. 041 42 73 08 92, http://palazzoducale.visitmuve.it, Stazione San Marco, April–Okt. tgl. 8.30–19, Nov.–März bis 17.30 Uhr, Kassenschluss jeweils 1 Std. davor, Kombi-Tickets ab 16 € (s. o.), s. S. 139.

Barocke Fresken – **Palazzo Labia (Salone del Tiepolo):** ▶ C 2/3, Cannaregio 275, Campo San Geremia, Tel. 041 78 11 11, Stazione Guglie (wegen Restaurierung seit Längerem geschl.), s. S. 174.

Freskierte Sala della Musica – **Palazzo Zenobio (Collegio Armeno):** ▶ B 6, Dorsoduro 2596, Fond. del Soccorso, Tel. 041 522 87 70, Stazione San Basilio, Ballsaal zu besichtigen nur nach tel. Voranmeldung, 3 €, s. S. 250.

Deckengemälde von Tiepolo – **Scuola Grande dei Carmini:** ▶ B 5, Dorsoduro 2617, Campo dei Carmini, Tel. 041 528 94 20, www.scuolagrandecarmini.it, Stazione Ca' Rezzonico, tgl. 9–16 Uhr, 5 €, s. S. 250.

Einer der grandiosesten Innenräume der Welt! – **Scuola Grande di San Rocco:** ▶ C 5, San Polo 3052, Campo San Rocco, Tel. 041 523 48 64, www.scuolagrandesanrocco.it, Stazione San Tomà, Ende März–Anf. Nov. 9.30–17.30, im Winter 10–17 Uhr, Eintritt 8 €, auch sehenswert: die Wechselausstellungen in der benachbarten Scoletta, tgl. 9.30–18 Uhr, 7 €, s. S. 228.

Pflicht für alle Carpaccio-Fans – **Scuola di San Giorgio degli Schiavoni:** ▶ H 5, auch als **Scuola Dalmata di San Giorgio** bekannt, Castello 3259/a, Ponte dei Greci, Tel. 041 522 88 28, Stazione San Zaccaria, Di–Sa 10–12.30, 15.30–18, So 9.30–12.30 Uhr, Fei nur vormittags, Eintritt 3 €, s. S. 203.

Sonstige Museen

Mediterrane Schätze aus der Frühzeit – **Archäologisches Museum (Mu-**

Im Glasmuseum von Murano – auch hochzuschauen lohnt sich …

seo Archeologico Nazionale): ▶ F 6, San Marco 52, Piazza San Marco, Tel. 041 522 59 78, www.polomuseale.venezia.beniculturali.it, Stazione San Marco, tgl. 10–19, Nov.–März 10–17 Uhr, Zutritt über Museo Correr; Kombi-Eintritt mit San Marco Museum Pass möglich (s. S. 65), s. S. 139.

Frühe Stücke aus der Lagunengeschichte – **Museo di Torcello (Museo della Provincia):** ▶ Karte 5, D2, Torcello, im Palazzo del Consiglio, Tel. 041 296 06 30, Linie T von Burano bis Torcello, März–Okt. tgl. 10.30–17.30, im Winter 17 Uhr; 2 €, Kombi-Tickets: mit S. M. Assunta bzw. Campanile 4 bzw. 6 €, s. S. 278.

Tour d'horizon durch die Stadtgeschichte – **Museo Correr:** ▶ F 6, San Marco 25, Piazza San Marco, Tel. 041 240 52 11, http://correr.visitmuve.it, Stazione San Marco, April–Okt. tgl. 10–19 Uhr, im Winter bis 17 Uhr, Kombi-Eintritt mit Museumspässen (s. S. 65), s. S. 138.

Venedigs maritimes Erbe – **Museo Storico Navale (Schifffahrtsmuseum):** ▶ J 6, Castello 2148, Riva San Biagio 2148, Tel. 041 520 02 76, Stazione Arsenale, Mo–Fr 8.45–13.30, Sa und Tage vor Fei nur bis 13 Uhr, So/Fei geschl., 1,55 €, s. S. 198 bzw. S. 200.

Judaica aus dem 16. bis 19. Jh. – **Museo Comunità Ebraica (Jüdisches Museum):** ▶ D 2, Cannaregio 2902/b, Campo del Ghetto Nuovo, Tel. 041 71 53 59, www.museoebraico.it, Stazione San Marcuola oder Guglie, tgl. außer Sa und an jüdischen Feiertagen 10–19, im Winter nur bis 18 Uhr, Synagogen-Tour 10.30–16.30/17.30 Uhr stündlich, Start beim Museum, 3 €, Führungen 8 €, s. S. 180.

Wie der Adel vor 300 Jahre wohnte – **Museo del Settecento Veneziano:** ▶ C 6, **Ca' Rezzonico,** Dorsoduro 1992, S. Barnaba, Tel. 041 241 01 00, www.visitmuve.it, Stazione Ca' Rezzonico, April–Okt. Mi–Mo 10–18, Nov.–März bis 17 Uhr, Eintritt 8 € bzw. Museumspässe (s. S. 65), s. S. 249.

Mode und Wohnkultur vor 300 Jahren – **Palazzo Mocenigo:** ▶ D 3, Santa Croce 1992, Salizzada San Stae, Tel. 041 72 17 98, www.museicivicive neziani.it, Stazione San Stae, Di–So 10–17, Nov.–März bis 16 Uhr, Eintritt 8 €; reich bestückte wissenschaftliche Bibliothek des Studienzentrums für Textil- und Modegeschichte: Di, Do 8.30–16, Mi, Fr 8.30–13.30 Uhr, Eintritt frei, s. Mein Tipp S. 236.

Blasekunst im Laufe der Zeiten – **Museo Vetrario di Murano (Glasmuseum):** ▶ Karte 3, C 2, Isola di Murano, Tel. 041 73 95 86, www.museicivici veneziani.it, Stazione Museo, Do–Di 10–18, Nov.– März bis 17 Uhr, Eintritt 6 €, s. S. 271.

Aquarium und Saurierskelett – **Museo di Storia Naturale (Naturgeschichtliches Museum):** ▶ D 3, Santa Croce 1730, Fondaco dei Turchi Tel. 041 275 02 06, www.visitmuve.it, Naturhistorisches Museum: www.msn.ve.it, Stazione San Stae, tgl. 10–18, Nov.–März Di–Fr 9–17, Sa/So 10–18 Uhr, Eintritt 8 €, s. S. 232.

Gedenkstätten

Gedenkstätte für den Erzkomödianten – **Casa Goldoni:** ▶ D 5, San Polo 2794, Palazzo Centani (Eingang Calle dei Nomboli), Tel. 041 275 93 25, Stazione San Tomà, April–Anf. Nov. Do–Di 10–17, Nov.–März bis 16 Uhr, Eintritt 5 €, s. S. 223.

Reiseinfos von A bis Z

Apotheken

Die *farmacie* haben Mo–Fr von 9–12.30 und 16–19.45 Uhr (im Winter 15.30–19.15) und Sa von 9–12.45 Uhr geöffnet. Außerhalb dieser Zeiten informieren Anschläge neben dem Eingang über diensthabende Apotheken. 24-Std.-Apothekennotdienst: Tel. 192.

Ärztliche Versorgung

Bei einem Unfall oder einer plötzlichen Erkrankung haben EU-Bürger und Schweizer Anspruch auf öffentliche Gesundheitsversorgung. Hierfür wird die Europäische Krankenversicherung benötigt, die von der Krankenkasse zu Hause ausgestellt wird. Bei ihrer Vorlage muss der Patient vor Ort nichts bezahlen. Dies gilt sowohl für Spitäler als auch für Kassenärzte. Bei beiden ist freilich mit oft erheblichen Wartezeiten zu rechnen. Für Privatbehandlungen ist der Abschluss einer Reisekrankenversicherung ratsam.

Bei der Vermittlung deutschsprachiger Ärzte sind die jeweiligen Konsulate (s. u.) behilflich.

Das städtische Spital (Ospedale Civile) SS. Giovanni e Paolo erreicht man in akuten Fällen unter Tel. 041 529 41 11, die Guarda medica am Lido unter Tel. 041 238 56 68, das Spital in Mestre unter Tel. 041 965 71 11. Für Notaufnahmen ist die Abteilung *pronto soccorso* zuständig.

Diplomatische Vertretungen

Deutsches Konsulat: Santa Croce 251, Palazzo Condulmer, Tel. 041 523 76 75
Österreichisches Konsulat: Santa Croce 252, Fondamenta Condulmer, Tel. 041 524 05 56, Mo–Do 10–12 Uhr
Schweizer Konsulat: Dorsoduro 810, Zattere-Kai, Tel. 041 522 59 96

Feiertage

1. Januar; 6. Januar (Heilige Drei Könige); 25. April (Tag der Befreiung); Ostermontag; 1. Mai; Christi Himmelfahrt; Pfingstmontag; 15. August (Mariä Himmelfahrt/Ferragosto); 1. November; 8. Dezember (Mariä Empfängnis); 25. und 26. Dezember.

Schulferien sind von Mitte Juni bis Mitte September. Rund um Ferragosto machen die Italiener traditionsgemäß blau. Geschäfte und Büros sind dann für ein bis zwei Wochen geschlossen, die Strände dafür überfüllt.

Geld

Da auch in Italien der Euro Zahlungsmittel ist, sind für Reisende aus Österreich und Deutschland Wechselstuben, Umrechungskurse etc. zum Glück kein Thema mehr. Die gängigen Kreditkarten werden fast überall akzeptiert. Die Agio-Gebühren entsprechen den international üblichen. Bankomaten sind weit verbreitet, Banken und Sparkassen in der Regel Mo–Fr von 8.30–13.30 und 14.30–15.30 Uhr geöffnet. Für die Schweiz (Stand Frühjahr 2014): 1 CHF = 0,82 €, 1 € = 1,22 CHF.

Internet-Cafés

Venetian Navigator I & II: Castello 5300, Calle Casselleria (Nähe Markusplatz) bzw. San Marco 5239, Calle Stagneri (zw. Campo della Fava und Rialto), beide: tgl. 10–22, im Winter bis 20.30 Uhr.

VeNice: Cannaregio 149, Lista di Spagna, tgl. 9–23 Uhr; gleich beim Bahnhof.
Internet Point San Barnaba: Dorsoduro 2759, Campo S. Barnaba, Mo–Sa 9.30–19.30 Uhr; auch Laptops, draußen am Platz im Café benützbar.
Internet Point Teleradiofuga: Dorsoduro 3812a, Crosera San Pantalon, Mo–Sa 10.30–19.30 Uhr, mehr als ein Dutzend Computerschirme im Herzen des Szeneviertels.
@ Internet Point: Dorsoduro 3253, Calle larga Foscari, Mo–Fr 9–19 Uhr, vis-à-vis dem Eingang zur Uni Ca' Foscari.

Kinder

Venedig ist eine der wenigen Städte, die auch von Kindern gern besucht wird. Zwar gibt es mit Ausnahme der Giardini Pubblici und dem Giardino Papadopoli kein öffentlich zugängliches Grün zum Spielen, und eine eigens für die Kleinen konzipierte touristische Infrastruktur sucht man vergebens. Jedoch bietet der Alltag genug Attraktionen, um den Venedigaufenthalt auch für den Nachwuchs kurzweilig zu gestalten.

Allein das Fehlen des Autoverkehrs, die häufigen Bootsfahrten oder, besser noch, die Überquerungen des Canal Grande im *traghetto* garantieren Spaß und Bewegungsfreiheit. Dazu kommen die Schwärme von Tauben am Markusplatz sowie die Gelati-Verkäufer. Sehenswert auch für Kinder: die Campanile (San Marco, San Giorgio Maggiore oder auch Torre dell'Orologio) mit Blick auf die Stadt und über Meer und Festland hinaus in die Ferne.

Unter den Museen sind vor allem jene für Schifffahrt und für Naturgeschichte nachwuchstauglich. Attraktiv sind die diversen Feuerwerke und natürlich der Karneval. Gleichfalls interessant: das Planetarium am Lido (Tel. 041 73 15 18 bzw. 338 874 97 17, www.astrovenezia.net, 1. Okt.–31. Mai, So 16 Uhr freier Eintritt) sowie natürlich der dortige Strand mit Möglichkeiten zum Planschen.

Medien

Die zwei führenden Regionalblätter sind ›Il Gazzettino‹ (eher konservativ, Auflage ca. 667 000) und ›La Nuova Venezia‹ (linksdemokratisch, ca. 128 000). Daneben bekommt man an allen gut sortierten Kiosken die italienischen, überregionalen Zeitungen (›Corriere della Sera‹, ›Il Giornale‹, ›Il Giorno‹, ›L'Unità‹, ›La Repubblica‹ etc.) und die wichtigsten internationalen, also auch deutschsprachigen Publikationen.

Notruf

Polizei-Notruf und SOS-Telefon: 113
Carabinieri: 112, 041 523 53 33 (Piazzale Roma)
Stadtpolizei – Notruf: 041 274 70 70
041 274 73 10 (Venedig, San Marco)
041 522 45 76 (Piazzale Roma)
041 522 45 76 (Tronchetto)
041 526 03 95 (Lido)
Feuerwehr – Notruf: 115
041 257 47 00(Venedig)
041 269 71 11 (Mestre)
041 526 66 62 (Lido)
Medizinische Erste Hilfe: 118 bzw. 041 523 00 00
Medizinische Nachtdienste (Guardia Medica): in Venedig/Altstadt – Tel. 041 238 56 48 (tgl. 20–8 Uhr), am Lido – Tel. 041 238 56 68 (tgl. 20–8 Uhr), in Mestre – Tel. 041 238 56 31 (Mo–Fr 20–8, Sa auf So u. So auf Mo 10–7 Uhr).
Weitere Informationen, u. a. über die Spitäler: s. unter Ärztliche Versorgung, S. 68
Städtische Passbehörde: 041 271 57 72
ACI-Pannenhilfe: 116

Fundbüros: am Bahnhof, Tel. 041 78 55 31; am Flughafen, Tel. 041 260 92 222

Sperrung von Handys, EC- und Kreditkarten: 00 49 116 116

Öffnungszeiten

Banken und Sparkassen sind tgl. außer Sa und So 8.30–13.30 und 14.30–15.30 Uhr geöffnet, Geschäfte üblicherweise zwischen 9 und 19.30 Uhr durchgehend, Montag vormittags aber häufig geschlossen. Zahlreiche Ausnahmen bestätigen die Regel.

Orientierung

Erwartungsgemäß ist die Orientierung im Labyrinth Venedigs nicht immer ganz einfach. Hilfreich ist es, sich mit einigen Ortsbezeichnungen vertraut zu machen und das System hinter den postalischen Adressen mit ihren oftmals vierstelligen Hausnummern zu verstehen. Siehe dazu den Kasten auf S. 26.

Post

Die **Hauptpost** befindet sich in San Marco 5016, Calle San Salvador (hinter der gleichnamigen Kirche) und ist Mo–Fr 8.25–19.10, Sa bis 12.35 Uhr geöffnet (im Aug. geänderte Zeiten), Tel. 041 240 41 49.

Porto: Ansichtskarten und Briefe nach Deutschland, Österreich, in die anderen EU-Staaten und in die Schweiz werden mit 0,75 € frankiert und als beschleunigte *posta prioritta*-Sendungen befördert. Briefmarken *(francobolli)* erhält man in der Post und in Tabakläden.

Reisen mit Handicap

Venedig ist aufgrund der zahllosen Brücken und Stege für Behinderte ein nur schwierig zu bewältigendes Pflaster. Allerdings sind entlang der Hauptrouten durch die Stadt etliche Brücken mit Aufzügen für Rollstühle ausgestattet. Die Schlüssel dazu bekommt man über die **Info-Stellen der APT** (s. S. 19), das **PR-Büro im Rathaus** (Ca' Farsetti, San Marco 4136, Mo–Fr 9–13 Uhr, Tel. 041 274 81 44) bzw. über die Büros von **Informhandicap** (s. u.). Das Ein- und Aussteigen bei Vaporetti ist bei den allermeisten Linien relativ problemlos zu bewerkstelligen (Anlegestellen und Schiff liegen auf gleichem Niveau).

Über die Altstadt verstreut gibt es mehrere für die Bedürfnisse Behinderter adaptierte Toilettenanlagen, u. a. am Piazzale Roma, der Stazione Marittima, auf beiden Seiten der Rialto-Brücke, im Dogenpalast, auf dem Biennale-Gelände und auf dem Campo San Luca.

Unter den Hotels finden sich nur im 4- und 5-Sterne-Bereich einige wenige Häuser mit behindertengerechter Ausstattung. Sie sind im offiziellen Unterkunftsverzeichnis mit einem entsprechenden Symbol gekennzeichnet.

Sehbehinderte finden in einigen Museen (beispielsweise im Museo Correr und im Archeologico) spezielle Rundgänge mit taktilen Erlebnisinhalten eingerichtet.

Einschlägige Auskünfte, Broschüren, Stadtpläne etc. für Behinderte bietet der städtische Service **Informhandicap** in 30174 Venedig-Mestre, Centro Culturale Candiani, Piazzale Candiani 5, Tel. 041 274 61 44, geöffnet Di, Do 15–17, Mi und Fr 9–13 Uhr. Seine ›Filiale‹ im PR-Büro des Rathauses von Venedig (Ca' Farsetti) ist Do 15–17 Uhr geöffnet. Online-Kontakt: informahandicap@comune.venezia.it, www.comune.venezia.it, Info und Hilfe für behinderte Bahnreisende: Tel. 041 78 55 70 bzw. www.fs-online.it.

Sicherheit

Venedig gilt zu Recht als unbedenklich. Nicht, dass nicht Taschendiebereien im Gedränge vorkommen können. Aber Bedenken, welche Viertel und zu welcher Uhrzeit zu queren seien, sind – auch für Einzelreisende – gänzlich unangebracht. Für den Schadensfall empfiehlt sich, abgesehen von den üblichen Notrufnummern 112 bzw. 113, ein Anruf bei der Notruf-Zentrale der Stadtpolizei (Tel. 041 274 70 70).

Sprachkurse

Zwei bewährte Adressen:
Società Dante Alighieri: Santa Elena, 3, Tel. 041 523 45 90, Sekretariat: Di–Fr 9.30–12.30 Uhr, www.ladantevenezia.it.
Istituto Venezia: Dorsoduro 3116/a, Campo Santa Margherita, Tel. 041 522 43 31, www.istitutovenezia.com.

Telefon

Öffentliche **Telefonämter** gibt es vier: ASST am Bahnhof, am Flughafen (beide tgl. 8–20 Uhr) und in der Hauptpost (8–19.45 Uhr) sowie SIP an der Piazzale Roma (tgl. 8–21.30 Uhr).
Telefonauskünfte erhält man unter Tel. 176. Ein Vermittler steht zur Verfügung, wenn man 15 wählt.
Telefonkarten (*scheda* oder *carta telefonica*) für die vielen Kartentelefonzellen zu 5 oder 10 € erhält man in Postämtern, Hotels, an Automaten, vielen Tabak- und Zeitungskiosken und in Bars. Achtung, es gibt verschiedene Systeme, daher beim Kauf genau erkundigen! Um aus Bars und Münztelefonzellen zu telefonieren, braucht man sogenannte *Gettoni* (in Bars und Tabakläden erhältlich) oder Münzen.

Vorwahlen:

Für Deutschland	00 49
Für Österreich	00 43
Für die Schweiz	00 41

Bei Anrufen aus Italien in diese Länder entfällt die Null bei der folgenden Ortsnetzkennzahl.

Für Italien	00 39

Stadtvorwahl Venedig: 041, wobei man aus dem In- und auch Ausland die Vorwahlnummer inklusive der Null wählen muss, da sie wie überall in Italien fester Bestandteil der Teilnehmernummer ist (ausgenommen sind dreistellige Notrufnummern, Servicenummern und Handynummern).

Toiletten

Öffentliche WC-Anlagen finden sich in Venedig leider nur an folgenden Punkten: Tronchetto, Stazione Marittima, in den Badehäusern am Bahnhof, auf beiden Seiten der Rialto-Brücke (Campo San Bartolomeo), auf dem Campo San Luca, in der Südwestecke der Piazza San Marco beim Tourismusbüro, an der Vaporetto-Station San Marco und in den Giardini Pubblici sowie auf dem Biennale-Gelände. Die Benutzung kostet 1 €, ist für Venice-Card-Inhaber jedoch frei. Tipp: Auch in den meisten großen Museen gibt es öffentliche WCs.

Trinkgeld

Bei zufriedenstellendem Service überlässt man dem Personal einen Obolus, dessen Höhe man intuitiv festlegt. In Restaurants sind, so der ›Service‹ nicht explizit in der Menükarte als ›inklusive‹ angeführt ist, 5–10 % der Rechnung für den Kellner üblich – wobei man sich zunächst das Wechselgeld vollständig herausgeben und dann Münzen oder Scheine auf dem Tisch liegen lässt.

Panorama – Daten, Essays, Hintergründe

Blick auf die Kirche San Giorgio dei Greci mit dem schiefsten Turm Venedigs

Steckbrief Venedig

Daten und Fakten

Name: Venezia; venezianisch: Venexia, deutsch: Venedig
Fläche: Stadtgemeinde: 458 km² mit Wasserfläche, 190 km² ohne; Altstadt (*centro storico*): 7,06 km², was rund 1000 Fußballfeldern entspricht.
Einwohnerzahl: im historischen Zentrum rund 60 000, 30 000 auf den Laguneninseln und 181 883 auf dem Festland; nach aktuellerem Stand (Winter 2013/14) zählt die Stadt nun insgesamt 259 263 Einw.
Währung: Euro, Untereinheit Cent
Zeitzone: MEZ, Sommerzeit

»Die Dogenkatze«, (16. Jh.) nach der Vorlage von Bellinis Porträt von Loredan

Geografie und Lage

Die Stadtgemeinde Venedig (*Comune di Venezia*) liegt in der nordwestlichen Ecke der Adria. Sie umfasst das historische Zentrum (*Centro Storico*) sowie den überwiegenden Teil der ca. 600 km² großen Venetischen Lagune mit ihren insgesamt 118 Inseln, außerdem die beiden *lidi* namens Lido di Venezia bzw. Pellestrina, welche die salzige Lagune auf einer Länge von mehr als 20 km vom offenen Meer abgrenzen. Ebenfalls Teil der Gemeinde sind die auf dem Festland (*Terraferma*) gelegene Stadt Mestre, der Industriestandort Marghera und die Orte Malcontenta, Chirignago, Cavallino, Zelarino und Favaro Veneto mit dem Flughafen Marco Polo.

Zum Stadtbezirk (*municipalità*) Venedig–Murano–Burano, der seit 1987 UNESCO-Weltkulturerbe ist, gehören das in sechs *Sestieri* (Stadtsechstel) – nämlich San Marco, Castello, Cannaregio, San Polo, Santa Croce und Dorsoduro mit den Inseln Giudecca und San Giorgio Maggiore – untergliederte und durch die Freiheitsbrücke (*Ponte della Libertà*) mit dem Festland verbundene Centro Storico sowie der mittlere und nördliche Teil der Lagune mit zahlreichen Inseln, darunter die Friedhofsinsel San Michele, die Gemüseinseln Sant'Erasmo und Vignole, die Glasbläserinsel Murano, Burano, Mazzorbo und Torcello.

Politik und Verwaltung

Die aus insgesamt 18 Bezirken zusammengesetzte Gemeinde Venedig ist Hauptstadt der Region Veneto, zu der außerdem die Provinzen Belluno, Padua, Rovigo, Treviso, Verona und Vicenza gehören. Ihr Bürgermeister (*sindaco*) und ihr aus 46 Mitgliedern zusammengesetzter Magistrat (*giunta municipale*) werden alle fünf Jahre neu gewählt. Als Rathaus (*palazzo municipale*) dient Ca' Farsetti am Canal Grande, nahe der Rialto-Brücke. Oberhaupt der Stadt ist seit 2010 der Anwalt und Uni-Professor Giorgio Orsoni, der eine komplizierte Koalition aus Mitte- und Linksparteien anführt.

Wirtschaft, Tourismus und Kultur

Venedig ist nach Genua und Triest Italiens drittgrößter Hafen. Wichtigster Zweig der vorwiegend auf dem Festland angesiedelten Industrie, die noch knapp 15 000 Beschäftigte zählt (in den 1970ern: 40 000), ist die (Petro-) Chemie. Als bedeutsame Arbeitgeber fungieren hier aber auch der Schiffbau und der Flughafen. Etwa 25 000 Insel-Venezianer pendeln täglich zu ihrem Arbeitsplatz auf das Festland. Fast ebenso viele kommen tagsüber aus Mestre und dessen Umland, aber auch von den Laguneninseln zum Arbeiten bzw. zum Studieren an der Università Ca' Foscari oder der Architekturhochschule IUAV ins Centro Storico.

Haupterwerbsquellen der Bewohner der Municipalità Venedig sind **Tourismus,** Handwerk und Handel. Dabei bestimmen Klein-, vielfach Ein-Personen-Unternehmen die Struktur. 25 Mio. Touristen kommen jährlich, um das urbanistische Weltwunder zu bestaunen, und machen Venedig zu der nach Rom meistbesuchten Stadt Italiens. Rund drei Viertel von ihnen verweilen nur einen Tag. Die Zahl der Übernachtungen schwankt in den letzten Jahren zwischen knapp 9 und gut 11 Mio. Dieser Massenansturm erklärt die im Verhältnis zur Einwohnerzahl immense Dichte an **Kunsthandwerkstätten** und Souvenirläden.

Die **Landwirtschaft** beschäftigt nur noch wenige Hundert Venezianer. Doch versorgen die Bauern von den Inseln Sant'Erasmo und Vignole und die Fischer die Märkte der Altstadt wesentlich mit frischen Lebensmitteln. Immer noch von Bedeutung ist die weltberühmte, auf Murano konzentrierte **Glasindustrie.**

An kulturellen Einrichtungen bietet das Altstadtgebiet Venedigs über 40 Museen und zwei Dutzend Galerien, mehrere Theater und Kinos sowie ca. 10 000 historische Bauten, von denen etwa 1000 unter Denkmalschutz stehen.

Bevölkerung und Religion

Bereits gegen Mitte des 14. Jh., vor der ersten Pestepidemie, dürfte die Serenissima (»Die Durchlauchtigste«) an die 140 000 Einwohner gehabt haben. Damit zählte sie seinerzeit zu den bevölkerungsreichsten Städten Europas. Noch vor knapp zwei Generationen lebten in der Altstadt 175 000 Menschen, heute ist ihre Zahl auf fast ein Drittel geschrumpft. Seit 1993 verliert der historische Kern Jahr für Jahr im Durchschnitt tausend Bewohner. Und die Zurückbleibenden altern rapide. 1951 betrug der Anteil der Kinder im Grundschulalter 8 %. Er ist auf unter drei gesunken. Mittlerweile gibt es mehr Frauen über 80 als unter 18. Die einheimische Bevölkerung ist zu 99 % römisch-katholisch.

Sprache

Venesian, das Idiom der Venezianer, ist ein Dialekt des Venetischen, das im Veneto, aber auch in Friaul-Julisch Venetien, im Trentino und auf Istrien gesprochen wird. Wie jenes, gehört es zu den westromanischen Sprachen und ist daher teilweise näher mit dem Französischen und Spanischen als mit dem aus dem Toskanischen abgeleiteten Hochitalienisch verwandt. Venezianisch folgt nicht nur in der Aussprache (z. B. viele stimmhaft gesprochene Konsonanten), sondern auch in Rechtschreibung und Grammatik vielfach eigenen Regeln.

Geschichte im Überblick

Vor- und Frühgeschichte

25. März 421 Der Legende nach wird das Ur-Venedig in Malamocco unweit des heutigen Stadtgebietes von Bewohnern der nahen Städte, die vor Alerichs Westgoten flüchten, gegründet.

500–600 Weitere Völkerwanderungen – die Hunnen Attilas und die Ostgoten Theoderichs – ziehen durchs Land. Mehr und mehr Festlandbewohner suchen in der Lagune Schutz. 539 gerät Venedig, das bisher unter dem Schutz des Exarchen von Ravenna stand, unter byzantinische Kontrolle. Sein neuer Herr ist ein Tribun Ostroms.

6.–8. Jh. Die Langobarden erobern Norditalien. Der Tribun wird durch einen von der Stadt gewählten Dogen (lat. *dux*, Führer) ersetzt. Die Wahl wird von Ostrom bestätigt. Der Papst ruft den Frankenkönig Pippin III. gegen die Eindringlinge aus dem Norden zu Hilfe. 774 beendet Karl der Große die Langobardenherrschaft und schenkt dem Papst Ravenna, Venetien und Istrien. Am 25. Dezember 800 wird Karl zum Kaiser gekrönt.

810 Karls Sohn Pippin, der im Vorjahr Seevenetien erobert hat, versucht, die Lagunenstadt zu annektieren. Mit oströmischer Hilfe wehren die Venezianer den Angriff ab. Der Bischofssitz in Pietro di Castello wird gegründet. Der Dogensitz wird von Malamocco nach Rialto und bald darauf in das Gebiet des heutigen Markusplatzes verlegt.

812 Im Friedensvertrag von Aachen gibt Karl der Große Seevenetien an Byzanz zurück.

828 Venezianische Händler entwenden in Alexandria die vermeintlichen Reliquien des Evangelisten Markus und bringen sie in ihre Heimatstadt (vgl. S. 85). Zwei Jahre später wird Markus zu Ehren der Bau von San Marco begonnen.

Unabhängigkeit von Byzanz

840 Venedig emanzipiert sich von Byzanz und schließt erstmals ein direktes Friedensabkommen mit seinen fränkischen Nachbarn, die Pactum lotharii.

10. Jh. Dekret gegen den Sklavenhandel. Gründung der Benediktinerabtei San Giorgio Maggiore. Die byzantinischen Kaiser Basileios und Konstantin räumen venezianischen Kaufleuten Handelsprivilegien ein.

11. Jh. Unter dem Dogen Pietro Orseolo besiegen die Venezianer Istrien und Dalmatien und begründen damit ihre jahrhundertelange Herrschaft in dieser Region. 1043–71 wird der Markusdom neu gebaut. Nachdem die Normannen große Teile der italienischen Halbinsel erobert haben, werden sie 1085 in den Gewässern von Butrinto (heutiges Albanien) von den Venezianern geschlagen. 1095 ruft Papst Urban II. zum Ersten Kreuzzug auf. Im selben Jahr verursachen ein Erdbeben und ein nachfolgender Seesturm große Schäden in der Stadt. Vier Jahre später nehmen die Kreuzfahrer Jerusalem ein. Das Handelsgebiet der Venezianer umfasst nun auch das Heilige Land. Gleichzeitig kommt es zu Zusammenstößen zwischen Venezianern und Pisanern auf Rhodos.

1104 Das Arsenal, Venedigs Großwerft, wird gegründet. In den beiden folgenden Jahren zerstören Feuersbrünste große Teile Venedigs.

1154 Venedig schließt mit Pisa Frieden.

1177 Versöhnung Kaiser Friedrich Barbarossas mit Papst Alexander III. im Markusdom in Anwesenheit des Dogen Sebastiano Ziani. Venedig, La Serenissima (die Durchlauchteste), ist Mittelpunkt der politischen Welt.

Hochblüte als Kolonialmacht

1202–04 Die Kreuzfahrerheere versammeln sich in Venedig, um von hier zum Vierten Kreuzzug aufzubrechen. Unter dem Dogen Enrico Dandolo (vgl. S. 85) erobern Kreuzfahrer und Venezianer Konstantinopel. Das griechische Kaisertum wird durch das lateinische (Balduin I. von Flandern) ersetzt. 1209 erobern die Venezianer Kreta.

1257 Erster Krieg zwischen Venedig und Genua.

1261 Der Byzantiner Michael Palaiologos erobert Konstantinopel zurück, beendet das lateinische Kaisertum und überträgt Genua venezianische Handelsprivilegien.

1295 Marco Polo kehrt von seiner 24-jährigen Asienreise heim.

1297 Reform des Wahlrechts. Aus dem Rat der Vierzig (*quarantia*, gegründet 1207–20) wird der Große Rat, dessen Mitglieder fortan im Goldenen Buch vermerkt werden. Die bürgerliche Republik wird zur Oligarchie.

1310 Ein Putschversuch unter Baiamonte Tiepolo scheitert. Zum Schutz der Verfassung wird der Rat der Zehn (*consiglio dei dieci*) gegründet.

1340–48 Baubeginn des heutigen Dogenpalastes. 1348 erschüttert ein schweres Erdbeben Venedig. Drei Viertel der Bewohner sterben an der Pest.

1355	Der Doge Marino Falier wird nach dem Versuch, eine Tyrannis zu errichten, mit seinen Schwurgenossen hingerichtet.
1378	Der Streit mit Genua um die Handelsvormacht im Mittelmeer entlädt sich im Chioggiakrieg. In langen Kämpfen siegen die Venezianer unter der Führung Vittorio Pisanis.
1381	Nach fast 130-jährigem Kampf Friedensschluss mit Genua.
Anfang 15. Jh.	Nach dem Tod Giangaleazzo Viscontis zerfällt die politische Einheit Oberitaliens. In der Folge erweitert Venedig seinen Festlandbesitz um Verona und Padua (1405), um Udine und Friaul (1420), Brescia (1426), Bergamo (1428), Ravenna und Cremona (1441).
1453–70	Venedig bildet mit den anderen beiden großen Landmächten Italiens, Florenz und Mailand, eine Allianz. Venedig verliert Euböa an die Türken. Zypern wird venezianisch.
1498	Vasco da Gama entdeckt den Seeweg nach Indien. Die alten, venezianischen Handelswege verlieren dadurch allmählich an Bedeutung.
1500	Jacopo de' Barbaris berühmte Stadtansicht entsteht.
1503–08	Morea, der nordwestliche Peloponnes, fällt an die Türken. Kaiser und Papst, Frankreich, Spanien und die italienischen Staaten verbünden sich in der Liga von Cambrai gegen Venedig, das in den folgenden Kriegen (bis 1517) den Großteil seiner Landbesitzungen verliert.
1510	Tod Giorgiones.
1516	Venedigs Juden werden gezwungen, im Ghetto zu wohnen. Giovanni Bellini stirbt. Tizian erhält das Amt des Staatsmalers.
1527	Nach der Plünderung Roms durch deutsche Söldner (*sacco di roma*) flüchten zahlreiche Künstler nach Venedig.
1570	Türkische Truppen, die 1523 Rhodos erobert hatten, landen auf Zypern. Jacopo Sansovino stirbt.
1571	Bei der Seeschlacht von Lepanto schlagen die mit dem Papst und mit Spanien verbündeten Venezianer unter Führung von Don Juan de Austria die Türken. Der Sieg verhindert jedoch nicht das weitere Vordringen des Feindes im griechischen Raum. Die Juden werden aus Venedig vertrieben.

Allmählicher Niedergang

1573 Die verfassungswidrige Judenvertreibung wird widerrufen. Friedensschluss mit den Türken. Venedig verliert Zypern.

1577–88 Aus Dankbarkeit für die Erlösung von der Pest wird nach Plänen Andrea Palladios die Votivkirche Il Redentore erbaut. Brand im Dogenpalast. 1588 Grundstein für die neue steinerne Rialto-Brücke.

17. Jh. 1606 Papst Paul V. belegt Venedig mit dem Bann. Der Konflikt mit dem Papst wird ein Jahr später beigelegt. Venedig kann seine kirchliche Sonderstellung bewahren. Die vom Marqués de Bedmar angezettelte ›spanische Verschwörung‹ wird 1618 vom Rat der Zehn aufgedeckt. 1630 bricht eine neuerliche Pestepidemie aus. Aus Dank für deren Ende wird 1631 mit dem Bau der Kirche Santa Maria della Salute begonnen. 1669 fällt Kreta an die Türken, die 1683 bei Wien vernichtend geschlagen werden. Im gleichen Jahr erobert ein Bündnisheer unter dem Venezianer Francesco Morosini den Peloponnes zurück. Nach mehreren bedeutenden Siegen unter Prinz Eugen schließen 1699 die Österreicher mit den Türken den Frieden von Karlowitz.

Anfang 18. Jh. Im Zuge des spanischen Erbfolgekriegs verletzen französische und österreichische Truppen Venedigs Neutralität. Zahlreiche venezianische Stellungen, darunter Morea, fallen 1715 in türkische Hand. Vom wachsenden osmanischen Einfluss im Mittelmeerraum alarmiert, tritt Österreich aufseiten Venedigs ein Jahr später in den Kampf ein. Die Türken müssen die Belagerung Korfus abbrechen. Durch den Frieden von Passarowitz zwischen Österreich und den Türken verliert Venedig 1718 den Großteil seiner restlichen auswärtigen Besitzungen.

1786 Auf seiner ›Italienischen Reise‹ besucht Goethe Venedig.

1792 Einweihung des venezianischen Opernhauses La Fenice.

Das Ende der Selbstständigkeit

1796 Napoleon wird Oberbefehlshaber der französischen Italienarmee. Die Franzosen erobern weite Teile Oberitaliens, unter anderem Piemont (April 1796), Brescia (Mai), Verona und Bologna (Juni), Mantua (Februar 1797). Napoleon deutet Venedigs Politik der unbewaffneten Neutralität als offenkundiges Schwächezeichen und besetzt im Zuge des Krieges gegen Österreich venezianisches Gebiet.

18. April 1797 Nach Kämpfen in Venetien und Friaul schließen Franzosen und Österreicher den Vorfrieden von Leoben. Dabei tritt Napoleon insgeheim Teile des Territoriums von Venedig an die Habsburger-Monarchie ab.

1798 Am 9. Jan. wird das Arsenal zerstört. Am 1. Mai richtet Napoleon von Palmanova aus eine Proklamation gegen die Republik, in der er die Einführung einer demokratischen Verfassung fordert. Am 12. Mai weicht Venedig dem Druck Napoleons: Bei der letzten Sitzung des Großen Rates tritt der Doge Ludovico Manin von seinem Amt zurück. Drei Tage später ziehen französische Truppen in die Stadt ein. Am 1. Juli besetzt Österreich Dalmatien und Istrien. Im Frieden von Campoformio muss Österreich am 17. Okt. Belgien und Mailand an Frankreich abtreten, erhält jedoch als Entschädigung die Stadt Venedig. Im Dezember dieses Jahres werden die Pferde von San Marco nach Paris überführt, kehren 1815 jedoch wieder an ihren alten Platz an der Fassade der Markusbasilika zurück.

18. Jan. 1805 Abzug der Franzosen. Die Österreicher besetzen die Stadt. Nach der Dreikaiserschlacht bei Austerlitz werden im Frieden von Preßburg Venedig und Venetien dem napoleonischen Königreich Italien zugeordnet.

1811 Wiederauffindung der Gebeine des hl. Markus, die später (1835) unter dem Altar der Markuskirche beigesetzt werden.

1814 Nach der Niederlage Napoleons gelangt Venedig im Zuge der Verhandlungen beim Wiener Kongress erneut an Österreich.

1841–46 Bau der Eisenbahnbrücke zwischen Venedig und dem Festland.

1848–61 Im Gefolge der nationalen Aufstände in Europa kommt es auch in Venedig zur Revolution. Eine provisorische Regierung wird gebildet, kurz darauf die Demokratische Republik Venetien proklamiert. An ihrer Spitze steht Daniele Manin. Venedig schließt sich dem Königreich Sardinien-Piemont an. Nach langer Belagerung und Bombardierung durch Österreich zwingt eine Cholera-Epidemie 1849 die Venezianer zur Kapitulation. 1859 muss Österreich nach Niederlagen die Lombardei räumen. Im Jahr 1861 ruft Camillo Cavour das Königreich Italien aus.

Eine italienische Provinzstadt

1866 Preußen und Italien schließen ein Militärbündnis. Im darauf folgenden Krieg behaupten sich die Österreicher in den Schlachten von Custozza und Lissa gegen die Italiener. Bei Königgrätz werden sie aber von den Preußen vernichtend geschlagen. Durch den Frieden von Wien (Oktober) verliert Österreich Venedig an Italien.

22. April 1895 Die erste Esposizione Biennale, eine Ausstellung für zeitgenössische Kunst, wird eröffnet.

1902	Der Campanile auf dem Markusplatz stürzt ein; zehn Jahre später steht er wieder in altem Glanz.
1915–1918	Während des Ersten Weltkriegs bombardieren österreichische Flugzeuge mehrmals die Stadt und verursachen erhebliche Schäden.
1933–1945	1933 wird die Straßenbrücke zum Festland eingeweiht. Nach dem 2. Weltkrieg besetzen alliierte Truppen die Lagunenstadt.
4. Nov. 1966	Ein außergewöhnliches Hochwasser sucht die Stadt heim. Erstmals laufen internationale Hilfsprogramme zur Rettung Venedigs an.
1979	Der venezianische Karneval wird wieder ins Leben gerufen.
1996	Im Frühjahr brennt das Opernhaus La Fenice bis auf die Grundmauern ab, erst 2004 startet der Betrieb wieder nach der Rekonstruktion.
1997/98	Nach über 70 Jahren erfolgt erstmals wieder die systematische Ausbaggerung der *rii,* der kleinen Wasserwege zwischen den Kanälen.
Ende 2003	Ministerpräsident Berlusconi legt den Grundstein zum Bau der ersten Schleuse des sehr umstrittenen Hochwasserschutz-Projektes Mose.
2008	Die von Santiago Calatrava entworfene, umstrittene Fußgängerbrücke zwischen Piazzale Roma und Bahnhof wird im Spätsommer eingeweiht.
2009	Der französische Unternehmer und Milliardär François Pinault, der 2007 bereits den Palazzo Grassi erworben hat, eröffnet im ehemaligen Zollgebäude eine zweite Heimstatt für seine Sammlung von Gegenwartskunst. Die Cini-Stiftung ruft auf der Insel San Giorgio ein hochkarätiges kulturwissenschaftliches Studienzentrum ins Leben.
2010	Giorgio Orsoni wird als Nachfolger des Philosophen Massimo Cacciari an der Spitze einer Mitte-Links-Koalition Bürgermeister von Venedig.
2011	»Neueröffnung« von Teilen der nunmehr renovierten und erweiterten Galleria dell'Accademia.
2012	Im Juni Baubeginn einer Tram-Trasse über die Ponte della Libertà zum Festland.
2013/14	Nach heftigen Protesten gegen die übermächtige Präsenz von Kreuzfahrtschiffen in der Lagune wird eine radikale Beschränkung ihrer Zahl beschlossen, im März 2014 jedoch zweitinstanzlich wieder aufgehoben.

Stadt und Lagune – eine topografische Einführung

La Serenissima, die Erlauchteste, wie Venedig von seinen Bewohnern einst mit verständlichem Stolz tituliert wurde, ist nicht nur wegen ihrer Kunstdenkmäler und ihrer über 1200-jährigen Geschichte, sondern auch wegen ihrer geografischen Lage das wohl merkwürdigste und wundersamste Stadtgefüge der Welt.

Ihre Einmaligkeit wird besonders deutlich beim Blick vom Campanile des Klosters San Giorgio Maggiore, von jener Aussichtsplattform, auf der Jacopo de' Barbari bereits im Jahr 1500 seine berühmte Stadtansicht schuf. Denn dort oben hat man die Amphibienstadt, deren Umrisse bezeichnenderweise denen eines Fisches ähneln, wie auf dem Präsentierteller vor sich liegen.

Im Osten, gleichsam am Ende des Rückgrats, erkennt man das große Bassin des Arsenals und am Beginn der Schwanzflosse die Grünfläche der öffentlichen Gärten. Im Westen, zwischen Maul und Augen, erheben sich die Betonklötze der Parkhäuser und des Bahnhofs. Dazwischen schlängelt sich der Nervenstrang des Canal Grande durch das Aderngeflecht aus Gassen und Kanälen, um sich zwischen dem von einer goldenen Erdkugel bekrönten ehemaligen Zollgebäude und

Einmalige Lage: die Lagunenstadt von der Luft aus gesehen

dem Campanile des Markusdoms in das Bacino di San Marco zu ergießen.

Lidi, porti, valli – die Laguna Veneta

Rund um das 7,5 km² große Schindeldachmeer dehnt sich die größte von einstmals sieben, mittlerweile überwiegend verlandeten nordadriatischen Lagunen aus – die halbmondförmige Laguna Veneta. Sie misst ca. 50 x 12 km; ihr Wasser ist in den hafennahen Kanälen 15–20 m, im Durchschnitt jedoch lediglich 50 cm tief und je nach Gezeitenstand mehr oder weniger brackig. Sie ist durchsetzt von über hundert Inseln und zahllosen winzigen Erhebungen aus Treibsand und Schilf, den sogenannten *barene*.

Gebildet haben diese Lagune die Flüsse Sile, Brenta und Piave. Sie wälzten in Zehntausenden von Jahren Unmengen von Schlamm und Geröll aus den Alpen heran und schütteten sie – infolge spezieller Boden- und Strömungsverhältnisse – gegen die offene Adria hin zu flachen Dünen (*lidi*) auf. Diese Barriere besteht heute aus zwei Halbinseln (dem Littorale del Cavallino und Chioggia-Sottomarina) sowie zwei Inseln (Lido und Pellestrina) und ist mit Gras und Pinien bewachsen. Durch drei natürliche Öffnungen – die *porti* von Lido, Malamocco und Chioggia – laufen Süß- und Salzwasser ein und aus. Wobei die Venezianer unterscheiden zwischen der *laguna viva*, deren verästelte, fischreiche Kanäle (*valli*) zweimal täglich die Flut durchspült, und der *laguna morta*, dem vom Meerwasser unerreichten Marschland, wo vorwiegend Krebse und Enten beheimatet sind.

An diesigen Tagen verliert sich der Blick vom Campanile in der Endlosigkeit dieser menschenleeren Sümpfe. Bei klarer Sicht jedoch, vor allem im Winter, reicht er über die Terra Ferma, ja die gesamte Region Veneto hinweg bis zu den Gipfeln der Dolomiten.

Der Mythos vom hl. Markus

Symbol Venedigs ist der geflügelte Markuslöwe mit dem Evangelisten

Die Geschichte müsste wegen ihres Erfolgs jeden modernen PR- und Werbestrategen vor Neid erblassen lassen: Da hat die kleine Gemeinschaft von Festlandsflüchtlingen am unwirtlichen Ufer des Rialto eben erst ihre endgültige Heimat gefunden und sich aus der Umarmung der Franken und Byzantiner befreit. Und schon schickt sie sich an, allen geografischen und politischen Widrigkeiten zum Trotz ein neues Kapitel der Weltgeschichte zu eröffnen. Doch was ihr für den Aufstieg zur Großmacht noch fehlt, ist ein Talisman für die junge Unabhängigkeit, eine Identifikationsfigur, die dem Handeltreiben und Kriegführen einen höheren Sinn verleiht und es gegenüber dem Rest der Welt legitimiert.

Zu dieser Zeit – am Anfang des 9. Jh. – stehen Reliquien in Europa wieder einmal hoch im Kurs. Speziell in Italien giert jeder angehende Stadtstaat nach Knochensplittern oder Aschenresten, Gewandstücken oder Gegenständen von möglichst prestigeträchtigen Heiligen. Für die Venezianer ist das Objekt der Begierde das Skelett des Evangelisten Markus. Zwar ist ziemlich ungeklärt, wo die Überreste dieses Biografen Jesu ruhen. Und ungeklärt ist sogar, ob er wirklich, wie überliefert, die christliche Kirche von Alexandria gegründet, dort als Bischof gewirkt und als Märtyrer geendet hat.

Von der translatio ...

Aber erstens legen die mirakelgläubigen Massen auf die Echtheit von Ereignissen ohnehin wenig Wert. Und zweitens scheint Markus für die Nachfolge des wenig charismatischen Theodor als Schutzpatron Venedigs wie prädestiniert. Denn er höchstpersönlich soll, so will es zumindest die kirchliche Legende, das Bistum von Aquileia und Grado gegründet haben. Also schickt der Doge Giustiniano Partecipazio im Jahr 827 eine Hand voll wagemutiger Landsleute los, um die begehrten Gebeine zu beschaffen. Was folgt, ist die von Chronisten unendlich oft kolportierte und von zahllosen Malern und Mosaizisten verewigte ›F‹ – der schönfärberisch als Überführung bezeichnete Raub der Reliquie (828) aus der Metropole im Nildelta. Und um von Anfang an keinen Zweifel an der Absicht zu lassen, die neue religiöse Symbolgestalt für irdische Zwecke zu gebrauchen, baut man ihr einen kostbaren Schrein, die Markusbasilica, und weiht sie nicht als Bischofssitz, sondern als Staatskirche und Kapelle der Dogen.

... über die apparitio ...

Um die Jahrtausendwende ist die Laufbahn des Schutzheiligen gefährdet: Beim Aufstand gegen den Dogen Petrus Candiano IV. (976) brennt die Markuskirche ab, die hochverehrten Knochen – die in Wirklichkeit wohl die irgendeines koptischen Priesters sind – gehen verloren. Ein katastrophaler Umstand, über den der Senat peinliches Stillschweigen bewahrt! Erst über ein Jahrhundert später (1094) rettet ihn ein – wohl schlau inszeniertes – Wunder aus der Verlegenheit: Dank ›göttlicher Fügung‹ öffnet sich ein Pfeiler in der neu erbauten Basilica und gibt den Blick auf die eingemauerten Knochen frei. Das Ereignis geht als *apparitio*, als Wiedererscheinung, in die Geschichte ein.

... zur praedestinatio

Im 13. Jh. wird die Mystifikation des Markus auf die Spitze getrieben, indem man eine neue Legende erfindet. Ihr zufolge hat der Evangelist einst auf einer Missionsreise durch die Lagune Schiffbruch erlitten und ist auf einer Insel eingeschlafen. Im Traum habe ihm ein Engel mit den Einleitungsworten »Pax tibi, Marce, evangelista meus ...« (Friede sei mit dir, mein Evangelist Markus) prophezeit, dass dereinst an dieser Stelle sein Leib ruhen und eine Stadt entstehen sollte, deren Bewohner seinen Ruhm in alle Welt tragen würden. Dank dieser *praedestinatio* (Vorherbestimmung) können sich die Venezianer nun als von Gott auserwähltes Volk betrachten – ihr Expansionismus ist von alleroberster Stelle abgesegnet.

Die Karriere des Patrons nimmt einen kometenhaften Verlauf. Sein Attribut, der geflügelte Löwe, wird in der Stadt zum allgegenwärtigen Hoheitszeichen und zum Wappentier, in dessen Namen die venezia-

Mein Tipp

Mythos Venedig – Lesetipp
Von Reinhard Lebe gibt es eine so fundierte wie leicht lesbare Analyse der Realverfassung der Seerepublik und ihrer legendenbehafteten Selbstdarstellung, allen voran der Mythos ihrer himmlisch vorherbestimmten Rolle als »Herrin der Meere« (»Als Markus nach Venedig kam. Venezianische Geschichte im Zeichen des Markuslöwen«, Katz Verlag, 2006).

nische Flotte eine Kolonie nach der anderen erobert. Seine Insignien – die Flügel (für die Schnelligkeit der Flotte), das aufgeschlagene Buch (für die Göttlichkeit) und das Schwert (für die Rechtmäßigkeit des Anspruchs) – erinnern fortan fast 500 Jahre lang Millionen von Untertanen zwischen Adria und Levante an die Präsenz der Seerepublik. Und die Nachwelt an die Allmacht des Aberglaubens.

Kleiner Exkurs über die Bocche di leone

Sie sind wohl die unrühmlichsten Exemplare des Markuslöwen – jene steinernen Löwenmäuler, die denunziationswütigen Bürgern jahrhundertelang als Briefkästen für ihre anonymen Anklagen – oder Verleumdungen – dienten. Dutzende solcher auch als *bocche della verità*, »Mäuler der Wahrheit«, bezeichnete Schlitze waren einst über die ganze Stadt verteilt und warben um *denontie secrete*, geheime Informationen. Das berühmteste bis heute erhaltene Exemplar befindet sich im Ostflügel des Dogenpalasts, und zwar eingelassen in der Wand des Bogengangs im ersten Stock, wenige Schritte vom Portal zur berühmten Scala d'Oro beziehungsweise vom Eingang in die Sala del Consiglio dei Dieci entfernt. Der Zehnerrat, der in letzterer tagte, wurde 1310 nach Baiamonte Tiepolos Verschwörung ins Leben gerufen. Als eine Art Verfassungsschutzbehörde und später auch Inquisitionstribunal besaß er weitgehende richterliche Befugnisse, um staatsfeindliche Umtriebe aufzudecken und zu ahnden. Zunächst konnten Bürger mittels Klagebriefen jedermann gleichsam frei Haus gegenüber den Behörden aller Arten von Vergehen, von der Steuerhinterziehung bis zum Hochverrat, bezichtigen. Ab 1386 jedoch befahl ein Gesetz, dass jede Anschuldigung vor zwei Zeugen zu unterzeichnen war. Stellte sich bei der Anhörung vor dem Consiglio dei Dieci heraus, dass die Anzeige erfunden war, erhielt der Denunziant jene Strafe, die den (fälschlich) Beschuldigten für sein Vergehen erwartet hätte.

Die furchteinflößenden ›Mäuler der Wahrheit‹ sind in der ganzen Stadt zu finden

Sieben Jahrhunderte Machtpolitik

Über viele Jahrhunderte spielte die Seemacht Venedig im mediterranen Raum eine entscheidende Rolle, erst mit Napoleons Sieg über die Stadt begann ihr Niedergang als Großmacht.

Eine Großmacht im Mittelmeer

Bereits im Lauf des 12. Jh. war Venedig zu einer Macht geworden, die im Kräftespiel Europas und des Vorderen Orients nicht mehr unbeachtet bleiben konnte. Der Triumph über Konstantinopel im Jahr 1204 war kein bleibender Erfolg – ein halbes Jahrhundert später wurde das, freilich arg geschwächte byzantinische Kaisertum noch einmal wiederhergestellt. Venedigs alte Rivalin Genua hatte dabei die Hand im Spiel – und die Byzantiner bevorzugten nun die ligurischen Kaufleute gegenüber der undankbaren ehemaligen Provinz. Bald wurde die Konkurrenz zwischen den beiden Hafenstädten wieder mit Kriegsflotten ausgetragen, und erst nach 130 Jahren konnten die Venezianer ihre Rivalen im Seesieg bei Chioggia (1379) endgültig ausschalten.

Nun begann die glücklichste Periode in der Geschichte der Lagunenstadt. Die Terra Ferma wurde erweitert; zu den Besitzungen auf dem Peloponnes und den griechischen Inseln kam Zypern. Handel und Gewerbe blüten, Wissenschaften und Künste wurden gepflegt. Die Regierung, deren Ämter seit 1297 nur noch dem geschlossenen Kreis der im »Goldenen Buch der Republik« verzeichneten Familien der *nobili* zugänglich waren, wurde oft wegen ihrer Milde gerühmt.

Erzfeind Osmanen

Aber mit dem Jahr 1453 wuchs die Bedrohung aus dem Osten. Die Osmanen hatten das byzantinische Reich, das sich seit dem tragischen Vierten Kreuzzug nie mehr erholt hatte, mit der Eroberung Konstantinopels vernichtet, und nun nahmen sie Venedig nach und nach fast den gesamten Besitz – Kreta, Zypern, die Ionischen Inseln, Albanien – wieder ab, den dieses zweieinhalb Jahrhunderte zuvor unter seine Botmäßigkeit gebracht hatte. Die Türkenherrschaft beeinträchtigte auch den vordem so lukrativen Orienthandel; mehr noch zu diesem Rückgang der Geschäfte trug freilich die Entdeckung Amerikas, damit die Verlagerung der kommerziellen Kraftzentren nach Westeuropa, bei.

Schon glaubten die großen Mächte die Serenissima so geschwächt, dass sie an ihre Aufteilung dachten. Als Venedig versuchte, dem Papst die Romagna, den Nordteil seines Kirchenstaates, abspenstig zu machen, fand Rom nur zu bereitwillige Alliierte: Kaiser Maximilian, Frankreich und Spanien schlossen mit dem Papst 1508 die Liga von Cambrai,

Die Schlacht von Lepanto, die größte Seeschlacht des Mittelmeers

französische und deutsche Landsknechte besetzten die Terra Ferma; erst dem diplomatischen Geschick der *signoria* (ital. Stadtherrschaft) gelang es, die Gegner zu trennen, sodass Venedig aus dem Siebenjährigen Krieg gegen fast ganz Europa glimpflich hervorkam.

Der Feind im Osten war auf Dauer der gefährlichere. Auch der große Seesieg über die Türken bei Lepanto (1571), den die Venezianer und Spanier unter dem Kommando von Juan de Austria ausfochten, konnte nicht verhindern, dass das Kolonialreich der Markusrepublik weiter bröckelte. Von seinem reichen Länderbesitz blieben Venedig schließlich nur noch Dalmatien, das westliche Korfu und Istrien.

Das Ende durch Napoleon

Seitdem suchte sich die Republik aus den großen Konflikten herauszuhalten. Abenddämmerung legte sich über die stolze Stadt, und der Versuch des Senats, sie aus den Stürmen zwischen den alten Mächten und dem revolutionären Frankreich herauszuhalten, offenbarte nur noch ihre Schwäche. Napoleon nutzte diese Schwäche und erklärte nach wohl selbst inszenierten Unruhen auf der Terra Ferma Venedig den Krieg.

Am 12. Mai 1797 dankte der letzte Doge, Ludovico Manin, ab. Napoleon besetzte die Stadt und tauschte mit

Österreich im Frieden von Campoformio Venetien gegen andere Gebiete aus. Kurz darauf wurde die Region allerdings schon Bonapartes neuem Königreich Italien angeschlossen. Der Wiener Kongress brachte es 1814 noch einmal in die Donaumonarchie zurück.

Die italienische Nationalbewegung erfasste im europäischen Sturmjahr 1848 auch Venedig. Österreich antwortete mit Verhaftungen und dem Standrecht, doch nach dem Aufstand in Mailand ergriffen die Revolutionäre auch in Venedig die Macht, und der Advokat Daniele Manin proklamierte am 22. März 1848 die »Republik von San Marco«. Man beschloss den Anschluss an Sardinien-Piemont. Doch als Österreichs Feldherr Radetzky die Sardinier schlug, regierte Manin allein weiter. Nach schrecklichem Artilleriebeschuss durch die österreichische Flotte musste sich Venedig am 23. August 1849 ergeben.

Aber die Tage Venetiens als österreichische Provinz waren gezählt. Nach der Niederlage gegen die Preußen bei Königgrätz (1866) übergab Österreich auf Bismarcks Druck das Land an Kaiser Napoleon III. – nicht an die Italiener, denen schwere Niederlagen zu Land und See zugefügt worden waren. Frankreich überließ es nach einer Volksabstimmung dem Königreich Italien. Am 7. November 1866 hielt König Viktor Emanuel seinen feierlichen Einzug in Venedig.

Manfred Scheuch

Die Schlacht von Lepanto

Als alles überstrahlenden Sieg verzeichnet die Chronik Venedigs im 16. Jh. jene Seeschlacht, bei der Anfang Oktober 1571 in der Meerenge von Lepanto, zwischen Patras und den südlichen Ionischen Inseln, die Flotten der christlichen mediterranen Mächte, angeführt von Don Juan de Austria, und des Osmanischen Reiches unter Ali Pascha aufeinander prallten. Rund 500 Schiffe mit 75 000 Mann waren beteiligt. Etwa die Hälfte der Besatzungen blieb tot, die Hälfte der Schiffe zerstört zurück. Das Gemetzel, dem die Eroberung Zyperns durch die Türken vorausgegangen war, gilt bis heute als größte und blutigste Seeschlacht der gesamten Geschichte des Mittelmeers. Doch nicht nur wegen ihrer Dimensionen, sondern fast mehr noch wegen der seinerzeit europaweit enormen Resonanz in Dankesprozessionen, Schriften und Gemälden hat sich der – freilich nur kurzzeitige – Triumph der »heiligen Liga«, zu der sich der Papst, Spanien und die Markusrepublik ausnahmsweise verbündet hatten, geradezu mythisch übersteigert ins kollektive Gedächtnis geprägt. Adler, Tiara und Markuslöwe auf der einen Seite und der Gran Turco, gerne in Drachengestalt mit dem Halbmond versehen, auf der anderen: In zahllosen Allegorien haben bildende Künstler das »welthistorische« Ereignis auf Leinwand verewigt. Nur wenige Jahre nach dem Ereignis und überaus imposant zum Beispiel Andrea Vicentino auf seinem Riesengemälde in der Sala del Scrutinio des Dogenpalasts; oder, zuletzt, anlässlich der 49. Biennale im Jahr 2001, der US-amerikanische Maler Cy Twombly, der in seinem zwölfteiligen Bilderzyklus namens »Lepanto« das dramatische Schlachtgeschehen mit abstrakt-expressionistischem Pinselstrich nacherzählt hat.

Der Doge Enrico Dandolo

Einst Sitz der mächtigen Stadtpatrone: der Dogenpalast

Ein fast blinder alter Mann sollte bei der Vorherrschaft der italienischen Städte im Mittelmeerraum eine entscheidende Rolle spielen.

Der Handel mit dem Orient war das lukrativste Geschäft im hohen Mittelalter. So wurde zwischen den italienischen Hafenstädten ein erbarmungsloser Konkurrenzkampf ausgetragen. Noch handelte Venedig im Auftrag seiner byzantinischen Oberherren, als es im 11. Jh. Bari von den Sarazenen befreite, später dann die Normannen in Schach hielt, die dalmatische Küste erst von slawischen Piraten säuberte und dann gegen den König von Ungarn verteidigte.

So zur Herrin über die Adria geworden, stieß die Lagunenstadt sehr bald auf mächtige Mitbewerber um die Handelsherrschaft über das östliche Mittelmeer: Genua und Pisa.

Ein besonderes Anliegen war den italienischen Kaufleuten, im reichen Konstantinopel, Hauptstadt des byzantinischen Reichs, Fuß zu fassen. Die Venezianer, formell noch immer Angehörige dieses Reiches, hatten die Oberhand. Aber bald räumten die Kaiser von Byzanz auch Genua und Pisa Handelsvertretungen ein. Ständige Reibereien der Italiener untereinander und mit den einheimischen Griechen führten dazu, dass nach einem Überfall auf die genuesische Kolonie alle Venezianer im byzantinischen Reich eingekerkert wurden.

Ein blinder Greis

In dieser Notzeit wählten die Venezianer einen Mann zum Dogen, in dem sich, eine seltene Paarung, der Wagemut des Haudegens und die Berechnung des Kaufmanns mit dem von moralischen Skrupeln nicht belasteten Geschick des Diplomaten vereinten: Enrico Dandolo. Als er, bereits 85-jährig, im Jahr 1192 die Regierung antrat, war er fast blind: Es heißt, dass ihn Misshandlungen, als venezianischer Gesandter in Byzanz wegen einer unbotmäßigen Antwort erlitten, das Augenlicht gekostet hatten. Der Lauf der Geschichte sollte ihm erlauben, sich furchtbar an Konstantinopel zu rächen.

Zunächst galt es aber, den gefährlichsten Konkurrenten, Pisa, auszuschalten, das seinerseits bereits Genua überrundet hatte. Die Pisaner wollten den Markuslöwen direkt in seiner Höhle angreifen und verbündeten sich mit der Stadtrepublik Ragusa (heute: Dubrovnik). In den Gewässern von Modone fiel die Entscheidung zugunsten Venedigs. Das hatte auch Auswirkungen auf das Festland: Padua und andere Städte nahmen die Schutzherrschaft des Dogen an, Venedig bekam seine Terra Ferma, ein kontinentales Hinterland, was seine Macht weiter stärkte.

Als in Rom Innozenz III. zum Papst gewählt worden war, rief dieser zu einem Kreuzzug, zur Rückeroberung der längst wieder den Moslems anheim gefallenen heiligen Stadt Jerusalem auf. Adlige Herren und Abenteurer von Tatendrang und durch das Kreuz geheiligte Aussicht auf Beute beseelt, zeigten sich zum Heiligen Krieg bereit. Venedig sollte – gegen eine beträchtliche Summe Geldes – den Transport der Krieger übernehmen und rüstete eine große Flotte aus. Als sich im Jahr 1202 das Kreuzfahrerheer jedoch sammelte, erwies sich der Andrang keineswegs als so groß wie ursprünglich erwartet, und die Organisatoren sahen sich in der Verlegenheit, die Venezianer nicht bezahlen zu können.

Ein frevelhafter Beutezug

Nun schlug die große Stunde Enrico Dandolos. Er nutzte die missliche Lage der Kreuzfahrer, um den Transportvertrag in ein Abkommen über Venedigs gleichberechtigte Teilnahme unter seiner persönlichen Leitung umzufunktionieren. Dandolo lenkte die Armada vor die Goldene Stadt Konstantinopel (1204), dessen Bewohner nicht daran dachten, freiwillig ihren Kaiser durch den mitgebrachten Thronanwärter ersetzen zu lassen. Es kam zum Kampf. Die Kreuzfahrer durchbrachen die Mau-

Die wichtigsten Dogen (jeweilige Amtszeit)

Paoluccio Anafesto 697–717
Pietro Tradonico 836–64
Pietro Candiano IV. 959–76
Pietro Orseolo II. 992–1009
Domenico Contarini 1043–70/71
Vitale Michiel I. 1096–1102
Domenico Michile 1118–29
Vitale Michiel II. 1156–72
Sebastiano Ziani 1172–78
Enrico Dandolo 1192–1205
Pietro Gradenigo 1289–1311
Andrea Dandolo 1343–54
Marino Falier 1354–55
Giovanni Dolfin 1356–61
Andrea Contarini 1368–82
Tomaso Mocenigo 1414–23
Francesco Foscari 1423–57
Nicolò Tron 1471–73
Pietro Mocenigo 1474–76
Andrea Vendramin 1476–78
Leonardo Loredan 1501–21
Alvise Mocenigo I. 1570–77
Sebastiano Venier 1577–78
Francesco Morosini 1688–94
Ludovico Manin 1789–97

ern, nahmen die Stadt ein und setzten ihrem Alexios IV. die byzantinische Krone auf. Der erklärte nun Ost- und Westkirche für vereinigt. Doch war der neue Kaiser den Griechen so widerwärtig, dass sie ihn ermordeten und einen Aufstand gegen die Besatzer versuchten. Dies wurde zur Tragödie Konstantinopels. Venezianer und Kreuzritter nutzten die Gelegenheit und fielen über die Stadt her. Kirchen und Paläste wurden verwüstet, Bibliotheken mit kostbaren Schriften aus der Antike gingen in Flammen auf. Was sich an Schätzen aus weltlichem und geistlichem Besitz bot, führten die Venezianer als Beute mit. Seitdem ziert die altgriechische Quadriga mit den vier Bronzepferden das Hauptportal von San Marco.

Die Sieger setzten einen lateinischen Kaiser, Balduin von Flandern, als Herrscher von Byzanz ein. Venedig nahm sich den Löwenanteil des arg verkleinerten Reichs, und Dandolo konnte sich, ehe er fast hundertjährig im Kampf gegen die Bulgaren fiel, den Titel ›Herrscher über anderthalb Viertel des römischen Reichs‹ zulegen. Eine der dunkelsten Episoden der Christenheit – der nur gegen Christen geführte Vierte Kreuzzug – war zur Sternstunde Venedigs geworden: Das Markusbanner flatterte von Dalmatien bis Kreta, bald auch bis Zypern, über dem östlichen Mittelmeer.

Manfred Scheuch

Der Doge L. Loredan (G. Bellini)

Der Dogen Horn

Auf unzähligen Gemälden, so etwa auch den berühmten Porträts der Dogen G. Mocenigo und L. Loredan von Giovanni Bellini, sieht man das Oberhaupt der Republik eine merkwürdige Kopfbedeckung aus Stoff tragen. Der hochpolitische Grund: Um nicht in Konkurrenz zu Kaisern und Päpsten zu treten und solcherart deren Zorn zu erregen, verzichteten die Dogen bewusst auf eine Krone. Die von den Venezianern als *capello dogale* (Dogenhut) oder verkürzt auch *corno* (Horn) bezeichnete Mütze ist phrygischen Ursprungs und ursächlich ein Symbol der Kraft und Fruchtbarkeit, das angeblich auch die Amazonen trugen und später den französischen Revolutionären als Vorbild für ihre Jakobinermütze diente. Das venezianische »Horn« veränderte im Lauf der Jahrhunderte seine Form: In der Frühzeit hatten die Dogen bei offiziellen Anlässen nach byzantinischem Vorbild Helme, Pelzkappen oder einen schlichten goldenen Reif auf dem Haupt. Bald schon wurde daraus eine textile Kappe, die man dann mittels Knopf oder Schleife in zwei Hälften teilte. Ab dem 13. Jh. erhielt sie ihre anfangs noch spitze, in der Folge deutlich gerundete hornartige Form. Gefertigt war der *corno* aus Seide oder Damast, verziert mit Gold- und Silberfäden, Edelsteinen und Perlen.

Die »Scuola« – ein soziales Phänomen

Eine Besonderheit in der gesellschaftlichen Struktur der Republik stellten die sogenannten »Scuole« dar. Diese fungierten nicht, wie ihre Bezeichnung vielleicht vermuten ließe, als Lehranstalten, vielmehr als karitative Bruderschaften, die entfernt mit den mittelalterlichen Gilden und Zünften, aber auch mit den späteren Logen der Freimaurer verwandt waren.

Zu ihren Vorgängern zählen sowohl die *fraglie* (Innungen) und *collegi* (Vereinigungen), zu denen sich die Handwerker der Lagunenstadt bereits um die Jahrtausendwende zusammenschlossen, als auch jene frommen Büßer- und Flagellantengemeinden, die im 13. Jh. in vielen italienischen Städten entstanden und mit ihren Geißelungsprozessionen auch in Venedig Aufsehen erregten.

Den *plebei* oder *popolani*, die rund vier Fünftel der Stadtbevölkerung stellten, war der Zutritt in die Scuole verwehrt. Adlige und Geistliche konnten zwar Mitglieder werden, jedoch keine Ämter übernehmen. Diese waren den *cittadini* vorbehalten, die als Kaufleute, Ärzte, Anwälte und hohe Beamte mehrheitlich über Vermögen und erheblichen politischen Einfluss verfügten und, wie es eine zeitgenössische Quelle formulierte, in den Scuole quasi *in propria Repubblica*, also »wie in einem eigenen Staat«, lebten. Die – übrigens durchwegs männlichen – Brüder einer *Scuola* gehörten entweder derselben nationalen Minderheit oder demselben Berufszweig an. So hatten beispielsweise die Griechen, Dalmatiner und Albaner, aber auch die Färber und Maurer, Goldschmiede und Schuhmacher eine eigene Korporation.

Devotion und Solidarität

Gemein war ihnen allen, dass sie sich hauptsächlich wohltätigen Zwecken widmeten. Die in Venedig früher als in anderen europäischen Staaten entwickelte Idee einer Solidargesellschaft, dergemäß die soziale Absicherung und medizinische Betreuung für möglichst alle Bevölkerungsteile zu gewährleisten sei, wurde von den Bruderschaften wesentlich mitgetragen. Manche unterhielten Spitäler oder Waisenhäuser, andere standen gefallenen Mädchen und verurteilten Verbrechern spirituell und materiell bei. Eine wesentliche Verpflichtung galt dem sozialen Wohnungsbau. So besaßen Ende des 16. Jh. die Scuole insgesamt über 200 Wohneinheiten, die etwa armen Mitgliedern auf Lebenszeit kostenlos zur Verfügung gestellt wurden. Manche der Anlagen sind von bescheidenen Palästen kaum zu unterscheiden. Andere glichen, aus nur ein oder zwei Zimmern bestehend, eher ummauerten Feuerstellen. Nicht wenige Sozialquartiere wurden auch von einzelnen Brüdern privat gestiftet: Häuser *per amor di Dio* waren häufig Bestandteil venezia-

Die prächtigste von allen: Scuola di San Rocco

nischer Testamente. Gemein war allen Scuole außerdem eine starke religiöse Note. Jede hatte an ihrem Versammlungsort eine eigene Kapelle und einen Schutzheiligen, den sie verehrte. Die »Jenseitsfürsorge«, etwa in Form von Gebet und Buße, für das Seelenheil der Mitbrüder spielte im Selbstverständnis eine zentrale Rolle.

Mäzenaten- und Protzertum

Beim Senat waren diese ›Klubs‹ gut gelitten. Denn einerseits unterstützten sie mit ihren sozialen Aktivitäten den Staat in seinem Bemühen um allgemeines Wohlergehen. Andererseits boten sie für jene Mehrheit der Bevölkerung, die von der Macht ausgeschlossen blieb, eine willkommene und politisch harmlose Gelegenheit zur Selbstdarstellung. Und obendrein ermöglichten sie den herrschenden Patriziern, ihre bürgerlichen potenziellen Widersacher diskret zu überwachen.

Ihre volle Blüte entfalteten die Bruderschaften zwischen dem 15. und 18. Jh. Damals existierten sechs *scuole grandi* (Große Schulen) und an die 100, laut manchen Quellen sogar mehr als 200 kleinere *scuole minore* oder *piccole*. Vor allem Erstere waren dank häufiger Spenden hochvermögend und wetteiferten darum, das imposanteste Versammlungsgebäude mit dem kostbarsten Interieur ihr Eigen nennen zu können. Sie wurden zu Auftraggebern und Mäzenen der besten Künstler jener Zeit wie Tintoretto, Tiepolo, Bellini und Carpaccio. Und nicht selten

zu Zielscheiben heftiger Kritik. Der immer wieder – auch von Mitbrüdern – geäußerte Vorwurf: Man residiere in palastähnlichen Prunkbauten, für die man mehr Mittel aufwende als für Arme und Kranke, und trachte sich in neureicher Manier mit festtäglichen Schauprozessionen in Szene zu setzen.

Das jähe Ende

Sein jähes Ende fand das Bruderschaftswesen 1797 mit dem Sturz der Republik. Napoleon ließ die immensen Kunstschätze versteigern und die Vereinsgebäude profanieren. Die meisten werden seitdem als Kauf- und Lagerhäuser, als Archive, Werkstätten und sogar Kinosäle zweckentfremdet. Nur einige wenige geben heute noch im ursprünglichen Zustand Zeugnis von der einst weit verbreiteten Pracht.

Die Scuole Grandi

Folgende sechs »Große Schulen« – denen als Grundelement der vom Eingangsraum im Erdgeschoss über eine repräsentative Treppenanlage zu erreichende, mit großen Historienbildern und einer Prunkdecke geschmückte Versammlungsraum (*sala*) im *piano nobile* gemeinsam ist – sollte man unbedingt besichtigen.

San Rocco: Mit Tintorettos kolossalem Bilderzyklus; zeitweise als Konzertsaal genutzt (San Polo, Campo di S. Rocco; s. S. 228).

San Giovanni Evangelista: Mit Bilderzyklus von Gentile Bellini und Carpaccio sowie reizendem Vorhof aus der Frührenaissance; regelmäßig für Musikabende und auch Ausstellungen genutzt (San Polo, Calle dell'Olio o del Caffetier; s. S. 230).

San Marco: Heute als Städtisches Krankenhaus, Ospedale Civile, genutzt; Renaissancefassade von Mauro Codussi sowie Pietro Lombardo und Söhnen (Castello, Campo SS. Giovanni e Paolo; s. S. 206).

San Teodoro: Entworfen von Giuseppe Sarid Mitte 17. Jh., Verwendung als Konzert- bzw. Ausstellungsraum (San Marco, Campo S. Salvatore; s. S. 165).

Dei Carmini: Entworfen nach Plänen Baldassare Longhenas, mit Deckenfresken von G. B. Tiepolo (Dorsoduro, Campo Santa Margherita; s. S. 250).

Santa Maria della Carità: Gemeinsam mit der gleichnamigen Kirche seit dem 19. Jh. Heimat der Gemäldegalerie Accademia.

Scuola Dalmata di San Giorgio degli Schiavoni: komplett von Carpaccio ausgemalt (Castello, s. S. 203).

Magnet der Völker – Ausländerkolonien einst und heute

Rund 25 Mio. Touristen aus aller Welt besuchen Jahr für Jahr die Lagunenstadt. Vordergründig sorgen sie auf den Straßen und Plätzen für enorme Internationalität.

Provinz Venedig?

Bei genauerem, auch die Sozialstrukturen der ansässigen Bevölkerung berücksichtigenden Blick erweist sich Venedig freilich als gar nicht so kosmopolitisch, vielmehr recht provinziell. Denn von den nur noch rund 60 000 verbliebenen Einwohnern des Centro Storico sind heute bloß annähernd 5000 ausländischer Herkunft. Dabei handelt es sich um Studenten und Lehrende der Universität Ca' Foscari, der Architekturhochschule IUAV und diverser Studienzentren, um Angestellte der knapp zwei Dutzend Konsulate sowie Pensionäre – etwa 500 vornehmlich Amerikaner und Deutsche, die in der Altstadt oder am Lido Wohnungen besitzen. Nicht zu vergessen Aberhunderte sogenannter Unerwünschter (*indesiderabili*) – illegale, mittellose Einwanderer aus Nord- und Westafrika, die das Schicksal über Rom oder Mailand in die Lagunenstadt verschlagen hat und die auf den Trottoirs der Touristenschneisen rund um Piazza und Rialto reihenweise Imitate von Markensonnenbrillen und -lederwaren feilbieten.

Internationalität durch Tourismus

Ungewohnte Freiheiten

Der Ausländeranteil war nicht immer so gering. Im Gegenteil: Jahrhundertelang genoss die Metropole am Schnittpunkt der westlichen und östlichen Welt unter europäischen und orientalischen Adeligen und Diplomaten, Händlern, Handwerkern und auch Kurtisanen als Wahlheimat besonders große Attraktivität. Denn hier bekamen sie Freiheiten geboten, die sie anderswo nur schwerlich fanden: Venedigs Zuwanderer durften sich in Gemeinden zusammenschließen, eigene Versammlungs- und Gotteshäuser bauen und ihre Kultur, ihre Muttersprache und ihre religiösen Riten praktizieren. Und es wurden ihnen vom Staat spezielle Gebäude, die *fondachi*, zugewiesen, in denen sie – freilich unter magistratischer Kontrolle und der Bedingung, dass sie zuvor Geld und Waffen ablieferten und alle importierten Waren vor Ort verkauften – nach Herzenslust Handel treiben konnten.

Dass die Markusrepublik Ausländern so tolerant und gastfreundlich begegnete, war einerseits sicherlich kaufmännische Berechnung – Internationalität fördert bekanntlich die Wirtschaft und lockt fähige Handwerker und Kopfarbeiter an. Andererseits entsprach es aber auch ihrer geistigen und (kosmo-)politischen Kultur: Venezianer beherrschten für gewöhnlich etliche Sprachen und hatten in der gesamten damals bekannten Welt Verwandte. Ihre Regierung hielt nach Möglichkeit Äquidistanz zu den anderen Großmächten, vor allem zum päpstlichen Kirchenstaat, und behandelte auch Immigranten aus jenen Ländern freundlich, mit denen sie gerade Kriege ausfocht.

Griechen, Armenier und Deutsche

Die bedeutendste Gemeinde bildeten – trotz der ständigen Streitereien zwischen Venedig und dem byzantinischen Kaiserreich – die Griechen. Sie besteht schon seit der ersten Jahrtausendwende und zählte in der Blütezeit, nach dem Fall Konstantinopels im 15. Jh., über 10 000 Mitglieder. Griechen arbeiteten vor allem als Händler und Geldleiher und ab dem 16. Jh. zudem höchst erfolgreich im Druckereigewerbe. Ihr Viertel lag östlich der Piazza San Marco. Dort stand ihre Schule – der von Longhena entworfene Palazzo Flangini – und ihre von Sansovino erbaute Kirche. Gegenwärtig leben nur mehr ein paar Dutzend Griechen in der Stadt. Ihre kleine Zahl kontrastiert allerdings mit der großen Bedeutung, die das venezianische Istituto Ellenico, das einzige griechische Studienzentrum im Ausland, seit seiner Gründung in den 1950er-Jahren gewonnen hat.

Neben den Griechen blicken auch die Armenier auf eine lange Anwesenheit zurück. Ihre Kirche Santa Croce, deren unscheinbares Portal in der Calle degli Armeni (San Marco) nur mit Mühe zu entdecken ist, wurde bereits 1496, nach der Invasion ihrer Heimat durch die Turkmenen und Perser, geweiht. Das weltberühmte Mechitharistenkloster auf San Lazzaro ist, wie auch das von dessen Padres mitbetreute Internat im Palazzo Zenobio (Dorsoduro), seit dem frühen 18. Jh. ein Hort armenischen Geisteslebens. Früh hatten auch die Deutschen einen wichtigen Stützpunkt in der Lagunenstadt: Im Vorläuferbau des Fondaco dei Tedeschi am Rialto, der heutigen Hauptpost, schlugen sie schon ab 1228 ihre Waren um. Ihre lutheranische Kapelle in einer kleinen Scuola am Campo Santi Apostoli besteht seit 1813. Auch die Türken, Araber und Perser hatten ihre Handelshäuser und die Albaner, am Campo San Maurizio, eine Scuola. Und selbst die Briten sind mit der Markusrepublik seit Langem verbunden; die ansässigen Anglikaner waren schon den Päpsten des Spätmittelalters ein Ärgernis.

Versteckte Hinweise

Die goldenen Zeiten, als sich die halbe Welt am Canal Grande ein Stelldichein gab, mögen längst vorbei sein. Doch im Verzeichnis der venezianischen Gassen und Plätze immerhin spiegelt sich die einstige Vielzahl der fremdländischen Kolonien noch wider. Dort stößt man etwa auf eine Calle delle Turchette (die Gasse der Türkinnen), eine degli Albanesi (der Albaner), dei Greci (der Griechen) und dei Ragusei (der Bewohner von Ragusa, dem heutigen Dubrovnik), auf eine Lista di Spagna (eine spanische »Straße«) und einen Campo dei Mori (Platz der Mauren).

Und der Name der wohl prächtigsten Flaniermeile der Stadt, der Riva degli Schiavoni zwischen Dogenpalast und Arsenal, ist ein unmissverständlicher Hinweis darauf, dass an dieser zentralen Kaimauer einst bevorzugt Seeleute aus Dalmatien mit ihren Schiffen anlegten.

Das Arsenal

Bei einem Blick auf den Stadtplan fällt sie einem sofort ins Auge: jene große Wasserfläche im Osten, deren Unverbautheit und geradliniges Ufer so gar nicht zu dem verwinkelten, von krummen Kanälen durchzogenen Rest der Stadt passen wollen.

Europas erste Fließbandfabrik

Der Name des Areals, *Arsenale* (von arab. *dar as-sina'a*, »Haus, in dem etwas hergestellt wird«), gilt seit dem Mittelalter weltweit als Synonym für Waffenlager. Hier in Venedig haftet ihm seit alters eine Aura des Verbotenen an. In der Tat war das Gelände seit seinem Bestehen, also seit rund 900 Jahren, stets strengstens bewacht. Bis in die späten 1980er-Jahre hatte man nur als Vaporetto-Passagier die Möglichkeit eines flüchtigen Blicks darauf. Seit 1999 werden im Zuge der Kunst- und auch der Tanzbiennale alljährlich weite Teile, u. a. die Corderie (Seilereien), die Artiglierie (Geschützherstellung), der Spazio Thetis, das Teatro Piccolo im ehemaligen Kino Arsenale sowie die Teatri alle Teste und alle Vergini, für Ausstellungen und (Tanz-)Veranstaltungen dem allgemeinen Publikum geöffnet.

Sonderführungen im Herzen der Macht

Weitere Bereiche des insgesamt 32 ha großen Areals kann man seit einigen

Seit dem 14. Jh. werden im Arsenal Schiffe gebaut

Jahren im Rahmen von Sonderführungen kennenlernen. Dabei gibt es vielerlei zu entdecken: Gleich zu Beginn des rund eineinhalbstündigen Rundgangs, für den man sich übrigens Wochen im Voraus anmelden muss (s. Info-Kästchen), nimmt man zunächst dem Direktionsgebäude mit dem Gedenkrelief für General Johann Matthias von Schulenburg, den Verteidiger von Korfù, die Parade ab. Es folgen ein Weltkriegsbunker, diverse historische Docks, Werkstätten, ein U-Boot, Lagerhäuser, Fabriks- und Kasernengebäude. Später wandert man, am ehemaligen Sitz der weltweit ersten Marineschule vorbei, hinüber zum Darsena Nuova und Nuovissima, um schließlich, zurück am Hauptportal, in einem Ehrenraum den aus Metall gegossenen Passo Veneto, eine Art venezianischen Urmeter, zu inspizieren.

Während man dem fachkundigen Führer von Halle zu Halle und Mole zu Mole folgt, staunt man nicht nur über den so geschichtsträchtigen Baubestand. Man lernt auch viel Wissenswertes über die Entstehung und Organisation dieses einzigartigen Ortes: Die Grundlage zum Verständnis seiner Bedeutung bildet, so erfährt man, die Tatsache, dass die Beherrschung der Meere über viele Jahrhunderte hinweg eine der Säulen des venezianischen Gemeinwesens darstellte. Deren Fundament sei die perfekte Organisation der Seefahrt und eine allen Gegnern überlegene Flotte gewesen. Aus dieser Erkenntnis habe bereits im Jahre 1104 der Doge Ordelaffo Falier im Osten der Stadt auf zwei Zwillingsinseln namens Zimole rund um ein Hafenbecken, das über einen Rio mit der offenen Lagune verbunden war, ein paar überdachte Docks errichten lassen. Das erste Arsenale Vecchio war geboren.

Der Ausbau der Anlage erfolgte schrittweise parallel zum Aufstieg Venedigs als Seemacht – und zum Niedergang der ehemals rund 300 *squeri*, der privaten Werften: Zwischen 1303 und 1325 wurde sie durch den Arsenale Nuovo und 150 Jahre später durch den Arsenale Nuovissimo erweitert. 1460 entstand der monumentale Landeingang, das erste Renaissancewerk Venedigs (vgl. Ent-

Mein Tipp

Das Arsenal von innen

Zwei Möglichkeiten gibt es, diesen einst größten Industriekomplex der Welt zu besichtigen: zum einen als Besucher der Biennale (siehe Haupttext), Info: www.labiennale.org. Den weit größeren Teil kann man im Rahmen einer Sonderführung kennenlernen. Termine ganzjährig jeweils Di und Do, nach Vereinbarung, Dauer: ca. 90 Min., Kosten: pauschal bis 20 Personen 80 €, Anmeldung: mind. vier Wochen (!) im Voraus für Führungen auf Deutsch mit Anna, Tel. 328 176 57 44, auf Italienisch oder Englisch mit Raffaella oder Lisa, Tel. 348 454 51 45 bzw. unter www.vogliadarte.it, visite@vogliadarte.it (auch im Angebot: Führungen im Schifffahrtsmuseum).

Achtung: Während der in manchen Jahren abgehaltenen Fachmesse Mare Maggio kann man das gesamte Gelände an zwei Tagen ohne Voranmeldung besichtigen. Voraussetzung: der Kauf eines Messetickets. Infos dazu: Tel. 041 533 48 50, www.expovenice.it.

deckungstour S. 200). Und in den darauf folgenden Jahrzehnten fügten dem weitläufigen Gebäudekomplex Jacopo Sansovino seine ›Schildkröten-Schuppen‹ (1539) und die Schwimmdocks (*gaggiandre*; 1568–73), Michele Sanmicheli seine Halle für den *bucintoro*, das goldverzierte Paradeschiff der Dogen (1544–47), und Andrea da Ponte seine über 300 m langen Hallen für die oben erwähnten Seilereien (1579–83) hinzu.

Strikt geheime Akkordarbeit

Bereits im 14. Jh. ließ der Staat im Arsenal Schiffe in Serie produzieren. An regelrechten Fließbandstraßen bauten in Spitzenzeiten – etwa während der Türkenkriege – 16 000 Arbeiter alle zwölf Stunden eine Galeere. Für jeden Bereich gab es spezialisierte Handwerker – Zimmerer, Mastbauer, Segel- und Rudermacher und Kalfaterer, die den Rumpf mit heißem Pech abdichteten. Die halbfertigen Schiffe wurden nach jedem Arbeitsgang durch das Wasser zur nächsten Produktionseinheit geschleppt. In unmittelbarer Nachbarschaft wurde der Grundproviant der Galeerenmannschaften, der berühmte Zwieback (*biscotto*), gebacken; wurden Seile, Taue und Schießpulver erzeugt und Kanonen gegossen. (Die Gießer waren kurz zuvor aus dem Gebiet des späteren Ghetto ins Arsenal übersiedelt.)

Dieses für damalige Zeiten ungeheure Industriekonglomerat – Dante beschrieb es beeindruckt in seiner »Göttlichen Komödie«« – war von einer 3,5 km langen Mauer umgeben und vom Geheimdienst ähnlich eifersüchtig bewacht wie heute die amerikanischen und russischen Atomwaffen-Arsenale. »Nicht ohne Grund«, schwärmte ein Chronist nach der Schlacht von Lepanto (1571), »wird die Anlage als *arx senatus* gedeutet, als starker Arm des Senats, und als eine vor den Häusern der Bürger aufgerichtete Bastion, die die Quelle der Macht und das Fundament der Größe Venedigs darstellt«. Erst zwei Jahre zuvor war das örtliche Pulvermagazin explodiert, wobei Aberhunderte Werftarbeiter ums Leben kamen und das gesamte Arsenal in Trümmer fiel.

Welche Bedeutung die Republik der Großwerft beimaß, wird an den Privilegien deutlich, die sie den dort Arbeitenden, den *arsenalotti*, gewährte: Sie ließ ihnen im angrenzenden Bezirk Castello Reihenhäuser bauen, deren Funktionalität selbst Anfang des 20. Jh. noch anderen Stadtregierungen als Vorbild diente. Sie knüpfte ein soziales Netz, durch das ihre Alten und Kranken versorgt und ihre Kinder erzogen wurden. Und sie überantwortete ihnen die Bewachung des Dogenpalasts und bei großen Festen das Steuern des *Bucintoro*.

Neubeginn

Wie so viele Institutionen der Markusrepublik verlor auch das Arsenal ab dem 17. Jh. rapide an Bedeutung. Über Generationen lagen viele der historischen Docks brach. Doch in letzter Zeit wurde den altehrwürdigen Gemäuern neues Leben eingehaucht, so etwa der Tese della Novissima nahe der Porta Nova. Sie werden u. a. als Werkstätten und Büros genutzt. Ein Vorzeigeprojekt ist das Forschungszentrum Thetis, in dessen Laboratorien Ingenieure an zukunftsträchtigen Lösungen im Bereich Transport- und Umwelttechnologie tüfteln.

Rettung oder Untergang?

Der Verfall wirkt nur für Touristen malerisch

Der 4. November 1966 ist als Katastrophendatum in die Annalen Venedigs eingegangen: Eine vom Schirokko aufgepeitschte Sturmflut ließ das Wasser in der Lagune 1,94 m über den Normalpegel steigen – so hoch wie nie in der Geschichte der Stadt. Die Schutzwälle im Süden bei Pellestrina hatten den 5 m hohen Wellen nachgegeben. Kirchen, Paläste und Geschäfte standen bis zum ersten Stock in einer öligen, algigen Flut. Licht, Gas und Telefon fielen aus. Die bis dahin romantische Vision von Venedigs Untergang war mit einem Schlag bedrohliche Realität geworden.

Wenig später schwappte eine Welle der Hilfsbereitschaft über die Stadt. Die UNESCO zog eine detaillierte Schadensbilanz. Der Staat machte umgerechnet über 200 Mio. € zur Sanierung locker. Und Dutzende ausländische Privatvereinigungen organisierten die Restaurierung von zahlreichen Kunstdenkmälern. Doch die Fluten kehrten wieder: Etliche Male schon kamen sie der absoluten Höchstmarke gefährlich nahe. Am 1. Dezember 2008 erreichte das Wasser gar einen Pegel von 1,6 m – ein Rekord für die vergangenen drei Jahrzehnte. Über die Jahre betrachtet haben die Sirenen heute dreimal so oft *acqua alta*, Hochwasser, zu vermelden wie in vergleichbaren Zeitspannen vor 1945.

Fragile Balance zwischen Wasser und Land

Es bedurfte fast zweier Jahrzehnte, mehrerer Politskandale und zahlloser

Studien, Deklarationen und Proteste, bis sich die Erkenntnis allgemein durchsetzte, dass das Dilemma der Lagunenstadt nicht mit einzelnen Restaurierungen oder mit dem oft geforderten Bau höherer Dämme zu beheben ist, sondern komplexere ökologische Ursachen hat.

Die biologische Balance in der Lagune war seit jeher eine Grundvoraussetzung für das Gedeihen der Stadt. Sie basierte auf einem sensiblen Wechselspiel zwischen den Wassern der Adria und des Festlands: Die zweimal täglich durch die *porti* ein- und ausströmende Flut belieferte Flora und Fauna des Binnengewässers mit Nährstoffen und schwemmte außerdem die Abfälle der Stadt ins Meer. Die Flüsse aus den Alpen hingegen verhinderten mit ihrer Strömung die Bildung von Sümpfen und damit den Ausbruch von Malaria. Deshalb hatten die Dogen bereits vor Jahrhunderten Küste und Mündungen mit Dämmen abgesichert, Flussläufe mit großem Aufwand umgeleitet und jedem drakonische Strafen angedroht, der »aus welchem Grund auch immer dem öffentlichen Wasserbereich Schaden zufügt«.

Doch nach dem Sturz der Serenissima geriet das System aus dem Gleichgewicht. Zuerst reduzierten Bauern und Fischer die Wasserfläche, indem sie Flachstellen eindeichten oder trockenlegten und in Äcker verwandelten. Dann pumpten die Industriegiganten von Mestre-Marghera so große Mengen Grundwasser ab, dass der Lagunenboden, der sich ohnehin infolge tektonischer Bewegungen alljährlich um etwa einen halben Millimeter senkt, binnen 20 Jahren um 10 cm absackte.

Gleichzeitig grub man für die Öltanker von der Porta di Malamocco quer durch die südliche Lagune bis zum Hafen einen 14 km tiefen Kanal, den *canal di petrolio*, durch den nun bei Flut ein Vielfaches der früheren Wassermenge eindringt und die *barene*, die Sedimentinseln, wegschwemmt. Mitte der 1980er-Jahre kam es wegen Überdüngung zu der bekannten Algenpest. Zugleich tauchten bislang unbekannte, moskitoähnliche Insekten auf. Und die Spitäler registrierten einen markanten Anstieg von Asthmafällen. Experten halten dies für eine Folge der nahen Chemieindustrie mit ihrer Kohlen- und Schwefeldioxid-Emission.

Zu alldem kommt noch die Tatsache, dass der Stadtverwaltung gemeinsam mit Industrie und Tourismus binnen Kurzem gelang, was Wind und Wetter jahrhundertelang nicht geschafft hatten: die Fundamente der Stadt nachhaltig zu schwächen. Denn wegen des steigenden Süßwasserverbrauchs sinkt der Salzgehalt der Lagune im Stadtbereich stetig. Zudem werden die Holzpfähle durch die immer größere Differenz zwischen Ebbe und Flut vermehrt der Luft ausgesetzt – beides Gründe für ein rascheres Morschen. Im Wasser gelöste Umweltgifte und der Wellenschlag von immer mehr und immer stärkeren Schiffen tun ein Übriges. Besonders schlimm sind die kolossalen Kreuzfahrtschiffe. Die Zahl ihrer in Venedig anlandenden Passagiere ist seit 1997 um fast 500 (!) % auf 1,7 Mio. gewachsen.

Komplexe Fragen, vielfältige Antworten

Es waren heikle, miteinander verwobene Probleme, die da der Lösung harrten. Dementsprechend vielfältig waren die Vorschläge. Zu den skurrilsten zählten etwa jene, das gesamte Stadtfundament mit Spritzbeton zu heben oder die Altstadt mit einer Plexiglaskuppel vor dem sauren Regen zu schützen. Auch nicht unoriginell war die Anregung, die von der britischen Tageszeitung ›The Guardian‹ kam: Angesichts der Unfähigkeit der Venezianer, ihr Schicksal selbst in die Hand zu nehmen, schlug der Kommentator vor, die Stadt solle von einem Rettungskommando der UNO besetzt oder, noch besser, gleich Stück für Stück als Souvenir verkauft werden. In dem sarkastischen Scherz steckte ein Kern bitterer Wahrheit: Als die italienische Regierung 1984 zur Rettung wieder einmal – wie schon oft – eine Riesensumme zusagte, zerstritt sich der Stadtrat über deren Verwendung. Der Bürgermeister trat zurück; das Geld versickerte zum großen Teil im bürokratischen Morast zwischen Stadt-, Regional- und Staatsregierung.

Doch es gab auch eine ganze Reihe erfolgreicher Initiativen. Bald nach dem großen Hochwasser wurde ein staatliches Forschungslabor eingerichtet, das in der Lagune erstmals die exakten Strömungsverhältnisse analysierte. Ebenfalls in den 1960er-Jahren stoppte man die Grundwasserentnahme durch die Industrie und damit das dramatische Absinken des Pegels. Zugleich wurde es verboten, neue Brunnen zu bohren und phosphathaltige Waschmittel zu verwenden. Die Festlandbauern brachte man mit Informationskampagnen dazu, ihren Kunstdüngerverbrauch merklich einzuschränken. Mestre-Maghera und der Lido erhielten neue Kanalsysteme und die meisten Haushalte statt der alten Ölheizungen umweltschonende Gasanlagen. Außerdem wurden bei Fusina mehrere Kläranlagen gebaut, die jährlich immerhin 50 Mio. l Abwässer reinigen.

Das Projekt MOSE – Segen oder Fluch?

Das weitaus größte Vorhaben jedoch bleibt das Progetto Venezia. Es wurde 1985 von dem Industriekonsortium Venezia Nuova (dem damals u. a. Fiat und Montedison angehörten) gestartet und sah, neben der behutsamen Reanimierung der sterbenden Lagune, vor allem ihre Abschottung von der Adria vor. Zentraler Plan: das Modello Sperimentale Elettromeccanico, abgekürzt MOSE (ital. Moses) – ein System von 80 gigantischen Stahlschleusen, Hohlkörpern von 15 m Höhe und 20 m Breite die, in den *porti* installiert, bei einem Wasserstand von mehr als 110 cm über normal durch Pressluft automatisch hochgeklappt werden. Geplante Kosten: damals rund 2,5 Milliarden €; ursprünglicher Fertigstellungstermin: 1995.

Gegen die Mammutkonstruktion formierte sich rasch Widerstand. Mehrere Umweltorganisationen – ihr Sprachrohr ist die private Vereinigung Italia Nostra – kritisieren, dass Riesensummen für fragwürdige technische Lösungen ausgegeben würden, während für die ökologische Erhaltung der Lagune vergleichsweise wenig geschieht. Anfang der 1990er-Jahre schien es, nachdem Rom zunächst massiv in die Planung investiert, später jedoch den Geldhahn zugedreht hatte, als würde MOSE die Fluten niemals teilen.

Doch siehe da: Anfang des dritten Milleniums drückte die Regierung Berlusconi nach Jahren des Forschens und fruchtlosen Streitens die »Re-Start«-Taste, pumpte neue, immense Geldsummen in das Progetto Venezia. Seither wurden entlang der Lidi die meerseitigen Ufer durch Mauern und künstliche Dünen verstärkt. Auch auf diversen Laguneninseln und im Centro Storico hat man vielerorts gravierenderen Schäden durch aufwendige Baumaßnahmen, etwa Uferbefestigungen, Drainagierungen oder Erhöhungen von Kais und Molen, vorgebeugt. Vor allem aber nahm der Ministerpräsident höchstpersönlich im Frühsommer 2003 im Beisein etlicher Minister – und gegen den fortgesetzten heftigen Protest der Projektgegner, zu denen auch der damalige Bürgermeister Cacciari zählte – den offiziellen Spatenstich für die Errichtung des Schleusensystems inklusive dreier draußen in der Adria vorgelagerter künstlicher Wellenbrecher vor.

Seither sind die Bauarbeiten an allen drei Hafeneinfahrten, nämlich von Lido, Malamocco und Chioggia, schon weit vorangeschritten. Lkw und Caterpillars, Betonmischer und Baggerschiffe arbeiten in Permanenz. Die ersten Schleusentore wurden im Winter 2013/14 in (Probe-)Betrieb genommen. Die Gesamtkosten werden mittlerweile auf 5 bis 6 Mrd. € geschätzt.

Einschlägige Info-Stellen und Museen

Punta Laguna: Multimediale Information rund um Venedigs Ökosystem und die Aktivitäten zur Rettung von Stadt und Lagune durch die öffentliche Hand. San Polo 554, Campo Rialto Novo (100 m westl. der Rialto-Brücke), zur Zeit der Drucklegung temporär nur nach Voranmeldung über puntolaguna@magisacque.it zu besuchen, Eintritt kostenlos, interessante eigene Website ital./engl.: www.salve.it.

Casa della Laguna: kommunales Info-Zentrum zum Thema lagunares Öko-System und seine Rettung, reiches Datenmaterial, vorwiegend auf Italienisch, San Marco 4023, Campo Manin, Tel. 041 274 79 73, Mo–Do 9–13 Uhr, Eintritt frei.

Kleines Museum der südl. Lagune: Dauerschau zum Thema Hochwasserschutz (die Murazzi und die Katastrophe von 1966). San Pietro in Volta (im Nordteil des Lido di Pellestrina), ehem. Scuola Goldoni, Sa/So 10–12 Uhr, zu anderen Zeiten nach Voranmeldung, Tel. 333 614 39 76, www.museopellestrina.it, Jan. geschl., Eintritt frei.

Städtisches Museum der südlichen Lagune: die ›aquatische‹ Geschichte des alten Hafenstädtchens, u. a. Bootsmodelle, Werftwesen, nautische Instrumente, Fischerei, präsentiert in historischem Klostergemäuer. Chioggia, San Francesco Fuori le Mura, Campo Marconi 1, Tel. 041 55 00 911, 9–13, 15–18 Uhr, Di, Mi nur vorm., So nur nachm., Mo geschl., Mitte Juni–Ende Aug. auch 19.30–23.30 Uhr, Eintritt 3,50 €.

Naturgeschichte-Museum: Geologie, Satellitenfotos, Fauna und Flora, tradit. Berufswelt in der Lagune (und der Oberen Adria): Jesolo Lido, Piazza Carducci 149, Tel. 0421 38 22 48, Juni–Okt. tgl. 10–18, Nov.–Mai Di–Fr 9–17, Sa und So 10–18 Uhr, Eintritt 8 €.

Für (Klein-)Gruppen empfehlenswert: ein- oder mehrtägige Rundfahrten an Bord eines historischen Segel-Frachtschiffes *(bragozzo)*. Anbieter und Details: s. S. 278.

Venedig – eine postmoderne Museumsstadt?

Ein gewohntes Bild: Tauben und Touristen am Markusplatz

Ist von Venedigs Zukunft die Rede, denkt wohl jeder zuerst an die Bedrohung durch Hochwasser und an die Befürchtung, dass dieses architektonische Weltwunder langsam im Lagunenschlamm versinkt. Bei Weitem akuter ist die Gefahr, dass Venedig in ein bis zwei Generationen als soziales Stadtgefüge gestorben sein wird, wenn nicht rigorose Gegenmaßnahmen ergriffen werden.

Eine Zukunft ohne Venezianer?

Die Hauptschuld an dieser dramatischen Aussicht trägt der *esodo* – der Exodus der Venezianer aus dem historischen Zentrum auf das Festland. Er setzte in den späten 1950er-Jahren ein, beschleunigte sich seither und hat nicht nur zu einer drastischen Schrumpfung der Einwohnerzahl, sondern auch zu einer Überalterung der restlichen Bevölkerung geführt. Wie dramatisch die Situation bereits ist, veranschaulicht die Statistik: 1966 zählte das Centro Storico 121 000 Einwohner, heute ist es nicht einmal mehr die Hälfte!

Exodus, Überalterung und Entfremdung

Noch Schlimmeres offenbart ein Blick auf die Alterspyramide – seit Anfang der 1970er-Jahre ist das Verhältnis der unter zwanzigjährigen Venezianer zu den über sechzigjährigen von ca. 1:1 auf 1:4,5 gesunken. Die Gründe für

diese Entwicklung sind mannigfaltig: In den ersten Nachkriegsjahrzehnten waren es die beengten, tristen Wohnverhältnisse, die vor allem Jugendliche zur Flucht in die modernen, komfortablen Betonsilos in und um Mestre bewogen. Gleichzeitig wanderten auch Handwerks- und Gewerbebetriebe ab, manche Banken, Versicherungen und Verwaltungsbetriebe verlagerten ihre Aktivitäten auf die Terra Ferma.

Seit den späten 1970er-Jahren treibt zusätzlich der Massentourismus die Menschen aus der Stadt. Denn die mittlerweile bis zu 15 Mio. Besucher jährlich verschaffen zwar jedem zweiten Venezianer eine Beschäftigung, schrauben aber mit ihrem Luxusbedürfnis die Preise in Höhen, die für ansässige Normalverdiener unerschwinglich sind. Zu allem Überdruss kaufen wohlhabende Ausländer die leer gewordenen Wohnungen im Centro Storico (bis jetzt ca. 2500) auf und heizen damit auch noch die Immobilienpreise künstlich an. Fazit: Die über Jahrhunderte gewachsene Infrastruktur droht endgültig zu zerbröseln. Seit Mitte der 1970er-Jahre ist die Zahl der Einzelhandelsgeschäfte um mehr als die Hälfte gesunken und – in Italien sehr wohl ebenfalls ein Krisensymptom – statt 20 staatlichen Lotteriestellen gibt es bloß noch eine Hand voll. Im Gegenzug hat sich die Zahl der Glasgeschäfte im selben Zeitraum fast verdoppelt, und Masken, die man vor 30 Jahren nirgendwo bekam, werden heute in über 80 Läden feilgeboten. Einerseits tätigen die Altstädter bereits 30 % ihrer Einkäufe auf dem Festland. Andererseits kommt fast schon die Hälfte der etwa 60 000 im

Centro Storico Beschäftigten täglich über den Ponte della Libertà herein. Venedig ist längst auch eine Stadt der Pendler.

Zwischen Zuversicht und Resignation

Doch allen Unbilden und Bedrohlichkeiten zum Trotz werden die Venezianer wundersamerweise bisweilen von regelrechten Optimismus-Schüben erfasst. Dann renovieren sie, wie 1966 nach der bisher schlimmsten Hochwasserkatastrophe, mit internationaler Hilfe eine erkleckliche Anzahl von Palästen und Kirchen und entwickeln für die Lagune ein sündteures Schleusensystem, dessen Bau in wenigen Jahren fertiggestellt sein soll, reinigen – erstmals nach 40 Jahren – wieder Innenstadtkanäle, lassen Stararchitekt Santiago Calatrava zwischen Piazzale Roma und Ferrovia eine neue Brücke errichten (2008 eingeweiht) und gründen neue Museen wie z. B. jenes von François Pinault für Gegenwartskunst in der Dogana (eröffnet 2009).

Andere Pläne freilich ließen sie längst wieder in der Schublade verschwinden: etwa den für einen Zusammenschluss von Padua, Treviso und Venedig-Mestre zu einer wirtschaftlich machtvollen ›Metropolis‹ oder den, sich um die Abhaltung einer Expo zu bewerben. Auch der Bau von ›Magnet‹, einer unterirdischen Kommunikationszentrale für bis zu 150 000 Tagesbesucher, wurde bislang nicht in Angriff genommen. Die flächendeckende Revitalisierung des Arsenals ist Zukunftsmusik. Und auch die Schaffung eines effizienteren Verkehrssystems, von dem ein Urbanist vor einiger Zeit schwärmte, es könne maßgeblich dazu beitragen, die einzelnen, teilweise verödeten *sestieri* wieder zu beleben, scheint heute in weiter Ferne.

Am Scheideweg

Doch Kommunikationszentrale hin, Schleusen und Expo her – die wirklich ausschlaggebende und unausweichliche Frage der Zukunft wird sein, welche Idee Venedig langfristig von sich selbst hat. Will es eine Industriestadt sein, gefügig der Petroleumlobby von Porto Maghera, oder eine für Touristen, begierig nach dem schnellen Geld? Versteht es sich als postmodernes Museums- und Kongresszentrum, von dem Kultursponsoren und Intellektuelle träumen, oder schlicht und einfach als lebenswerte Heimat der Venezianer?

Massimo Cacciari, Philosoph und in den Jahren 1993–2000 sowie 2005–2010 Venedigs Bürgermeister, hat vor Längerem schon bei einer Eröffnung eines Kongresses mit dem verheißungsvollen Titel »Idea di Venezia« mit einer Forderung Aufsehen erregt: »Venedig retten«, sagte er, »dieser Appell ist bereits ein Mythos der europäischen Kultur geworden. Die Stadt scheint schon immer bedroht gewesen zu sein, weil es geradezu unmöglich erscheint, dass sie überhaupt existiert. Venedig retten hat immer bedeutet, seine Außergewöhnlichkeit zu erhalten. Deshalb darf es diese auch in Zukunft nicht abschwächen, sondern muss sie im Gegenteil übertreiben, muss seine Funktion als Museum forcieren, aber nicht im Sinne heute wichtiger wirtschaftlicher oder auch touristischer Funktionen, sondern als exemplarisches Zentrum, in dem wegweisende Lösungen erarbeitet werden.« Eine echte Entscheidung konnte freilich auch er nicht provozieren.

Die Gondeln – von der Kunst des Bootsbaus

Wo der Rio degli Ognissanti und der Rio di San Trovaso zusammenfließen, steht ein Ensemble aus mehreren kleinen Holzhäusern und -schuppen, deren Urtümlichkeit den Betrachter in das 16. oder 17. Jh. zurückversetzt. Die älpisch anmutenden Gebäude beherbergen die älteste Gondelwerkstatt (squero) der Stadt.

Ihr Leiter, Lorenzo Della Toffola, ist einer der ganz wenigen verbliebenen *squeraroli*, die dieses traditionsreiche Handwerk noch beherrschen. Wer den Meister charmant genug um Erlaubnis bittet, kann sich auf dem Gelände ein wenig umsehen und dabei eine Vorstellung bekommen, welcher Aufwand hinter der Herstellung eines solchen an die 20 000 € teuren Fahrzeugs steckt.

Raffinierte Konstruktion

Eine Gondel besteht aus insgesamt 280 Teilen, deren jede eine genau definierte strukturelle oder dekorative Funktion ausübt. Jede einzelne ihrer Spanten und Planken, Leisten und Verstrebungen wird mit Hilfe der *sesti* zugeschnitten – jener mit mittelalterlichen Maßen versehenen und mit Fachausdrücken bedachten gerundeten Winkelhölzer, die innerhalb der Handwerksfamilien von Generation zu Generation weitervererbt werden. Zur Verwendung kommen dabei, je nach Konstruktionsteil streng unterschieden, die Hölzer von Eiche, Lärche, Tanne, Linde, Ulme, Nussbaum, Mahagoni, Kirsche und ein klein wenig Kornelkirsche. Gebogen werden die Holz-

Venedig ist ohne Gondeln nicht vorstellbar

stücke über brennendem Sumpfschilf aus der Lagune, das allein den für den Vorgang notwendigen Feuchtigkeitsgrad garantieren soll. Verfugt werden sie statt wie früher noch mit Pech und Werg mit synthetischen Isoliermitteln. Doch die Rudergabel (*forcola*), die acht verschiedene Ruderstellungen ermöglicht, wird nach wie vor aus dem mit großer Sorgfalt persönlich ausgewählten, geviertelten Stück Stamm eines besonders harten Obstbaumholzes geschnitzt. Und das 20 kg schwere, siebenzackige Bugeisen (*ferro*), das den Schwerpunkt ausbalanciert, stammt, wie auch das meiste Holz, aus der Gebirgsregion von Cadore. Die schlanken, schwarzen, kiellosen und deshalb leicht manövrierbaren Gefährte sind übrigens ca. 10,75 m lang und zwischen 1,38 und 1,75 m breit. Auf die Waage bringen sie ein Leergewicht von 350 kg.

Asymmetrie als Trick

Form und Ausstattung der Gondel haben sich seit dem Jahre 697, als ihre Existenz erstmals urkundlich erwähnt wurde, gründlich geändert. Die ersten Boote muss man sich als vergleichsweise grobschlächtige, schmucklose Fahrzeuge vorstellen, die man über den Bug bestieg. Im 16. Jh. waren die meisten der mehr als 10 000 Gondeln bunt bemalt und reich ausstaffiert. So reich, dass der Senat im Jahr 1562, um der Protzerei ein Ende zu machen, per Gesetz befahl, dass alle Gondeln unterschiedslos schwarz zu lackieren seien.

Ausgerechnet um 1880, als die ersten dampfbetriebenen Vaporetti das rudernde Gewerbe gehörig unter Druck setzten, gab ein genialer Konstrukteur namens Domenico Tramontin dem edlen Gefährt schließlich den letzten Schliff: Indem er die Längssymmetrie um ganze 24 cm versetzte, verpasste er der Gondel einen leichten Rechtsdrall und erleichterte dem rechts seitlich Rudernden damit die Steuerung. Die *felze*, jene kleine, schwarze Kabine, die der Gondel eine besonders geheimnisvolle Aura verlieh und den Fahrgast vor neugierigen Blicken und schlechtem Wetter schützte, ist seit dieser Zeit völlig verschwunden. Heute muss man ins Museo Storico Navale (s. Entdeckungstour, S. 200) pilgern, um noch ein intaktes Exemplar zu sehen.

El Felze

El Felze heißt der Verband (www.elfelze.com), dessen Mitglieder der Wunsch vereint, Geschichte und Geheimnisse der Gondel zu bewahren und zu verbreiten. Es ist ein kulturelles und zugleich kommerzielles Projekt – offen für Handwerker, Gondelführer, Privatpersonen, Sportvereine, Kultur- und Berufsverbände. Mehr als zwei Dutzend Spezialisten aus zehn Berufsgruppen zählt die Organisation. Grundsätzliches zur Gondel unter www.gondolavenezia.it (auf Engl.).

Gondelbauer
Squero Tramontin di Roberto: Dorsoduro 1542, Tel. 041 523 77 62, www.tramontingondole.it
Lorenzo Della Toffola: Dorsoduro 1097, Squero San Trovaso, Tel. 041 522 91 46, www.squerosantrovaso.com
Ruder- & Forcoleschnitzer
Saverio Pastor: Details s. S. 253
Franco Furlanetto: Details s. S. 240
Successori Carli di Paolo Brandolisio: Castello 4725, Tel. 041 522 41 55
Kunstschmiede
Valese: Cannaregio 3535, Tel. 041 72 02 34

Kleines Gondel-Glossar

Bootstypen

bragozzo – in der Adria gebräuchliches Fischerboot
burcio – Frachtboot auf Flüssen
caorlina – Transportboot, erkennbar an symmetrischer Halbmondform von Bug und Heck
galea – Galeere (*galea sottile* – »schmale« G. für militärische Zwecke; *galea grossa* – »breite« Handelsgaleere)
galeazza – extra große Kampfgaleere
peata – spezielles Transportboot
puparin – elegantes, früher von reichen Familien für Personentransport, heute vornehmlich für Regatten verwendetes Gegenstück zur Gondel mit assymetrischem Bootskörper und besonders schlankem Heck
sandolo – Ruderboot, verwendet zum Fischen und für Personentransport, Sonderformen: *sandolo sciopon* zum Jagen in der Lagune und *mascareta* für Sportruderer
sanpierota – Fischerboot für Lagunengewässer
topo – Transportboot
trabacolo – Transportschiff für die offene Adria

Berufe

bareteri – Hutmacher für Strohhüte und Wintermützen der Gondolieri
calegheri – Schuhmacher, zuständig für die (pro Paar 10 Stunden erfordernden) *scarpe del gondoliere*
fonderie und *ottonai* – Schöpfer der Pferde und der übrigen Verzierungen aus Metall
fravi – Kunstschmiede der Bugeisen (*ferro da prova* alias *dolfin*)
indoradori – Vergolder der Schmuckelemente
intagiadori – die Graveure verzierenden Schnitzwerks
remeri – auf Herstellung von Rudern (*remo*) und Rudergabeln (*forcole*) spezialisierte Zimmerleute
sartori – Schneider, die das Outfit der Gondolieri, etwa die vorne mit weißen Bändern zu schließende Jacke *alla marinara* aus weißem Piqué, den weißen Matrosenkragen (*marinéra*), die schlichten schwarzen Hosen und die seidene Schärpe anfertigen
squerarioli – Zimmermänner, die den Bau von Holzbooten, insbesondere von Gondeln beherrschen
tapessieri – die für die Kissenausstattung zuständigen Polsterer

Schuhmacher
Giovanna Zanella: Castello 5641, Campo San Lio, Tel. 041 523 55 00, www.giovannazanella.it
Schneider
Balocolok di Martin: Santa Croce 2134, Tel. 041 64 02 73

Der private Verein **Arzana** bietet auf seiner (italienischsprachigen) Website und in einem eigenen kleinen Museum Infos über venezianische Spezifika des Ruderns und Bootsbaus (www.arzana.org). Ebenfalls sehenswert: das Museum und Archiv des Traditionsclub **Canottieri Bucintoro** (Dorsoduro 263, Zattere ai Saloni, Di–So 10–17 Uhr, Anm. unter Tel. 041 520 56 30 oder 349 199 90 27, www.bucintoro.org).

Hinweis: Infos zu Stationen und Preisen der Touristengondeln und Traghetti finden sich auf S. 27.

Die Casa Veneziana – ein architektonisches Erfolgsmodell

Zu den herausragenden Leistungen des spätmittelalterlichen Venedig gehört neben seiner Verfassung, der Diplomatie und dem weit verzweigten Handelsimperium die Entwicklung einer beispiellosen Baukultur. Sie hat ihre Wurzeln im frühen 13. Jh., als unter den venezianischen Handelsherren der Wohlstand rapide wuchs und damit auch der Wunsch, diesem architektonisch Ausdruck zu verleihen.

Statt wie zuvor mit Holz begann man nun mit Stein zu bauen, was zwar die Dauerhaftigkeit der Häuser und das Prestige ihrer Bewohner erhöhte, aber auch statische Probleme schuf. Denn die um vieles schwereren Gebäude verlangten nach einer festeren Verankerung in dem weichen, wasserbedeckten Lagunengrund. Die Lösung bestand in einer Technik, die man in Venedig im Wesentlichen bis heute anwendet: Zunächst werden ca. 2 m lange Pfähle aus dalmatischem Eichen- oder Lärchenholz in den Boden aus gepresstem Ton und Sand (*caranto*) gerammt, wo sie dank des sehr salzhaltigen Adriawassers rasch erhärten und dennoch eine gewisse Elastizität bewahren. Bei besonders monumentalen Bauwerken bedecken diese Piloten – im Falle der Salute-Kirche zum Beispiel sind es 1,2 Mio. Stück – spiralförmig angeordnet deren ganze Grundfläche. Über diesen Unterwasserwald breitet man, um den Druck noch gleichmäßiger zu verteilen, ein Geflecht aus Walnuss- oder Mahagoniplanken. Es folgt ein Fundament aus Ziegeln und schließlich das *basamento*, eine Schicht aus Stein- oder Marmorblöcken, die das Mauerwerk gegen aufsteigende Feuchtigkeit isoliert.

Pioniere des Bauens nach Norm

Eine weitere wegweisende Errungenschaft war die bald danach einsetzende Rationalisierung des Bauens: Venedig war die erste Stadt im Europa des Mittelalters, wo Elemente wie Balken, Stützen oder Fensterrahmen genormt und auf Vorrat hergestellt wurden; wo man, um die Brandgefahr zu reduzieren, die Kamine außen führte – sorgfältig gegen Holzteile isoliert und in hohen, trichterförmigen Schornsteinen endend; und wo bereits im 14. Jh. Balkone, Terrassengärten und hygienisch einwandfreie Zisternen gang und gäbe waren.

Die Urzelle des heutigen Stadtgefüges ist der *fondaco*, der Händlerpalast, meist Ca' (von *casa* = Haus) oder sogar Palazzo genannt. Er wirkt von Anfang an offen und zugänglich, denn die Bauherren der Serenissima konnten dank der geschützten Lage und des sozialen Friedens auf militärische Befestigung ihrer Häuser verzichten. Die Grundfläche

Formvollendet: die Ca' d'Oro

eines *fondaco* zeigt in der Regel eine leichte Trapezform – die Hauptfront, fast immer dem Kanal zugewandt und oft reich verziert, pflegt aus Repräsentationsgründen etwas länger als die Gassenfront zu sein. Die Fassaden, die meist aus unverputzten Ziegeln bestehen, aber auch als *Rovigno* (hellgrau) oder *Pastellone* (ziegelrot) verputzt sein können, haben stets einen horizontalen, also giebellosen Abschluss und sind in einen breiten Mittel- und zwei schmalere Seitentrakte gegliedert.

Die Standardstruktur

Die innere Raumaufteilung entspricht diesem Prinzip: Der wasserseitige Eingang (*ingresso all'acqua*), dem oft eine Treppenanlage sowie mehrere *pali*, mit den Wappen des Hauses bemalte Bootspfähle, vorgelagert sind, führt in einen tiefen Korridor, den *andron*. Hier war im Winter früher die Gondel aufgebockt. Rechts und links davon befinden sich kleinere Warenlager. Der darüber gelegene *piano nobile* oder *signorile* beherbergt die Privat- und Repräsentationsräume. Die Mittelachse dieser Hauptetage bildet der *portego*, ein imposanter Salon, der sich meist mit hohen Bogenfenstern und einem Balkon zum Kanal hin öffnet. An ihn grenzen die Wohn- und Schlaf- sowie Vorratszimmer. In den engen Kammern darüber war das Dienstpersonal untergebracht. Manchmal wurde zwischen Parterre und erstem Stock noch ein Zwischengeschoss für Büros, der *mezzanino*, eingezogen. Zum Inventar eines nobleren Hauses zählten außerdem der *corte*, ein Innenhof samt Zisternenbrunnen, der *liago*, ein Terrassengarten mit Topfpflanzen und hängenden Vogelkäfigen, sowie die *altana*, eine hölzerne Dachplattform, auf der die Damen, vor neugierigen Blicken geschützt, ihr Haar von der Sonne bleichen ließen. Apropos Dächer: Die sind in Venedig meist mit Mönch-Nonnen-Ziegeln gedeckt und rundum von den *gorne* gesäumt, steinernen Regenrinnen, die über senkrechte Abflussrohre mit den Zisternen verbunden sind.

Baudetails und Dekor im Wechsel der Zeit

In stilistischen Ausschmückungen und strukturellen Details hat die typische *casa veneziana* seit ihren veneto-byzantinischen Anfängen manche Veränderung erlebt. Das einst zweistöckige Gebäude ist während der Gotik, der Renaissance und des Barock um mehrere Geschosse gewachsen. Seine offenen Arkadenreihen haben sich nach und nach in Fassaden verwandelt, an denen Säulen, Bogenfenster und glatte Wände rhythmisch abwechseln. Und statt mit Fresken oder flachen Marmorverkleidungen sind die jüngeren Exemplare mit modellierten Steinreliefs geschmückt. Doch die prinzipielle Bauweise und das Raumschema haben sich in all diesen Epochen kaum verändert.

Was sich freilich dramatisch verändert hat, ist der Grad der Bedrohung für die gesamte Bausubstanz. Der stetig zunehmende Bootsverkehr und Süßwasserverbrauch, Umweltgifte, extreme Fluten und die Säumigkeit der Stadtregierung haben binnen weniger Jahrzehnte bewirkt, was zuvor Wasser und Wind in Jahrhunderten nicht schafften – die hölzernen und steinernen Fundamente dieser einmaligen Gebäude so nachhaltig zu schwächen, dass mittlerweile selbst optimistische Experten die Möglichkeit ihrer Rettung bezweifeln (vgl. S. 102).

Tizian und Co. – Höhepunkte der venezianischen Malerei

»Triumph der Tugend über das Böse« von Veronese, Ausschnitt

Schon die Stadt mit ihrer einzigartigen Lage ist ein einziges großartiges Kunstwerk, das Jahr für Jahr Tausende von Touristen in seinen Bann zieht. Doch finden sich in Venedig auch unzählige Kirchen und Museen, Paläste und Privathäuser, in denen man die weltberühmten Gemälde, Fresken oder Mosaiken an ihren ›Originalschauplätzen‹ bewundern kann.

Die Wiege der venezianischen bildenden Kunst steht weit im Osten. Als westlichster Stützpunkt des byzantinischen Reiches ist es die Lagunenstadt jahrhundertelang gewohnt, ihr Kulturgut vorwiegend vom Bosporus oder aus der Levante zu importieren. Ihre Kaufleute und Krieger bringen von ihren Handelsreisen und Feldzügen große Mengen antiker Säulen und Skulpturen, Ikonen, Email- und Goldschmiedearbeiten mit. Zugleich sind viele byzantinische Künstler – Goldschmiede, Maler, Architekten und vor allem Mosaizisten – in Venedig beschäftigt. Ihr großartigstes Vermächtnis ist die architektonisch weitgehend orientalische Markusbasilika mit ihren großartigen Mosaiken (s. S. 134).

Das byzantinische Erbe

Nach der Eroberung Konstantinopels (1204) verstärkt sich der byzantinische Einfluss noch; die *Maniera Greca* (griechische Manier) bleibt vor allem in der Malerei stilbestimmend. Während Giotto (1266–1337) im nahen Padua seine revolutionären Fresken bereits mit beseelten, ›menschlichen‹

Heiligen bevölkert, zeigen die Altar- und Andachtsbilder etwa eines Paolo und Lorenzo Veneziano (Mitte 14. Jh.) noch starre, in Nischen verharrende Stereotypen vor goldenem Grund. Selbst die Sacra Conversazioni, Darstellungen Mariae mit Heiligen, von der Malerfamilie Vivarini aus der zweiten Hälfte des 15. Jh. stehen noch in der Tradition der Ikonen.

Einflüsse der Gotik und später der Frührenaissance gelangen nur stark zeitversetzt und verdünnt nach Venedig. Der erste, der Anatomie- und Naturstudien betreibt und sich auch an ungewohnte Perspektiven wagt, ist Jacopo Bellini (1400–70). Beeinflusst von seinem Schwiegersohn Andrea Mantegna, schafft er fantastische Landschaften und aufwendige architektonische Prospekte, in die er kleinfigurige Szenen setzt.

Ihre klassische Periode, mit der die venezianische Malerei den Anschluss an die italienische Frührenaissance vollzieht, beginnt Mitte des 15. Jh. mit dem Brüderpaar Giovanni und Gentile Bellini. Giovanni schafft mit Hilfe der bis dahin in Venedig unbekannten Öltechnik Altartafeln und Andachtsbildnisse von beispiellos harmonischer Gestaltung und in lyrisch-warmen Farben. In seinen Figuren – vorwiegend Madonnen und Heilige – verbindet sich höchste Innerlichkeit mit einer neuen Lebendigkeit des Ausdrucks.

Aus gutem Grund bezeichnet Albrecht Dürer, der 1506 in Venedig weilt, den greisen Giovanni Bellini als nach wie vor »pest im gemoll«, als Besten im Malen. Der Bruder Giovanni Bellinis, der zu Lebzeiten berühmtere Gentile, begründet übrigens als erster ›Staatsmaler der Dogen‹ die Tradition der Stadtchronisten, als deren Meister sich wenig später Vittore Carpaccio erweisen wird.

Giorgione und der Maler-Titan Tizian

Aus der großen Schülerschar Giovanni Bellinis ragen zwei Maler hervor: Giorgione und Tizian. Ersterer, von dem nur eine Hand voll gesicherter Werke erhalten sind, widmet sich als einer der ersten neben religiösen auch weltlichen Themen. Sein Hauptaugenmerk liegt auf poetischen, symbolträchtigen, und deshalb später gerne als geheimnisvoll bezeichneten Landschaften (z. B. »Das Gewitter«).

Endgültig Weltgeltung erlangt die Malkunst der Serenissima dank Tizians Genie. Dessen Werk ist so einmalig und umfangreich, dass es in wenigen Zeilen kaum beschreibbar ist. Es umfasst zahllose Porträts von Patriziern, Kirchenfürsten, Adligen und Kaisern, epochale Altarbilder, sowie allegorische, biblische und heidnisch-mythologische Szenen (etwa die »Laurentius-Marter«, den »Tempelgang Mariae« oder die »Pietà«, das wohl berückendste seiner Alterswerke). Unter seinen Bildern finden sich solche von monumentaler Größe und Leidenschaft, andere von subtiler Schlichtheit.

Allen zugrunde liegt eine magische Fähigkeit, mit Farben und Strukturen umzugehen, die vorher und nachher niemand anders auch nur annähernd so beherrscht und die Kunsthistoriker später dem Licht- und Wellenzauber der Lagune zuschreiben. Sein Altersstil ist von tief durchgeistiger Gelöstheit. Die Farben erhalten dabei stark symbolischen Aussagewert. Es ist deshalb kaum verwunderlich, dass große Begabungen wie Sebastiano del Piombo, Palma Vecchio und Lorenzo Lotto lange unter dem Schicksal litten, im Schatten dieses Maler-Titanen zu stehen.

Tintoretto und Veronese

Zu den größten Meistern des Manierismus, der Übergangsphase zwischen Renaissance und Barock, gehört Jacopo Robusti, genannt Tintoretto. In seinem Werk verschmilzt das Kolorit seiner venezianischen Vorgänger mit dem grafischen Stil der Florentiner Zeitgenossen, wobei er die von Tizian eingeleitete Dynamisierung der Darstellung bis zum Äußersten fortführt. Seine Kompositionen, allen voran die weltberühmten Bildzyklen in ›seiner‹ Scuola Grande di San Rocco, sind von enormer Bewegtheit und Plastizität. Seine Gestalten stürzen, perspektivisch oft kühn verkürzt, vom Himmel oder verrenken sich in dramatischer Aktion. Da er sich jedoch unter dem Eindruck der Gegenreformation ausschließlich religiösen Themen widmet und sein Leben lang fast ausnahmslos in seiner Heimatstadt arbeitet, reicht sein Ruhm an den seines Vorgängers nicht heran.

Gewissermaßen den Antipoden zu Tintoretto bildet Paolo Veronese, denn bei ihm steht die irdische Schönheit des Menschen im Mittelpunkt. Ob Porträts, Fresken oder Tafelbilder – stets herrscht eine profane Heiterkeit vor. Farben und Ausstattung, man denke nur an die Werke in seiner Begräbniskirche San Sebastiano, sind von üppiger Pracht. In Veroneses Werken spiegelt sich die Sinnenfreude einer Stadt, die den Zenit ihrer politischen Macht bereits überschritten hat, aber am Höhepunkt ihrer künstlerischen Entfaltung steht.

Hauptwerke der venezianischen Maler

Giovanni Bellini (um 1430–1516): Acc (u. a. diverse Madonnen), Frari (Pesaro-Altar), San Zaccaria (Sacra Conversazione), San Francesco della Vigna, Madonna dell'Orto, San Pietro Martiere/Murano, Dp, MCC.

Vittore Carpaccio (um 1460–1526): Sc di San Giorgio degli Schiavoni (Hieronymus- u. a. Zyklen), Acc (»Heilung eines Besessenen am Rialto«, Bilderzyklus der Ursula-Legende), MCC (u. a. die Kurtisanen).

Giorgione (alias Giorgio da Castelfranco; 1477/78–1510): Acc (Gewitter, die Alte), Sc Grande di San Rocco (Kreuztragender Christus), Ca' d'Oro (Freskenreste).

Tizian (alias Tiziano Vecellio; um 1477–1576): Frari (Assunta, Pesaro-Madonna), Acc (u. a. Tempelgang Mariens, Pietà, Johannes der Täufer), Gesuiti-Kirche (Laurentius-Martyrium), Santa Maria della Salute (Deckengemälde), Ca' d'Oro (Freskenfragmente).

Tintoretto (alias Jacopo Robusti; 1518–94): Sc di San Rocco (Gemäldezyklen), DP (u.a. Paradies in der Sala del Maggior Consiglio), Madonna dell'Orto (mehrere Meisterwerke), Acc (diverse Heiligenbilder, u. a. Markuswunder), San Trovaso (»Abendmahl«), San Giorgio Maggiore (»Abendmahl«), San Lazzaro die Mendicanti (»hl. Ursula«).

Paolo Veronese (1528–88): DP (u. a. »Apotheose Venedigs«), San Sebastiano (Sakristei, Interieur), Acc (u. a. »Gastmahl im Hause Levi«).

Abkürzungen: Accademia (Acc), Dogenpalast (DP), Museo Civico Correr (MCC), Scuola (Sc), San Marco (SM), Ca' Rezzonico (Ca' Rez)

La Fenice – Venedigs traditionsreiche Oper

Das berühmteste Opernhaus der Stadt: der prächtige Innenraum von La Fenice

Bereits 1637 wurde in Venedig das erste Opernhaus der Welt, das Teatro Cassiano, eröffnet. Ende des 18. Jh. war die Stadt der Nabel der Opernwelt und besaß sieben Gesangsbühnen, mehr als jede andere Kulturmetropole Europas. Zwar waren die großen Logen der Aristokratie vorbehalten und wurden innerhalb der großen Familien vererbt, doch hatte auch das Volk – zu Einheitspreisen – Zutritt.

Die berühmteste, achte Bühne wurde 1790 gebaut. Sie ist, wie es sich für einen Phönix (ital. *fenice*) gehört, das Resultat eines verheerenden Brandes, der 1773 das Theater von San Benedetto einäscherte. Von außen glich es, auf Holzpfählen ruhend und von zwei Kanälen umflossen, einer schlichten Wasserburg. Doch die fünf Ränge seines Innenraums erglänzten in edelsten honiggoldenen, beigen und roten Farbtönen. Die Akustik war phänomenal. Die Eröffnung fiel in jene Zeit, in der die Sopranpartien noch von Kastraten gesungen wurden, in der die Inhalte der Opern noch jenen der Komödien von Carlo Goldoni ähnelten und es auf der Bühne nur so wimmelte von finsteren Bösewichten und komischen Figuren, von Feen und Götterhelden und von kapriziösen Primadonnen, die ohne Rücksicht auf den Fortgang der Handlung ihre Lieblingskoloraturen zum Besten gaben.

Rossini und Verdi, Strawinsky und Berio

Chronisten berichten, dass in den Logen mit Begeisterung getratscht und gegessen, Karten gespielt und geturtelt wurde. Auch von kleinen Wachskerzen berichten sie, die man entzündete, wenn man im Textbuch lesen wollte. Und von Bränden, die damals zum Theateralltag gehörten. Am 12. Dezember 1836 fing auch das Fenice Feuer. Doch der Phönix machte seinem Namen alle Ehre. Binnen eines Jahres erstand das Haus in altem Glanz. Zuvor hatte es einige glorreiche Uraufführungen von Werken Rossinis, Donizettis und Bellinis erlebt. Nun, da der Zeitgeschmack begann, dem Falsett den romantischen Heldentenor und dem komischen Buffo dramatischen Realismus vorzuziehen, grassierte das Opernfieber. Es schlug die Stunde Giuseppe Verdis. Fünf seiner Opern erblickten – trotz der ständigen Konkurrenz durch die Mailänder Scala – das Licht der Welt im Fenice. Die Buchstaben seines Namens wurden als Kürzel für die Worte Vittorio Emanuele Re D'Italia zur Polit-Parole im Freiheitskampf gegen Österreich.

Diese Aufgeschlossenheit für das Zeitgenössische erhielt sich das Fenice auch im 20. Jh. In Kooperation mit dem Musikfestival der Biennale inszenierte es regelmäßig Werke von Komponisten wie Berg, Britten, Schostakowitsch, Stockhausen oder Nono. Neben den gefeierten Ikonen des Gesangskults – von Callas bis Pavarotti – arbeiteten auch immer wieder Stars wie Igor Strawinsky und Leonard Bernstein, Giorgio Strehler, Carla Fracci, Maurice Béjart und Pina Bausch im Haus am Campo San Fantin.

Zerstörung und Wiedergeburt

Als man 1992 das 200-Jahr-Jubiläum feierte, präsentierte sich das Haus rundum erneuert. Umgerechnet 5 Mio. € waren investiert worden, um den Zuschauerraum von 912 auf 1150 Sitzplätze zu vergrößern, eine Drehbühne zu installieren und den originalen Bühnenvorhang aus dem 18. Jh. zu renovieren. Doch im Frühjahr 1996 wurde das Fenice Opfer verbrecherischer Handwerker, die, angeblich um einer Strafe zu entgehen, Feuer legten. Es brannte fast bis auf die Grundmauern ab. Im Nu kündigten die Betreiber an, es alsbald im alten Stil wieder zu errichten. Jahrelange Rechtsstreitereien und Finanzierungsprobleme führten immer wieder zur Verschiebung der Eröffnung. In der Zwischenzeit wich man ins damals frisch renovierte Teatro Malibran und ein provisorisches Zelt nahe dem Parkhaus Tronchetto aus. Im Jahr 2003 wurde der glanzvoll rekonstruierte Traditionsbau dann endlich wieder eröffnet. Und seit knapp einem Jahrzehnt bringt das Ensemble im Rahmen regulärer Saisons wieder Opern, Ballette und Konzerte auf die Bühne.

Kartenvorverkauf

Programminfo: www.teatrolafenice.it oder Tel. 041 24 24 (Hellovenezia, tgl. 9–18 Uhr), **Kartenvorverkauf** aus dem Ausland ebenfalls unter Tel. 041 24 24 (tgl. 7.30–20 Uhr) bzw. online (www.teatrolafenice.it oder www.vivaticket.it) oder per Fax 041 272 26 73. Karten in Venedig sind erhältlich: an der Theaterkasse, Campo S. Fantin (tgl. 10–17 Uhr) sowie in den Kartenbüros am Tronchetto und am Lido, Piazzale S.M. Elisabetta (beide tgl. 8.30–18.30 Uhr). 45-minütige **Führungen** mit deutschsprachigem Audioguide täglich möglich. Über die genauen Zeiten informieren die Website des Theaters oder, telefonisch, Hellovenezia (s. o.).

Venedigs glanzvolle Feste

Eine Stadt feiert sich selbst: Feuerwerk über der Lagune

Der Karneval mit seinen prächtigen Masken und Kostümen lockt viele Touristen im Winter nach Venedig. Doch die heutigen Feste sind mit denen der vergangenen Jahrhunderte nicht zu vergleichen.

Es müssen Orgien von Farben, Klängen und Gaumenfreuden gewesen sein, die Staatsempfänge, welche die Venezianer fremden Herrschern bereiteten – so auch jene denkwürdige Feier im Juli des Jahres 1574 für Heinrich III., den König von Frankreich und Polen. Der junge Monarch war in Murano von 400 in edlem Taft gewandeten Ruderern mit einer in Seide gehüllten Galeere abgeholt worden. Er bezog Quartier in der Ca' Foscari, die man mit eigens gemalten Bildern Bellinis, Bordones und Tizians ausstaffiert hatte. Die Häuserfronten entlang der Kanäle waren mit golddurchwirkten Tüchern und Teppichen behangen. In San Nicolò di Lido erwartete ihn ein von Palladio entworfener Triumphbogen, den Tintoretto und Veronese geschmückt hatten. Und auf dem Weg dorthin begleitete ihn ein Floß, das einen Brennofen in Form eines flammenspeienden Drachen trug, an dem Glasbläser fantastische Figuren schufen.

Das Besuchsprogramm bestand aus einer ununterbrochenen Folge von Lustbarkeiten. Unter anderem sah der König die erste je in Italien aufgeführte Oper. Beim Festbankett im Dogenpalast standen den 3000 Gästen 1200 Gerichte zur Auswahl, und beim darauffolgenden Frühstück war alles – von den Bestecken und Tellern

bis zu den Speisen und Servietten – aus Zucker. Kein Wunder, dass der junge Monarch von dem Prunk derart geblendet war, dass er, so behaupten zumindest Chronisten, den Rest seines Lebens wie in Trance zubrachte.

Im Venedig von heute spiegelt sich der Glanz der goldenen Zeiten nur noch matt wider. Gewiss: Die vielen Regatten, Feuerwerke, Prozessionen und auch manch privates Fest zur Zeit des Karnevals bezeugen nach wie vor ein außergewöhnliches Talent für wirkungsvolle Inszenierungen. Und die Mädchen und Frauen der Stadt beweisen mit der Art, wie sie sich – auch im Alltag – herausputzen, immer noch einen sechsten Sinn für Schönheit. Aber mit jener Lust an Luxus und Laster, der Venedig in den Jahrhunderten seiner (Spät-)Blüte frönte, hat dies alles nur mehr wenig gemein.

Ausschweifende Vergangenheit …

Der Unterschied zeigt sich schon in der Farbigkeit der Stadt. Damals waren die Fassaden am Canal Grande mit buntem oder glänzend weißem Marmor, mit Blattgold oder Fresken überzogen. Alle anderen Häuser erstrahlten in kräftigem Ziegelrot. Und das Wasser der Kanäle war tatsächlich noch so blau, wie man es von den Veduten Canalettos kennt.

Auch die Mode war greller, exzentrischer. Die Würdenträger der Republik trugen – nicht nur bei den zahllosen von den *compagnie* veranstalteten Spektakeln – purpurne und scharlachrote Togen, die übrigen Männer farbenprächtige enge Strümpfe und samtene Wamse. Die

Frauen eiferten der neuesten Mode aus Frankreich nach. Sie stelzten auf grotesk hohen Plateausohlen, den *zoccoli*, durch die Stadt, hüllten sich in erlesene, edelsteinbesetzte Stoffe und stellten ihre Brüste, deren Warzen sie karmesinrot bemalt hatten, zur Schau.

... versus prüde Gegenwart

Überhaupt hatte auch die Sexualität in der öffentlichen Meinung einen gänzlich anderen Stellenwert. In Venedig, wo seit dem Zweiten Weltkrieg Prostitution gesetzlich verboten ist, sich, wer Sex kaufen will, in das kriminelle Milieu des Straßenstrichs von Mestre begeben muss und ein Museo d'arte erotica, ein Museum der erotischen Kunst, das 2006 erst gleich hinter der Piazza San Marco eröffnete, bereits nach zwei Jahren wegen mangelnden Publikuminteresses wieder seine Pforten schloss – in dieser heute so prüden Stadt betrieben Ende des 16. Jh. über 11 000 Frauen das älteste Gewerbe der Welt. Der Besuch bei einer der berühmten Kurtisanen war selbst für höchste Staatsgäste obligat. Denn die Damen galten als *honorata* und *galante* und waren hoch gebildet. Sie lebten in verschwenderischem Luxus, besuchten regelmäßig die *stufe*, eine Art venezianischer Beauty-Farm, empfingen in ihren literarischen Salons die mächtigsten und geistvollsten Männer ihrer Zeit und prägten die Moden und Umgangsformen der feinen Gesellschaft. Kurz: Sie entsprachen dem Renaissance-Ideal der emanzipierten, ökonomisch unabhängigen und – selbstverständlich – schönen Frau, die es sich auch erlauben konnte, zwecks Kurzweil ganz offiziell einen *cicisbeo*, einen hübschen jungen Mann, zu halten.

Die Mehrzahl der Rotlichter leuchtete zunächst an der Westseite der Rialto-Brücke, im Castelletto-Viertel. Um 1360 wurden die Bordelle in den Carampane genannten Bezirk von San Cassiano verbannt. Dort befand sich auch jene berühmte Ponte delle Tette (venez. ›Brücke der Brüste‹), auf der die schönen Damen oben ohne um Kunden buhlten.

Frauenalltag früher

Der Alltag der meisten Venezianerinnen wie auch ihre Lebensperspektive sah wenig glanzvoll aus. Die Mädchen wurden – so ihnen ihre Väter nicht eine Zukunft als Nonne oder Prostituierte zugedacht hatten – früh verheiratet. Während ihre Männer auf hoher See oder in fremden Häfen Geld scheffelten (und mit Konkubinen oder Sklavinnen außereheliche, aber dennoch erbberechtigte Kinder zeugten), führten sie, von der Familie ihres Gatten eifersüchtig bewacht und von allen öffentlichen Ämtern ausgeschlossen, viele Jahre lang das Dasein von Strohwitwen. Die *mammale*, die einfachen Huren, wurden durch ein Gesetz stigmatisiert, das sie zwang, gelbe Strümpfe und Halstücher zu tragen. Und selbst über den so angesehenen Kurtisanen schwebte beständig ein Damoklesschwert: Wenn sie in Ungnade fielen oder sich in ihrem raffinierten Ränkespiel verhedderten, drohte ihnen die Rache der Männerwelt in Form des sogenannten *trentuno* – einer Massenvergewaltigung durch 31 junge Patrizier, mit der ihre Gesundheit und ihr Ruf zerstört werden sollte. Wobei diese Strafe sogar noch eine Steigerung kannte: den *trentuno reale*, an dem sich 80 der Herren zu beteiligen hatten.

Touristenspektakel – der Karneval heute

Die Magd Colombina, der reiche Kaufmann Pantalone, Arlecchino, Brighella, Pagliaccio, Scaramuccia, Il Capitano und natürlich Il Dottore, der Pestarzt mit Stöckchen und Schnabelmaske ... Seit Venedigs legendärer Carnevale 1979, 200 Jahre nach seiner Abschaffung durch Napoleon, wieder belebt worden ist, sind rund um Piazza und Rialto alljährlich im Spätwinter wieder die klassischen Figuren der Commedia dell'arte unterwegs. Und mit ihnen Zehntausende Menschen, die für ein paar Tage, maskiert oder ›in Zivil‹, den Alltag ab- und eine Fantasieidentität überstreifen.

Gewiss, dass hinter der Renaissance des in den altrömischen Saturnalien wurzelnden Spektakels das Kalkül der Tourismusbelebung steckt, lässt sich nicht leugnen. Es sind denn auch mehrheitlich Zugereiste, die sich für den Anlass, schrill geschminkt und angetan mit Dreispitz und Spitzenjabot, in samtene Kniebundhosen oder tiefdekolletierte Rüschenkleider zwängen. Doch auch viele Einheimische frönen in jenen Spätwintertagen der Lust am Inkognito – nicht selten sogar im Rahmen ausschweifender Bankette in Privatpalästen. Zwischenzeitlich hatte zwar der von der Stadt bestellte künstlerische Leiter des Karnevals auf der Suche nach einem ›neuen Styling‹, das auch Bürgermeister Cacciari gefordert hatte, ein Maskenverbot erlassen. Und den Markusplatz hatte man in einen fantastischen Zaubergarten umdekoriert.

Doch der gewohnten kollektiven Freude am Feiern tut dies keinen Abbruch. In den Tagen der Fastnacht versetzt gleichsam im Stundentakt ein wahres Feuerwerk an Festivitäten – Umzügen, Konzerten, Bühnenspektakeln, Kinderfesten und DJ-Partys – die Venezianer und ihre zahlreichen Gäste in einen Sinnenrausch. Und beim sogenannten *Volo della colombina*, dem Höhepunkt der Ausgelassenheit am letzten Sonntag der fünften Jahreszeit, jubeln sie der engelsgleichen Schönheit, wenn sie in einer Konfettiwolke am Seil vom 99 m hohen Campanile ›fliegt‹, gemeinsam zu.

Mein Tipp

Kulturverein Compagnia de Calza

Der Pflege von Venedigs karnevaleskem Erbe widmet sich seit seiner (Wieder-) Gründung 1979 mit Hingabe der Kulturverein Compagnia de Calza »I Antichi«. Unter Führung der rührigen »Juru Beba«, einer Wahlvenezianerin mit brasilianischen Wurzeln, inszenieren seine Mitglieder opulente und sehr authentische Feste, Umzüge etc. Kontakt über www.iantichi.org. Oder, besser, man schaut einfach im Vereinslokal (San Marco 2674, Campo San Maurizio) vorbei. Dort treffen sich allabendlich lebenslustige Einheimische zu Tratsch, Umtrunk und Tanz. Jeden Freitag wird – gegen eine ›Jahresmitgliedschaft‹ von 35 € auch für Gäste – üppig aufgekocht.

Unterwegs in Venedig

Der wohl schönste Open-Air-Salon der Welt – die Piazza San Marco

Das Beste auf einen Blick

Rund um den Markusplatz

Highlights!

Piazza San Marco: Ein Bummel durch diesen »schönsten Salon der Welt« gräbt sich unauslöschlich ins Gedächtnis. S. 128

Markusdom: Das Gotteshaus bildet den unbestrittenen Höhepunkt jedes Rundgangs über die Piazza. S. 130, 134

Museo Correr: 1200 Jahre städtische Geschichte, dokumentiert anhand unzähliger kostbarer Relikte. S. 138

Dogenpalast: Über viele Jahrhunderte das machtpolitische Herz der Seerepublik und bis heute ein Kunstschrein ohnegleichen. S. 139

Auf Entdeckungstour

Die Mosaike des Markusdoms: Der aus winzigen Steinchen komponierte Bilderzyklus an den Wänden und Kuppeln der Basilika ist mit mehr als 8500 m^2 der größte im gesamten Abendland. Bei Sonderführungen kann man sich von den golden gleißenden Szenen aus dem Alten und Neuen Testament auf das Herrlichste den Kopf verdrehen lassen. S. 134

Kultur & Sehenswertes

Palazzo Patriarchale: Sitz der venezianischen Kirchenfürsten mit Tintoretto-Saal, dem Saal der Päpste und der Patriarchen-Galerie – ein im Rahmen von Führungen zu genießender Augenschmaus. 3 S. 133

Biblioteca Marciana: Ein Meisterwerk der Renaissancearchitekten Scamozzi und Sansovino, das heute neben berühmten Druckwerken auch archäologische Schätze birgt. 6 S. 139

Itinerarii Segreti: In Sonderführungen auf ›geheimen Wegen‹ durch den Dogenpalast – in die Kerker und Folterkammer, die Amtsräume des Großkanzlers und der Inquisitoren. 7 S. 142

Aktiv unterwegs

Venedig-Marathon: Der Marathon gilt als einer der schönsten in Europa und führt entlang des Brenta-Kanals in das Herz von Venedig, die Piazza San Marco. S. 144

Genießen & Atmosphäre

Blicke aus luftiger Höhe: Vom Campanile blickt man der Altstadt direkt ins Dekolleté. Sehr reizvoll auch das Panorama von der Dachterrasse des benachbarten Uhrturms. Aber Achtung: Zur vollen Stunde, wenn die beiden ›Giganten‹ loshämmern, heißt es: Ohren zu! 8 bzw. 4 S. 133, 143

Abends & Nachts

Aurora: Hip-Hop statt Dreivierteltakt und DJs statt Salonorchester – spätabends bekommt man in diesem Café zu Füßen des altehrwürdigen Campanile mit heißen Rhythmen ordentlich eingeheizt. 1 S. 145

Quadri: Elegant dinieren wie zu Casanovas Zeiten – im ersten Stock des Renommiercafés mit Blick auf das abendliche Treiben auf der Piazza. Am berauschendsten natürlich während des Karnevals. 2 S. 39, 145

Im Herzen der Serenissima

Infobox

Reisekarte: ▶ F/G 5/6

Museumsbesuche zum Paketpreis
Günstigen Zutritt zu allen am Markusplatz gelegenen Museen hat man mit dem **San Marco Museum Pass** bzw. dem **Museum Pass** (siehe Kasten S. 65). Beide Pässe sind zu reduzierten Preisen auch vorab online unter www.veniceconnected.com erhältlich. Dort gibt es zusätzlich den San Marco Museum Pass für den Nachmittag (13–16 Uhr) zu 10 €!

Besichtigung des Markusdoms
Basilica: Mo–Sa 9.45–17, So/Fei 14–17, Nov.–März So/Fei nur bis 16 Uhr, Eintritt frei.
Besichtigung ohne Schlangestehen: Zeitticket zu 2 €, erhältlich: April–Okt. unter www.venetoinside.com.
Museo di San Marco/Galleria: tgl. 9.45–16.45 Uhr, Eintritt 5 €.
Pala d'Oro/Tesoro: Mo–Sa 9.45–17, So/Fei 14–17 Uhr, im Winter jeweils nur bis 16 Uhr, Eintritt 2,50 bzw. 3 €, Tickets rechts in der Capella di San Clemente.
Messen: an Wochentagen 7, 8, 9, 10, 11, 18.45, Sept.–Juni auch 12 Uhr, So/Fei 7, 8, 9, 10.30, 12, 18.45 Uhr, außerdem ganzjährig Sa und am Vorabend von Fei 18.45 Uhr.

Ohne Reisegepäck in den Dom
Besucher des Markusdoms sind angehalten, ihre Traveller-Rucksäcke vorab im **Ateneo San Basso** abzugeben (vor dem Nordtor an der Piazzetta die Leoncini, werktags 10–16.30, ansonsten 14–16 Uhr, gratis, beschränkt auf 1 Stunde).

Der Mittelpunkt der einstigen Seegroßmacht gilt bis heute als eine der schönsten städteplanerischen Schöpfungen der Welt. Rundgänge durch die Markuskirche und den Dogenpalast sind ein absolutes Muss. Ebenso unverzichtbar: der von Salonmusik begleitete Bummel über die legendäre Piazza samt dem Besuch des Stadtmuseums und einer Fahrt auf den 95 m hohen Campanile.

Piazza San Marco ! 1

Napoleon nannte sie »den schönsten Salon der Welt«, Jean Cocteau einen »magischen Ort, an dem Löwen fliegen und Tauben schreiten«, und Franz Grillparzer meinte gar apodiktisch, dass, wer hier sein Herz nicht schlagen fühle, keines habe. – Die Piazza San Marco (Markusplatz) wurde in ihrer über 800-jährigen Geschichte mit unzähligen Superlativen bedacht.

Die Verzückung ist leicht nachzuempfinden. Denn obwohl statt Festzügen und prunkvollen Prozessionen heute hauptsächlich Touristenheere über das kunstvoll gemusterte Pflaster aus grauen Stein- und weißen Marmorplatten ziehen, obwohl die Himmelfahrtsmesse, bei der sich Händler und Handwerker aus ganz Europa auf der Piazza ein Stelldichein gaben, längst nicht mehr stattfindet und von hier statt eines Weltreichs nur mehr eine italienische Provinz verwaltet wird, übt der trapezförmige Platz auf Einheimische und Fremde eine ungebrochene Anziehungskraft aus. Nur tief in der Nacht und an nebeligen

Flanieren auf der Piazza – die berühmten Tauben sind immer dabei

Rund um den Markusplatz

Sehenswert
1 Piazza San Marco (Markusplatz)
2 Basilica di San Marco (Markusdom)
3 Palazzo Patriarchale
4 Torre dell'Orologio (Uhrturm)
5 Museo Correr
6 Biblioteca Marciana & Museo Archeologico
7 Palazzo Ducale (Dogenpalast)
8 Campanile
9 Giardini Ex Reali

Essen & Trinken
1 Caffè Florian
2 Caffè Lavena
3 American Bar
4 Aciugheta Enoteca
5 Rivetta
6 Da Carla
7 Chat Qui Rit

Einkaufen
1 Nardi
2 Cenedese
3 Bevilacqua
4 Paropamiso

Abends & Nachts
1 Aurora
2 Quadri
3 Virtuosi di Venezia/ Ateneo di San Basso
4 Club 947
5 Venezia – The Show

Wintertagen wimmelt es hier nicht von Staunenden und Müßiggängern.

Die Geschichte der Piazza

Auf den ersten Blick mag die Anlage als Geniestreich eines begnadeten Architekten erscheinen – so wunderbar kontrastiert ihre Weitläufigkeit mit dem Winkelwerk der übrigen Stadt, und so durchdacht wirkt der ästhetische und inhaltliche Zusammenhang zwischen den einzelnen Ensembleteilen. Doch in Wahrheit ist die Piazza das Ergebnis eines städtebaulichen Entstehungsprozesses, der sich über sieben Jahrhunderte hinzog. Ursprünglich war sie eine baumbestandene, von einem Kanal durchzogene und von den Nonnen des Zaccaria-Klosters als Gemüsegarten genutzte Grasfläche gewesen. Ihre endgültigen Ausmaße erhielt sie im Wesentlichen im 12. Jh., als man den Kanal und auch das Hafenbecken, das den ersten, noch turmbewehrten Dogenpalast umgab, zuschüttete und wenig später das ganze Geviert erstmals pflasterte. Von den heutigen Bauten standen zu diesem Zeitpunkt lediglich der Campanile und die Markusbasilika. Im späten 16. Jh. wurde dann das alte Hospiz Orseolo neben dem Campanile abgerissen und durch die Neuen Prokuratien ersetzt. Kurz zuvor schon waren der Uhrturm, die Alten Prokuratien und, um die Ecke, die Biblioteca Marciana und die staatliche Münzprägeanstalt, die Zecca, entstanden. 1807 ließ Napoleon schließlich an der Westseite der Piazza die Kirche San Geminiano abreißen und an ihrer Stelle die Ala Napoleonica errichten.

Basilica di San Marco ! 2

San Marco 1, www.basilicasanmarco.it, Öffnungszeiten und Messen s. Infobox S. 128

Geschichte

Da der Markusdom bis heute nicht nur das zentrale Gebäude des Platzes, sondern das bedeutsamste mittelalterliche Bauwerk der Stadt überhaupt darstellt, sollte man den Rundgang mit seiner Besichtigung beginnen. Die Baugeschichte dieses venezianischen Nationalheiligtums, das den respektlosen Mark Twain an einen riesigen warzigen Käfer und James Morris an einen mongolischen Vergnügungspavillon erinnerte, beginnt unmittelbar nach dem legendären Diebstahl der Markusgebeine aus Alexandria (s. S. 85) im Jahre 830: Damals errichten die Venezianer für ihre neue und nunmehr wertvollste Re-

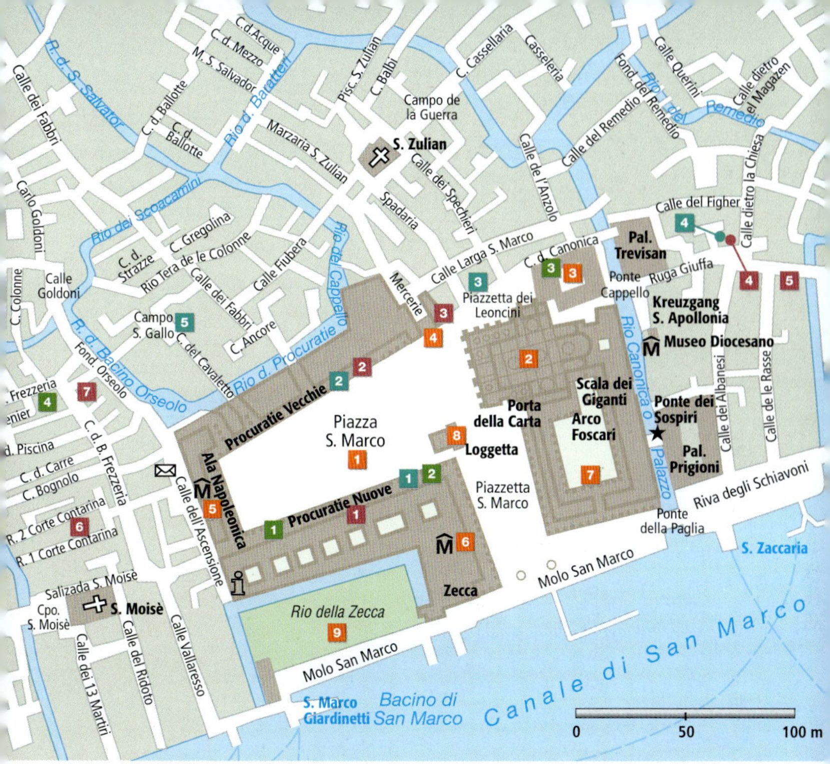

liquie einen ersten Schrein, der jedoch noch größtenteils aus Holz ist und 976 im Zuge eines Volksaufstands niederbrennt. Ein von dem Dogen Pietro Orseolo sofort veranlasster Nachfolgebau wird im 11. Jh. wieder abgerissen und durch einen dritten Bau ersetzt, den Kernkörper der heutigen Kirche. Auch er hat nach dem Vorbild der Apostelkirche von Konstantinopel den Grundriss eines griechischen Kreuzes, wird aber dennoch bis heute Basilica genannt. Vom Jahr seiner Weihe (1071) bis zur Abdankung Ludovico Manins (1797) dient er zugleich als Privatkapelle der Dogen und als Staatskirche, danach als Bischofssitz.

Nach der Eroberung Konstantinopels (1204) wird die Basilica innen und außen mit Marmorplatten verkleidet und mit Beutestücken reich dekoriert. Zugleich werden ihre fünf Kuppeln erhöht und ihre Vorhalle erweitert, in deren Fußboden übrigens bis heute ein kleiner, rautenförmiger Stein jene Stelle markiert, an der sich im Jahre 1177 Papst Alexander III. und Kaiser Friedrich Barbarossa versöhnten. Zwischen dem späten 14. und dem frühen 16. Jh. erfolgt eine Gotisierung: Viele Fenster erhalten Maßwerkschmuck und die Bögen der Außenfassade Ziergiebel. Ungefähr 1515 ist der Kirchenbau, dessen Abriss dreieinhalb Jahrhunderte später von modernistischen Stadtpolitikern kurze Zeit ernsthaft erwogen wird, in seiner Substanz vollendet. Er verfügt an seinen Fassaden und im Inneren über eine solche Vielzahl hervorragender Ausstattungsstücke, dass sich die folgende Beschreibung auf die allerwesentlichsten beschränken muss.

Die Fassade

An der zweigeschossigen Hauptfassade mit ihren fünf Portalnischen besticht neben den Proportionen vor allem der Reichtum an verschiedenen Ausdrucksformen und Materialien – die Reliefs aus istrischem Sandstein (etwa die Darstellungen der Handwerker im Bogen über dem Haupttor!), der polychrome Marmor, die Goldmosaike und die Quadriga, die vier weltberühmten Rosse aus Bronze. Letztere blicken auf eine bewegte, typisch venezianische Geschichte zurück: Ihr Ursprung liegt im Dunkeln der griechischen oder römischen Antike. Belegt ist, dass sie vom Trajansbogen in Rom nach Konstantinopel geschafft wurden, um den Turm des Hippodroms zu schmücken. 1204 ließ der Eroberer Enrico Dandolo sie nach Venedig verschiffen. Sechs Jahrhunderte später brachte Napoleon sie nach Paris, von wo die Österreicher sie 15 Jahre später in die Lagunenstadt retournierten. 1982 wanderten die Originale ins Museum der Basilika; seither trotzen auf der Portalgalerie Kopien dem sauren Regen.

Der Kirchenraum

Im Inneren, dessen Boden mit fantastischen Steinmosaiken ausgelegt ist, finden sich die wichtigsten Schätze im Chorbereich: die Ikonostase mit Figuren der zwölf Apostel, Marias und des hl. Markus (J. und P. dalle Masegne, 1394–1404), der Hochaltar (besonders beachtenswert: die Reliefs an den Alabastersäulen), der darunter befindliche Sarkophag des hl. Markus und J. Sansovinos bronzene Sakristeitür mit den Reliefs der Kreuzabnahme und der Auferstehung sowie den sechs Büsten, mit denen der Meister angeblich Tizian, Aretino, Palladio, Veronese, den Chronisten Francesco Sansovino und sich selbst porträtierte.

Ein spezielles Prunkstück ist die **Pala d'Oro,** ein 3,45 x 1,40 m großer Altaraufsatz aus Gold und Email, in dessen Einzelteilen byzantinische und venezianische Goldschmiede zwischen dem 10. und 14. Jh. 1300 Perlen, 400 Granate, 300 Saphire und Dutzende von anderen Edelsteinen verarbeiteten. Hauptattraktion der Basilica sind freilich ihre unvergleichlichen **Mosaike** (s. Entdeckungstour, S. 134).

Tesoro und Museo di San Marco

Nicht versäumen sollte man außerdem den Besuch des **Tesoro,** der Schatzkammer, sowie des Museums der Basilika. Erstere enthält, trotzdem ein Großteil ihrer Bestände von Napoleon geraubt und eingeschmolzen wurde, eine beeindruckende Sammlung liturgischer Geräte, Reliquiare und Schnitzarbeiten. Das **Museo,** in den ehemaligen Werkstätten der Mosaizisten über der Vorhalle untergebracht, beherbergt neben Mosaikresten, Messgewändern und

Verhaltensregeln für die Piazza

Die Piazza San Marco ist ein Gesamtkunstwerk und so gelten an diesem außergewöhnlichen Ort entsprechend strenge Regeln. Auf der ganzen Piazza sind verboten: der Aufenthalt in Badekleidung oder mit nacktem Oberkörper; jegliche Beschädigung, Verunstaltung oder Verschmutzung; das Sitzen außerhalb von ausdrücklich dafür ausgewiesenen Plätzen, der Verzehr von mitgebrachten Lebensmitteln oder Getränken; das Liegenlassen von Abfällen; die Benutzung von Fahrrädern, Rollschuhen oder anderem gefährlichen/störenden Sport- und Spielgerät sowie die Benutzung von Musikgeräten in großer Lautstärke.

Der Markusdom in frühabendlicher Pracht

Ikonen vor allem die Original-Quadriga (sein Eingang beim inneren Hauptportal führt auch auf die Terrasse und die Galerie).

Im Osten der Piazza

Vor der Hauptfassade der Basilica fallen drei **Flaggenmasten** aus Zedernholz ins Auge. Sie ruhen auf höchst kunstvoll gestalteten Reliefsockeln aus Bronze (1505 in der Werkstatt A. Leopardis gegossen) und trugen bereits im 15. Jh. die Banner der zu Venedig gehörigen Königreiche Morea (Peloponnes), Kandia (Kreta) und Zypern. Die beiden reliefverzierten **Marmorpfeiler** vor der Kirchensüdfront wurden lange Zeit für Siegestrophäen aus dem syrischen Akkon gehalten, sind jedoch neueren Theorien zufolge möglicherweise byzantinischen Ursprungs. Ebenso ungeklärt ist die Herkunft der vier **Porphyrfiguren** an der Außenmauer des Tesoro. Sind es die Tetrarchen Diokletian, Valerius, Maximian und Constantius? Oder, wie der Volksmund munkelt, vier Schatzräuber, die bei ihrem Einbruchsversuch zu Stein erstarrten?

Umwandert man nun die Piazza entgegen dem Uhrzeigersinn, stößt man zuerst auf die **Piazzetta dei Leoncini** mit ihren zwei von den Hosenböden vieler Kindergenerationen blank gewetzten roten Marmorlöwen (G. Bonazza, 1722). Hinter ihnen befindet sich der **Palazzo Patriarchale** 3 (Castello 4264; L. Santi, 1837–50), der für den venezianischen Kirchenfürsten geschaffen wurde, nachdem sein Sitz von San Pietro in Castello nach San Marco verlegt worden war. Sein Inneres, u. a. der Tintoretto-Saal, der Saal der Päpste und die Patriarchen-Galerie, sind im Rahmen von Führungen zu besichtigen (Info und Reservierung Tel. 041 241 38 17, Eintritt 10 €).

Torre dell'Orologio 4

San Marco, www.visitmuve.it, nur im Rahmen geführter ▷ S.138

Auf Entdeckungstour: Goldenes ›Bilderbuch‹ – die Mosaike des Markusdoms

Sie verdrehen garantiert jedem Betrachter den Kopf: jene leuchtenden Mosaike, die im Laufe von 800 Jahren an den Innenwänden, Bögen und Kuppeln der Basilika 2 entstanden. Auf mehr als 8000 m² erzählen sie Geschichten aus der Bibel, dem Leben Jesu und diverser Heiliger.

Startpunkt und Dauer: in der Vorhalle der Basilika rechts; einplanen sollte man mindestens 1 ½ Stunden.
Planung: Öffnungszeiten der Basilika s. Infobox S. 134. Lage: s. Stadtviertelkarte S. 130

Tipp: Das Pastoralbüro der Diözese Venedig bietet gemeinsam mit der Prokuratur von San Marco exzellente Gratisführungen zu den Mosaiken an; auf Deutsch: April–Okt. Mo–Fr 11, 14.30 und 16 Uhr, Sa nur vormittags, Dauer: ca. 90 Minuten. Mehr Infos unter www.veneziaupt.org, Tel. 041 241 38 17, Mo–Fr 10–12.30 Uhr.

Achtung, Genickstarre! Die Warnung scheint angebracht angesichts eines solchen Weltwunders. Immerhin handelt es sich bei diesem ursprünglich im 13. Jh. erschaffenen, seither immer wieder weitflächig restaurierten und erneuerten Mosaikenzyklus um den größten seiner Art im ganzen Abendland. Die Funktion des insgesamt fast einen Hektar großen ›Bilderbuches‹ war freilich die in allen Kirchen des Mittelalters übliche – nämlich als ›Armenbibel‹ dem leseunkundigen Volk zu ermöglichen, die Begebenheiten des Alten und Neuen Testaments ›abzulesen‹. Und auch uns bibelkundlich für gewöhnlich nicht sonderlich sattelfesten Nachgeborenen mag es gut tun, den Gehalt des Dargestellten in Erinnerung gerufen zu bekommen. Aus Platzgründen ist dies im Folgenden allerdings nur in Grundzügen möglich.

Kaleidoskop venezianischer Stilrichtungen: die Ikonografie

Eine Vorbemerkung noch: Die gesamte Mosaikdekoration im Innenraum der Basilika ist das Ergebnis eines allumfassenden ikonografischen Plans. Experten stimmen darin überein, dass er bereits im Laufe des 12. Jh. zur Gänze festgelegt war. Die Mosaike in der Vorhalle hingegen stammen aus dem 13. Jh. Ihre alttestamentarischen Sujets dienen offensichtlich der geistigen Vorbereitung auf die Themen der christlichen Botschaft, die den Gläubigen im Kircheninnern erwarten. Gemeinsam spiegeln sie die für den Stadtstaat charakteristische Ambition und Glaubensstärke, die hier vorherrschenden Sprachen und Stile wider; vor allem jedoch die Entwicklung der hiesigen Kunst von ihren graeco-byzantinischen Wurzeln (die frühen Mosaizisten kamen allesamt aus dem Osten) bis ins Cinquecento, als sogar Tizian, Tintoretto, Veronese und andere Größen motivische Vorlagen für Mosaikbilder beisteuerten. Das dominierende Gold diente dabei nicht nur vordergründig als alle Darstellungen einigender Grundton, sondern der Auffassung der Ostkirche gemäß als Symbolfarbe für das Göttliche schlechthin – als Metapher für jenes Licht, das aus Sicht der Kirchenväter und Theologen des Mittelalters Gott selbst repräsentiert.

Das Alte Testament in Bildern nacherzählt: die Vorhalle

Unsere Besichtigung beginnt sinnvollerweise im Narthex. Seine Mosaike datieren aus der Zeit zwischen 1220 und 1300 und zeigen vornehmlich Szenen aus den Büchern Genesis und Exodus. So bekommt man in der **ersten Kuppel rechts** mittels 26 in drei konzentrischen Kreisen gruppierten Episoden die ganze **Schöpfungsgeschichte** erzählt. Im Zentrum schwebt der hl. Geist als Taube über dem Wasser. Daran angrenzend werden das Licht von der Finsternis und das Wasser von der Erde geschieden, dazwischen das Firmanent, hernach, im mittleren Streifen, die Pflanzen, Gestirne, Fische, Vögel etc. bis hin zu Adam erschaffen.

An der Peripherie erhalten zunächst diverse Tiere ihre Namen und durchlebt das erste Menschenpaar Sündenfall und Vertreibung aus dem Paradies. In den nördlich angrenzenden Kuppeln bzw. Gewölben verfolgt man die Geschichte von **Kain und Abel,** die **Viten Noahs, Abrahams** sowie, in der Fortsetzung an der Nordseite, jene von **Joseph** und **Moses.** Auf den Gewänden des Hauptportals finden sich die **Muttergottes** und diverse **Heilige** abgebildet. Dort ist der stilistische Unterschied zwischen den älteren, uniformen, plump nebeneinander gereihten Figuren oströmischer Prägung und den einige Generationen jüngeren, von venezianischen Künstlern farbenprächtiger, mit individuelleren Zügen und zueinander in

Perspektive stehend gestalteten besonders augenfällig.

Szenen des Neuen Testaments: die Mosaike des Innenraums

Auch der golden gleißende Bildschmuck des dreischiffigen Innenraums, der alle fünf Kuppeln wie auch die massiven Pfeiler, auf denen sie ruhen, lückenlos bedeckt, folgt einer planvollen Ordnung. Die dem Haupteingang nächste **Pfingstkuppel,** die vermutlich älteste der Basilika (Ende 12. Jh.), zeigt im Zentrum den hl. Geist als Taube, welche die zwölf am unteren Rand thronenden Apostel mit goldenen Strahlen beschickt.

Die rechts angrenzende Wand trägt Szenen aus der Karwoche und der Apostelgeschichte und leitet damit thematisch zum **Passionsgewölbe** über. Judaskuss, Gefangennahme und Kreuzigung, die Frauen am leeren Grabe und Christus in der Vorhölle sowie als Auferstandener im Kreise seiner Jünger … Die Motive des (vor-) österlichen Geschehens bilden insofern einen stilistischen Brückenschlag, als die Apostel des Pfingstwunders in ihren gebauschten Gewändern eine quasi-barocke Spätromanik markierten, während man hier die vergleichsweise starren Figuren der Frühgotik vor sich hat.

Vieles ließe sich über die Fresken in den Kuppeln des Querschiffes (im Norden: Johannes-Vita, im Süden: diverse Heilige) wie auch über die darunter befindlichen Wandszenen (u. a. Vita Mariae und Markuslegende) sagen. Das Hauptaugenmerk gilt jedoch zweifelsohne der **Himmelfahrtskuppel.** In ihrem Zenit schwebt der Erlöser in einem von Engeln gestützten Sternenkreis, rund um ihn gruppiert sind die Apostel und, in der Längsachse der Kirche von zwei Engeln flankiert, Maria. In den Zwickeln schließlich: die vier Evangelisten. Das Zentrum der den Bilderreigen im Osten abschließenden Chorkuppel bildet erneut Christus, diesmal thronend als Pantokrator, die Rechte in Segensgebärde.

Ein farbenreicher ›Orientteppich‹: die Bodenmosaike

Um während des Rundgangs seine Halsmuskeln zwischendurch zu entspannen, sollte man den Blick durchaus auch auf den Boden lenken. Der *pavimento* gleicht einem wundersamen – wenngleich aufgrund seines methusalemischen Alters gehörig Wellen schlagenden – Orientteppich. Die kunstvoll gefügten Bestandtteile aus Marmor, Porphyr und Glas stellen farbenreiche und komplexe geometrische Muster sowie schöne Szenen mit wilden Tieren und Vögeln dar.

Es werde Licht

Um das golden schimmernde Gesamtkunstwerk in seiner ganzen Pracht zu erleben, empfiehlt sich, es unter wechselnden Lichtverhältnissen, also zu verschiedenen Tageszeiten, zu betrachten und auch auf die sogenannten Katzenstege auf der **Galerie** zu klettern. Früher war das im Kirchenraum herrschende Dämmerlicht beim Studieren der Mosaike hinderlich. Im Zuge der Restaurierungsarbeiten in den 1990er-Jahren wurde jedoch ein ausgeklügeltes System zur Illumination installiert, das dem Betrachter einen wahren Augenschmaus beschert. Allerdings werden die Scheinwerfer nur zu ausgewählten Uhrzeiten angeknipst. Am besten erkundigt man sich beim Aufsichtspersonal nach dem aktuellen Beleuchtungsfahrplan.

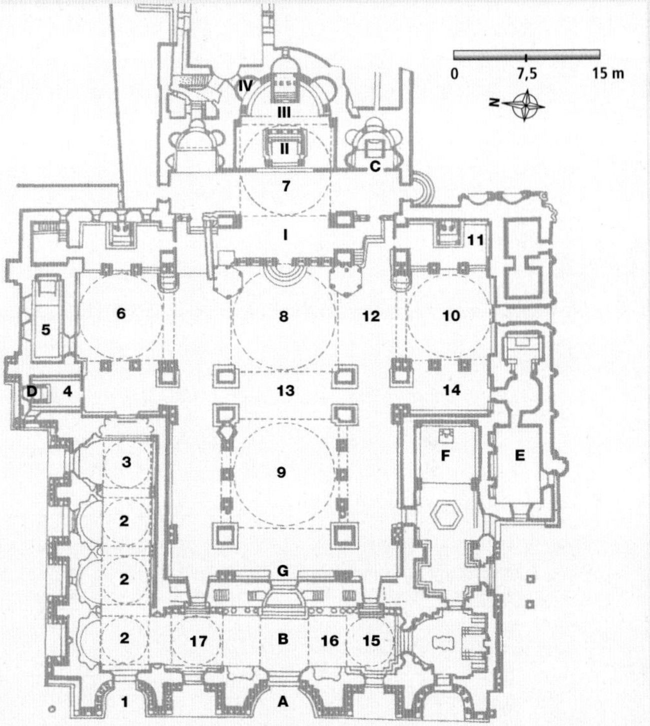

Basilica di San Marco

1 Porta di S. Alippio
2 Das Leben Josephs
3 Das Leben Moses'
4 Szenen aus dem Leben Mariae
5 Das Leben des hl. Isodor
6 Das Leben Johannes'
7 Chorkuppel mit segnendem Christus und vier Heiligen
8 Himmelfahrt Christi
9 Pfingstkuppel mit den zwölf Aposteln
10 Die Heiligen Nikolaus, Blasius, Clemens und Leonhard
11 Auffinden der Markusreliquie und Wunder Christi
12 Szenen aus dem Leben Jesu
13 Passionsgewölbe/ Judaskuss, Kreuzigung, Frauen am Grab
14 Maria mit Propheten
15 Schöpfungskuppel
16 Das Leben Noah
17 Das Leben Abrahams

A Westfassade mit Hauptportal
B Vorhalle
C Cappella di San Clemente
D Cappella dei Mascoli
E Tesoro
F Baptisterium
G Aufgang zum Museum und zur Galerie

I Ikonostase
II Hochaltar/Markus-Sarkophag
III Pala d'Oro
IV Sansovinos Sakristeitür

Mein Tipp

American Bar 3

Tramezzini zwischendurch? Ein angenehmer Ankerplatz im Menschenmeer ist die am Beginn der Mercerie gegenüber dem Uhrturm gelegene American Bar. Dort kann man im Stehen bei köstlichen Brötchen, einer *ombra* oder einem Espresso Kraft tanken (Piazza San Marco 320, Ecke Merceria d'Orologio, tgl. 8.45–0.30 Uhr).

Besteigungen, Info und Reservierung Tel. 041 42 73 08 92, Eintritt 12 € oder Kombi-Eintritt mit Museumspässen s. S. 65

Über dem Durchgang zur Mercerie (vgl. S. 165) erhebt sich der Uhrturm. In den Jahren 1496–99 vermutlich nach Entwürfen Mauro Codussis errichtet, wurden ihm kurz darauf die Flügelbauten (vermutlich von Pietro Lombardo) und ein drittes Stockwerk angefügt. Das vergoldete Zifferblatt und der große Markuslöwe vor blauem Hintergrund sind ein Blickfang für jeden, der vom Molo kommend der Piazza zustrebt. Auf der Uhr findet sich das Universum dargestellt. Auf der in 24 Stunden unterteilten Außenzone folgt der Zeiger dem täglichen Lauf der Sonne. Die Innenbereiche sind beweglich und bilden den Tierkreis, die Monate und die Tage sowie die Umlaufbahn des Mondes ab. Das Zentrum ziert ein Abbild der Erde. Auf der Turmterrasse, die nach mehrjähriger Renovierung wieder für Besucher zugänglich ist, zeigen zwei riesige Figurenautomaten aus Bronze die Stunden an, indem sie mit ihren Hämmern auf die über 500 Jahre alte Glocke schlagen.

Der Westen der Piazza

An der nördlichen Längsseite der Piazza liegen die **Procuratie Vecchie**, an der Südseite die **Procuratie Nuove**. Sie wurden ab 1500 (B. Bon) bzw. ab 1583 (V. Scamozzi und B. Longhena) anstelle älterer Gebäude errichtet und beherbergten die Büros der Prokuratoren, jener Männer, die ursprünglich für die Pflege der Markuskirche, bald aber für die gesamte interne Staatsverwaltung und Exekutive zuständig und dementsprechend mächtig waren. In den Arkadengängen findet man neben exklusiven Shopping-Adressen (z. B. dem Juwelierladen **Nardi** 1 oder der Glasgalerie Seguso) Venedigs prominenteste Cafés: das 1720 eröffnete **Florian** 1, dessen Ruhm Gäste wie Goethe, Proust, Thomas Mann und Mark Twain in alle Welt trugen, und das gegenüberliegende, jüngere, jedoch nicht minder snobistische **Quadri** 2.

Museo Correr ! 5

San Marco 52, http://correr.visitmuve.it, Tel. 041 240 52 11, April–Okt. tgl. 9–19, Nov.–März bis 17 Uhr, Kombi-Eintritt mit Museumspässen (s. S. 65)

Der Quertrakt, die **Ala Napoleonica,** wurde unmittelbar nach der französischen Besetzung (1807) erbaut. Sie bildete kurzzeitig den Eingang zur königlichen Residenz, die Napoleon in der Bibliothek und den Procuratie Nuove installieren ließ. In dem etwas schwerfällig wirkenden Flügel befindet sich neben Privatbüros und einem schönen Ballsaal der Zugang zum **Museo Civico Correr,** dem stadtgeschichtlichen Museum in den Neuen Prokuratien. Sein Besuch ist unverzichtbar, denn außer Stadtveduten, Schlachtenbildern und umfangreichen Sammlungen von Urkunden, Münzen,

Kostümen, Standarten, Karten, Navigationsinstrumenten etc. umfasst es eine höchst sehenswerte Gemäldegalerie, deren Werke – u. a. von Paolo Veneziano, Bartolomeo und Alvise Vivarini, Gentile und Giovanni Bellini und Vittore Carpaccio (»Die Kurtisanen«!) – den gesamten Bogen venezianischer Malkunst umspannen, die aber auch Bilder flämischer, niederländischer, deutscher etc. Künstler präsentiert. Einen Höhepunkt bilden, gleich nach dem Eingang, noch im Napoleonischen Trakt, die Marmorplastiken Antonio Canovas. Sehenswert sind die klassizistisch gestalteten, nach zehnjähriger Renovierung wieder zugänglichen **Kaiser-Appartements,** in denen Kaiserin »Sissi« während zweier Aufenthalte insgesamt acht Monate wohnte.

Biblioteca Marciana und Museo Archeologico 6

Bibliothek: San Marco 7, www.marciana.venezia.sbn.it, Mo–Fr nur nach Voranm., Tel. 041 240 72 38, So Führungen um 10.30, 12 u. 14.30 Uhr; Archäologiemuseum: San Marco 63, www.polomuseale.venezia.beniculturali.it, tgl. 10–19, Nov.–März bis 17 Uhr, Zutritt jeweils über Museo Correr, Kombi-Eintritt mit Museumspässen (s. S. 65)

Das Prinzip, Unter- wie Obergeschosse mit offenen Arkadenbögen zu durchbrechen, setzt sich in der **Biblioteca Nazionale Marciana** (1537–54, später von Vincenzo Scamozzi fertiggestellt) fort. Der harmonische Renaissancebau, der sich gegenüber dem Dogenpalast über die ganze Länge der Piazzetta (vgl. S. 192) erstreckt und von Palladio als das »prunkvollste Gebäude seit dem Altertum« bezeichnet wurde, gilt als Meisterwerk Jacopo Sansovinos. Dennoch wurde sein Schöpfer, als 1545 die Decke eines der monumentalen Säle einstürzte, ins Gefängnis gesteckt und erst auf Intervention seiner Freunde Tizian und Aretino wieder freigelassen.

Unter seinem Dach finden sich die **Libreria Sansoviana** mit der berühmten Handschriftensammlung des 1453 aus Konstantinopel geflüchteten Kardinals Bessarione und das **Museo Archeologico Nazionale.** Letzteres zählt Skulpturen, Inschriften, Porträts und Reliefs aus griechischer und römischer Zeit (5. Jh. v. bis 3. Jh. n. Chr.) sowie Urnen, Gemmen, Münzen, Elfenbeinarbeiten, Bronzen, Töpferwaren etc. italischer und griechischer Provenienz (9. bis 3. Jh. v. Chr.). Die eigentliche Biblioteca Marciana ist seit 1905 in der angrenzenden **Zecca** untergebracht, der ebenfalls nach Plänen Sansovinos errichteten Münzanstalt (1537–45), in der früher der Staatsschatz lagerte.

Palazzo Ducale ! 7

San Marco 1,http://palazzoducale.visitmuve.it, Tel. 041 271 59 11, Ticket-Buchung: 041 427 308 92, April–Okt. tgl. 8.30–19, Nov.–März bis 17.30 Uhr, Kassenschluss jew. 1 Std. davor, Kombi-Eintritt mit Museumspässen (s. S. 65)

Neben der Südfront der Markuskirche, genau gegenüber der Loggetta, gelangt man durch die an der Wende von der Gotik zur Renaissance entstandene Porta della Carta in den Dogenpalast (Palazzo Ducale). Von hier aus haben 120 Dogen zwischen 802, als die Staatsverwaltung von Malamocco an den Canal Grande verlegt wurde, und 1797, als die Franzosen in Venedig einzogen, die Geschicke der Serenissima gelenkt. Die ersten, noch hölzernen Residenzen fielen immer wieder Bränden zum Opfer. Erst unter Sebastiano Ziani (spätes

12. Jh.) entstand der erste Palast aus Stein, der, als man für den auf 900 Mitglieder angewachsenen Großen Rat einen Versammlungssaal benötigte, wieder abgerissen wurde. In der Folge entstand der dreiflügelige, leicht trapezförmige Bau in seiner heutigen Gestalt – als erstes der dem Molo zugekehrte, 71,5 m lange Südtrakt (1340–1400), hierauf der Westteil (1424–38; 75 m) und der Osttrakt (fertiggestellt nach 1600; 100 m).

Die Fassade

Bevor man sich in den weitläufigen Innenräumen verliert, sollte man der Fassade dieses kolossalen Gebäudes Beachtung schenken, das ja nicht nur als Dogenresidenz, sondern auch als Amtssitz der Regierung und der höchsten Richter, als Versammlungs- und Wahlort der Volksvertreter diente. Der mächtige, von weißen und lachsrosa Marmorplatten bedeckte, würfelförmige Baukörper ist von einigen wenigen Spitzbogenfenstern sowie -balkonen durchsetzt und ruht auf zierlichen Säulen. Deren Basen stecken, da Piazzetta und Molo mehrmals angehoben wurden, heute etwa 40 cm tief im Boden. Gemeinsam mit der Arkadenreihe im ersten Geschoss symbolisieren sie den Wald aus Pfählen, der die Stadt trägt. Bei genauerem Hinsehen entdeckt man an den Säulen eine Vielzahl wunderschöner Dekordetails – etwa an den beiden Ecken des Südflügels die Skulpturengruppen von Adam und Eva und dem Erzengel Michael (im Westen) sowie dem Erzengel Raphael mit Tobias und dem trunkenen Noah (im Osten).

Bestimmendes Element im Innenhof ist der **Arco Foscari**, ein zweigeschossiges, um 1470 vollendetes Triumphtor, durch das die neu gewählten Dogen schritten, bevor sie auf der benachbarten **Scala dei Giganti** in einer feierlichen Zeremonie mit dem *corno ducale* gekrönt wurden. Die von Jacopo Sansovino geschaffenen ›gigantischen‹ Statuen am Ende der Treppe sind Neptun und Mars – Symbole für Venedigs Macht zu Wasser und zu Land.

Rundgang

Wie in der Markuskirche ist auch im Palazzo Ducale die Fülle an Kunstwerken überwältigend. Der Rundgang sollte, gleich hinter dem Eingang, zunächst in das **Museo dell'Opera** führen, das Originale der Säulen, Kapitelle und Bögen der beiden Palastfassaden präsentiert. Von hier geht es in den Haupthof, vorbei an der marmornen, von Sanso-

Großes Architekturtheater: die Piazzetta mit dem Dogenpalast

vinos Statuen des Mars und der Venus bekrönten **Scala dei Giganti** vorbei, über die Scala die Censori, in die **Loggien** (beachtenswert zur Rechten: einer der Briefkästen, genannt *bocca della verità*, in denen man einst schriftliche Denunziationen von Mitbürgern deponieren konnte, s. S. 86).

Weiter führt der offizielle Rundweg über die üppig verzierte **Scala d'Oro**, die ›Goldene Treppe‹, in den ersten Stock – in das **Appartamento del Doge**, die Wohngemächer des Heerführers und höchsten Beamten der Signoria. Nach einer Reihe repräsentativer Räume (speziell bemerkenswert: die Sala delle Mappe bzw. delle Filosofi) erklimmt man den Rest der Scala d'Oro. Nunmehr im dritten Stock des Ostflügels angelangt, durchschreitet man staunend das **Atrio Quadrato** (Kassettendecke mit Tintoretto-Gemälde!), die **Sala delle Quattro Porte** (Tonnengewölbe) und die **Sala dell'Anticollegio** (kleine Pinakothek mit Bildern von Tintoretto, Veronese und Bassano). Schließlich erreicht man die **Sala del Collegio**, wo das höchste Gremium der Republik, der Staatsrat, tagte. Die großen Wandbilder stammen von Tintoretto, die von vergoldeten Schnitzarbeiten umrahmten Deckengemälde von Vero-

Mein Tipp

Die Geheimnisse des Dogenpalastes 7

Das ganze Jahr über finden mehrmals tgl. italienisch-, französisch- und englischsprachige Rundgänge durch den Palazzo Ducale auf ›geheimen Wegen‹, den **Itinerarii Segreti,** statt. Die rund 75-minütige Tour führt zunächst in die engen, holzgetäfelten Räume der Cancelleria, in denen der auf Lebenszeit gewählte Großkanzler seines Amtes waltete und zwei Dutzend Schreiber im Akkord Dokumente kopierten. Es folgen der Archivraum, mehrere Amtsstuben und die Folterkammer, in der Angeklagte, an einem Seil hängend, des Nachts von drei Richtern verhört zu werden pflegten. Über eine schmale Treppe erreicht man die Bleikammern *(Piombi)*, jene je nach Jahreszeit unerträglich heißen oder kalten Zellen unter dem Dach, in denen auch Giacomo Casanova einsaß (die Umstände seiner sagenhaften Flucht werden vom Guide ausführlich geschildert). Den Abschluss bilden die Sala dei Tre Capi del Consiglio dei Dieci, in der einst drei hohe Beamte Denunzianten nach den Beweggründen für ihr Tun befragten, und schließlich die von Tintoretto aufs Schönste bemalte Sala degli Inquisitori di Stato, der Tagungsraum des höchsten politischen Gerichts der Republik. Führungen auf Engl. tgl. um 9.55 und 11.35 Uhr, Tickets 20 € (reduziert 14 €), buchbar am Info-Schalter beim Palasteingang oder, spätestens 48 Std. im Voraus, über Tel. 041 42 73 08 92, Mo–Fr 9–13, 14–18, Sa 9–14 Uhr; online: http://palazzoducale.visitmuve.it, dort unter »Plan your visit«).

nese (das Hauptbild zeigt Christus, Venezia und den Sieger von Lepanto, den Dogen Sebastiano Venier).

Auch die anschließende **Sala del Senato** wird von einem Tintoretto-Gemälde, dem zentralen Deckenbild »Venedig als Herrin der Meere«, beherrscht. Die **Sala del Consiglio dei Dieci,** der Versammlungsraum des berüchtigten Zehnerrats, dem die Wahrung der verfassungsmäßigen Ordnung oblag, verdankt, wie auch die angrenzende **Sala della Bussola,** ihre Ausstattung wiederum dem Maler Paolo Veronese.

Zentraler Raum des zweiten Stockwerks ist die **Sala del Maggior Consiglio.** In dem gewaltigen, 54 x 25 m großen Raum wählte der bis zu 1800-köpfige Große Rat – ihm gehörten alle Männer, deren Familien im Goldenen Buch verzeichnet waren, an – die hohen Staatsbeamten und Mitglieder der Signoria. Seine ursprüngliche Ausstattung wurde 1577 durch einen Brand vernichtet, seine heutige stammt u. a. von Tintoretto, Veronese und Palma d. J. Die Wandbilder dokumentieren in zwei Zyklen die historische Begegnung Papst Alexanders III. mit dem Dogen Sebastiano Ziani (1177) und die Eroberung Konstantinopels durch Enrico Dandolo (1204). Im Mittelpunkt der Deckengemälde: Veroneses »Apotheose der Venezia«. Die Hauptattraktion des gewaltigen Raumes findet sich an der Stirnseite: Tintorettos Paradiesbild. Es ist mit 22 x 7 m das größte Leinwand-Ölbild der Welt und zeigt Christus und Maria, umschwärmt von einer enormen Schar von Heiligen und Engeln.

Ein weiterer imposanter Saal, die **Sala dello Scrutinio** (›Saal der Abstimmung‹), grenzt im Westflügel unmittelbar an den Großen Ratssaal. Wenige Räume weiter, in der **Sala del Magistrato alle Leggi,** einem ehemaligen Archiv, stößt man auf eine besondere Rarität: mehrere großartige Werke von Hieronymus

Bosch – die heute einzigen des sich mit Vorliebe in apokaplytischen Szenen ergehenden Niederländers auf italienischem Boden. Der Rundgang endet, nach einem Abstecher über die **Ponte dei Sospiri** (Seufzerbrücke, s. S. 193) und in die sogenannten **Prigioni Nuove** (Neuen Kerker), mit der auf vier Räume verteilten, äußerst reich bestückten **Armeria** (Waffen- und Rüstkammer). Im Bewusstsein behalten sollten Besucher, dass von Zeit zu Zeit Teile der Räumlichkeiten gesperrt werden, der Verlauf des Rundgangs deshalb Änderungen unterliegt.

Campanile 8

San Marco 1, www.basilicasanmarco.it, Ostern–Juni, Okt. 9–19, Juli–Sept. 9–21, Nov.–Ostern 9.30– 15.45 Uhr, Eintritt 8 €

Spätestens nun sollte man, um die Gesamtanlage der Piazza, aber auch den Anblick der ganzen Stadt und ihrer Umgebung aus der Vogelperspektive zu genießen, zu Fuß oder per Aufzug hinauf auf den Campanile. Während man in der manchmal recht langen Menschenschlange wartet, hat man Gelegenheit, die von Jacopo Sansovino erbaute **Loggetta** (1536–40) zu studieren: Ursprünglich vermutlich als architektonisches Gegenstück zur Scala dei Giganti konzipiert, unter deren Arkaden sich Venedigs obere Zehntausend zum Schvwätzchen trafen, war sie später Unterstand der Palastwache während der Sitzungen des Großen Rates.

Eine ungleich spannendere Biografie weist allerdings das angrenzende 95 m hohe Wahrzeichen Venedigs, der Campanile, auf: Im 10. Jh. auf vermutlich karolingischen Fundamenten begonnen und im 12. Jh. maßgeblich erhöht, ist er Venedigs einziges in der Substanz romanisches Bauwerk. Bevor er das weiß-grüne Spitzdach und den 3 m großen vergoldeten Erzengel Gabriel aufgesetzt bekam (kurz nach 1500), diente ›*el paron de casa*‹, der Herr des Hauses, wie ihn die Venezianer liebevoll nennen, Heimkehrern als Orientierungspunkt und Daheimgebliebenen als Ausguck. In seiner Glockenstube postierte man im Genuesischen Krieg Kanonen. Galilei demonstrierte dort eine seiner Erfindungen, das Teleskop. Auf halber Höhe hing an der Außenmauer oft ein Holzkäfig, in dem man ›amoralische‹ Personen zu Tode hungern ließ. Und beim Schlag des Maleficio, der kleinsten der fünf Glocken, wurden unten auf der Piazzetta zum Tode Verurteilte hingerichtet.

Am 14. Juli 1902 stürzte der von der Salzluft, von Blitzen und Erdbeben arg mitgenommene Campanile in sich zusammen. Wenige Tage zuvor hatte er mit breiten Rissen die Umgebung gewarnt. Die Piazza war abgesperrt worden, kein Mensch kam zu Schaden. Und wundersamerweise blieb auch die Marangona, Venedigs älteste Glocke, unversehrt. Zehn Jahre danach – und exakt tausend Jahre nach seiner Grundsteinlegung – erstrahlte der Turm *com'era e dov'era* (›wie er war und wo er war‹) in altem, neuem Glanz. Heute ist das stolze Wahrzeichen aufgrund der immer heftigeren Überschwemmungen, aber auch, weil die Holzpfähle, auf denen es ruht, zusehends vermorschen, erneut gefährdet. Um dem Campanile das Schicksal des Schiefen Turms von Pisa oder, in letzter Konsequenz, gar einen weiteren Kollaps zu ersparen, ließ ihm die Verwaltung vor ein paar Jahren einen aus zwölf Tonnen Titan (die von ThyssenKrupp angeliefert wurden) gefertigten metallenen Stützgürtel verpassen.

Giardini Ex Reali 9

S. Lieblingsort S. 146

Essen & Trinken

Kaffeehauslegende von Weltrang – **Caffè Florian** 1: Piazza San Marco 56, s. S. 44.

Kaffee & Kuchen mit Dogenpalast-Blick – **Caffè Lavena** 2: Piazza San Marco 133, Tel. 041 522 40 70, www.lavena.it, Stazione San Marco Vallaresso, tgl. 9.30–0.30 Uhr. Wenig bekannt, doch kaum minder elegant als seine nahe gelegenen Geschwister, das Quadri und das Florian, ist dieses 250 Jahre alte Etablissement an der Nordseite der Piazza, unter den Arkaden der Neuen Prokuratien. Das dank seinem k.u.k.-Ambiente nostalgisch stimmende Lokal, indem sowohl Verdi als auch Wagner und Liszt häufig zu Gast waren, wartet mit Kristalllüstern und Marmortischen, erlesenen Süßigkeiten und im Sommer mit schmalziger Salonmusik (und ebensolchen Preisen) auf.

Tramezzini & Co. in zentralster Lage – **American Bar** 3: Piazza San Marco, Ecke Mercerie d'Orologio, s. Mein Tipp S. 138

Snacks und Drinks in postmodernem Ambiente – **Aciugheta Enoteca** 4: Campo SS. Filippo e Giacomo 4509, Tel. 041 522 42 92, Stazione San Marco Vallaresso, tgl. 9–24 Uhr. Traditionelles Bàcaro in modernem Kleid, zwei Gehminuten östlich des Markusdoms. Gute Aperitive, *cicheti,* kleine Pizze.

Wo Gondolieri schmausen – **Rivetta** 5: Salizzada San Provolo 4625, s. S. 43.

Gut essen ohne Nepp – **Da Carla** 6: Corte Contarina 1535, Tel. 041 523 78 55, Stazione San Marco Vallaresso, Mo–Sa 8.30–22.30 Uhr. Trotz ihrer Lage in einem Seitengässchen hinter dem Museo Correr, also gleichsam im Auge des Touristenorkans, beschert diese winzige Osteria unerwartete Freuden: Sandwiches und Häppchen, vor allem aber herzhafte Hausmannskost von Antipasti und Paste bis Risotti und Fisch in gemütlich-rustikalem Rahmen zu sehr vernünftigen Preisen. Speziell probierenswert, weil deliziös: die Panna Cotta.

Nette Nahrungsquelle für Eilige – **Chat Qui Rit** 7: Frezzeria 1131, Tel. 041 522 90 86, Stazione San Marco Vallaresso, So–Fr 11–21.30 Uhr, ab 13 €. 50 Schritte vom Markusplatz: ein Self-Service-Restaurant der gehobenen Art. Das Ambiente ist angenehm, die große Palette an Speisen von hoher Güte.

Einkaufen

Platzhirsch unter den Edeljuwelieren – **Nardi** 1: Piazza San Marco 69, Tel. 041 522 57 33, www.nardi-venezia.com, Stazione San Marco Vallaresso. Prächtige Kreationen aus Gold und Silber, häufig mit (Halb-)Edelsteinen aufgeputzt.

Einer der famosesten Glasbläser – **Cenedese** 2: Piazza San Marco 40/41, Tel. 041 522 54 87, Stazione San Mar-

Mein Tipp

Mit strammen Waden bis zum Markusplatz

Seit fast 30 Jahren findet jedes Jahr am vierten Sonntag im Oktober der **Venedig-Marathon** (www.venicemarathon.it) statt. Der Kurs ist flach und folgt dem Fluss Brenta durch kleine italienische Ortschaften über die Brücke nach Venedig. Dort geht es am Canal di Giudecca entlang über den Canal Grande zum Zieleinlauf auf den Markusplatz. Speziell dafür wird eine eigene Ponton-Brücke errichtet. Vor allem die letzte Etappe ist eine Herausforderung – denn die Treppenstufen zum Schluss haben es in sich!

Mein Tipp

Die Geschichte Venedigs als Multimedia-Show 5
Die Venedig-Story, von den Anfängen als sumpfiges Refugium über die Blüte als Herz eines Handelsimperiums bis zum dekadenten Niedergang – live dargestellt durch Bühnenschauspieler in historischen Kostümen, technisch und didaktisch raffiniert und wirkungsvoll angereichert mittels modernster Digitaltechnologien. **Venezia – The Show** – ein kurzweiliges, aufwendig gestaltetes Multimedia-Spektakel als atmosphärische Einstimmung auf die Stadt, freilich mit eher begrenztem intellektuellen Anspruch. Live in englischer Sprache, aber über Kopfhörer in Simultanübersetzung u. a. auch auf Deutsch zu erleben. Tickets: 39 €; der Kombi-Preis ab 54 € schließt ein Buffet-Dinner mit Wein ein sowie warmes und kaltes Finger Food *alla veneziana* (Campo San Gallo 1097, Tel. 041 241 20 02, www.teatrosangallo.net, Stazione San Marco Vallaresso, ganzjährig täglich um 19 Uhr).

co, www.cenedesegino.it Cino Cenedese und Söhne zählen seit mehr als 60 Jahren zu den Platzhirschen unter den Glaserzeugern von Murano (Murano 48, Fondamenta Venier), in dem Geschäft an der Piazza San Marco kann man die Produkte hinreichend bewundern und käuflich erwerben. Sehr qualitätsbewusst mit einigen knallbunten, witzig-schrillen Serien.

Legendärer Erzeuger kostbarster Textilien – **Bevilacqua 3**: Fondamenta Canonica 337b, s. S. 52.

Schöne Dinge aus aller Welt – **Paropamiso 4**: Frezzeria 6051, Tel. 041 522 71 20, Stazione San Marco Vallaresso, tgl. geöffnet. Orientalischer Schmuck, (Ost-)Asiatika, alte Glasperlen aus Murano, italienische Mosaike, kostbare Textilien, Masken, Ritualobjekte aus aller Welt.

Abends & Nachts

Hip-Hop statt Dreivierteltakt – **Aurora 1**: Piazza San Marco 49, Tel. 041 528 64 05, Stazione San Marco Vallaresso, tgl. 18.15 bis mind. 24 Uhr. Tagsüber ein gutbürgerliches, wenn auch im Vergleich zum Quadri oder Florian deutlich preiswerteres Café, spätabends eine schicke Cocktailbar mit jugendlichem, kunstinteressiertem Publikum, DJs und Videoinstallationen.

Höchste Eleganz seit mehr als 200 Jahren – **Ristorante Gran Caffè Quadri 2**: Piazza San Marco 121. Sehen und gesehen werden – speziell an lauen Sommerabenden mit Grandezza und fast bis Mitternacht: Als Kulisse dient das abendliche Treiben auf der Piazza, Live-Salonmusik inklusive. Cocktails und Snacks sind teuer, aber top.

Barocke Kammermusik zur höheren Ehre Vivaldis – **Virtuosi di Venezia 3**: Ateneo di San Basso, Piazzetta dei Leoni, s. S. 57.

Glamourös und stylish – **Club 947 4**: Campo Santi Filippo e Giacomo 4337, s. S. 54.

Venedigs Geschichte multimedial – **Venezia – The Show 5**: Campo San Gallo 1097, s. Mein Tipp oben.

Lieblingsort

Wohltuende Oase: die Giardini Ex Reali 9

Irgendwann erreicht selbst der eingefleischteste Kunstliebhaber in Venedig den Punkt, wo sich der Sehsinn an der steinernen Pracht zwischenzeitlich satt gesehen hat und nach erquickendem Grün sehnt. Auch die Beine hätten dann und wann gegen eine kurze Rast wohl nichts einzuwenden. Und vielleicht steht auch der Seele nach all dem Menschengeschiebe in den engen Gassen der Sinn nach etwas körperlicher Distanz. All diese Bedürfnisse vermögen die Giardini Ex Reali (Riva degli Schiavoni) gleich hinter dem Markusplatz zu erfüllen. Die veritable Grünoase wurde 1807 angelegt, nachdem Napoleon nebenan, in den Neuen Prokuratien, Quartier bezogen und den hier stehenden staatlichen Getreidespeicher hatte abreißen lassen. Die kleinen, aber feinen »königlichen Gärten« direkt an der Mole bieten ein unverhofftes Rückzugsgebiet, in dem man gut einen Snack oder ein besinnliches Buch genießen kann.

Das Beste auf einen Blick

San Marco

Highlights!

Teatro La Fenice: Venedigs legendäres Opernhaus, 2004 zum zweiten Mal in seiner 220-jährigen Geschichte nach einer Brandkatastrophe wieder aufgebaut, lockt mit hervorragenden Inszenierungen. S. 151

Rialto-Brücke: Die von Ladenzeilen gesäumte Fußgängerverbindung über den Canal Grande zwischen den Stadtvierteln San Marco und San Polo ist eines der Wahrzeichen der Serenissima. S. 161

Auf Entdeckungstour

Venedigs Wall Street und Großer Basar: Das Rialto-Viertel zu Füßen der weltberühmten Brücke gleichen Namens war zur Blütezeit der Seerepublik ein Drehpunkt des internationalen Fernhandels. Ein Streifzug zwischen den alten Händlerherbergen, Verwaltungs-, Bank- und Lagerhäusern offenbart eine schon früh perfekte merkantile Infrastruktur. S. 162

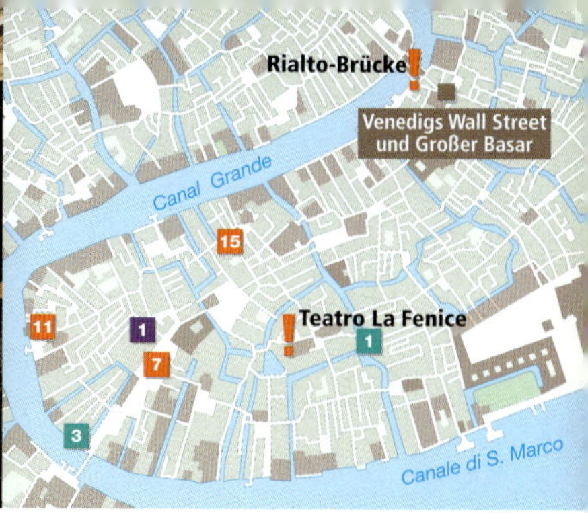

Kultur & Sehenswertes

Palazzo Grassi: Der klassizistische Kolossalpalast lädt mit hochkarätigen und kontroversen Themenausstellungen zum Besuch. 11 S. 156

Museo Fortuny: In dem gotischen Gemäuer, in dem der spanische Allround-Künstler Mariano Fortuny über 40 Jahre wohnte, erinnern Textilien, Gemälde und Skulpturen in betörend schwülstigem Ambiente an die vielfältigen Talente des einstigen Hausherren. 15 S. 157

Aktiv & Kreativ

Marmoriertes Papier selbst herstellen: Liebhaber dieser altehrwürdigen Kunst können in Venedig einen Intensivkurs unter Leitung von Meister Alberto Valese-Ebrû belegen. 1 S. 168

Genießen & Atmosphäre

Campo Santo Stefano: Open-Air-Cafés vor zauberhafter Kulisse auf einem der weitläufigsten und meist bevölkerten Plätze der Stadt – versäumen Sie nicht, hier einen Espresso oder eine *ombra* zu genießen und dem Treiben zuzuschauen. 7 S. 155

Abends & Nachts

Interpreti Veneziani: Das wahrscheinlich beste Barockensemble der Stadt konzertiert rund 200 Mal pro Jahr in der ehemaligen Kirche San Vidal 3 S. 167

Centrale: Die schick designte Restaurant-Lounge, die ebenso gut nach Berlin oder London passte, wurde in einem ehemaligen Kinosaal eingerichtet. 1 S. 55, 168

Im Kernbezirk des Centro Storico

In seiner letzten Schleife vor dem Markus-Bassin umspült der Canal Grande ein besonders geschichtsträchtiges Gebiet: Der zentrale Bezirk San Marco wartet, aufgespannt zwischen dem einstigen Zentrum politisch-religiöser Macht an der Piazza, dem ökonomischen Herz der Stadt am Rialto, sowie, im Westen, der Accademia-Brücke, mit einer Fülle kostbarer Kirchen, spannenden Museen und Musentempeln sowie, für Shoppingfans von Interesse, einem Spalier eleganter Modeboutiquen, Antiquitäten- und Souvenirläden auf.

Infobox

Reisekarte: ▶ D–F 4–6

Route und Zeitrahmen
Für den Spaziergang, der westlich des Markusplatzes beginnt und in einem weiten, westlichen Bogen über den Campo Santo Stefano bis zur Rialto-Brücke führt, sind ohne Pausen und Besichtigungen etwa 3–4 Stunden einzuberechnen. Wem unterwegs Aufmerksamkeit oder Füße lahmen, der kann für Teilstrecken auch auf das Vaporetto (Linien 1, 2 oder 3) umsteigen. Insgesamt sechs Stationen säumen den Weg.

Informationen
Die Azienda di Promozione Turistica (APT), Venedigs Tourismusverband, bietet Besuchern der Stadt einen hilfreichen Treff- und Anlaufpunkt: Keine 50 Schritte von Harry's Bar bzw. dem Anleger San Marco Vallaresso nahe dem Eingang zu den Giardini Ex Reali gelegen, dient der **Venice Pavilion** zugleich als Laden für Bücher und kostenlose Broschüren, als Ticketbüro und Informationsstelle (Fondamenta delle Farine, Tel. 041 529 87 11, tgl. 9–14.30 Uhr).

Mit der Erkundung von San Marco beginnen wir am besten bei der gleichnamigen Vaporetto-Station. Erstens, weil dieser Punkt von vielen Richtungen aus über das Wasser rasch erreichbar ist. Zweitens, weil man so die Massen auf dem Markusplatz umgeht. Und drittens, weil man sich gleich bei Verlassen des Schiffs auf absolut klassische Weise für den mindestens vierstündigen Rundgang stärken kann. Denn hinter der unscheinbaren Türe im Eckhaus zur Calle Vallaresso, einem ehemaligen Lagerhaus für Taue, liegt eine der legendärsten Lokalitäten der Stadt, ja der Welt – **Harry's Bar** 1.

Legendär ist schon ihre Gründung in den frühen 1930er-Jahren durch den Barkeeper Giuseppe Cipriani aus Verona und den wohlhabenden Amerikaner Harry Pickering. Legendär ist die Liste der prominenten Gäste, die seither dort ein und ausgegangen sind, allen voran Ernest Hemingway, Orson Welles und Winston Churchill. Und legendär sind auch Ciprianis Cocktails, sein ›Bellini‹, ›Giorgione‹ und ›Tizian‹, und seine Vorspeisen-Kreation, das nach dem Maler Vittore Carpaccio benannte rohe, hauchdünn geschnittene Rindfleisch. Zwar sind längst auch die eklatant hohen Preise legendär, aber schließlich gehört, zumindest für die Betuchten unter den Gästen der Stadt, ein Drink – oder Essen – bei Harry's wie eine Fahrt mit der Gondel zum Standardrepertoire.

San Moisè und Umgebung

Danach aber geht's endgültig los – nach links durch die Salizzada San Moisè. Würde man nun die erste Gasse erneut nach links abbiegen und wieder zurück zum Canal Grande gehen, käme man zu jenem Gebäude (hinter dem heutigen Hotel Monaco), in dem bis vor 200 Jahren Europas gefeiertstes Spielkasino, das **Ridotto,** betrieben wurde. Und schräg gegenüber sähe man die **Ca' Giustinian,** die heute die Büros der Biennale (s. S. 61 und S. 80) beherbergt, im 19. Jh. jedoch ein Hotel war, in dem Berühmtheiten wie Verdi, Proust oder Gautier zu logieren pflegten (2-stündige Führungen durch den Palast zum Thema Geschichte und Gegenwart der Biennale-Organisation, Infos: Tel. 041 521 87 11).

Die Route folgt aber der Salizzada Richtung Westen. Auf ihr stößt man nach wenigen Metern auf die Kirche **San Moisè** 1 (San Marco 1456, Campo San Moisè, Mo–Sa 9.30–12.30 Uhr, Eintritt frei), ein Extrembeispiel venezianischen Barocks aus dem mittleren 17. Jh. Ihre Fassade gleicht einer grotesk überladenen Bühnendekoration. Ihr Inneres hat außer einer stark nachgedunkelten »Fußwaschung« von Tintoretto und einem kuriosen Konglomerat aus Malereien und Skulpturen im Hochaltarraum, das – ein seltener, seltsamer Fall einer Kirchenausstattung – Moses samt Jeremias, Zacharias, Samuel und den Gesetzestafeln auf dem Berg Sinai zeigt, kaum Nennenswertes zu bieten.

Die in den 1940er-Jahren entstandene Fassade des benachbarten Hotels **Bauer Grünwald** straft man wohl besser mit Nichtbeachtung. Verglichen mit ihrer betongrauen Nacktheit erscheint einem der Schwulst von San Moisè geradezu als Augenschmaus. Wer würde hinter einer solchen Front ein Fünf-Sterne-Haus vermuten?

Hinter der kleinen Brücke ändert die Straße ihren Namen. Sie heißt jetzt **Calle Larga XXII Marzo** 2 und ist von ›modernen‹ Hausfassaden aus den 80er-Jahren des 19. Jh. und einer Vielzahl exquisiter Geschäfte gesäumt. Auf ihrem Pflaster bieten in den letzten Jahren oft Immigranten aus Schwarzafrika Imitate teurer Designer-Ledertaschen feil. Der Name der Straße erinnert an den schicksalsträchtigen 22. März 1848, an dem die Venezianer unter der Führung Daniele Manins, dem wir auf diesem Rundgang noch begegnen werden, eine von Österreich unabhängige Regierung ausriefen.

Rund um La Fenice

Teatro La Fenice ! 3

San Marco 1965, Campo San Fantin

Ungefähr bei der Hälfte der vergleichsweise langen Geraden empfiehlt es sich, nach rechts in die Calle della Veste einzubiegen. Sie führt direkt auf den Campo San Fantin, vor das Eingangsportal des bedeutendsten Theaters Venedigs. Das Fenice, ein entzückendes Logentheater, dessen fünfgeschossiger Innenraum in elegante Rot- und Goldtöne getaucht ist, wurde um 1790 erbaut und schrieb sich als Schauplatz zahlreicher Uraufführungen – u. a. von Rossini, Donizetti, aber auch Strawinsky – in die Musikgeschichte ein. Für internationale Schlagzeilen sorgte 1996, nur vier Jahre nach dem mit viel Pomp begangenen 200-Jahr-Jubiläum, ein Brand, der bis auf das Eingangsportal den gesamten Komplex einäscherte. Heute glänzt

Sehenswert

1 San Moisè
2 Calle Larga XXII Marzo
3 Teatro La Fenice
4 Santa Maria del Giglio
5 Gritti Palace
6 San Maurizio
7 Campo Santo Stefano
8 San Vidal
9 Palazzo Cavalli-Franchetti
10 Accademia-Brücke
11 Palazzo Grassi
12 Atelier Livio de Marchi
13 Santo Stefano
14 Campo Sant'Angelo
15 Museo Fortuny
16 Campo Manin
17 Il Bovolo
18 Rialto-Brücke
19 Campo San Bartolomeo
20 San Salvatore

San Marco

- 21 Scuola Gr. di San Teodoro
- 22 Kloster San Salvador
- 23 Relieftafel

Essen & Trinken

- 1 Harry's Bar
- 2 De Pisis/B-Bar
- 3 Vino Vino
- 4 Taverna La Fenice
- 5 Osteria Doge Morosini
- 6 Al Bacareto
- 7 Le Café Venezia
- 8 Teamo
- 9 Al Colombo
- 10 Al Teatro Goldoni
- 11 Aquila Nera
- 12 Alla Botte
- 13 Rosticceria San Bartolomeo
- 14 Ai Rusteghi
- 15 Al Gazzettino
- 16 Venezia Felice

Einkaufen

- 1 Bottega Veneta
- 2 Vogini
- 3 Bruno Magli
- 4 Rossetti
- 5 Petra SAS
- 6 Zora da Venezia
- 7 Camiceria San Marco
- 8 Frette
- 9 Venetia Studium
- 10 Bevilacqua
- 11 Legatoria Piazzesi
- 12 Trois
- 13 Gaggio
- 14 Paolo Olbi
- 15 Al Ponte de Oro
- 16 Casella
- 17 Il Tempio della Musica
- 18 Furla
- 19 Domus
- 20 Emiliana
- 21 Venetia Studium
- 22 Pasticceria Marchini Time (mit Bar)
- 23 Largo Micheli
- 24 Venchi

Aktiv & Kreativ

- 1 Valese-Ebrû

Abends & Nachts

- 1 Centrale
- 2 Tarnowska's American Bar
- 3 Interpreti Veneziani
- 4 Torino@Notte
- 5 Bistrot de Venise
- 6 Bácaro Jazz
- 7 Inishark

das originalgetreu rekonstruierte Theater in altem neuen Glanz und macht regelmäßig mit hochkarätigen Operninszenierungen und Konzerten Furore (Details S. 118).

Im Nahbereich des reizenden kleinen Platzes reihen sich nicht nur einige bemerkenswerte Gebäude – abgesehen vom Teatro die von Jacopo Sansovino vollendete Renaissancekirche **San Fantin** und die gleichnamige, ursprünglich San Girolamo geweihte Scuola, sondern auch einige Lokale für Nachtvögel: so etwa die Weinbar **Vino Vino** 3 oder, ein kleines Stück weiter östlich an der Piscina Frezzeria, die ultraschicke Restaurant-Lounge **Centrale** 1.

Statt nun denselben Weg zur Calle Larga XXII Marzo zurückzugehen, sollte man, sich immer links haltend, das Theater umrunden. Man passiert die unter anderem wegen ihrer *aranci caramellizzati* (karamelisierte Orangen) bekannte Taverna La Fenice, das Stammlokal der Sänger, Dirigenten und Regisseure, kann einen Blick auf den kanalseitigen Theatereingang werfen, an dem früher die Besucher mit ihren Gondeln anlegten, und gelangt schließlich auf den Campo Santa Maria Zobenigo mit einer weiteren sehenswerten Kirche.

Santa Maria del Giglio 4

San Marco 2542, Campo Santa Maria Zobenigo, Mo–Sa 10–17 Uhr, Eintritt 3 € oder Chorus Pass

Die Kirche Santa Maria del Giglio ist fast zur gleichen Zeit wie San Moisè entstanden (1678–83), bietet aber einen ungleich harmonischeren Gesamteindruck. An ihrer Fassade sind besonders sehenswert die Reliefpläne der venezianischen Festungsstädte Zara, Candia, Padua und Korfu sowie

Eine Stärkung vor dem Opernbesuch? Gemütlich dinieren neben dem Teatro La Fenice

von Split und Rom, letzteres eventuell eine Anspielung auf die angebliche Herkunft der Familie Barbaro, die den Bau der Kirche finanziert hat. Im Innern verdienen unter anderem die Evangelistenbilder von Tintoretto und, man sehe und staune, eine hl. Familie von Peter Paul Rubens Beachtung.

Abstecher zum Canal Grande

An dieser Stelle wäre wieder einmal ein Abstecher zum Canal Grande angeraten, oder vielleicht sogar eine Pause auf der Terrasse des angrenzenden **Gritti Palace** 5 (San Marco 2467, Campo Santa Maria del Giglio), übrigens ein besonders schönes, weil eher intimes Hotel der Luxuskategorie. Muße wäre hier angebracht, denn jenseits des Wassers stehen einige architektonische Perlen aufgereiht: ganz links **Santa Maria della Salute,** weiter rechts, aus der Frührenaissance, der bereits reichlich schiefe **Palazzo Dario** mit seiner Marmorfassade und den wunderbaren mehrfarbigen Einlegearbeiten aus Stein, dazwischen, wenig bedeutsam, aber auffällig, der relativ moderne **Palazzo** der Glasmanufaktur **Salviati** mit seinen grellbunten Mosaiken und ganz rechts das Palastfragment **Venier dei Leoni** der Collezione Peggy Guggenheim.

Rund um den Campo Santo Stefano

Zurückgekehrt zur Giglio-Kirche, setzt man den Weg nun westwärts, parallel zum Canal Grande, fort. Er führt über eine kleine Brücke auf den Campiello della Feltrina (nicht versäumen: die Auslage der **Legatoria Piazzesi** 11, dem Pionierladen für handbedrucktes Papier, auf der linken Seite!) und über eine weitere Brücke zur Kirche **San Maurizio** 6 (San Marco 2624), einem exakten Nachbau von Sansovinos durch Napoleon zerstörter San-Geminiano-Kirche auf dem Markusplatz, in der vor einigen Jahren eine interessante, übrigens bei freiem Eintritt zu besichtigende Dauerschau historischer Musikinstrumente eingerichtet wurde (s. Mein Tipp S. 167).

Schließlich erreicht man den **Campo Santo Stefano** 7. Er, der in manchen Plänen auch als Campo Francesco Morosini bezeichnet wird, zählt dank seiner Weitläufigkeit und seiner stilvollen Bebauung zu den elegantesten Plätzen Venedigs. In seiner Mitte steht die Statue des Revolutionsdichters Niccolò Tommaseo, an seinem nördlichen Ende der bedrohlich geneigte Turm der Kirche Santo Stefano, im Süden geht er in den Campo San Vidal über. Zahlreiche Lokale laden hier zur Rast.

Auf dem Weg dorthin hört man aus einem Platz zur Linken möglicherweise Gesang, Klavier- oder Violintöne. Folgt man ihnen, steht man bald im Innenhof des monumentalen, im 17. Jh. erbauten **Palazzo Pisani** dem heutigen Sitz des städtischen Konservatoriums. In der seit Langem profanierten Kirche **San Vidal** 8 San Marco 2862, Campo San Maurizio) bieten die ›Interpreti Veneziani‹ an mehreren Abenden der Woche gute Kammermusik (s. Mein Tipp S. 167).

Vorbei an dem stets üppig bestückten Blumenstand und dem schönen Garten des durch einen neugotischen Trakt ergänzten **Palazzo Cavalli-Franchetti** 9 (San Marco 2847), dessen vor einigen Jahren aufwendig restauriertes Innere nicht nur zu Zeiten der Biennale, wenn es für interessante Sonderausstellungen genutzt wird, eine Stippvisite lohnt, erreicht man die **Accademia-Brücke** 10. Sie stammt aus dem Jahr 1933 und war eigentlich als Provisorium gedacht. Ihre Vorgängerin, eine alte, von den Österreichern erbaute Eisenbrücke, hatte sich für die neue Generation von Vaporetti als zu niedrig erwiesen. Mittlerweile haben sich die Venezianer wohl an das hölzerne Konstrukt gewöhnt, ein Neubau steht schon lange nicht mehr zur Diskussion.

Palazzo Grassi 11

Dorsoduro 3231, Campo San Samuele, www.palazzograssi.it, Tel. 041 271 90 39, aus Venedig Tel. 199 13 91 39, Mi–Mo 10–19 Uhr, Eintritt 15 €, Kombi-Ticket mit Punta della Dogana 20 €

Nachdem man vom Scheitel der Brücke ausführlich den Blick in beide Richtungen des Kanals genossen hat, wendet man sich, wieder auf dem Campo Vidal, hinter dem hübschen Garten des ehemaligen deutschen Konsulats nach links und folgt, über das Brückchen, den gelben Schildern Richtung Palazzo Grassi. Nach zwei, drei Minuten und mehreren Richtungsänderungen steht man dann vor jenem klassizistischen Riesenpalast (Entwürfe von Giorgio Massari), der Mitte der 1980er-Jahre vom Fiat-Konzern gekauft, mit großem Aufwand renoviert wurde und 20 Jahre lang mit Großausstellungen, etwa über die Phönizier und Pharaonen, Leonardo da Vinci oder Dalí, international Schlagzeilen machte. Seit einigen Jahren zeigt der französische Milliardär François Pinault als neuer Eigentümer in dem Palast ebenfalls hochkarätige Themenschauen.

Durch die Calle delle Carrozze kommt man auf die Salizzada San Samuele, wo einer der originellsten einheimischen Künstler der Gegenwart sein Atelier betreibt: der Holzbildhauer **Livio de Marchi** 12 (Dorsoduro 3157). In seinen Schaufenstern hat er immer ein paar witzige Schnitzobjekte, Kleidungsstücke, Möbel, allerlei Alltagsutensilien, aber auch Figuren ausgestellt.

Santo Stefano 13

San Marco 2774, Mo–Sa 10–17 Uhr, Eintritt 3 € oder Chorus Pass

Rechts abbiegend erreicht man durch die Crosera und deren Verlängerung die Kirche Santo Stefano, eine gotische Säulenbasilika aus dem späten 14. Jh. Für die Lagunenstadt ungewöhnlich und sehr beeindruckend ist ihr hölzernes, bemaltes Gewölbe, eine sogenannte Schiffsdecke. Die schönsten Gemälde hängen hier in der Sakristei (Eingang vor der rechten Chorkapelle), unter anderem zwei Teile eines Flügelaltars von Bartolomeo Vivarini, sowie ein »Abendmahl«, eine »Fußwaschung« und ein »Christus auf dem Ölberg« von Tintoretto. Ein Stück jüngster städtischer Zeitgeschichte dokumentieren die beiden Bronzetafeln an der Eingangstür zur Sakristei. Sie zeigen zwei Patriarchen aus Venedig, die, zwischen 1958 und 1963 der eine, vier Wochen im Sommer 1978 der andere, auf dem Papstthron saßen – Angelo Roncalli alias Johannes XXIII. und Albino Luciani alias Johannes Paul I. Ein kurioses Detail: Die Fundamente von Santo Stefano ruhen auf zwei getrennten Inseln, der Hochaltar steht über einem Kanal.

Einige wenige Schritte durch die Calle dei Frati führen auf den **Campo Sant'Angelo** 14, einen stimmungsvollen, von mehreren gotischen Palästen gesäumten Platz. Für Musikliebhaber von Interesse: Im **Palazzo Duodo,** (San Marco 3584), lebte und starb im 18. Jh. der Komponist Domenico Cimarosa.

Museo Fortuny und Umgebung

Palazzo Pesaro/Museo Fortuny 15

San Marco 3958, Campo San Beneto, Tel. 041 520 09 95, http://fortuny.visitmuve.it, nur während temporärer Ausstellungen Mi–Mo 10–18 Uhr, Eintritt 10 €

Der Weg folgt nun kurz der Calle Spezier, zweigt nach wenigen Schritten links ab und führt rechts vom Portal des Hotel San Giorgio vorbei zum Eingang des Palazzo Pesaro. In dem grandiosen, wenn auch etwas düsteren gotischen Palast lebte und arbeitete von 1899 bis zu seinem Tod 1949 der spanische Maler, Bildhauer, Bühnenbildner und Dekorateur Mariano Fortuny y Madrazo, der vor allem als Wiederentdecker der alten Druck- und Plissiertechnik für kostbare Stoffe Berühmtheit erlangte, aber auch wegweisende Bühnenbauten und Beleuchtungssysteme entwickelte. Seine Wohnräume und sein Atelier sind als Museum zugänglich. Dessen Besuch ist allein schon wegen seiner plüschig-orientalischen Atmosphäre ein Erlebnis (s. Lieblingsort S. 159. Im Erdgeschoss werden zudem regelmäßig interessante Ausstellungen zu Themen und bildenden Künstlern gezeigt, die zu Fortuny, seinem Leben und Werk in einem geistig und stilistisch engen Verhältnis standen oder stehen.

Mein Tipp

Seidenlampen im Fortuny-Design 9, 21

Ein stilvolles Souvenir, ein Stück venezianische Elegance für zu Hause: Seit gut 20 Jahren stellt Lino Lando, mittlerweile tatkräftig unterstützt durch seine Söhne, nach Entwürfen des legendären Designers Mariano Fortuny wunderschöne, handbemalte Seidenlampen her. Die orientalisch anmutenden, mit Glasperlen und Kordeln behängten Stücke tragen Namen wie »Scheherezade«, »Samarkand«, »Sarazenenschild« oder »Konkubine« und schmücken längst Luxushotels und Eigenheime in aller Welt. In den beiden geschmackvoll gestylten Läden **Venetia Studium** ebenfalls erhältlich sind edle Plissee-Stoffe, Kleider, Schals, Taschen, Kissen, Bettdecken und Wandtextilien (Calle Larga XXII 2425, Mercerie dell'Orologio 298 und Ponte del'ovo 4753, Tel. zentral für alle: 041 523 69 53, www.venetiastudium.com).

Lieblingsort

Ein Augenschmaus der Sonderklasse – das Museo Fortuny 15

Hohe Wände, drapiert mit schweren Textilien und behangen mit schwülstigen Ölgemälden. Dazu, über vier Stockwerke verteilt, Marmortorsi, archäologische Artefakte, hochkarätiges Kunsthandwerk aus aller Welt ... Öffentlich zugängliche gotische Gemäuer gibt es in Venedig so manche. Aber ein zweites atmosphärisch so packendes wie dieses, in dem Mariano Fortuny y Madrazo von 1899 bis zu seinem Tod 1949 wohnte und arbeitete, ist mir nicht bekannt. Was den Besuch dieser als Museum wiedereröffneten Erinnerungsstätte zusätzlich lohnt, sind das im Originalzustand belassene Atelier des spanischen Malers, Bildhauers, Bühnenbildners und Designers, seine Seidenlampen, Plisseestoffe und die Modelle seiner wegweisenden Bühnenbauten (Details s. S. 157).

Campo Manin 16

Über den verträumten Campo San Beneto, vorbei an der monumentalen Hauptfront des Palazzo Pesaro und der meist geschlossenen, wenig interessanten Benediktinerkirche, gelangt man rechts durch die Salizzada Teatro (der Name meint das angrenzende ehemalige Teatro Rossini) und, nachdem man einige Gässchen gequert hat, links durch die Calle Cortesia auf den Campo Manin. In dessen Mitte erhebt sich, vor dem Hintergrund eines Bankgebäudes aus den 1960er-Jahren, ein Standbild des patriotischen Helden Daniele Manin: Dieser, Sohn eines konvertierten Juden, war nach der allgemeinen Rebellion gegen die Habsburger im März 1848 zum Präsidenten der neu gegründeten Republik ernannt worden. In der Folge hatte er die teils sehr heftigen Freiheitskämpfe angeführt und manchen Erfolg errungen. Doch nach 17 Monaten musste sich die Stadt, schwer beschossen, ausgehungert und von einer Cholera-Epidemie geschwächt, ergeben.

Il Bovolo, das ›Schneckenhaus‹ 17

San Marco 2906, www.scalabovolo.org, April–Okt. tgl. 10–18, im Winter bis 16 Uhr, Eintritt 3,50 € (derzeit gesperrt)

An der Südseite des Platzes weist ein gelber Pfeil mit den Worten Palazzo Contarini del Bovolo in das dahinterliegende Labyrinth. Man folge ihm und ein paar weiteren, und man wird in einem kleinen Hof eine Wendeltreppe mit offenen Arkaden entdecken, die fünf übereinander liegende Loggien verbindet und zum Entzückendsten zählt, was die venezianische Architektur zu bieten hat. Dieser knapp 500 Jahre alte, erst vor wenigen Jahren renovierte, nunmehr schon wieder temporär gesperrte *bovolo* (Schneckenhaus) gehört zum gotischen Palast der Contarini, einer Adelsfamilie, die im Laufe der Jahrhunderte nicht weniger als acht Dogen stellte.

An der Riva del Carbon

Denselben Weg zurück und vom Campo links an der bereits gebührlich gewürdigten Cassa di Risparmio di Venezia vorbei, geht man nun durch die Calle Cavalli bis zum Canal Grande. Die Kirche San Luca kann man dabei im doppelten Sinne links liegen lassen. Wo man auf die Riva del Carbon, auf dem einst die Kohle verladen wurde, stößt, walten und tagen rechter Hand Venedigs Bürgermeister und sein oberster, oft krisengeschüttelter Rat, die *giunta*. Beide Teile des **Rathauses,** der Palazzo Loredan und der Palazzo Farsetti sind schöne Beispiele des veneto-byzantinischen Stils aus dem 13. Jh. Ein Blick zum linken Bereich des jenseitigen Ufers offenbart ebenfalls einige byzantinische Fassaden.

Den Kai entlang passiert man bis zur Rialto-Brücke noch einige historisch bemerkenswerte Gebäude: Zuerst ein kleines, rotes gotisches Haus, an dessen Stelle vor dem 15. Jh. das Geburtshaus des blinden Dogen Enrico Dandolo gestanden sein soll (s. S. 90). Dann, kurz vor dem Querkanal, der **Palazzo Bembo,** wo der Poet Pietro Bembo das Licht der Welt erblickte, der allen, die mit Typografie befasst sind, als Namenspatron einer der ersten klassischen Druckschriften der Welt ein Begriff ist. Daneben der **Palazzo Dolfin-Manin**, ein Werk Jacopo Sansovinos. Hier, wo heute die Bank von Italien Büros unterhält, wohnte bis zur Abdankung 1797 Ludovico Manin, Venedigs letzter Doge.

Rialto-Brücke ! 18

Nun aber steht der Besichtigung der weltberühmten und dementsprechend oft fotografierten Brücke nichts mehr im Wege: Nachdem man sich über deren flache Treppen, je nach Naturell mit eingezogenen Schultern oder ausgefahreren Ellbogen, erfolgreich eine Schneise durch die Touristenmassen geschlagen hat, sollte man, von oben, an die Balustrade gelehnt, das emsige Treiben auf dem Wasser verfolgend kurz die Geschichte dieses Wahrzeichens Revue passieren lassen: Die erste Vorgängerin des heutigen Steinbaus, eine Art hölzerner Ponton-Übergang, soll bereits um 1180 vollendet gewesen sein. Schon Mitte des 13. Jh. wurde sie durch einen auf Pfählen ruhenden Holzsteg, dessen Benutzer eine Maut zu entrichten hatten, ersetzt. Dieser wurde 1310 vom aufständischen Baiamonte Tiepolo auf der Flucht vor den Truppen der Signoria in Brand gesteckt, danach notdürftig repariert, aber ein gutes Jahrhundert später stürzte er bei einer Schiffsprozession unter dem Gewicht der Schaulustigen endgültig zusammen. Die dritte, wiederum hölzerne Brücke kennen wir von Carpaccios berühmtem Gemälde »Heilung eines Besessenen«, das in der Accademia hängt. Sie verfügte schon über zwei Ladenreihen und, wegen der hochmastigen Segelschiffe, über einen hochziehbaren Mittelteil.

Anfang des 16. Jh. wälzten dann die Stadtoberen neue Pläne für einen steinernen Neubau. Sansovino, Vignola und angeblich sogar Michelangelo, später auch Palladio reichten Entwürfe ein, aber weil die Staatskasse leer war, wurde der Baubeginn immer wieder hinausgezögert. Erst nach über 80 Jahren

Die filigrane Wendeltreppe »Il Bovolo«

schritt man zur Tat. Den Auftrag erhielt Antonio da Ponte. Sein Bau, die heutige Brücke, die übrigens bis ins 19. Jh. als einzige die beiden Ufer des Canal Grande verband, war zwar vielleicht kein architektonisch genialer Entwurf, entsprach aber – im Gegensatz zu manchen älteren Ideen – voll und ganz den praktischen Erfordernissen. Er brauchte keine Pfeiler, die den Flussverkehr behindert hätten, trug genügend Läden, deren Mieten schließlich den Bau mitfinanzieren sollten, und sah flache, für den Warentransport geeignete Rampen vor. Und auch seine Fundamente, auf jeder Seite 6000 Eichenpfähle, waren, was die mehr als 400 Folgejahre bewiesen haben, klug dimensioniert.

Auf Entdeckungstour: Der Rialto – Venedigs Wall Street und großer Basar

Die Gegend rund um die zentrale Brücke über den Canal Grande bildete über Jahrhunderte einen Brennpunkt des Welthandels. Ein Spaziergang durch das Gassengeflecht zwischen den Campi San Bartolomeo und Rialto erweist sich als spannende wirtschaftsgeschichtlichen Spurensuche.

Dauer: ca. 2 bis 3 Stunden

Planung: Kirche San Giacomo: San Marco 1, Campo San Giacomo, derzeit nicht öffentlich zugänglich

Start: Stazione Rialto (Vaporetto 1, 2 oder 3) an der Riva del Ferro

Es ist wohl kein Zufall, dass William Shakespeare im »Kaufmann von Venedig« seinen Protagonisten Shylock in einer Szene fragen lässt: »Was gibt es Neues am Rialto?«. Die Geschichte des Händlers Antonio, der sein Vermögen in überseeischen Unternehmen investiert hat und – um seinem Freund Bassanio mit einem Darlehen das standesgemäße Werben um die schöne Portia zu ermöglichen – dem jüdischen Zinsleiher Shylock ein Pfund Fleisch aus seinem Körper verpfändet, musste in einem hochkarätigen kommerziellen Milieu angesiedelt sein. Und hier, am *rivo alto,* dem hohen Fluss, wie die ersten Siedler diesen Abschnitt ihres wichtigsten Wasserweges nannten, befand sich seinerzeit nun einmal einer der Schnittpunkte des internationalen Warenverkehrs – »la prima Piazza d' Europa«, an der die einheimischen *nobili* als Handelsherren tagtäglich ihren Reichtum mehrten.

Souvenirs statt Hochfinanz

Riva del Vin, del Ferro, del Carbon ... die Straßennamen entlang dieses mittleren Abschnitts des Canal Grande erinnern an die fieberhaften Aktivitäten von einst, als man entlang der örtlichen Quais Wein, Eisen, Kohle und vieles mehr entlud und der Rialto als logistisches Zentrum für sämtliche Märkte der Stadt fungierte. Heute ist die Tatsache, dass dieser Bezirk zu Zeiten der Republik über Jahrhunderte ein Finanz- und Wirtschaftszentrum von Weltrang bildete, nur noch bedingt vorstellbar: Gewiss, nähert man sich dem Bezirk vom Markusplatz her durch die Mercerie, nimmt man einem Spalier äußerst schicker Boutiquen die Parade ab. Doch sowohl in der Salizzada Pio X, die vom Campo San Bartolomeo direkt an den Canal Grande führt, als auch in deren Verlängerung am Westufer prägen Ramschläden und Souvenirkioske das Bild.

Der Kaufhof der Deutschen

Dennoch empfiehlt es sich, diesen Rundgang genau hier, im Brennpunkt des touristischen Treibens, zu beginnen – an der **Rialto-Brücke** 18, die wie kein zweites Bauwerk den merkantilen Charakter dieser »Erlauchtesten« aller Städte symbolisiert (Details zur Baugeschichte s. S. 161). Zurück am Ostufer, erweist man dem **Fondaco dei Tedeschi** 24 (San Marco 5554) die Reverenz. Die im frühen 16. Jh. errichtete, ehemalige Handelsniederlassung der deutschen Kaufleute, die bis 2011 die Hauptpost beherbergte und angeblich demnächst zu einem Benetton Megastore werden soll, ist Paradebeispiel eines nüchternen, höchst funktionellen Renaissancebaus. Der geräumige Lichthof, in gestalterischer Hinsicht wegweisend für unzählige Arkadenhöfe in ganz Mitteleuropa, verdeutlicht das Organisationsprinzip eines spätmittelalterlichen Handelszentrums: Im Parterre lagerten die Waren, im Stockwerk darüber waren die Kontore untergebracht. In den Obergeschossen aßen und wohnten die Handelsherren – übrigens nach beinah klösterlich strengen Alltagsregeln.

Die Außenfassade am Canal Grande war ursprünglich mit farbigen Fresken von Giorgione und Tizian bedeckt, deren wenige Reste im Ca' d'Oro aufbewahrt werden. Vom **Fondaco der Perser,** der sich früher unmittelbar neben dem der Deutschen befand, ist nicht das Geringste mehr erhalten.

Verlies, Steuer- und Finanzbehörde

Steigt man erneut über die Ponte di Rialto hinweg, landet man in der **Ruga degli Orefici** 25, die als Hauptstraße des eigentlichen Rialto-Viertels einst den Goldschmieden zugewiesen war. Fast alle Verwaltungs- und Lagergebäude auf dieser Seite des Kanals fielen im Januar 1514 einem verheerenden Großfeuer zum Opfer. Sie wurden – mehrheitlich nach Plänen Antonio Scarpagninos – im Renaissancestil neu errichtet und fast durchgehend mit Arkaden versehen. Der mit üppigen Marmorinkrustationen verzierte Komplex unmittelbar zur Rechten, direkt am Canal Grande, ist der **Palazzo dei Camerlenghi** 26 (San Polo 1, Fondamenta Vin Castello), heute wie einst Sitz der Steuer- und Finanzbehörde. In ihm wurden einst Teile des Staatsschatzes, aber auch die Wappen der Zünfte und Gilden aufbewahrt. In seinem Untergeschoss hatten Schuldner ihre Haftstrafen abzubüßen.

Nördlich anschließend erstrecken sich die **Fabbriche Vecchie** bzw. **Nuove** 27 (beide San Polo 199), hinter deren hohem Portikus sich Werkstätten und Kontore befinden. An ihrer Hinterseite liegt, 30 x 28 m groß und gleichfalls von Arkaden gesäumt, der Campo Rialto mit der sehr alten Kirche **San Giacomo** 28 (San Polo 1, Campo San Giacomo, s. S. 218). An deren Apsis kann man eine vermutlich im 12. Jh. entstandene, lateinische Inschrift folgenden Wortlauts entdecken: »Möge rund um diese Kirche das Gesetz für die Kaufleute gerecht, mögen die Gewichte exakt und die Verträge ehrlich sein«. Die Worte am Kreuz indes – »Dein Kreuz, o Christus, sei die wahre Errettung dieses Ortes« – appelieren an die Glaubenskraft der Geschäftsleute und Arbeiter.

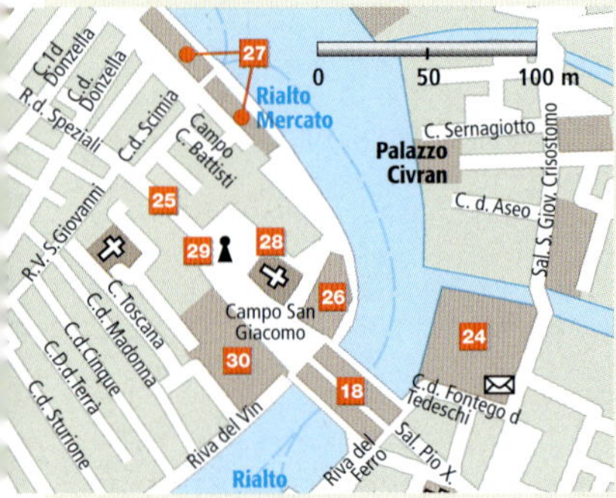

Wiege des Bank- und Versicherungswesens

In der angrenzenden **Calle della Sicurtà** unterhielten bereits im 14. Jh. diverse Agenturen ihre Büros, bei denen man Schiffe und deren Ladungen versichern konnte. Unter den Bögen nebenan betrieben ab Mitte des 12. Jh. Privatbanken und ab dem 16. Jh. als erste öffentliche Bank die Banco di Piazza ihr Geschäft. Der Sottoportico Bancogiro markiert den Standort jenes im Jahr 1619 staatlicherseits gegründeten Instituts gleichen Namens, in dem erstmals in der monetären Geschichte Europas bargeldloser Zahlungsverkehr praktiziert wurde.

In unmittelbarer Nähe kauert, bucklig und häufig von Marktständen verdeckt, eine für die Geschichte der venezianischen Legislative bedeutsame Figur: der **Gobbo di Rialto** 29 (Campo San Giacomo). Die Treppe, die er stützt, führt auf die Colonna del Bando, eine Säule, von der die Bekanntmachungen und die Dekrete der Republik verlesen wurden.

Geht man zuletzt die paar Schritte zur Brücke zurück, sieht man an deren Fuß zur Linken den karmesinrot getünchten **Palazzo dei Dieci Savi** 30 (San Polo 32) stehen. Er war Sitz der im Jahr 1477 dauerhaft installierten Steuerbehörde. Die Statue der bekrönten Justitia, der altrömischen Göttin der Gerechtigkeit, mit Waage und Schwert an der Fassade ist eine offenkundige Allegorie auf die Funktion der dahinter tätigen Beamten, auf dass sie ihr Amt mit maximaler Unparteilichkeit (statt Gerechtigkeit!) ausübten. Heute ist in dem Bau das für das Funktionieren der Stadt im Alltag höchst wichtige Magistrato alle Acque, die städtische Behörde für Wasserwirtschaft, untergebracht.

Durch die Mercerie

Wieder ›zu ebener Erde‹, am Ostufer, biegt man gewissermaßen in die Zielgerade dieses Rundgangs ein. Sie führt durch die Salizzada Pio X zunächst auf den **Campo San Bartolomeo** 19 auf dem sich Venedigs Jeunesse dorée an lauen Abenden zu Füßen des jovial lächelnden, in Bronze gegossenen Komödiendichters Carlo Goldoni ein Stelldichein gibt. Vorbei an der Kirche **San Bartolomeo** (Di, Do, Sa 10–12 Uhr, Eintritt frei), wo Albrecht Dürer 1506 sein bekanntes, heute in Prag befindliches »Rosenkranzfest« malte, gelangt man in die Merceria Due Aprile. Von ihr zweigt man nach links in die Merceria San Salvador ab.

An der Merceria San Salvador

In der renovierten, 1507–34 von Giorgio Spavento und Tullio Lombardo erbauten Kirche **San Salvatore** 20 (San Marco 4835, Mo–Sa 9–12, 15–18.30 Uhr, Eintritt frei) kann man einen Blick auf die »Verkündigung« und »Verklärung« von Tizian werfen. Die kleine **Scuola Grande di San Teodoro** 21 (San Marco 4810, variable Öffnungszeiten, Info: Tel. 041 528 72 27) dient heute als Konzertraum bzw. Ausstellungsgalerie. Empfehlenswert: ein Besuch im **Renaissancekloster San Salvador** 22 (San Marco 4826, Tel. 041 521 32 00, www.telecomfuturecentre.com, tgl. 10–18 Uhr, Eintritt frei), in dem die Telecom Italia ein Hightech-**Forschungszentrum** zum Thema »Zukunft der Kommunikation und Ökosysteme« betreibt. Die Programmschwerpunkte wechseln, eine Stippvisite lohnt auf jeden Fall. Einfach mal reinschauen!

Merceria dell'Orologio

Nun befindet man sich in der nächsten prestigeträchtigen Shoppingmeile der Stadt. Der restliche Viertelkilometer bis zum Markusplatz ist gesäumt mit Boutiquen, in deren Auslagen die Markenartikel der großen, weiten Konsumwelt locken. Auf ein kleines Kuriosum sollte man noch seine Aufmerksamkeit lenken, bevor man vielleicht im Caffè Florian oder gegenüber im Quadri einkehrt, um sich unter den kitschigen Klängen der unermüdlichen Kammerensembles an einem sündteuren Cappuccino zu laben: Eine **Relieftafel** 23, die in der Merceria dell'Orologio rechts über dem letzten Durchgang vor dem Uhrturm eine Frau mit einem Mörser zeigt, erinnert an die tapfere Venezianerin, die 1310 während des Tiepolo-Aufstands an dieser Stelle dem Bannerträger der Rebellen ein schweres Gefäß auf den Kopf fallen ließ, sein Gefolge dadurch in Verwirrung stürzte und die Republik »vor großem Unglück bewahrte«.

Essen & Trinken

Weltberühmter Klassiker – **Harry's Bar** 1: Calle Vallaresso 1323, s. S. 39.

Rolls-Royce unter den Gourmettempeln – **De Pisis** 2: im Hotel Bauer, Campo San Moisè 1459, s. S. 38.

Zwischenstopp neben dem Fenice – **Vino Vino** 3: Calle delle Veste 2007a, Tel. 041 241 76 88, www.vinovinowinebar.com, Stazione Giglio, tgl. 11.30–24 Uhr, ab 15 €. Nettes Ambiente, gutes Preis-Leistungs-Verhältnis, große Speisen- und Weinauswahl (über 350 Kreszenzen), auch zum Mitnehmen.

Künstlertreff seit über 100 Jahren – **Taverna La Fenice** 4: Campiello della Fenice 1939, s. S. 41.

Billig und nahrhaft – **Meteo Caffè:** im Palazzo Cavalli-Franchetti 9, Campo Santo Stefano 2945, Tel. 041 240 77 11, Stazione Accademia, Mo–Sa 10–17 Uhr (Sa keine warme Küche), Tagesteller 6,50 €. Der perfekte Ort nach kräfteraubenden Besichtigungen, etwa der Sonderausstellungen im Stock über dem Caffè. Toasts oder Tramezzini um 2–3 €, Salate und *primi piatti* um 6–7 €.

Schmackhaft, schnell, ohne Schnickschnack – **Osteria Doge Morosini** 5: Calle delle Botteghe 2958, s. S. 43.

Typische Cucina Veneziana – **Al Bacareto** 6: Calle Crosera 3447, Tel. 041 528 93 36, Stazione S. Angelo, Mo–Fr 7.30–16.30, 18.30–23 Uhr, Sa nur mittags, ab 30 €. Hier isst man nach guter alter Lagunentradition, z. B. Vollkornpasta in Kapernsauce, *Sarde in sour*, Tintenfisch oder gebratene Leber mit Polenta.

Klassische Snack-Haltestelle – **Le Café Venezia** 7: Campo San Stefano 2797, www.lecafevenezia.com, Stazione Accademia, Sommer 8–23, Winter 8–20.30 Uhr. Für den schnellen Hunger zwischendurch, gute Brötchen, im Sommer unbedingt draußen sitzen!

Schick gestylte Wein-Bar – **Teamo** 8: Rio Terà della Mandola 3795, Tel. 347 366 50 16, Stazione S. Angelo, tgl. 8–22 Uhr. Delikate Häppchen im Designer-Ambiente unter historischer Holzbalkendecke, gute Auswahl an Cocktails und norditalienischen Weinen. Tipp: gemischte *cicheti*-Platte, je nach Größe 13, 18 oder 23 €.

Elegant tafeln – **Al Colombo** 9: Corte del Teatro 4619, s. S. 39.

Preiswert und gut – **Al Teatro Goldoni** 10: Calle del Teatro 4747, Tel. 041 522 24 46, Stazione Rialto, tgl. 9–24 Uhr, ab 9 €. Pizzeria und Café, Restaurant, Snackbar und Rotisserie – dieses Ecklokal vereint vielerlei gastronomische Gattungen. Die Qualität ist guter Durchschnitt, der Service rasch.

Gehoben-traditionell – **Aquila Nera** 11: Campo San Bartolomeo 5301, Tel. 041 522 47 69, Stazione Rialto, Mi–Mo 11–22.30 Uhr (Mai–Okt. durchgehend), ab 20 €. In diesem netten Lokal und dem zugehörigen kleinen ›Schanigarten‹ kredenzt man gediegene Hausmannskost und Weine vorwiegend aus dem Friaul.

Quirlig & authentisch – **Alla Botte** 12: Calle degli Stagneri 5228, bei Campo San Bartolomeo, Tel. 041 520 97 75, Stazione Rialto, tgl. 12–15, 19–23 Uhr, ab 20 €. Ein Bàcaro, wie geschaffen für eine *ombra* und ein paar *cicheti* oder einen sättigenden Tagesteller; lebhafte Musik, tendenziell junges Publikum.

Allround-Talent für jeden Geschmack – **Rosticceria San Bartolomeo** 13: Campo San Bartolomeo/Calle della Bissa 5424a, Tel. 041 522 35 69, Stazione Rialto, tgl. 9–21.30 Uhr, ab 9 €. In diesem preiswerten Grillrestaurant (im Erdgeschoss Self-Service) dreht sich alles um Meeresgetier. Im Vordergrund stehen örtliche Spezialitäten wie Stock- und Tintenfisch, Muschel- und Fischrisotto.

Im Reich der Panini – **Ai Rusteghi** 14: Campiello del Tentor 5513, s. S. 43.

Stimmungsvolle Trattoria – **Al Gazzettino** 15: Calle di Mezzo 4997, s. S. 42.

Lecker schlemmen – **Venezia Felice** 16: Calle dei Fabbri 1035, Tel. 041 520 55 29, Stazione Rialto, tgl. 11–24 Uhr. Gutes Preis-Leistungs-Verhältnis, ideal zum Mittagessen, Angebot reicht von Pizza über Spaghetti Nero bis hin zu Fisch.

Einkaufen

Luxuriöse Lederwaren – **Bottega Veneta** 1: Calle Vallaresso 1337, s. S. 51.

Elegante Lederwaren – **Vogini** 2: Calle Ascensione 1257, Tel. 041 522 25 73, Stazione San Marco Vallaresso. Große Auswahl konservativer, aber auch origineller Handtaschen; dazu jede Menge Brieftaschen, Koffer, Schirme, Portemonnaies etc.

Mein Tipp

Barockmusik auf höchstem Niveau: Interpreti Veneziani 3
Das vermutlich beste unter den zahlreichen Kammermusik-Ensembles der Stadt, das seine Kunst regelmäßig auch auf Übersee-Tourneen demonstriert, gibt an über 200 Abenden pro Jahr in der ehemaligen Kirche **San Vidal** 8 stürmisch applaudierte Konzerte. Programmatische Mittelpunkte bilden die Werke von Barockmeistern wie Bach, Vivaldi, Tartini etc. Einen Zusatzgenuss bietet, im Halbdunkel über den Musizierenden hängend, Vittore Carpaccios Gemälde »Hl. Vitalis auf dem Pferd« (Campo San Vidal 2862, Info und Tickets unter Tel. 041 277 05 61 bzw. www.interpretiveneziani.com).
Ergänzend zu empfehlen: ein Besuch im **Museo della Musica,** das – zwei, drei Gehminuten weiter östlich – in der Kirche **San Maurizio** 6 wertvolle Musikinstrumente aus der Barockzeit präsentiert (Campo San Maurizio 2624, Tel. 041 241 18 40, tgl. 9.30–19.30 Uhr, Eintritt frei!).

Qualitätsschuhe – **Bruno Magli** 3: Calle dell'Ascensione 1302, s. S. 51.
Fashionable Fußbekleidung – **Rossetti** 4: Salizzada San Moisè 1477 und Campo S. Salvador 4800, s. S. 47.
Venedig in alten Bildern – **Petra SAS** 5: Calle Largo XXII Marzo 2424, s. S. 48.
Schwelgerische Glaskunst – **Zora da Venezia** 6: Calle Larga XXII Marzo 2407, s. S. 48.
Hemden, Blusen etc. vom Feinsten – **Camiceria San Marco** 7: Corte Barozzi 1340, s. S. 51.
Feinste Spitzen für Tisch und Bett – **Frette** 8: Calle Larga XXII Marzo 2070a, s. S. 52.
Seidenlampen und edle Textil-Accessoires – **Venetia Studium** 9 und 21: Calle Larga XII Marzo 2425 und Mercerie dell'Orologio 298, s. Mein Tipp s. S. 157.
Textile Kostbarkeiten – **Bevilacqua** 10: Campo S. Maria del Giglio 2520, s. S. 52.
Edles aus Papier – **Legatoria Piazzesi** 11: Santa Maria del Giglio 2511c, s. S. 51.
Textile Kostbarkeiten – **Trois** 12: Campo San Maurizio 2666, s. S. 52.
Edle Stoffe – **Gaggio** 13: Calle delle Boteghe 3441, s. S. 52.
Dekoratives aus Leder und Büttenpapier – **Paolo Olbi** 14: Calle della Mandola 3653, s. S. 51.
Gut eingeführter Juwelen- und Uhrenladen – **Al Ponte de Oro** 15: Ponte di Rialto 5328, Tel. 041 523 46 73, Stazione Rialto. Uhren, Gold- und Silberschmiedearbeiten an geschichtsträchtiger Adresse.
Schicke Schuhe – **Casella** 16: Campo San Bartolomeo 5048, Tel. 041 522 88 48, Stazione Rialto. Feines Schuhwerk aus feinem Leder zu vernünftigen Preisen für Sie und Ihn.
Gut sortierter CD-Laden – **Il Tempio della Musica** 17: Ramo del Fontego dei Tedeschi 5368, s. S. 47.
Ledernes mit Stil – **Furla** 18: Mercerie del Capitello 4954, Tel. 041 523 06 11, Stazione San Marco. Schicke Taschen, Gürtel und Accessoires aus Leder.
Schöne Wohnaccessoires – **Domus** 19: Campo Manin 4296, s. S. 52.

Bücher über Venedig, neu und antiquarisch – **Emiliana** 20: Calle Goldoni 4487, s. S. 46.
Allerfeinste Süßigkeiten – **Pasticceria Marchini Time** 22: Campo San Luca 4589, s. S. 47.
Spitzen-Ware – **Largo Micheli** 23: San Marco 318, Calle Canonica, Tel. 041 522 95 81, Stazione San Zaccaria. Große Auswahl feinster, handbestickter Tischtücher, Dekordeckchen, Polsterüberzüge. An den Wänden: Schaustücke aus den Klöpplereien von Burano.
Sündhaft süß – **Venchi** 24: San Marco 989, Calle dei Fabbri,s. S. 47.

Aktiv & Kreativ

Marmoriertes Papier selbst herstellen – **Valese-Ebrû** 1: Campo S. Stefano 3471, Tel. 041 523 88 30, www.albertovalese-ebru.it, Stazione San Samuele oder Accademia. Alberto Valese-Ebrû ist einer der Pioniere unter Venedigs Herstellern von Marmorpapier. In seinem kleinen Laden schräg gegenüber der Kirche S. Stefano zu finden: handgeschöpftes (Marmor-)Papier, Buchbindearbeiten, handgewebte Seiden sowie originelle Deko-Objekte. In regelmäßig veranstalteten Kursen (dreistündig oder mehrtägig) erfährt man Hintergründe über seine ursprünglich im Orient entwickelte Kunst, die Valese-Ebrû in den 1980er-Jahren aus Istanbul nach Venedig reimportiert hat. Und man lernt, selbst Farben und Materialien herzustellen sowie Papier zu marmorieren (Preise: 100 bis 440 €, frühzeitige Anmeldung erbeten!).

Abends & Nachts

Mondäner (Tanz-)Treff – **B-Bar** 2: im Hotel Bauer, San Marco 1459, s. Mein Tipp S. 54.
Ultraschicke Restaurant-Lounge – **Centrale** 1: Piscina Frezzeria 1659b, s. S. 55.
Musikdrama auf Weltniveau – **Teatro La Fenice** 3: Campo San Fantin 2549, s. S. 58 und s. S. 151.
Chicago meets Venice – **Tarnowska's American Bar** 2: im Hotel Ala, Campo Santa Maria del Giglio 2494, Tel. 041 520 83 33, www.hotelala.it, Stazione Giglio, tgl. 16–1 Uhr. Stilvolle Hotelbar mit viel Leder und Messing, hervorragenden Cocktails, Weinen, Käsen und Teesortiment.
Barocke Streicherklänge zum Schwärmen – **Interpreti Veneziani** 3: Campo San Vidal, s. Mein Tipp, s. S. 167.
Jugend-Treff mit (Live-)Musik – **Torino @Notte** 4: Campo San Luca 459, s. S. 55.
Restaurant mit reichhaltigem Kulturprogramm – **Bistrot de Venise** 5: Calle dei Fabbri 4685, s. S. 58.
Beliebter Treff für musikbegeisterte Nachteulen – **Bàcaro Jazz** 6: Calle d. Fondaco dei Tedeschi 5546, Tel. 041 528 52 49, www.bacarojazz.com, Stazione Rialto, tgl. 13–3, Küche bis 2 (!), Happy Hour 16–19.30 Uhr. Reich sortierte Cocktailbar mit ebensolcher, von kulinarischer Fantasie zeugender Speisekarte (Pizze!), sehr gute italienische Weine; unprätentiöses, grafisch originelles Ambiente, bunt gemischtes Publikum mit Schwerpunkt Jazz-Aficionados aus aller Welt.
Abhängen auf Irisch – **Inishark** 7: San Marco 5809, Calle del Mondo Nuovo, Tel. 041 523 53 00, Stazione Rialto, Di–So 17–1.30 Uhr. Typisch irisches Pub mit berauschenden Vorräten an Whiskys, Bieren und Irish Coffee; zwischen Salizzada San Lio und Campo Santa Maria Formosa.

Blick von der Riva del Ferro auf die Rialto-Brücke

Das Beste auf einen Blick

Cannaregio

Highlight!

Ca' d'Oro: Das ›Goldene Haus‹, der dank seiner filigranen Fassade vermutlich schönste gotische Palast der Stadt, ist auch für die darin präsentierte hochkarätige Gemäldesammlung berühmt. S. 183

Auf Entdeckungstour

Ein Spaziergang durch das erste Ghetto der Welt: Beim Rundgang durch jenes Stadtviertel, in dem die venezianischen Juden seit dem frühen 16. Jh. siedeln mussten, besichtigt man mehrere prächtige Synagogen und das Museo Ebraico. S. 180

Kultur & Sehenswertes

Madonna dell'Orto: Das sakrale Architekturjuwel aus der Gotik liegt abseits der üblichen Touristenpfade. Hinter ihrer reich verzierten Fassade birgt die Kirche etliche Gemälde Tintorettos und auch sein Grab. 13 S. 179

Aktiv & Kreativ

Die Kunst des Mosaikmachens: Fachkurse für Anfänger und Fortgeschrittene unter Führung von Meister-Mosaizisten der Traditionsfirma Orsoni. 1 S. 188

Genießen & Atmosphäre

Open-Air-Lunch oder -Dinner: Cannaregio ist von vier langen und lichtdurchfluteten Hauptkanälen durchzogen, an deren Ufern sich ein gutes Lokal an das nächste reiht. Ein Mahl, etwa im **Diana** 7 oder im **Da Rioba** 8, direkt am Wasser unter freiem (Sternen-)Himmel, ist besonders stimmungsvoll. S. 188

Abends & Nachts

Im Casino sein Glück versuchen: *Rien ne va plus* heißt es allabendlich im Palazzo Vendramin-Calergi, jenem prachtvollen Palast am Canal Grande, in dem 1883 Richard Wagner starb. 18 S. 183, 189

Lichter Randbezirk im Norden

Ein Bummel vom Bahnhof bis zur Rialto-Brücke führt auf vergleichsweise geraden Pfaden und entlang breiter Kanäle ins ehemalige jüdische Ghetto und zu zahlreichen bekannten und weniger bekannten Kirchen und Palästen wie Sant'Alvise, Madonna dell' Orto und Ca' d'Oro.

In Bahnhofsnähe

Entgegen dem wohlgemeinten Rat von Ästheten, sich der Serenissima nur vom offenen Meer her zu nähern, kommt heute die Mehrheit der Venedigbesucher über den Fahrdamm vom Festland in die Stadt. Automobilisten bietet sich nach Verlassen der Parkgarage zuerst der hässliche Anblick der Hafenanlagen (von Tronchetto) oder des Busbahnhofs (auf dem Piazzale Roma). Bahnfahrer hingegen müssen nur die meist von Trampern bevölkerte Treppe des Bahnhofs (gesichtsloser Neubau von 1955) hinabsteigen, und schon stehen sie in typisch venezianischem Ambiente.

Jenseits des dicht befahrenen Canal Grande begrüßt die grünspanige Kirche San Simeone Piccolo, ein verkleinertes Abbild des römischen Pantheons, den Ankömmling. Zur Rechten überspannt in weitem Bogen die im Jahr 2008 eingeweihte Fußgängerbrücke des spanischen Architekten Santiago Calatrava, die **Ponte della Costituzione** 1 (›Brücke der Verfassung‹), das Wasser. Sie soll Fußgängern den Weg zwischen Piazzale Roma und Bahnhof verkürzen – eine 94 m lange, durch ein Fischgrätenmuster strukturierte, mit gläserner Brüstung versehene Stahlkonstruktion, die zwar in ihrer Transparenz höchst elegant, ja futuristisch anmutet, jedoch von Beginn an heftig umstritten war. Denn nicht nur betrug ihre Planungs- und Bauzeit denkwürdige zwölf Jahre. Sie kostete auch das Dreifache der anfangs kalkulierten Summe, nämlich über 10 Mio. €. Ihre Stufen laden, da sie der normalen Schrittlänge völlig widersprechen, permanent zum Stolpern. Zudem besitzt sie weder einen Lift noch eine Rampe für Trolleys, Koffer oder Kinderwagen, ist also für Rollstuhlfahrer und Reisende mit Gepäck völlig ungeeignet.

Als ungleich praxisgerechter erweist sich weiter östlich die 1934 an Stelle einer älteren Eisenkonstruktion erbaute Bahnhofsbrücke, die hinüber in den Bezirk Santa Croce führt und einen beliebten Start- und Wende-

Infobox

Reisekarte: ▶ B–F 1–4

Routendauer
Für diesen Spaziergang sollte man, Pausen inklusive, aber Besichtigungen und auch Shoppingstopps an der Lista di Spagna und Strada Nova exklusive, mindestens 3 bis 4 Stunden einkalkulieren.

Informationen
Am Ausgangspunkt für diesen Rundgang, dem Bahnhof Santa Lucia, unterhält das Städtische Tourismusamt (APT) ein Informationsbüro. Hier erhält man ganzjährig tgl. zwischen 9 und 14.30 Uhr alle Arten von Auskünften und Broschüren sowie gratis Stadtpläne.

Mein Tipp

Per Vaporetto auf dem Canal Grande
Die meisten Venedig-Besucher erhalten ihren ersten nachhaltigen Eindruck von der Schönheit dieser Stadt an Bord eines Vaporetto auf dem Canal Grande. Wer diese gewundene Wasserstraße zwischen dem Bahnhof, bzw. der Autogarage auf der Piazzale Roma, und San Marco an Bord einer ›schwimmenden Straßenbahn‹ der Linien 1, 2 oder 3 befährt (Dauer: zwischen 15 und 40 Minuten), bewegt sich durch ein Spalier von prachtvollen Palast- und Kirchenfassaden. Unterwegs gibt's jede Menge Stopps, an denen man nach Belieben unterbrechen kann.
Zwei Empfehlungen: Bequemer, weil mit hoher Wahrscheinlichkeit von einem Sitzplatz aus, genießt man das Panorama außerhalb der Rushhour, die sich in Venedig für gewöhnlich auf die Stunden zwischen ca. 7.30 und 9 bzw. 17 und 18.30 Uhr beschränkt. Bei trockenem, nicht allzu kaltem und windigem Wetter sollte man danach trachten, einen der wenigen Open-Air-Sitze an Deck, entweder beiderseits der Fahrerkabine oder, bei älteren Modellen, auch am Heck, zu ergattern. Gewürzt mit dem Geruch des Wassers und dem Fahrtwind, gräbt sich das Erlebnis noch unvergesslicher ins Gedächtnis.

punkt für die Regatten der Gondolieri markiert. Noch weiter links steht die **Chiesa degli Scalzi** 2 (Cannaregio 57, Fondamenta degli Scalzi), die leider meist verschlossene Kirche der Unbeschuhten Karmeliter. Hinter ihrer Marmorfassade verbirgt sich ein schöner, spätbarocker Innenraum mit einem gigantischen Hochaltar. Die Deckenfresken G. B. Tiepolos wurden 1915 von österreichischen Bomben zertrümmert. Zwei Fragmente befinden sich in der Accademia.

Auf der Lista di Spagna

Ein Blick noch auf die in das Pflaster vor dem Bahnhof *(ferrovia)* eingelassene Tafel: Sie erinnert an die von Andrea Palladio (vgl. Entdeckungtour S. 258) geschaffene Kirche Santa Lucia, die 1860 dem Bau des ersten Bahnhofs hatte weichen müssen. Dann biegt man, neben der Scalzi-Kirche, in die **Lista di Spagna** 3 ein. Sie ist Teil des kilometerlangen Fußgängerwegs, der Mitte des 19. Jh. durch Zuschüttung von Kanälen angelegt wurde und seither den Bahnhof direkt mit dem Markusplatz verbindet. Ihr Name rührt von der spanischen Botschaft her, die einst im Palazzo Zeno (links, nach etwa 200 m) ihren Sitz hatte, *lista* meint jene Zone, in der einst die diplomatische Immunität galt.

Vorbei an den billigen Esslokalen, Boutiquen, Souvenirläden und Hotels dieser touristischen Einfallschneise gelangt man nach wenigen Minuten auf den weitläufigen **Campo San Geremia** 4. Rechter Hand erhebt sich die gleichnamige Kirche, ein imposanter Kreuzkuppelbau aus der zweiten Hälfte des 18. Jh. In der Kapelle ihres linken Querschiffarms fanden die Überreste der hl. Lucia von Syrakus nach dem Abriss der ihr geweihten Kirche die letzte Ruhestatt (Abendkonzerte siehe www.musicavenezia.org). In der angrenzenden Scuola dei Morti (besser vom Canal Grande zu sehen) nahm man sich früher der Ertrunkenen und ihrer Seelen an. Der mächtige **Palazzo Labia** 5 (Cannaregio 275), dessen Antennenaufbau schon von der Lista di Spagna aus nicht zu übersehen war, gehörte einst der steinreichen katalanischen Familie Labia und ist seit 1969 Sitz der Regionalzentrale der staatlichen Rundfunkgesellschaft RAI. Er besitzt einen grandiosen, mit Fresken G. B. Tiepolos dekorierten Ballsaal, der für gewöhnlich zu ausgewählten Zeiten zu besichtigen ist (Informationen unter Tel. 041 78 11 11), seit Längerem aber schon wegen Restaurierung geschlossen ist.

Am Canale di Cannaregio

Ein paar Schritte weiter stößt man auf den Ponte delle Guglie. Über ihn, nach links und dann bei der zweiten Gasse nach rechts, könnte man binnen zwei Minuten das ehemalige jüdische Ghetto erreichen. Doch wer noch einigermaßen fit und neugierig ist, sollte einen Abstecher auf sich nehmen und den Canale di Cannaregio entlangwandern. Er führt in eine Gegend, wo die Dichte an kunsthistorischen Sehenswürdigkeiten ab-, die Unverfälschtheit des Alltagslebens jedoch zunimmt. Die Kanäle sind in diesem relativ jungen Stadtteil geradliniger, die Gassen ein wenig breiter, die Ausblicke weiter.

Die Bewohner, hauptsächlich Arbeiter der Festlandindustrie und Fischer, scheinen ihrer traditionellen Lebensart noch verhafteter zu sein als anderswo in der Stadt. Ein Imbiss in einer der volkstümlichen Trattorien ist eine gute Gelegenheit, sich vom ruhigen Lebensrhythmus, der auf den ungewohnt geräumigen, sonnendurchfluteten Kais herrscht, anstecken zu lassen.

Ist man die Fondamenta Savorgnan ungefähr einen halben Kilometer entlanggegangen, kommt vis-à-vis der **Palazzo Surian Bellotto** (Cannaregio 967–69) ins Blickfeld, in dem 1743/44 Jean-Jacques Rousseau als Sekretär des französischen Botschafters arbeitete. Bei der **Ponte dei Tre Archi,** übrigens der einzigen dreibogigen Brückenkonstruktion Venedigs, geht's nach links, und wenig später steht man dann vor

Idyllischer geht's kaum: Kanalszene am Südostrand von Cannaregio

dem herausragenden Kunstwerk des nordwestlichsten Stadtzipfels, der Kirche San Giobbe.

San Giobbe 6

Cannaregio 620, Mo–Sa 10–17 Uhr, Eintritt 3 € bzw. Chorus Pass

San Giobbe, ein beachtlicher Sakralbau aus der Frührenaissance, besticht vor allem durch die überaus feinen Steindekors am Portal und an den inneren Wandpfeilern. Sie stammen vermutlich aus der Werkstatt Pietro Lombardos und erinnern wohl auch deshalb an die faszinierenden Reliefs in der Miracoli-Kirche (vgl. S. 207). Was im Innenraum noch besonders auffällt: die farbigen Terrakotten an der Decke der zweiten Seitenkapelle und die »Hirtenanbetung« von Giovanni Girolamo Savoldo (um 1540) in der gotischen Kapelle neben der Sakristei. Ist das Kirchentor geschlossen, bei Haus Nr. 620, läuten.

Die paar Schritte bis zum Ende des Kanals sollte man nicht scheuen. Denn erstens genießt man von dort ein fabelhaftes Panorama über die nördliche Lagune. Und zweitens kann man noch einen Blick auf zwei merkwürdige Stätten werfen: linker Hand auf die Hallen des einstigen Schlachthofs,

Sehenswert

1 Ponte della Costituzione
2 Chiesa degli Scalzi
3 Lista di Spagna
4 Campo San Geremia
5 Palazzo Labia
6 San Giobbe
7 Jüdisches Museum/ Scuola La Tedesca
8 Scuola Canton
9 Scuola Levantina
10 Scuola Spagnola
11 Sant'Alvise
12 Wohnhaus Tintorettos
13 Madonna dell'Orto

Cannaregio

- 20 Campo Santa Fosca
- 21 Campo San Marziale
- 22 Venedigs älteste Apotheke
- 23 Ca' d'Oro/Galleria Franchetti
- 24 Campo dei Santi Apostoli
- 25 San Giovanni Crisostomo
- 26 Corti del Million
- 27 Teatro Malibran
- 28 Fondaco dei Tedeschi

Essen & Trinken

- 1 Al Brindisi
- 2 Alla Fontana
- 3 Ai Canottieri
- 4 Bentigodi
- 5 Antica Mola
- 6 Irish Pub Venezia
- 7 Diana
- 8 Da Rioba
- 9 Caffetteria Goppion
- 10 Vini da Gigio
- 11 Ca' d'Oro Alla Vedova
- 12 Ai Promessi Sposi
- 13 Gam-Gam
- 14 Giardino dei Melograni

Einkaufen

- 1 Pasticceria DalMas
- 2 Pesaro
- 3 Giacomo Rizzo
- 4 Coin

Aktiv & Kreativ

- 1 Mosaizierkunst bei Familie Orsoni

Abends & Nachts

- 1 Santa Lucia
- 2 Timon
- 3 Paradiso Perduto
- 4 Giorgione Movie d'essai
- 5 Teatro Fondamenta Nuove

- 14 Palazzo Contarini
- 15 Scuola Vecchia dell' Abbazia
- 16 Campiello dell'Anconetta
- 17 San Marcuola
- 18 Palazzo Vendramin-Calergi/Casino
- 19 Campo della Maddalena

einen Schatz der industriellen Archäologie, auf dessen Gelände Le Corbusier in den 1960er-Jahren ein ultramodernes Krankenhaus erbauen wollte (nach Beendigung langer Renovierungsarbeiten hat hier vor einigen Jahren die Universität Quartier bezogen). Und zur Rechten, am Ende der Calle Ferau, blickt man auf das längst geschlossene Kloster der Büßerinnen (Ricovero dei Penitenti), eine Umerziehungsanstalt für reuige Prostituierte.

Die Zeit für den Rückweg am anderen Kanalufer kann man dazu nützen, über die Herkunft des Bezirksnamens Cannaregio zu spekulieren. Ob er, wie manche sagen, von *canal regio* abstammt, dem ›königlichen Kanal‹, durch den vor dem Bau des Fahrdamms die meisten Boote vom Festland zum Stadtkern fuhren? Oder ob er sich davon herleitet, dass dieses Gebiet einst sumpfig und mit Röhricht *(canneto)* bewachsen war? Noch bevor man eine schlüssige Antwort gefunden hat, ist man schon wieder zurück bei der Hauptroute und, knapp vor der Ponte delle Guglie, an der Calle del Ghetto Vecchio angelangt, die nach links in eben dieses führt. In dem verwinkelten Viertel lohnt u. a. ein Besuch des **Jüdischen Museums** 7 sowie der prächtigen Synagogen **Scuola Canton** 8, **Levantina** 9 und **Spagnola** 10 (s. Entdeckungstour S. 180).

Sant'Alvise und Umgebung

Aus dem Judenviertel gelangt man durch die Calle Farnese, dann nach einer scharfen Linkswendung durch die Calle degli Omesini und in gerader Linie über drei Kanäle auf den Campo di Sant'Alvise. Die gotische, im 17. Jh. umgebaute Kirche **Sant'Alvise** 11 (Mo–Sa 10–17 Uhr, Eintritt 3 € bzw. mit Chorus Pass) beherbergt drei Gemälde G. B. Tiepolos und die acht entzückenden, scherzhaft Kindercarpaccios genannten Bilder, die zwar nicht von Carpaccio (sondern aus dem Umfeld seines Lehrers Lazzaro Bastiani) stammen, aber tatsächlich aussehen, als hätte ein geni-

Mein Tipp

Essen im Ghetto

Wer vor oder der nach der Besichtigung des Jüdischen Museums und der Synagogen eine Stärkung braucht, findet diese entweder in Form von Brötchen, Kuchen und anderen Kleinigkeiten plus Kaffee, Tee oder Soft Drinks in der **Caffetteria des Museums** 7 (Cannaregio 2902b, Campo del Ghetto Nuovo, Tel. 340 104 68 58, geöffnet zu den Zeiten des Museums, s. Entdeckungstour S. 180). Koschere Küche nach jüdisch-italienischer Tradition mit orientalischem Touch, von Falafel und Tahina bis zum gefillten Fisch, und dazu exzellente israelische Weine bekommt man im **Gam-Gam** 13 kredenzt (Sotoportego del Ghetto Vecchio 1122, Tel. 041 275 92 56, So–Do 12–22 Uhr, Fr nur mittags, ab 14 €). Elegant geht es in der **Giardino dei Melograni** 14 zu, deren koschere (Gourmet-)Küche als einzige in Venedigs Gastronomie das Gütezertifikat des örtlichen Chefrabbiners verliehen bekam. Ein spezielles Erlebnis ist das Sabbatmahl am Freitagabend, eventuell sogar im lauschigen Innenhof (Campo del Ghetto Nuovo 2873c, Tel. 041 822 61 31, www.pardesrimonim.net, So–Do mittags u. abends, Fr nur mittags, ab 30 €). Alle: Stazione San Marcuola bzw. Guglie.

aler Künstler sie in den Tagen seiner Kindheit gemalt.

Campo dei Mori

Von Sant'Alvise geht man den Weg, den man kam, retour bis zum zweiten Kanal, dem Rio della Sensa. Die gleichnamige Fondamenta führt linkerseits direkt auf den Campo dei Mori, den Mohrenplatz. Durch die vorherige Quergasse, die Calle Brazzo (links), hat man bereits einen schönen Blick auf den kuppelbekrönten Glockenturm der Kirche Madonna dell'Orto erhascht. Aber bevor man dieses gotische Juwel besucht, gilt es noch das **Wohnhaus Tintorettos** 12 an der Fondamenta dei Mori (Nr. 3399) in Augenschein zu nehmen, in dem der Maler seine letzten Lebensjahre verbracht hat. Außerdem sollte man auch Sior Antonio Rioba, dem berühmten steinernen Mann mit der Eisennase, und seinen orientalischen Kollegen Tribut zollen (s. auch Lieblingsort S. 185).

Madonna dell'Orto 13

Cannaregio 3512, Mo–Sa 10–17 Uhr, Eintritt 3 € bzw. Chorus Pass

Die Kirche Madonna dell'Orto, ein Bau aus dem mittleren 14. Jh., ist eine der wenig besuchten Kostbarkeiten der Stadt. Was die Mehrheit der Touristen zu genießen versäumt, ist beträchtlich: Da ist einmal die Fassade – mit ihren Apostelstatuen, den wunderbaren, vielfach durchbrochenen Fenstern und dem reich verzierten Portal stellt sie das wohl wichtigste Beispiel gotischer Kirchenarchitektur Venedigs dar. Dann die Sammlung erlesener Gemälde unter der flachen Holzdecke im Inneren – hier hängen neben anderen ein Cima da Conegliano (»Johannes der Täufer«; erster Seitenaltar) sowie etliche Tintorettos (z. B. »Tempelgang Mariens«; rechts, über der Sakristeitür; sowie »Jüngstes Gericht« und »Anbetung des Goldenen Kalbes«; beide im Chor). Und schließlich findet sich – in der rechten Chorkapelle – die letzte Ruhestatt Tintorettos.

Die Gegend rund um die Grabeskirche des Jacopo Robusti (so hieß Tintoretto, der Meister des Manierismus, mit bürgerlichem Namen) war in der Blütezeit Venedigs, anders als heute, ein Zentrum gesellschaftlichen Lebens. Hier tummelten sich überdurchschnittlich viele Kurtisanen, hier wohnten zahlreiche Künstler und Kaufleute. Nicht grundlos errichteten etwa die Händler gleich neben der Kirche ihre Schule, die Scuola Santa Maria dei Mercanti.

Östliches Cannaregio

Am östlichen Ende der gleichnamigen Fondamenta steht der **Palazzo Contarini** 14 (Cannaregio 2926), in dem sich einst die Intelligenzija der Stadt zu legendären philosophischen Streitgesprächen traf und von dem aus man einen herrlichen Blick auf die zypressenbestandene Friedhofsinsel hat (s. Entdeckungstour S. 212). Hier knickt der Weg nach Süden, um wenig später den Rio della Sensa entlang Richtung Osten zur **Scuola Vecchia dell'Abbazia** 15 (Cannaregio 3599) zu führen. Das gotische Gebäude, eine der sechs Großen Schulen Venedigs, bildet mit der gleichnamigen, bisweilen auch Maria in Valverde genannten Kirche ein besonders malerisches Ensemble. Der jenseits des Kanals gelegene, riesige Ziegelbau der neuen Scuola (della Misericordia), deren Obergeschoss nach dem letzten Krieg über viele Jahre als Basketballhalle herhalten musste, blieb äußerlich unvollendet. Ihre Grundkonzeption ist ein Werk Jacopo Sansovinos.

Der Weg folgt nun der Fondamenta della Misericordia, vor- ▷ S. 183

Auf Entdeckungstour: Ein Spaziergang durch das erste Ghetto der Welt

Im Herzen von Cannaregio liegt der alte Wohnbezirk der venezianischen Juden. Das Viertel verströmt bis heute eine ganz besondere, melancholische Atmosphäre. Seine Geschichte erschließt sich beim Besuch des Museums und einer Führung durch die prächtigen Synagogen.

Start und Dauer: Campo di Ghetto Nuovo, Stazione Guglie (Linea 41, 42, 51, 52); Dauer: ca. 2 bis 3 Stunden
Planung: Jüdisches Museum: Cannaregio 2902b, Juni–Sept. tgl. außer Sa/jüdische Fei 10–19, Okt.–Mai 10–17.30 Uhr, Eintritt 4 €; Führungen durch die Synagogen auf ital./engl., 10.30–17.30, Okt.–Mai bis 16.30 Uhr im Stundentakt (8,50 € inkl. Museum), bei Voranmeldung auch auf Deutsch, Info & Tickets Tel. 041 71 53 59, www.museoebraico.it; Führungen über den Friedhof von San Nicolò: ca. April–Okt. So, 8,50 €; Voranmeldung im Museum.

Als Ausgangspunkt für die Erkundung von Venedigs jüdischem Erbe empfiehlt sich der Campo di Ghetto Nuovo: zum einen, weil das große, unregelmäßige Geviert wieder verstärkt die unverwechselbare Stimmung des Ortes bündelt. Da tollen Kinder mit der Kippa auf dem Kopf spielend über das Pflaster. In der Yeshiva studieren junge Männer die Thora, andere sind, angetan mit Gebetsriemen, in Zwiesprache mit Gott versunken. Im Hintergrund, an der Wand, erinnern Bronzetafeln an die 200 Holocaust-Opfer der örtlichen Gemeinde, während nebenan ein koscheres **Luxusrestaurant** 14 zum gediegenen Tafeln lädt.

Im Jüdischen Museum 7

Ein zweiter Grund, auf dem zentralen Platz zu starten, ist das Jüdische Museum, dessen Eingang hier liegt. Es ist eine kleine, aber kostbare Sammlung, die 1953 hier ihre Heimstatt fand. Ein Schwerpunkt liegt auf Textilien, Gold- und Silberarbeiten aus dem 16. bis 19. Jh. Wer die mit liturgischem Gerät, Handschriften und anderen Exponaten wie Fialen, Ölleuchtern, Dokumenten etc. reich bestückten Vitrinen entlangwandert, erfährt aber auch viel über jüdische Feste im Jahres- und Lebenslauf.

Abgegrenzt und kontrolliert: Die Anfänge der Ghettoisierung

Vor allem aber lässt sich angesichts der bedrückend hohen, ineinander verschachtelten Wohnhäuser des Platzes besonders trefflich über die Geschicke der hiesigen jüdischen Gemeinde reflektieren. Ihre Geschichte beginnt mit dem 16. März 1516 – einem traurigen Datum. Denn an jenem Tag verfügte der Senat, dass die Juden der Stadt fortan ausschließlich »in einem Bezirk nahe der Kirche San Girolamo im Stadtteil Cannaregio« leben sollten. Und zwar abgesondert von der übrigen Bevölkerung und ständig kontrolliert von christlichen Wächtern. Der zugeteilte Ort war ringsum von Kanälen umgeben. Er hieß, weil sich dort eine Gießerei (venez.: *getto,* von *gettare* = gießen) befand, Ghetto Nuovo.

Dem betrüblichen Erlass (dem Beispiel Venedigs sollten bekanntlich bald viele weitere Kommunen folgen) waren Jahrhunderte vorausgegangen, in denen das Verhältnis zwischen der Stadt und ihren Juden abwechselnd von Protektion und Verfolgung geprägt war. Nun jedoch mussten sich die Juden zwischen Sonnenuntergang und -aufgang hinter den fensterlosen Außenmauern des Ghettos zurückziehen. Im **Sottoportego** beim Eingang sind noch die Vertiefungen im Marmor zu sehen, in denen nachts die schweren Torschranken einrasteten.

Die ersten Synagogen

Die frühesten Ghettobewohner waren Juden aus Süditalien sowie deutsche und polnische Aschkenasim. Sie bauten die **Scuola La Tedesca** 7 (1528) und die nahe gelegene **Scuola Canton** 8 (1531/32). Erstere befindet sich im selben Haus wie das Museum und ist an den fünf großen Bogenfenstern – drei sind zugemauert – erkennbar. Spezielle Merkmale im Inneren sind der elliptische Balkon für die Frauen und, rund um die ›marmorierten‹ Wände laufend, die in goldenen Lettern verfassten Zehn Gebote. Die **zweite,** vermutlich nach der Stifterfamilie benannte Synagoge präsentiert sich heute im Rokokostil und besitzt als Besonderheit acht

Holzpaneele mit biblischen Szenen aus dem Buch Exodus.

Im Laufe des 16. Jh. zogen immer mehr Juden auf der Flucht vor den Pogromen nach Venedig. Die Bevölkerung des Viertels wuchs und mit ihr die Höhe der Wohnhäuser und die Gefahr von Einstürzen, Bränden und Seuchen. 1541 siedelte man die meist reichen Juden aus dem östlichen Mittelmeer – sie waren vor den Türken geflohen und wegen ihrer Kontakte zum Handelspartner am Bosporus hoch angesehen – im Gebiet zwischen dem Ghetto Nuovo und dem Kanal von Cannaregio an. Man nannte es, nicht ganz logisch, Ghetto Vecchio, altes Ghetto. 1643 fügte man noch einen dritten Teil, das Ghetto Nuovissimo, hinzu.

Blüte und Verfall

Im späten 16. und frühen 17. Jh. erlebte die jüdische Gemeinde trotz beengter Wohnverhältnisse und vieler Einschränkungen eine ungeahnte Blüte: Der Adel hatte seine Aktivitäten zusehends auf das Festland verlagert und das riskante, aber einträgliche Levantegeschäft den Juden überlassen. Das Ghetto verfügte über ein soziales Netz, das in seiner Dichte das der restlichen Stadt weit übertraf. Daneben wurde es zu einem Zentrum der Gelehrsamkeit. Unter Fremden war es damals Mode, die Predigten der berühmten Rabbiner zu hören. Vornehme Damen unterhielten hochgeschätzte literarische Salons. Die jüdischen Buchdruckereien genossen in ganz Europa einen exzellenten Ruf.
In dieser Zeit entstanden auch an der Gasse Ghetto Vecchio die zwei schönsten Synagogen Venedigs: die **Scuole Levantina** 9 und **Spagnola** 10. Erstere wurde in der 2. Hälfte des 17. Jh. neu erbaut. Ihre prächtig geschnitzte Kanzel schuf Andrea Brustolon. Die »spanische« bildet das größte Bethaus und verströmt, u. a. wegen der reichen Verwendung mehrfarbigen Marmors, eine spezielle Grandezza.

Im Laufe des 18. Jh. verschlechterte sich die wirtschaftliche Lage der Seerepublik und damit auch der jüdischen Gemeinde. 1737 musste sie Bankrott erklären; wenig später war ihre Einwohnerzahl von 5000 auf ein Drittel geschrumpft. Erlösung brachte erst Napoleon. Er verlieh den Bedrängten 1797 das freie Bürgerrecht und leitete die Epoche der Emanzipation ein, in der sie aktiv für die italienische Einigung kämpften und 1866 schließlich die rechtliche Gleichstellung erhielten.

Heute leben nur mehr etwas über 500 Juden in Venedig und gerade noch 15 Familien in ihrem angestammten Viertel. Ihrem Sinn für Gemeinschaft und Tradition ist zu verdanken, dass sich der einst berühmt-berüchtigte Sperrbezirk eine gewisse Eigenart bewahren konnte; dass die Bethäuser immer noch allsabbatlich besuchte Orte des Glaubens sind; dass ein jüdisches Kindertages- und ein Altersheim, mehrere Hebraica-Läden und koschere Lokale noch bzw. wieder existieren.

Ausflug zum alten Jüdischen Friedhof

Wer sich noch eingehender mit der Geschichte der örtlichen Gemeinde beschäftigen will und/oder ein Faible für aufgelassene, verwunschen wirkende Friedhöfe hegt, sollte auch den **Antico Cimitero Israelitico** von **San Nicolò** (▶ Karte 5, D 3) im Norden des **Lido** besuchen. Dort kann man im Schatten alter Bäume die bis zu 500 Jahre alten Grabsteine alteingesessener Familien und deren Symbole wie Löwen und Kronen, Palmwedel, Schofare oder betende Hände studieren und über die Vergänglichkeit allen Irdischen sinnieren.

bei am **Paradiso Perduto** 3, einem besonders beliebten Szenelokal mit Livemusik, biegt an der vierten Brücke links in die Rio Terra Farsetti ab und führt quer über den bunten Gemüse-, Obst- und Fischmarkt zum Canal Grande. Wenn Beine und Magen wieder einmal nach Erholung verlangen: Auf dem nahen **Campiello dell'Anconetta** 16 sitzt man beim Café sehr gemütlich vor der Fassade des alten, von der Universität okkupierten Teatro Italia, beschützt von einer Schutzmantelmadonna und dem hl. Georg.

Gestärkt besichtigt man Giorgio Massaris Kirche **San Marcuola** 17 (Cannaregio 1777; 1728–36) mit ihrer unvollendeten Außenfassade sowie den vier seltsamen Altarpaaren und dem »Abendmahl« von Tintoretto. Danach delektiert man sich an der Zuckerbäckerfront des Fondaco dei Turchi (s. S. 231) am jenseitigen Canal-Grande-Ufer und an dem Kontrast, den die schlichte Ziegelfassade des benachbarten Hirselagerhauses der Republik zu ihr bildet. Über den kleinen Kanal an der Querseite des Campo gelangt man zum Hintereingang des **Palazzo Vendramin-Calergi** 18 (Cannaregio 2040), von Mauro Codussi und den Brüdern Lombardo um 1500 erbaut (s. auch Mein Tipp S. 189).

Nächste Station ist, gleich neben dem Hauptgehweg Richtung Markusplatz, der **Campo della Maddalena** 19 mit dem hübschen klassizistischen Gotteshaus gleichen Namens und einer pittoresken Dachlandschaft aus Giebeln und Kaminen, die ein außertourliches Hälserecken lohnt. Gleich dahinter weitet sich der Weg zum **Campo Santa Fosca** 20. Das Bronzedenkmal in seiner Mitte erinnert an den Mönch Pietro Sarpi, besser bekannt unter dem Namen Paolo. Auf ihn, einen äußerst vielseitigen Theologen, politischen Ratgeber und Wissenschaftler (er half u. a. Galilei bei der Konstruktion seines Fernrohrs), war 1607 an dieser Stelle ein Attentat verübt worden.

Ein kurzer Abstecher führt über die Brücke zum ruhigen, stimmungsvollen **Campo San Marziale** 21 (in der gleichnamigen Kirche von 1721 Deckengemälde von Sebastiano Ricci und Tizians »Tobias und der Erzengel«). Auf der Strada Nova findet man rechter Hand, gegenüber der Kirche Santa Fosca, Venedigs **älteste Apotheke** 22 (Farmacia Ponci, Cannaregio 2233/a). Mit ihrer originalen Einrichtung aus dem 17. Jh. erinnert sie ähnlich wie die fast ebenso alte Testa d'Oro bei der Rialto-Brücke an jene längst vergangenen Zeiten, als die Apotheken noch als gesellschaftliche Treffpunkte dienten, wo man Zeitungen las, sich mit Freunden verabredete und den Theriak erstand, das legendäre Elixier aus mehr als 60 Ingredienzen, das die Venezianer über Jahrhunderte als Allheilmittel in alle Welt exportierten. Schräg gegenüber erhebt sich der gotische **Palazzo Giovanelli** (Cannaregio 2292), durch dessen etwas verwahrlosten Vorgarten man in den hübschen Innenhof mit seiner schön geschwungenen achteckigen Wendeltreppe gelangt.

Ca' d'Oro/ Galleria Franchetti ! 23

Cannaregio 3932, www.cadoro.org, Di–Sa 8.15–19.15, So 10–18, Mo 8.15–14 Uhr, Eintritt 6 €

Über den Rio di Noale, durch den die Wassertaxis auf ihrem Weg vom Flughafen ins Stadtzentrum brausen, und vorbei an der recht unspektakulären Kirche San Felice gelangt man zu der Querstraße, an deren Ende sich Ca' d'Oro befindet. Das ›Goldene Haus‹ ist eine Art gotisches Paradestück unter den venezianischen Palästen

5398

Lieblingsort

Campo dei Mori

Gewiss, vordergründig betrachtet hat der Platz nichts wirklich Spektakuläres – keine Prachtpalazzi, kein Renommiercafé. Nein, hier flanieren nur wenige Touristen. Warum ich den Mohrenplatz dennoch bei jedem Stadtbesuch aufsuche? Sicher, weil hier das **Wohnhaus Tintorettos** 12 und, gleich um die Ecke, die Kirche Madonna dell'Orto mit etlichen seiner Werke und seinem Grab stehen. Wohl auch wegen der hohen Dichte an guten Lokalen im Nahbereich. Da ist dann freilich noch etwas anderes, Unwägbares: Vielleicht das bodenständige, ja proletarische Flair? Oder ist's doch auch die Präsenz der vier Mohren, jener rätselhaften, turbantragenden Statuen, die seit alters zu den geheimen Wahrzeichen Venedigs zählen, obgleich – oder vielleicht gerade weil – niemand mehr ihre genaue Herkunft und Bedeutung kennt?

(1420–34; u. a. von Giovanni und Bartolomeo Bon; vgl. auch S. 112). Seine verschwenderisch verzierte Fassade, eine Art Stein gewordene Buranospitze, die ursprünglich mit farbigem Marmor und Gold (dem das Haus seinen Namen verdankt) überzogen war, präsentiert sich nach langen Jahren hinter Gerüstbrettern glanzvoll renoviert.

Sein Inneres hat unter mehreren radikalen Umgestaltungen im 19. Jh. zwar gelitten, wurde aber vom letzten Besitzer, dem Kunst-Connaisseur Baron Giorgio Franchetti, mehr oder weniger wiederhergestellt. Franchettis Kunstsammlung, die seit 1927 von der Stadt verwaltet wird, enthält zahlreiche hervorragende Werke, darunter Andrea Mantegnas berühmter »Hl. Sebastian«, Bilder von Tizian, van Dyck, Carpaccio und Bordone, aber auch Skulpturen, Gobelins und kunsthandwerkliche Objekte aus Spätgotik, Renaissance und Barock, außerdem einige Fragmente der Fresken von Tizian und Giorgione, die einst die Außenmauern des Fondaco dei Tedeschi (auf den man im weiteren Verlauf dieser Tour stößt) schmückten. Nicht versäumen sollte man die Aussicht von der Loggia über den Canal Grande auf die *Pescheria* (s. Entdeckungstour S. 221).

Nördlich des Rialto

Der **Campo dei Santi Apostoli** 24, man erreicht ihn über die breite Strada Nuova, dient seit altersher als Knotenpunkt zwischen Rialto und dem Norden der Stadt. Die gleichnamige Kirche mit dem eleganten, schlanken Campanile ist vor allem wegen der **Kapelle Corner,** einem Schmuckstück des Renaissance-Architekten Mauro Codussi, sehenswert, allerdings meist verschlossen. Die gegenüberliegende **Scuola dell'Angelo Custode** (Cannaregio 4448) ist seit fast 200 Jahren Sitz der Lutheraner der deutschen Gemeinde. In dem Gebäude nebenan (Cannaregio 4392) wohnte Mitte des 18. Jh. der englische Konsul Joseph Smith, ein Kunstfreund, der Canaletto zu seiner ergebnisreichen Englandreise verhalf. Rechts hinter der Brücke an der Südseite des Campo findet man den kleinen Hof **Corte del Leon bianco.** Sein Name weist auf die renommierte Herberge hin, die im angrenzenden Palast von Alvise da Mosto, Entdecker der Kapverdischen Inseln, untergebracht war und in der 1769 der Habsburgerkönig Joseph II. inkognito logierte.

Von San Giovanni Crisostomo zur Rialto-Brücke

Dem etwas verwinkelten Straßenzug folgend, gelangt man wenig später zu der orangeroten, von Mauro Codussi entworfenen Kirche **San Giovanni Crisostomo** 25 (1497–1504; Cannaregio 5889; temporär geschl.). In ihrem wunderbar luftig proportionierten Inneren besonders beachtenswert: Giovanni Bellinis hinreißender »Hl. Hieronymus« in der ersten rechten Seitenkapelle, Tullio Lombardos Altarrelief »Krönung Mariens« und Sebastiano del Piombos Hochaltarbild des Kirchenpatrons.

Unmittelbar dahinter führt links ein Gässchen in die **Corti del Milion** 26 – zwei enge Höfe, die nach Marco Polos mittelalterlichem Bestseller über seine 24-jährige Asienreise, »Il Milione«, benannt sind. Man beachte die Torbögen mit ihrem Reliefschmuck aus dem frühen 14. Jh.! An der Stelle des 1678 fertiggestellten, 2001 nach Generalrenovierung wiedereröffneten **Teatro Malibran** 27 (Cannaregio 5873), es grenzt hinter den zwei Höfen an den Kanal, stand einst das Wohnhaus des legendären Kaufmannssohns und Entdeckungsreisenden (1254–1324; Gedenktafel!). Keine 100 m hinter der Crisostomo-Kirche, direkt neben der Rialto-Brücke, befindet sich der **Fondaco dei Tedeschi** 28 (San Marco 5554), die ehemalige Handelsniederlassung der deutschen Kaufleute (s. Entdeckungstour S. 163). Von ihm sind's ein paar Schritte um die Ecke, und schon steht man vor der Rialto-Brücke, an der sich scho n immer die innerstädtischen Hauptverkehrswege kreuzen.

Essen & Trinken

Tadellose Kost in Bahnhofsnähe – **Al Brindisi** 1: Campo San Geremia 307, Tel. 041 71 69 68, Stazione Guglie, tgl. 10–21.30 Uhr, ab 15 €. Tadellose Küche zu moderaten Preisen; von den Veranda-Tischen schöner Blick auf San Geremia und den Palazzo Labia.

Putziges Ecklokal – **Alla Fontana** 2: Fondamenta di Cannaregio 1102, Tel. 041 71 50 77, Stazione Guglie, Di–Sa 18–22 Uhr, ab 13 €. Die schmackhaften Häppchen und Weine laden zum Reinschauen und Probieren und sind vor allem bei Einheimischen populär. Wer mehr Zeit hat, kann sich an hervorragenden Hauptspeisen gütlich tun.

Anspruchsvolle Küche im Arbeiterviertel – **Ai Canottieri** 3: Fondamenta San Giobbe 690, s. S. 42.

Klassische Lagunen-Hausmannskost – **Bentigodi** 4: Calle Selle 1423, Tel. 041 822 37 14, Stazione San Marcuola, Di–So 10–15, 18–1 Uhr, ab 12 €. Rustikales Ambiente, vernünftige Preise; keine 100 Schritte östlich des Ghettos.

Zuckerguss aus Stein: die Fassade der Ca' d'Oro am Canal Grande

Preiswert und sehr typisch – **Antica Mola** 5: Fondamenta Ormesini 2800, s. S. 42.

Treff für Bier- und Sportfans – **Irish Pub Venezia** 6: Campo già Testori 3847, Tel. 041 099 01 96, www.theirishpubvenezia.com, Stazione Ca' d'Oro, tgl. 11–2 Uhr. Als Pionier und bis heute Platzhirsch unter den irischen Lokalen der Stadt, bietet dieses Pub neben echten Ales und Guinness auf einem Megaschirm Liveübetragungen von Golf, Tennis, Rugby und Champion's-League-Matches.

Schmaus & Trank mit arabischem Touch – **Diana** 7: Fondamenta della Misericordia 2519, Ecke Calle de le Pignete, Tel. 392 362 30 92, Stazione Madonna dell'Orto oder San Marcuola, tgl. 12–15, 18–24 Uhr, ab 18 €. Die Küche dieses sehr gemütlichen Ristorante trägt deutlich schmeckbar die Handschrift der arabischen Betreiber. Spezialisiert ist man auf Fisch- und Fleischgerichte, jedoch stehen auch mehr als 20 verschiedene Paste zur Auswahl. Riesenportionen! Besonders nett: die Tische draußen am Kanal.

Open-Air-Tafelfreuden am Kanalufer – **Da Rioba** 8: Fondamenta della Misericordia 2553, Tel. 041 524 43 79, Stazione San Marcuola oder Madonna dell'Orto, Di–So 12.30–14.30, 19.30–22.30 Uhr, ab 25 €. Gutes Mittelklasse-Restaurant mit variantenreicher Karte, vor allem ansprechendes Angebot an Pasta, *secondi* (Fisch und Fleisch) sowie *dolce.* Großer Pluspunkt: die Tische mit 35 Plätzen draußen am breiten, sonnigen Trottoir.

Koffein-Tankstelle – **Caffetteria Goppion** 9: Rio terrà San Leonardo 1903, Tel. 041 523 70 31, Stazione San Marcuola, Mo–Sa 7–20 Uhr. Idealer Rastplatz am Fußweg vom Bahnhof Richtung San Marco oder vom Vaporetto zum Ghetto. Zehn Sorten von Goppion-Kaffee, eine würziger als die andere, können verkostet werden, auch Tische draußen.

Gemütlich und schmackhaft – **Vini da Gigio** 10: Fondamenta San Felice 3628, s. S. 42.

Uralte Osteria mit kulinarischem Anspruch – **Ca' d'Oro Alla Vedova** 11: Ramo Ca' d'Oro 3912, s. S. 43.

Unkompliziert, aber gut – **Ai Promessi Sposi** 12: Calle dell'Oca 4367, Tel. 041 241 27 47, Stazione Ca' d'Oro, Do–Di 11.30–15, 18–23 Uhr. Reiches Häppchen-Sortiment in einfachem, aber einladendem Ambiente, doch auch Hausmannskost für ein handfestes Mittags- oder Abendmahl.

Adressen 13 und 14 s. Mein Tipp s. S. 178.

Einkaufen

Süßes zum Mitnehmen – **Pasticceria DalMas** 1: Lista di Spagna 149–150A, Tel. 041 715 101, www.dalmaspasticceria.it, Stazione Ferrovia. Idealer Stopp für Schleckermäulchen: eine Bäckerei mit einer großen Auswahl an venezianischem Gebäck, Schokolade und Pralinen, eigene Herstellung, in Bahnhofsnähe.

Alltagskleidung alla italiana – **Pesaro** 2: Lista di Spagna, 2821, Tel. 041 71 52 21, Stazione Ferrovia. Gute Ware mit Schick und Schwung für Sie und Ihn. Besonders praktisch für den eiligen Einkauf in Bahnhofsnähe.

Teigwaren vom Allerfeinsten – **Giacomo Rizzo** 3: Salizzada San Giovanni Crisostomo 5778, s. S. 47.

Filiale von Italiens größter Kaufhauskette – **Coin** 4: Salizzada San Giovanni Crisostomo 5790, s. S. 49.

Aktiv & Kreativ

Die Geheimnisse der Mosaizierkunst erlernen – **Familie Orsoni** 1: Cannaregio 1045, Tel. 041 244 00 02, www.

orsoni.com, Workshops ab 480 €. Der letzte noch aktive Glashersteller in der Altstadt, die 1888 gegründete Firma Orsoni, offeriert in seinen Betriebsräumen 3-, 7- und 14-tägige Kurse in der Kunst des Mosaizierens. Die Fachkräfte des Unternehmens stehen beim Experimentieren mit den über 2000 Glasurtönen, den mehr als drei Dutzend Farbschattierungen von 24 Karat-Blattgold, dem Schneiden der Steine und am Schmelzofen mit Rat und Tat zur Seite. Ebenfalls im Angebot: Spezialkurse für Mikro- bzw. Portraitmosaike. Fachführungen im Markusdom bzw. der Kathedrale von Torcello teilweise inbegriffen. Wohnen können Teilnehmer – aber auch andere Venedig-Besucher – im familieneigenen, sehr eleganten und ruhig gelegenen Hotel Domus Orsoni (www.domusorsoni.it).

Abends & Nachts

Anregender Stilmix – **Santa Lucia** 1: Lista di Spagna 282b, Tel. 041 524 28 80, Stazione Guglie, tgl. 7–2 Uhr. Dieser Zwitter aus Bàcaro und Irish Pub ist vor allem bei der Jugend sehr beliebt. Vis-à-vis des Palazzo der RAI gelegen, empfiehlt sich das Lokal insbesondere für An- und Abreisende, sind es doch von hier zu Fuß keine fünf Minuten zum Bahnhof.

Ankerplatz für Nachtschwärmer – **Timon** 2: 2754, Fondamenta degli Ormesini, Tel. 346 320 99 78, Stazione San Marcuola, Do–Di 11–1 Uhr. Schicke Bar mit sehr guten Weinen, vielfältigem Sortiment belegter Brötchen; jugendliches Publikum, smoothe Musik.

An der Wiege der Lokalszene – **Paradiso Perduto** 3: Fondamenta della Misericordia 2540, Tel. 041 72 05 81, Stazione Madonna dell'Orto, Di–So 11–15 u. 19–1 Uhr, Mo nur mittags. Einer der In-Treffs für junge und junggebliebene Nachteulen. Küche: in Ordnung; Auswahl an Drinks: groß. Livemusik: häufig und meist jazzig.

Das Glück versuchen – **Casino** 18: im Palazzo Vendramin-Calergi, Calle Larga Vendramin 2040, s. Mein Tipp unten.

Qualitätskino – **Giorgione Movie d'essai** 4: Rio Terrà di Franceschi 4612, s. S. 56.

Sprechtheater und Oper – **Teatro Malibran** 25: San Giovanni Crisostomo 5870, s. S. 58.

Frisch und frech – **Teatro Fondamenta Nuove** 5: Fondamenta Nuove 5013, s. S. 58.

Mein Tipp

Rien ne va plus

Auch in Venedig kann, wer möchte, sein Glück versuchen: Im Casino, das direkt am Canal Grande, im **Palazzo Vendramin-Calergi** 18, s. o., beheimatet ist, sind ganzjährig tgl. (außer 24./25. Dez.) von 15 bis 2.30 Uhr im Angebot: French & Fair Roulette, Baccara, Black Jack, Trente-Quarante, Karibisches Poker, diverse Automaten (Eintritt 5 €). Das Spiel ist mit einem Mindesteinsatz von 10 € ziemlich billig. Außerdem ist der Ort sehr geschichtsträchtig, starb in dem prächtigen Palast doch – woran außen eine Gedenktafel und im Inneren eine kleine Gedenkstätte erinnern – am 13. Februar 1883 kein Geringerer als Richard Wagner.

Diversen Spielen nach amerikanischem Stil kann man auch in einer Zweigstelle unmittelbar neben dem Marco-Polo-Flughafen, in der Ca' Noghera, frönen (Via Paliaga 4/8, Öffnungszeiten: Tische tgl. 15.30–2.30, Automaten ab 11 Uhr). Nähere Informationen unter www.casinovenezia.it.

Das Beste auf einen Blick

Castello

Auf Entdeckungstour

Im Schifffahrtsmuseum: Auf die Spuren der 1000-jährigen Seefahrtsgeschichte der Markusrepublik führt das mit fantastischen Modellen reich bestückte Museo Storico Navale. S. 200

San Michele: Der beschauliche Bummel über die Friedhofsinsel führt zu den Gräbern prominenter Künstler und in Venedigs älteste Renaissancekirche. S. 212

Kultur & Sehenswertes

Scuola Dalmata di San Giorgio degli Schiavoni: Vittore Carpaccios Gemäldezyklus mit Szenen aus dem Leben der Hll. Georg, Trifon und Hieronymus ist einer der großen Kunstschätze der Stadt. 14 S. 203

Pinacoteca Querini-Stampalia: Die entzückenden Alltagsszenen auf den Gemälden von Gabriele Bella illustrieren, wie die Venezianer vor 250 Jahren lebten und Feste feierten. 17 S. 205

Santi Giovanni e Paolo: Der imposante Backsteinbau der Dominikanerkirche birgt in Form von 27 Dogengräbern eine Leistungsschau venezianischer Bildhauerei. 19 S. 205

Aktiv & Kreativ

Ca' del Sol: Die eigene Karnevalsmaske nicht schnöde kaufen, sondern selbst herstellen – im Rahmen ein- oder mehrtägiger Atelierkurse unter Anleitung erfahrener Meister. 1 S. 50, 215

Genießen & Atmosphäre

Campi Santa Maria Formosa und San Zanipolo: Zwei der stimmungsvollsten Plätze liegen im Bezirk Castello. Beobachten Sie bei *caffè* und *dolci* das idyllische Alltagsleben. S. 205 und S. 206

Abends & Nachts

Palazzo delle Prigioni: Barock, Klassik und Jazz-Standards – wo einst Casanova in seiner Zelle schmachtete, können Nachgeborene mehrmals pro Woche hervorragenden Konzerten lauschen. 1 S. 204 und S. 215

Club 947: Extravaganter Szene-Treff von internationalem Format mit Restaurant, Lounge und Boutiquehotel. Spannend! 2 S. 215

Östliche Altstadt: Molo, Giardini und Fondamenta Nuove

Infobox

Reisekarte: ▶ F–L 2–7

Startpunkt und Routenlänge
Der Rundgang beginnt vor dem Markusplatz und führt in einer weiten Schleife bis in den ›fernen Osten‹ der Altstadt (siehe Stadtplan Castello, S. 195). Wer den ca. 8 km langen Fußweg als zu mühsam empfindet, kann die entlegenen Gebiete (Via Garibaldi, San Pietro und die Giardini) gesondert und bequem von San Marco im Vaporetto anreisend erkunden. Für die gesamte Route sollte man ohne Besichtigungen einen halben Tag einplanen.

Kulinarische Stärkung in traumhafter Lage
Wer am Beginn dieses langen Rundgangs Energie in Form eines Koffein-Boosters tanken will, sollte das in der kleinen **Caffè-Stehbar Al Todaro** 1 (s. S. 210) tun. Nicht nur ist der hier kredenzte Mocca oder »Cappuccino«, sind die Sandwiches und kleinen Süßigkeiten, nicht zu vergessen das Eis, vorzüglich. Auch das Ambiente mit seiner Glasdecke und Chromvitrine hat Qualität Marke 1950er-Jahre. Zudem ist die Lage zu Füßen des hl. Teodoro auf seiner Säule, in unmittelbarer Nähe der Mole, vis-à-vis dem Dogenpalast, nicht zu toppen. Und angesichts solch prestigeträchtiger Location sind die Preise erfreulich moderat. Deutlich mehr berappt freilich, wer draußen an den Tischen das Traumpanorama genießen will – doch es lohnt!

Ein schöneres Panorama lässt sich kaum denken: Flaniert man vom Molo vor dem Dogenpalast die Riva degli Schiavoni, die ›Uferpromenade der Dalmatiner‹, entlang bis zum Arsenal, nimmt man Schritt um Schritt, über einen Kilometer weit, den Quai-Fassaden die Parade ab. Und von der Insel vis-à-vis leuchtet Palladios Kirche San Giorgio Maggiore herüber. Danach steht in Form der Giardini ein Stück grünes Venedig auf dem Programm, ehe man auf mäandrierenden Wegen durch das ehemalige Arbeiterviertel der *arsenalotti* zu den berühmten Kirchen San Zanipolo und Santa Maria dei Miracoli, zu den Bruderschaftshäusern der Griechen und Dalmatiner, zum Reiterdenkmal Colleonis und zum Wohnhaus Tizians wandert.

Piazzetta 1

Die Piazzetta, der längliche Platz zwischen Dogenpalast und Biblioteca Marciana, eignet sich bestens als Ausgangspunkt für eine Entdeckungstour durch Castello, den östlichsten der sechs Stadtteile. Bevor man sich aufmacht, Venedigs finstere Seiten zu entdecken (der Weg führt immerhin in die Verliese des Staatsgefängnisses, vor die Tore einer geheimnisumwitterten Schiffsfabrik und Waffenschmiede und in die Gegend der Sarg- und Grabsteinmacher), kann man erst einmal den schützenden Segen von Sankt Theodor und Markus einholen, den Stadtpatronen Venedigs, die von den beiden **Säulen** auf der Piazzetta herabgrüßen. Theodor, mit Schild und Lanze ausstaffiert und in Begleitung

Ein Schwätzchen vor der nächsten Ausfahrt: zwei Gondolieri an der Mole der Piazzetta

eines rätselhaften Krokodils, war vor seiner Ablösung durch Markus der Hauptheilige der Stadt. Seine Biografie ist ebenso ungewiss wie die wirkliche Herkunft der angeblich als Kriegsbeute aus Rom mitgebrachten Marmorstatue.

Der geflügelte Bronzelöwe mit den Achataugen, dessen Beine auf dem Weg nach Paris, wohin ihn Napoleon für 18 Jahre entführte, lädiert wurden, war vor seiner Umwidmung angeblich eine assyrische Chimäre. Die zwei monolithischen Säulen, auf denen die Figuren stehen, haben die Venezianer im frühen 12. Jh. in Syrien gestohlen. Der Baumeister Niccolò Barattieri, dem 1172 das Kunststück gelang, sie aufzurichten (wobei eine dritte Säule beim Entladen des Schiffes im Wasser versunken sein und bis heute dort liegen soll), erhielt als Lohn die Konzession, in den Buden zwischen den beiden Herrschaftssymbolen Glücksspiel zu betreiben – ein zweifelhafter Lohn, denn wenig später beschloss der Senat, zu Füßen der Säulen, an denen ursprünglich große Schiffe vertäut wurden, Hochverräter hinzurichten.

Seufzerbrücke 2

Doch wende man seinen Blick von solch hässlichen Details lieber ab und stattdessen hin auf das großartige Bild der Insel von San Giorgio Maggiore mit der strahlend weißen Palladio-Kirche. Danach schlage man vorne am Pier, dem Molo, den Weg nach links ein. Entlang der Fassade des Palazzo Ducale, vorbei an der Eckskulptur, die den Erzengel Raphael und den trunkenen, von seinen Söhnen verspotteten Noah zeigt, erreicht man den Ponte della Paglia, auf dem in der Hauptsaison täglich Tausende von Kameras klicken: Das Motiv der fotografischen Begierde ist der **Ponte dei Sospiri** (zu Deutsch: Seufzerbrücke), über den die Gefangenen – unter ihnen bekanntlich auch Casanova, dem später die Flucht gelang – vom Dogenpalast in den Neuen Kerker *(Palazzo delle Prigioni)* mit seinen *pozzi*, den Zellen im Kel-

Canale delle Fondamenta Nuove
Fondamente Nuove
S. Caterina
Pal. Zen
Orat. d. Crociferi
SS Apostoli
Scuola d. Ang. Custode
S. Canciano
S. Giov. Crisostomo
Pal. Civran
Teatro Malibran
Casa Marco Polo
Ponte di Rialto
Cpo. S. Bartolomeo
Campo d. S. Marina
Pal. Sanudo
Pal. Pisani
Pal. Marcello
Priuli-Ruzzini
Pal. Donà
Ospedale Civile
Campo dei S. S. Giovanni e Paolo
S. M. d. Derelitti
S. Maria d. Pianto
Celestia
S. Giustina
Campo d. Confraternità
S. Lorenzo Martire
Questura
S. Lio
Pal. Faccanon
S. Maria d. Fava
San Salvatore
SAN MARCO
S. Zulian
S. G. Novo
Pal. Priuli
S. Antonio
Portal d. Arsenale
Pal. Patriarcale
Pal. Trevisan
Procuratie Vecchie
Basilica di S. Marco
Piazza San Marco
Pal. Ducale
Prigioni
Campo S. Zaccaria
Museo Correr
Pal. Reale
Piazzetta
Molo
Riva degli Schiavoni
Riva di Ca' di Dio
Instituto Ca' d. Dio
S. Biagio
Arsenale
S. Moisè
Giardini ex Reali
Capitaneria d. Porto
S. Marco Giardinetti
S. Marco Vallaresso
S. Zaccaria Danieli
Mto. Vittorio Emanuele
S. Zaccaria Jolanda
Canale di S. Marco
Pal. Dogana da Mar
Punta della Dogana
S. Giorgio
Campanile di S. Giorgio Maggiore
Chiesa di S. Giorgio Maggiore e Chiostri
Isola di San Giorgio Maggiore
Teatro Verde
Canale di S. Giorgio
Zitelle
Le Zitelle
QUARTIERE CAMPO DI MARTE

Castello

Sehenswert
1 Piazzetta
2 Seufzerbrücke
3 Hotel Danieli
4 San Zaccaria
5 Santa Maria della Pietà
6 Campo Bandiera e Moro
7 San Giovanni in Bragora
8 Museo Storico Navale
9 San Pietro di Castello
10 Arsenal
11 San Martino
12 San Francesco della Vigna
13 Campo San Lorenzo
14 Scuola Dalmata di San Giorgio degli Schiavoni
15 San Giorgio dei Greci
16 Santa Maria Formosa
17 Palazzo Querini-Stampalia
18 Palazzo Grimani
19 Santi Giovanni e Paolo
20 Scuola Grande di San Marco
21 San Lazzaro dei Mendicanti
22 Santa Maria dei Miracoli
23 Palazzo Widmann
24 Wohnhaus Tizians
25 Santa Maria Assunta dei Gesuiti
26 Insel San Michele

Essen & Trinken
1 Al Todaro
2 Giorgione
3 Da Franz
4 Ai Barbacani
5 Ai Nanetti
6 Alle Testiere
7 Al Mascaron
8 Alla Strega
9 Rosa Salva
10 Da Alberto
11 Al Giubagio

Einkaufen
1 Arte Più
2 Flavia
3 Libreria Miracoli
4 Magie di Carnevale

Aktiv & Kreativ
1 Ca' del Sol
2 Stadio Penzo

Abends & Nachts
1 Palazzo delle Prigioni
2 Club 947
3 Zanzibar
4 Olandese Volante
5 Enoteca Mascareta

ler, und den *piombi,* den Bleikammern im Dachgeschoss, gelangten.

Hotel Danieli 3

Castello 4196, Riva degli Schiavoni

Der nächste Hausblock erstaunt durch seine Hässlichkeit. Er wurde nach dem Zweiten Weltkrieg als Hotelanbau errichtet, und zwar genau dort, wo 1172 der Doge Vitale Michiel II., als er vor dem aufgebrachten Pöbel ins Kloster San Zaccaria fliehen wollte, ermordet wurde und gemäß einem Gelübde nie mehr ein Gebäude aus Stein stehen sollte. Verblüffend, dass dieser Klotz zu dem benachbarten Hotel Danieli gehört. Denn die Ästhetik des Stammhauses könnte gegensätzlicher nicht sein: Ende des 14. Jh. von den Dandolo erbaut, ist es mit seiner weinroten, von Säulenarkaden durchbrochenen Fassade und dem großen, überdachten Innenhof bis heute ein Prachtbeispiel für einen frühgotischen Palazzo geblieben; einen Palazzo, der sich im Laufe seiner Geschichte im Besitz so illustrer Adelsfamilien wie den Gritti, den Mocenigo und den Bernardo befand. Zwischen 1822 und 1840 wurde das prunkvolle Gebäude von einem gewissen Giuseppe Dal Niel (woraus später Danieli wurde) nach und nach in eine Luxusabsteige verwandelt; in dessen Gästebuch prangen seitdem Widmungen von Berühmtheiten wie Dickens, Wagner und Proust, Balzac sowie dem legendären Liebespaar George Sand und Alfred de Musset.

San Zaccaria 4

Castello 4693, Mo–Sa 10–12, 16–18 Uhr, So nur nachmittags (Achtung, Zeiten wechselnd!)

Ponte dei Sospiri, die Seufzerbrücke

Nach der nächsten Brücke biegt man in die zweite Gasse (beim Zeitschriftenstand) ein und steht kurz darauf vor dem Ensemble des ehemaligen **Benediktinerinnenklosters** San Zaccaria. Dieses ist eine Gründung des byzantinischen Kaisers Leo V. (9. Jh.), der die Reliquien des hl. Zacharias, dem Vater Johannes' des Täufers, hierher bringen ließ. Seine Nonnen waren stets Töchter aus bestem Hause und angeblich alles andere als klösterlich-tugendhaft, jedoch so wohlhabend und einflussreich, dass die Dogen sich viele Jahrhunderte lang bemüßigt fühlten, zu Ostern in ihrer Mitte einen Dankgottesdienst zu feiern. Das Konventsgebäude, zu dem auch der gut sichtbare vorgotische Campanile gehört, dient seit der Säkularisation 1810 als Kaserne.

Die gleichnamige **Kirche** ist ein Neubau aus dem späten 15. Jh., ihre Marmorfassade (von Antonio Gambello und Mauro Codussi) vereint Elemente der Gotik (Kleinteiligkeit und vertikale Gliederung) und der Renaissance (Rundgiebel, Muschelnischen, freistehende Säulen). Das imposante Kircheninnere wartet mit etlichen erlesenen Kunstwerken auf: die Altartafel in der Sakristei, eine »Geburt Johannes' des Täufers«, stammt vom jungen Tintoretto. In der sogenannten Tarasio-Kapelle, dem Chor der gotischen Vorgängerkirche, sind die Gewölbefresken Andrea del Castagnos zu finden. Seine Darstellung Gottvaters mit Evangelisten und Heiligen gilt als erste Renaissancemalerei Venedigs und machte zur Entstehungszeit (1442) wegen ihrer völlig neuartigen Lebendigkeit Furore. Sehenswert sind außerdem das Grabmal Alessandro Vittorias (1525–1608), das der berühmte Bildhauer selbst entwarf, und die leider meist unter Wasser stehende Krypta der 1100 Jahre alten ersten Kirche.

Die größte Kostbarkeit ist aber das Altarbild von Giovanni Bellini im linken Seitenschiff, eine »Sacra Conversazione« (1505) von berückender Stille und Farbigkeit mit Maria und Kind, einem musizierenden Engel sowie vier Heiligen – Lucia und Katharina, Hieronymus und Petrus. Die Figuren stellen Spitzenprodukte venezianischen Kunsthandwerks zur Schau: ein Glas aus Murano, eine Violine, Bücher und erlesene Textilien.

Riva degli Schiavoni

Wieder zurück auf der Uferpromenade, die hier Riva degli Schiavoni (Ufer der Dalmatiner) heißt, wandert man an einer Reihe guter Hotels vorbei. Den Sommer über ankern hier neben den kleinen, bulligen Lotsenschiffen häufig Kreuzfahrt- und Kriegsschiffe, die neben den zarten Fassaden besonders riesig wirken. In den Wintermonaten schaffen manchmal Karussells, Schießbuden und Zuckerwatteverkäufer eine Jahrmarktatmosphäre. Und jahreszeitenunabhängig wacht über all dem, in Bronze gegossen und von Markuslöwen flankiert, König Viktor Emanuel.

Die spätbarocke Kirche **Santa Maria della Pietà** 5 (Castello 3701), deren klassische Fassade an der Riva stark an Palladio erinnert, ist eine Weihestätte venezianischer Musikgeschichte. Sie wurde von Giorgio Massari im Gedenken an Antonio Vivaldi errichtet (1745–60). Der komponierende, auffallend rothaarige Priester war im angrenzenden Konservatorium fast 40 Jahre lang als Violinlehrer und Chorleiter tätig. Hauptattraktion der Kirche sind die Deckenfresken von G. B. Tiepolo (Di–Fr 10.15–12, 15–17, Sa/So 10.15–13, 14–17 Uhr).

Campo Bandiera e Moro 6

Einen Abstecher sollte man auf den Campo Bandiera e Moro machen (zu erreichen durch die Calle del Dose, links hinter dem Hotel Londra Palace). Der Platz, der nach zwei adligen Venezianern benannt ist, die bereits 1844 für die Einheit Italiens kämpften und durch die Hand gedungener Mörder starben, ist eine von Touristen kaum besuchte Insel der Stille. An seiner Nordseite steht der wunderschöne gotische **Palazzo Gritti Badoer** (Castello 3608), schräg gegenüber die ebenfalls gotische Kirche **San Giovanni in Bragora** 7 (Castello 3790, Mo–Sa 9–11, 15.30–17.30 Uhr, Eintritt frei). Hier hängt, neben Bildern von Paris Bordone, Alvise und Bartolomeo Vivarini, ein Hauptwerk aus der venezianischen Frührenaissance: Cima da Coneglianos »Taufe Christi«.

Schifffahrtsmuseum und Via Garibaldi

Einige Gehminuten weiter östlich überquert man an der Riva den Kanal, der direkt auf den von zwei Türmen begrenzten Eingang des Arsenals zuführt. An der linken Ecke sieht man die wappen- und skulpturengeschmückten Forni Militari, die ehemaligen Militärbäckereien, in denen der Schiffszwieback *(biscotto)* hergestellt wurde. Ihnen gegenüber, am Campo San Biagio, steht ein alter Kornspeicher, in dem seit 1919 das **Museo Storico Navale** 8 (Castello 2148), das Schifffahrtsmuseum, untergebracht ist, das die Geschichte der venezianischen Seefahrt dokumentiert (vgl. Entdeckungstour S. 200.

Unmittelbar nach der nächsten Brücke führt im spitzen Winkel die **Via Giuseppe Garibaldi** Richtung Osten. Sie entstand wie so viele Gehwege durch Zuschüttung eines Kanals, hieß früher nach dem Stiefsohn Napoleons und Italiens kurzzeitigem Vizekönig Eugène de Beauharnais Via Eugenia und ist die breiteste Straße der Stadt. Ihre Verlängerung führt an der Calle Tiepolo, in

Mein Tipp

Ein Spaziergang durch Venedigs grünen ›Hinterhof‹
Was für ganz Venedig gilt, empfiehlt sich ganz besonders für den östlichen Teil des Bezirks Castello – nämlich auch mal abseits der beschriebenen Route mäandrierend durch das Gassenlabyrinth zu spazieren. Speziell (süd-)westlich des Arsenals 10 (Castello 2737, s. S. 202) und beiderseits der östlichen Via Garibaldi, wo einst vornehmlich die Arbeiter der Schiffswerft lebten, zeigt sich Venedig bis heute ganz und gar nicht von seiner glänzenden, vielmehr von einer ziemlich desolaten Seite. Doch bekommt man gerade hier, in der Stille fernab der Touristenpfade, unter Wäscheleinen, zwischen bröckelnden Mauern, eindrücklich vermittelt, wie grau der Alltag sich einst für das Gros der Bewohner der Serenissima – und eben für manche bis heute noch – gestaltet. Gut durchatmen lässt sich ganz in der Nähe, mit Blick über das Wasser des Bacino di San Marco, in den wohltuend grünen **Giardini Pubblici** sowie im **Parco delle Rimembranze** des südöstlich angrenzenden Quartiere Sant'Elena.

der noch vor zwei, drei Jahrzehnten das Geburtshaus des Rokokomalers stand, vorbei durch eine volkstümliche, recht triste Wohngegend auf die Insel von San Pietro. Diese trug in grauer Vorzeit – vielleicht ihrer Olivenform wegen – den Namen Olivolo.

San Pietro di Castello 9

Castello 70, Mo–Sa 10–17 Uhr, Eintritt 3 € bzw. Chorus Pass

Damals stand hier das Kastell *(castello)*, das dem ganzen ›Stadtsechstel‹ seine Bezeichnung gab. Beherrscht wird sie von der Basilica **San Pietro di Castello,** einem zwar großen, jedoch ziemlich kahlen und kalten Bau (ab 1619; Campanile von Mauro Codussi beendet, Hochaltar von Baldassare Longhena), dessen Geschichte für Venedig sehr bedeutsam ist. Denn der Ort, einer etwas wundersamen Legende nach von den Trojanern gegründet, war schon früh der erste venezianische Bischofssitz und später, von 1451 bis zum Fall der Serenissima, Sitz des Patriarchen der Stadt. Dessen an die Kirche grenzender Palast diente übrigens lange Zeit als Kaserne und ist heute ein billiges Wohnquartier.

Giardini

Auf dem Rückweg zweige man am Beginn der Via Garibaldi links in die gleichnamige breite Viale ab und genieße die in dieser Stadt seltene Möglichkeit, zwischen Rasenflächen und Bäumen zu wandeln. Das Areal der **Giardini Pubblici** (öffentliche Gärten) und das benachbarte Biennale-Gelände (vgl. S. 61) sind ein weiteres ›Werk‹ Napoleons, dem allerdings ein ganzes traditionsreiches Wohnviertel sowie mehrere Kirchen samt ihrer Kunstschätze zum Opfer fielen.

Über den Quai, der hier in Erinnerung an sieben im Zweiten Weltkrieg von den Deutschen erschossene Stadtbürger Riva dei Sette Martiri heißt, gelangt man zurück zum Arsenal. Wenig beachtet, jedoch sehenswert, weil zur Entstehungszeit im 15. Jh. vorbildhaft, ist auf halbem Weg der Komplex der Marinarezza, ein Spital ▷ S. 202

Auf Entdeckungstour: Venedigs maritimes Erbe – im Schifffahrtsmuseum

Ein Gang durch das Museo Storico Navale 8 beschwört die glorreichen Zeiten der Markusrepublik zur See: Fantastische Modelle – vereinzelt auch Originalexemplare – von Gondeln und Galeeren, Prunkbarken, Transportbooten und auch modernen Schiffen begeistern, flankiert von einer Fülle kostbarer Accessoires und Memorabilien, Jung und Alt.

Dauer: 2 bis 3 Stunden
Planung: Museo Storico Navale, Castello 2148, Riva San Biagio, Stazione Arsenal Mo–Fr 8.45–13.30, Sa und Tag vor Fei bis 13 Uhr, So/ Fei geschl., Tel. 041 244 13 99, Eintritt 1,55 €

Es nimmt unter all den Museen, für die Venedig Weltruhm genießt, allein durch seine Thematik eine Sonderstellung ein: jenes Museo Storico

Navale, das 1919 vom italienischen Marineministerium in einem ehemaligen Kornspeicher eingerichtet wurde und leider immer noch von viel zu wenigen Touristen besichtigt wird.

Großmacht auf allen Meeren

Bevor man das recht schmucklose, rötliche Gebäude an der Riva San Biagio betritt, scheint es angebracht, sich einige Tatsachen zu vergegenwärtigen. Zum Beispiel, dass kühne Seefahrer aus der Lagunenstadt schon im 13. Jh. auf den Atlantik hinaus und bis in die Nordsee segelten. Dass sie wenig später einen regulären Frachtservice zwischen der Oberen Adria und Häfen wie Brügge, Southampton und London unterhielten. Oder dass von Venedig aus Schiffskonvois das gesamte Mittelalter hindurch auch den Warenverkehr Richtung Osten, über Konstantinopel bis zur Krim beziehungsweise über Zypern in die Levante und nach Alexandria betrieben.

Um 1420 befuhren mehr als 4000 Frachtschiffe unter venezianischer Flagge mit insgesamt mehr als 15 000 Mann die Meere. Bis Mitte des 16. Jh., als man begann, Häftlinge zum Dienst an Bord zu zwingen, waren die Matrosen freie Leute, denen üppige Verpflegung und ein stattlicher Fixlohn garantiert waren. Erst mit solchen Fakten im Hinterkopf lässt sich die Bedeutung jenes maritimen Erbes richtig erfassen, das die Kustoden dieses Museums so penibel hüten.

Ein Pantheon der Seefahrt

Die thematische Bandbreite bekommt man als Besucher bereits im Erdgeschoss eindrucksvoll vermittelt: Da finden sich altertümliche Musketen und Geschützrohre neben einem Torpedo aus dem Zweiten Weltkrieg, ferner Modelle diverser Wassergefährte der Antike und an den Wänden Reliefpläne venezianischer Hafenfestungen. Ein Ehrenraum zum Gedenken an Angelo Emo, den letzten Marineadmiral der Seerepublik (1721–92), komplett mit Ehrenstandarte, Mörsern und marmorner Siegesbüste, verströmt die Aura eines Pantheons der Nautik.

Kaum minder pathetisch stimmt der Hauptsaal im ersten Stock: Hier bilden Fragmente jenes prunkvollen Flaggschiffs des Dogen L. Mocenigo, das die türkische Artillerie 1657 vor den Dardanellen versenkte, den Blickfang. In den angrenzenden Räumen warten grandiose Holzmodelle von Galeeren und Galeassen sowie der Cammelli (›Kamele‹) genannten schwimmenden Trockendocks aus dem 16./17. Jh., weiters alte Seekarten, Instrumente, Pläne des Arsenal und, als Highlight, ein verkleinertes Replikat des letzten, 1728 vom Stapel gelaufenen Bucintoro – der Zeremonialbarke für die alljährlich vom Dogen symbolisch vollzogene ›Vermählung mit dem Meer‹.

Schlachtschiffe und Gondeln

Fregatten und Schlachtschiffe aus den beiden Weltkriegen, Ozeandampfer, Boote aus der Lagune, aber auch aus fernöstlichen Meeren ... Der faszinierende Reigen der mit großer Detailliebe gefertigen Modelle setzt sich in den drei weiteren Stockwerken fort. Wobei eine Fülle flankierender Exponate – Uniformen, Insignien, Gemälde, Fotos – für den so stimmigen wie informativen Rahmen sorgen. Und dass ein eigener Raum der Evolution und Konstruktion der Gondel gewidmet ist, muss ja wohl nicht eigens betont werden, oder?
Postskriptum: Zum Museum gehört auch der Padiglione delle Navi, eine Sammlung historischer Wasserfahrzeuge. Doch ist sie leider nur mit Sondergenehmigung zu besichtigen.

und Altenheim für Kriegsveteranen. Wenig später steht man wieder am Ausgangspunkt des Abstechers, dem Schifffahrtsmuseum.

An der Außenmauer des Arsenals

Der Weg knickt nun im rechten Winkel nach Norden ab. Nach zwei, drei Minuten steht man vor den beiden ziegelroten Portalen (Ingresso all'Acqua bzw. di Terra) des **Arsenals** 10 (Castello 2737), der seinerzeit größten Werft der Welt (s. S. 99). Sie zählen zu den beliebtesten Stadtansichten. Der Landeingang, ein Werk Antonio Gambellos (1460), gilt als erste Manifestation der venezianischen Renaissance. Er wurde nach dem Sieg gegen die Türken bei Lepanto (1571) mittels istrischem Marmor zu einer Art Triumphbogen mit acht Säulen und allegorischen Statuen ausgestaltet.

Zwei kuriose Details: Der geflügelte Markuslöwe über dem Tor hält in seinen Pranken ein geschlossenes Buch – die üblicherweise auf den Buchseiten eingravierte Inschrift »Friede sei dir, Markus, mein Evangelist« erschien seinem Schöpfer angesichts des wenig friedlichen Charakters des Ortes offenbar nicht angebracht. Und der Löwe links vom Portal, der gemeinsam mit drei ebenfalls griechischen Artgenossen den Zugang bewacht und ursprünglich im Hafen von Piräus stand, trägt an seiner Flanke höchst bizarre Gravuren. Erst spät wurden sie als nordische Runen erkannt, die Folgendes besagen: »Asmud ritzte diese Runen ein zusammen mit Asgeir, Thorleif, Thord und Ivar, auf Wunsch Haralds des Langen, obwohl sich die Griechen nach näherer Erwägung widersetzten« und »Egil führte in Rumänien und Armenien Krieg«.

San Martino 11

Castello 2298, Campo San Martin

Die Route führt nun linker Hand entlang dem von drei Brückchen namens *Paradiso, Purgatorio* und *Inferno* überspannten Rio di San Martino zur gleichnamigen Kirche (in ihr ist vor allem Jacopo Guaranas Deckenbild sehenswert). Folgt man nun jenseits dem Brückchen den Fondamente Penini, sieht man über den Haustüren zur Linken immer wieder in Stein gemeißelte Hinweise, welche Fachkräfte der Werft dahinter wohnten. Appuntador de Calafaii (Nr. 2445) etwa meint den ›Aufseher über die Kalfaterer‹. Der Cappo Maestro alle Seghe (2446) war der Sägemeister. Der Name des charmanten Campo de le Gorne, in den der Weg mündet, hingegen meint die Schwalbenschwanzzinnen *(gorne)* an der mächtigen Arsenalmauer vis-à-vis.

San Francesco della Vigna 12

Castello 2786, So–Fr 15–19 Uhr, Eintritt frei

Nach ungefähr zehn Minuten Fußmarsch Richtung Norden erreicht man, durch die Calle delle Muneghette, später über zwei Kanäle und zuletzt durch einen Säulengang, die Franziskanerkirche San Francesco della Vigna. Dieser Bau (1534 von Jacopo Sansovino begonnen) steht an jenem Ort, an dem der heilige Markus auf dem Rückweg von Aquileia nach Rom Halt gemacht haben soll. Er ist architekturhistorisch vor allem wegen seiner Fassade (1568–72) bedeutsam. Denn diese stellt Andrea Palladios ersten – und überaus geglückten – Versuch dar, eine Kirchenfront in Form eines antiken Tempels zu gestalten. Viele Experten meinen, die Proportionen zwischen den einzelnen Bauteilen aus istrischem Kalkstein – dem mächtigen Sockel und Dreiecksgiebel, dem Thermenfenster und Gebälk, den Halbsäulen und Wandfeldern – seien dem Meister aus Vicenza später weder bei San Giorgio Maggiore noch bei der Redentore so perfekt gelungen wie hier.

Das Kircheninnere, ein hoher, weiter, recht nüchterner Saal mit zwei Querhausarmen und zehn Seitenkapellen, beherbergt neben mehreren Dogengräbern etliche hochkarätige Ausstattungsstücke. Unter ihnen: zwei wunderschöne thronende Madonnen (eine von Paolo Veronese in der fünften Kapelle links; die andere von Antonio da Negroponte im Querschiff rechts), eine Giovanni Bellini zugeschriebene »Muttergottes mit Heiligen« (in der Cappella Santa; erreichbar durch die Tür im linken Querarm), Statuen von Alessandro Vittoria (auf den Weihwasserbecken beim Eingang und in der zweiten linken Seitenkapelle) sowie Marmorreliefs aus der Lombardo-Werkstatt in der Cappella Giustinian, links vom Chor.

Campo San Lorenzo 13

An den von Gestrüpp halb verdeckten Gasbehältern vorbei erreicht man links durch die Calle del Tedeum und ihre etwas verwinkelte Verlängerung den besonders malerischen Rio di Sant'Agostino. Von hier empfiehlt sich ein Abstecher rechts durch das Gässchen auf den Campo San Lorenzo, der früher unter Venedigs galanten Herren als vorzügliche Adresse galt. Der Grund? Hinter der Ziegelfassade der heute geschlossenen Kirche befand sich nicht nur das verloren gegangene Grab Marco Polos, sondern auch ein berühmtes Konvent. Dessen Nonnen, von ihren adligen Vätern, die sich keine Aussteuer leisten wollten, in lebenslange Ehelosigkeit verbannt, standen im Ruf, sich, wie es ein Zeitzeuge formulierte, »überaus erstaunliche Freiheiten zu gestatten«.

Scuola Dalmata di San Giorgio 14

Castello 3259a, Mo 14.45–18, Di–Sa 9.15–13 und 14.45–18, So/Fei 9.15–13 Uhr, Eintritt 5 €

Wieder zurück am Rio Agostino, überquert man die nächste Brücke und steht vor der eleganten, zweistöckigen Fassade der Scuola Dalmata di San Giorgio degli Schiavoni, dem Mitte des 16. Jh. errichteten Bruderschaftsgebäude der dalmatischen Kaufleute. Dahinter, in einem Raum »von der Größe eines Gästezimmers in einem altmodischen englischen Pub« (John Ruskin), befindet sich einer der großen Kunstschätze der Stadt – der Gemäldezyklus, den Vittore Carpaccio zwischen 1502 und etwa 1508 für die Scuola schuf. Er zeigt Szenen aus dem Leben der dalmatischen Schutzpatrone Georg, Trifon und Hieronymus und offenbart alle Charakteristika seines genialen Schöpfers: die Eleganz und leise Melancholie seiner Figuren, die Neigung, alle Geschehnisse, und seien sie noch so exotisch, stets in ein venezianisches Ambiente zu verpacken, und die Vorliebe für oft kuriose Details, etwa den stets auftauchenden weißen Spitz.

Die Bilder an der linken Seitenwand zeigen den hl. Georg, der den Drachen tötet (man beachte die makabren Leichenteile!) und das Ungeheuer hierauf im Triumphzug in die Stadt bringt. An der Altarwand tauft er in der Stadt Silene das heidnische Königspaar von Libyen. Daneben errettet der hl. Trifon als Kind die Tochter König Gordians vor einem Basilisken. (Die Madonna des Altars stammt ver-

Mein Tipp

Konzerte im Kerker
Achtung Musikliebhaber: Mehrmals pro Woche werden im **Palazzo delle Prigioni** 1 (Castello 4209, Tel. 041 271 5911), dem Neuen Kerker, Konzerte mit Jazz-Standards, barocker wie klassischer Musik gegeben (im Sommer im Innenhof). Die gleichen Veranstalter organisieren regelmäßig in der Kirche **Santa Maria Formosa** 16 Kammerkonzerte mit Musik aus Barock und Romantik (Castello 5263, Beginn: jeweils 21 Uhr, Tel. 041 98 81 55 oder 032 87 12 34 31, www.collegiumducale.com, Tickets 25 €, für Studenten und Senioren 20 €.

mutlich von Carpaccios Sohn Benedetto.) An der rechten Seitenwand sieht man zunächst Christus am Ölberg und die Berufung des hl. Matthäus. Die drei folgenden Werke sind dem hl. Hieronymus gewidmet, der a) einen Löwen bändigt, b) bestattet wird und c) in seiner Studierstube am Schreibpult steht. Wobei das letzte und wohl berühmteste Bild auch als Darstellung des hl. Augustinus gedeutet wird.

Das Griechenviertel

Ein letztes Mal über den Rio Agostino und geradeaus durch die Calle del Lion erreicht man den Rio di San Lorenzo. Blickt man von der Brücke nach rechts, erkennt man – mit etwas Fantasie – die Perspektive, aus der Gentile Bellini vor 500 Jahren sein berühmtes Bild »Wunder der Kreuzreliquie« malte, das heute in der Accademia hängt. Das Gebäude zur Linken beherbergt heute übrigens die Questura, das Hauptquartier der Polizei. In unmittelbarer Nähe, in Haus Nr. 5050, liegt die Zentrale der städtischen Tourismusinfo APT.

San Giorgio dei Greci 15

Ikonenmuseum: Castello 3412, www.istitutoellenico.org, tgl. 9–17 Uhr, Eintritt 4 €

Südöstlich der Brücke hat seit der großen Fluchtwelle, die auf die Eroberung Konstantinopels durch die Türken (1453) folgte, bis zum heutigen Tag die griechisch-orthodoxe Gemeinde ihr Zentrum. Sie war lange Zeit die bedeutendste unter den vielen venezianischen Ausländerkolonien (s. S. 98). Ihr Komplex besteht aus der 1539–61 nach Plänen Sante Lombardos erbauten Kirche San Giorgio dei Greci, ihrem bedrohlich schiefen Campanile (1592) und der ehemaligen Scuola di San Nicolò (Totalumbau im 17. Jh. durch Baldassare Longhena). Das schmale, hohe Gotteshaus wartet mit einem reich geschnitzten Chorgestühl und einer von golden leuchtenden Ikonen bedeckten Ikonostase auf. Noch mehr Ikonen, nämlich rund 150 aus vier Jahrhunderten, präsentiert das kleine **Museo Dipinti Sacri Bizantini** im benachbarten Istituto Ellenico.

Die nahe gelegene Kirche **Sant'Antonino** ging vor allem zweier animalischer Anekdoten wegen in die Stadtannalen ein: Ihre Mönche besaßen einst eine Schweineherde, die über Jahrhunderte mit behördlicher Genehmigung frei in der Stadt umherlaufen durfte. Erst 1409 empfand man die Tiere als öffentliches Ärgernis und beraubte sie ihrer Freiheit. Im Jahr 1819 suchte dann ein Elefant, der in der Nähe aus einem Käfig ausgebrochen war, in der Kirche Zuflucht. Er konnte nur mit einem Artilleriegeschütz zur Strecke gebracht werden.

Campo Santa Maria Formosa

Doch zurück zur Route: Sie führt von der Kirche der Griechen Richtung Westen vorbei an dem gotischen Palazzo Priuli auf den Campo Santa Maria Formosa, einen der größten, schönsten und lebendigsten Plätze der Stadt. Von den Balkonen der stattlichen Paläste, die ihn säumen (u. a. der Palazzo Priuli-Ruzzini aus der Spätrenaissance, Nr. 5866, und der gotische Palazzo Donà, Nr. 6125/26), pflegte man seinerzeit die häufigen Stierkämpfe, Feste und Theateraufführungen zu verfolgen.

Santa Maria Formosa 16

Castello 6363, Mo–Sa 10–17 Uhr, Eintritt 3 € bzw. Chorus Pass

In der Mitte des Campo steht – für hiesige Verhältnisse ungewöhnlich – fast völlig frei die Kirche Santa Maria Formosa. Sie entstand zwischen 1493 und 1500 (Mauro Codussi), ihre dem Platz zugewandte Fassade jedoch erst am Anfang und der Campanile gar erst Ende des 17. Jh. In ihrem Innern hervorhebenswert: das Hochrenaissance-Bild von Jacopo Palma d. Ä. auf dem Altar der Kapelle der Scuola dei Bombardieri, der Geschützgießer.

Palazzo Querini-Stampalia 17

Castello 5252, Pinakothek: www.querinistampalia.it, Di–Sa 10–20, So/Fei 10–19 Uhr, Eintritt 10 €

Hinter der Südseite der Kirche findet man, etwas abseits, den Palazzo Querini-Stampalia, einen Bau aus dem 16. Jh., den ein Mitglied der prominenten Adelsfamilie 1869 dem Staat vermachte und den Venedigs Stararchitekt Carlo Scarpa (1906–78) in den 1960er-Jahren umgestaltete. In seinem Erdgeschoss finden Ausstellungen zeitgenössischer Künstler statt.

Im ersten Stock ist die wertvolle Bibliothek des Hauses, im zweiten die öffentlich zugängliche **Pinakothek** untergebracht. Diese hochinteressante Sammlung umfasst 20 Schauräume, in denen u. a. Werke Giovanni Bellinis, Pietro Longhis und Palmas d. Ä. hängen. Stadtgeschichtlich aufschlussreich wie entzückend ist Gabriele Bellas um 1750 gemalter Bilderzyklus, der mehrere Dutzend Szenen aus dem venezianischen Alltag umfasst.

Palazzo Grimani 18

Castello 4858, Ramo Grimani, Di–So 8.15–19.15, Mo bis 14 Uhr, Eintritt 4 €, www.palazzogrimani.org

Einen Abstecher durch die Ruga Giuffa lohnt der seit 2009 öffentlich zugängliche Palazzo Grimani wegen seiner hochkarätigen, manieristischen Ausstattung und der regelmäßig veranstalteten, kleinen, aber feinen Kunstausstellungen.

Santi Giovanni e Paolo 19

Castello 6363, 7.30–18.30 Uhr (Zeiten insbesondere So variabel), Eintritt 2,50 €

Rechts von dem Haus Nr. 6129, in dem Sebastiano Venier, der Held von Lepanto lebte, biegt man vom Campo Santa Maria Formosa in die Calle Lunga Santa Maria Formosa ein, folgt dem gelben Wegweiser links in die Calle Trevisan und gelangt wenig später vor die Backsteinfassade der Kirche Santi Giovanni e Paolo.

›San Zanipolo‹, wie das monumentale gotische Gotteshaus der Dominikaner im Volksmund heißt, ist mit 101,5 m Länge und 35 m Gewölbehöhe Venedigs größter Sakralbau. Er entstand ziemlich zeitgleich mit dem franziskanischen Gegenentwurf, der Frari (s. S. 223), zwischen ca. 1330 und 1450. Doch mehr als jene wirkt San Zanipolo noch der Gotik verpflichtet – in die Höhe strebender, grandioser und stilistisch einheitlicher. Was wohl auch daran liegt, dass hier die Chorschranke fehlt (im 17. Jh. entfernt) und die Ausstattung, zumindest auf den ersten Blick, etwas weniger spektakulär erscheint. Wesentlichstes Element – und ein Beweis für die Wertschätzung der Ordensideale durch die Regierung – sind die 27 **Dogengräber.** Ein Rundgang führt vor Augen, wie sich ihre Gestaltung, ja die venezianische Bildhauerei überhaupt, von der Spätgotik über die Hochrenaissance bis zum Barock entwickelt hat. Das Grab des Dogen Giovanni Dolfin (1356–61) etwa besteht noch aus einem einfachen, reliefverzierten Sarkophag. Gräber wie jene von Pietro Mocenigo (1474–76) oder Andrea Vendramin (1476–78) – gestaltet von Pietro bzw. Tullio Lombardo – sind bereits eigenständige, reich strukturierte Architekturstücke mit aufrecht stehenden Figuren und einem vielfältigen Bildprogramm. Und das Kolossalgrab Alvise Mocenigos (1570–77) bezieht als typisch maßloses Barockwerk gleich das innere Kirchenportal mit ein.

Aus der Vielzahl von Altären, Gemälden und Skulpturen sind die Bilder von Lorenzo Lotto (»Almosenspende des hl. Antonius«), Alvise Vivarini (»Kreuzigung Christi«) und – angeblich – Giovanni Bellini (»Hl. Vinzenz«), die Deckenfresken von G. B. Piazzetta (in der Dominikus-Kapelle) und Marco Vecellio (in der Sakristei) hervorzuheben; zudem der barocke Hauptaltar, eine Konzeption von Baldassare Longhena, das gotische Querschifffenster aus Muranoglas, die Hieronymusstatue von Alessandro Vittoria sowie die Cappella del Rosario, die im 19. Jh. samt ihren Bildern von Tintoretto und Palma d. J. ausbrannte, aber restauriert wurde, und Deckengemälde von Paolo Veronese (aus einer säkularisierten Kirche) enthält.

Campo San Zanipolo

Auf dem Platz vor der Kirche (Campo San Zanipolo oder Campo Santi Giovanni i Paolo) steht auf einem Marmorsockel das bronzene **Reiterstandbild** des Söldnerführers Bartolomeo **Colleoni.** Von Andrea del Verrochio modelliert (1488) und von Alessandro Leopardi gegossen, ist es neben Donatellos berühmtem »Gattamelata« in Padua das einzige erhaltene Reiterdenkmal aus dem 15. Jh. Seine Geschichte ist ein Lehrstück für die Schläue der Stadtoberen: Der Condottiere Colleoni hatte dem Staat ein riesiges Vermögen hinterlassen unter der Bedingung, dass ihm vor San Marco ein Denkmal errichtet werde. Die Republik, in finanziellen Nöten, aber nicht bereit, den blasphemischen Wunsch zu erfüllen, ließ das fertige Werk zwar tatsächlich ›vor San Marco‹ aufstellen, freilich vor der Schule gleichen Namens.

Scuola Grande di San Marco 20

Castello 6776

Die Scuola Grande di San Marco, 1260 zu karitativen Zwecken gegründet und nach einem Brand 1485–95 neu gebaut, gilt als eine der bedeutsamsten Renaissance-Schöpfungen der Stadt. Ihre Fassade mit den kunstvollen Reliefs und mehrfarbigen Marmorintarsien (direkt neben San Zanipolo) stammt größtenteils von Pietro Lombardo und seinen Söhnen, der obere Bereich mit den Rundgiebeln jedoch von Mauro Codussi. Im Inneren des Bruderschaftsgebäudes, das seit 1815 das städtische Krankenhaus (Ospedale Civile) beherbergt, kann man nach Rückfrage beim Portier den Versammlungssaal (heute Bibliothek, Kassettendecke!) und die Herberge *(albergo;* großformatige Leinwandbilder) besichtigen.

Die meisten Dogengräber in ›San Zanipolo‹ bilden eigenständige Architekturstücke

San Lazzaro dei Mendicanti 21

Castello 6377

Die Kirche hinter dem Spitalskomplex, San Lazzaro dei Mendicanti, ist für Touristen gesperrt (Zugang nur über einen Seiteneingang für Patienten und Personal möglich). Ein Abstecher zu ihrem palladianischen Portal auf der gleichnamigen Fondamenta lohnt jedoch auch wegen des Blicks auf das gegenüberliegende malerische Gelände der ehemaligen Gondelwerft beziehungsweise, den Rio die Mendicanti entlang, über das Wasser auf die Friedhofsinsel (s. Entdeckungstour S. 212).

Santa Maria dei Miracoli 22

Cannaregio 6075, Mo–Sa 10–17 Uhr, Eintritt 3 € bzw. Chorus Pass

Überquert man die Brücke vor der Scuola San Marco und folgt der Gasse geradewegs, stößt man auf eines der wunderbarsten Renaissance-Gebäude ganz Italiens: die Kirche Santa Maria dei Miracoli. Sie wurde, nachdem jemand in der Nähe ein wundertätiges Marienbildnis gefunden hatte, in nur acht Jahren (1481–89) erbaut. Sie erstrahlt außen wie innen noch immer

Lieblingsort

Campo San Zanipolo
Ist ein grandioserer Platz für eine Rast denkbar? Vis-à-vis glänzt die Fassade des wohl schönsten Hospitals der Welt – der Renaissancebau der **Scuola Grande di San Marco** 20 mit seinen herrlichen Marmorinkrustationen. Rechts daneben ragt in gotisch-strenger Monumentalität der Backsteinbau der **Dominikanerkirche** 19 himmelwärts, berühmt als letzte Ruhestatt zahlreicher Dogen. Gegenüber: ein Kanal, kleine Häuser, eine Brücke wie aus dem Bilderbuch. Hinzu kommt, dass man bei **Rosa Salva** 9, einem der ältesten Cafés der Stadt, täglich zwischen 8 und 20.30 Uhr besonders famose *dolci* kredenzt. Also: ein Sessel in die Sonne gerückt, ein Espresso, eine *ombra* samt süßem Beiwerk geordert! Und dem lustvollen Schauen und Staunen steht nichts mehr im Wege.

besonders hell, seit die internationale Stiftung Save Venice sie kurz vor dem Millenium generalrenovieren, soll heißen die argen, durch Umweltgifte und Feuchtigkeit verursachten Schäden hat beheben lassen.

Allein die Außenwände, speziell die Fassade, mit ihren farbigen Marmorinkrustationen machen sie zu einem unschätzbaren Juwel. Und das Innere, ein einschiffiger, tonnengewölbter Saal (sehenswert: die Propheten- und Heiligenporträts in der Kassettendecke), ist ein wahres Wunderwerk der Steinmetzkunst (Lombardo-Werkstatt). Man studiere etwa die teils figürlichen, teils ornamentalen, aufs feinste ziselierten Reliefs an den Balustraden der Treppe, den Altarschranken und den Bogenpfeilern des um 14 Stufen erhöhten und überkuppelten Chores. Wenn dann noch, wie gelegentlich, leise Sakralmusik vom Band ertönt, verwundert es nicht, dass dieser mit grauem und rosa Marmor getäfelte Raum in jungen Venezianern – und auch recht vielen Ausländern – den Wunsch erweckt, in dieser Kirche zu heiraten.

Zur Kirche Santa Maria Assunta dei Gesuiti

Nach einem kurzen Umweg zum **Palazzo Soranzo Van Axel** (vor dem Kircheneingang links durch die Calle Castelli), in dessen Innenhof man, falls der Portier den Zutritt gewährt, das schö-ne Exemplar einer Außentreppe besichtigen sollte, kehrt man zurück zur Chorseite der Miracoli-Kirche. Von dort steuert man über den Campo Santa Maria Nova und vorbei am **Palazzo Widmann** 23 (Cannaregio 5403), einem Frühwerk Baldassare Longhenas (1630), die nördlich gelegene Fondamenta Nuove an.

Nach einiger Suche kann man auf dem winzigen Campo del Tiziano schließlich das **Wohnhaus Tizians** 24 (Casa del Tiziano, Cannaregio 5182) entdecken. Der Maler, der hier 45 Jahre lebte, genoss von seinem Fenster aus übrigens noch eine freie Sicht auf die Lagune.

Santa Maria Assunta dei Gesuiti 25

Cannaregio 4885, tgl. 10–12, 16–19, im Winter bis 18 Uhr, Eintritt frei

Am Kai angelangt, sollte man noch westwärts bis zur Jesuitenkirche Santa Maria Assunta dei Gesuiti gehen. Ihr Bau (1714–29, Domenico Rossi) war der Endpunkt eines viele Jahrzehnte währenden Streits, in dessen Verlauf die Venezianer den päpstlichen Orden sogar der Stadt verwiesen. Ihr pompöses Äußeres gleicht mit seinen vielen Statuen und Kolossalsäulen der Stammkirche der Jesuiten, Il Gesù in Rom. Ihr vor einigen Jahren renoviertes Inneres ist eine Orgie aus grünem und weißem Marmor, Stukkaturen und Deckenfresken. Höhepunkt der Ausstattung ist Tizians »Martyrium des hl. Laurentius« in der letzten linken Seitenkapelle.

Essen & Trinken

Café und Brötchen im Stehen – **Al Todaro** 1: Molo Piazzetta 3, Südwestecke, San Marco 3, Tel. 041 528 51 65, tgl. 8.30–19, im Sommer bis 21 Uhr, s. Infobox S. 192.

Exquisit tafeln mit phänomenaler Aussicht – **Terrazza Danieli** 3: Riva degli Schiavoni 4196, s. Mein Tipp S. 211.

Ideal nach dem Biennale-Besuch – **Giorgione** 2: Via Garibaldi 1533, Tel. 041 522 87 27, www.ristorantegiorgione.it, Stazione Giardini, Do–Di 12–15, 18–22.30 Uhr, ab 15 €. Hervorragendes Angebot gegrillter Fische und Meeresfrüchte in nettem Ambiente zu vernünftigen Preisen. Speziell probierenswert: die frittierte Fischplatte, Fischrisotto, der gebackene Steinbutt und Spaghetti *alla busera* (mit Garnelen). Nicht selten greift Betreiber Lucio Bisutto – dem übrigens auch die zwei Gehminuten weiter westlich, ebenfalls an der Via Garibaldi gelegene und besuchenswerte Osteria Al Garanghelo (Nr. 1621, www.garanghelo.com) gehört – abends zur Gitarre und gibt alte venezianische Lieder zum Besten.

Fischgerichte vom Feinsten – **Da Franz** 3: Fondamenta San Giuseppe 754, Giardini Biennale, s. S. 40.

Kalorientankstelle für Kunstfreunde – **Qcoffee:** im Palazzo Querini-Stampalia 17, Santa Maria Formosa 5252, Tel. 041 271 14 11 oder 041 099 13 07, www.querinistampalia.it, Di–So 10–18 Uhr, Stazione Riva deglie Schiavoni oder San Zaccaria. Budgetschonend den Hunger stillen, in der netten, puristisch gestylten Mensa der Fondazione Querini Stampalia, im Sommer auch im zugehörigen grünen Innenhof: Toast, Brötchen, Salate oder auch nur ein Kaffee oder Cocktail, und mittags ein dreigängiges, frisch zubereitetes Menü um 10 €.

Gemütlich und gut – **Ai Barbacani** 4: Calle del Paradiso 5746, Tel. 041 521 02 34, Di–So 12–15, 18–22 Uhr, ab 20 €. Unter den 700 Jahre alten Holzbalken dieses ehemaligen Kohledepots, an den schlichten Holztischen vor dem offenen Kamin, sitzt sich's überaus gemütlich. Vor allem aber trägt zum Wohlbefinden die herzhafte, Venedigs kulinarischen Traditionen verpflichtete Küche bei. Und das zu moderaten Preisen!

Unprätentiös, aber tadellos – **Ai Nanetti** 5: Salizzada San Lio 5467, Tel. 041 528 17 89, Stazione Rialto, tgl. 9–22.30 Uhr, im Winter Di geschl., ab 10 €. Zentral gelegenes Lokal, nett, schmackhaft, budgetschonend.

Mein Tipp

Terrazza Danieli 3

Billig ist das Vergnügen nicht. Doch das Panorama auf die Stadt und das San-Marco-Becken, das man vom Dachrestaurant des berühmten Hotel Danieli genießt, ist genau genommen unbezahlbar. Dazu kommt, dass die mediterranen und regionalen Spezialitäten, die man kredenzt, wie bei der Adresse und dem Preisniveau nicht anders zu erwarten, köstlich munden. Elegante Kleidung obligat (Castello 4196, Riva degli Schiavoni, Innenrestaurant ganzjährig, tgl. 12–15, 19–22.30 Uhr; Snacks auf der Open-Air-Terrasse ca. Ende April–Ende Sept. tgl. 15.30–18.30 Uhr, Reservierung unter Tel. 041 522 64 80).

Gehoben, aber ohne Schnickschnack – **Alle Testiere** 6: Calle del Mondo Novo 5801, s. S. 44.

Speziell für Fischliebhaber – **Al Mascaron** 7: Calle Lunga Santa Maria Formosa 5225, Tel. 041 522 59 95, Stazione Rialto oder San Zaccaria, Mo–Sa 12–15, 12–15 und 19–23 Uhr, ab 15 €. Das Restaurant wird von Einheimischen viel frequentiert und ist deshalb so gut wie immer überfüllt. Die teilweise recht ausgefallenen Fischspezialitäten sind wirklich ausgezeichnet.

Pizzeria der anderen Art – **Alla Strega** 8: Barbaria delle Tole 6418, Tel. 041 528 64 97, Stazione Ospedale, Di–So 11.45–15, 18.45–22.30 Uhr, ab 7 €. Die Einkehr in der ›Pizzeria zur Hexe‹ im Nordosten der Altstadt, zwei Gehminuten östlich von Santi Giovanni e Paolo, ist vor allem Familien zu empfehlen, verspricht doch die ›schaurige‹ Dekoration den Kleinen Gruselspaß. Außerdem ▷ S. 215

Auf Entdeckungstour: San Michele – die letzte Ruhestatt der Venezianer

Ein Abstecher von der Fondamenta Nuove auf die knapp 1 km nördlich gelegene Friedhofsinsel 26 verschafft Abstand vom emsigen Getriebe in der Altstadt. Während des melancholisch stimmenden Bummels durch die weitläufige Anlage kann man etlichen prominenten Verstorbenen, unter ihnen Igor Strawinsky und Ezra Pound, die Reverenz erweisen.

Reisekarte: ▶ H 1–2
Zeit: ca. 2 bis 3 Stunden
Planung: April–Sept. tgl. 7.30–18, Okt.–März bis 16 Uhr, Eintritt frei; lassen Sie sich vom Pförtner einen Orientierungsplan mitgeben.
Start: Zufahrt mit Vaporetto, Linie 4.1 oder 4.2 von Fondamenta Nuove bzw. Murano.

Das satte Zypressengrün vor lichtem Lagunenblau, dazwischen die backsteinroten Mauern, fein konturiert durch einen weißen Saum aus istrischem Kalkstein: Jener Ort, an dem der Tod in Venedig buchstäblich zu Hause ist, wirkt aus der Distanz betrachtet, zumindest an hellen Sommertagen, keineswegs bedrückend – eher ein heiteres Elysium denn eine dunkel-mysteriöse Toteninsel à la Arnold Böcklin. Der duftige Eindruck verstärkt sich, steigt man bei der Stazione Cimitiero vom Vaporetto. Denn da zieht linker Hand ein pittoreskes Gebäudeensemble, hell strahlend und von anmutigen Proportionen, alle Aufmerksamkeit auf sich.

Zwei Renaissance-Juwele

Die **Kirche San Michele in Isola** wurde 1469–1478 nach Plänen Mauro Codussis errichtet und gilt als erstes im Stil der Renaissance errichtetes Gotteshaus im damals noch gotisch geprägten Venedig. Ungewöhnlich war neben der neuen Formensprache mit Pilastern, Segmentgiebeln und Muschelmotiven auch die Verwendung des weißen Steines aus Istrien für die gesamte Fassade. Die Ausstattung des dreischiffigen, nach mehrjähriger Renovierung wieder öffentlich zugänglichen Kircheninneren hält leider nicht, was das reizvolle Äußere verspricht. Lohnend ist hingegen ein Blick in die links angrenzende **Cappella Emiliana,** ein um 1530 von Guglielmo die Grigi genannt Bergamasco auf sechseckigem Grundriss erschaffenes Renaissancejuwel, dessen weiße Kuppel dem Besucher schon von weitem entgegenleuchtet. Sein Inneres wartet mit hervorragend gearbeiteten Reliefs, drei ebensolchen Marmoraltären und einem polychromen Steinfußboden auf.

Ein Hort des Wissens

Die Isola di San Michele war seit dem frühen 13. Jh. Sitz einer namhaften Kamaldulenser-Einsiedelei. Deren erste Kirche wurde 1221 geweiht. Das zugehörige Kloster war für seine reich bestückte Bibliothek und auch das Skriptorium (Schreibstube) bekannt. Dort zeichnete der Mönch Fra Mauro Mitte des 15. Jh. auf Basis der Erzählungen venezianischer Seefahrer jene berühmte kreisförmige, heute in der Biblioteca Marciana (s. S. 139) aufbewahrte Weltkarte, mit deren Hilfe Kolumbus die Neue Welt entdeckte und indirekt Venedigs Dominanz im Welthandel brach.

Umbettung aus Hygienegründen

Fast 600 Jahre lang pflegten die Kamaldulenser auf San Michele ihr beschauliches Eremitendasein. Dann kam Napoleon und ließ die Anlage schließen. Zugleich ordnete er im Edikt von Saint Cloud (1804) an, dass öffentliche Friedhöfe fortan außerhalb der Städte liegen sollten. Tatsächlich hatte die Bestattung der Toten auch im Centro Storico sanitäre (und olfaktorische) Probleme mit sich gebracht. Zwar wurden die Nobili und Reichen in den Kirchen zur letzten Ruhe gebettet. Das Volk aber hatte mit dem Erdgrab auf dem Campo vorlieb zu nehmen, das wegen des Wassers nicht tief sein konnte.

Zunächst wurden die Toten auf das Inselchen San Cristoforo della Pace verfrachtet. Nach wenigen Jahren, als der Platz nicht mehr reichte, widmete man auch das benachbarte San Michele, auf dem bis dahin die Bewohner von Murano ihre Boote vertäut hatten, als Begräbnisstätte. Der Kanal zwischen den beiden Inseln wurde zugeschüttet und die Schaffung eines Zentralfriedhofs für alle Venezianer in Angriff genommen. Fertiggestellt war die Anlage 1876.

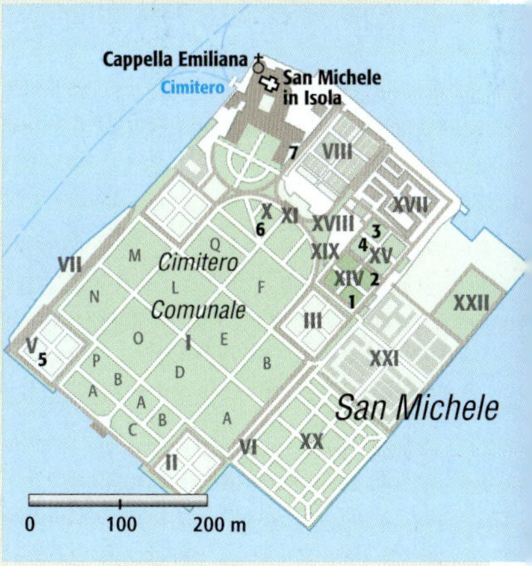

Ihr heutiger Besucher bekommt in der Pförtnerloge (am Ende des Zugangsweges links) auf Anfrage einen kleinen Orientierungsplan ausgehändigt. So ist die Gliederung des weitläufigen Geländes auf einen Blick erkennbar: Es gibt, gleich nach dem Eingang, drei Halbkreise mit Gruftkapellen und Mauergräbern. Auch im Norden und Osten finden sich Gräberwände, wie sie in ganz Italien üblich sind. Ein Großteil des Geländes aber ist in begrünte Karrees für die mehrheitlich sorgsam gepflegten Erdgräber der katholischen Einheimischen, darunter eigene für Kleinkinder, Militärangehörige, Kleriker und Ordensleute, unterteilt. In Randlage finden sich, nicht selten merklich vernachlässigt, die Sektoren für die Nichtkatholiken und darin die Gräber mehrerer bedeutender Künstler, die in der Lagunenstadt ihre zweite Heimat sahen.

Prominente Musensöhne

Nicht nur Friedhofsromantikern ist zu empfehlen, ein Weilchen ziellos durch das Areal zu flanieren und dabei den teilweise sehr aufwendig und kunstvoll gestalteten Gräbern die Parade abzunehmen. Mit dem Plan in der Hand lässt sich aber auch zielstrebig den prominenten Toten die Reverenz erweisen. Der Namhafteste unter ihnen ist wohl **Igor Strawinsky** (**1**), dem die Stadt nach seinem Tod (1971) die sehr seltene Ehre einer Totenmesse in Santi Giovanni e Paolo, der Begräbniskirche der Dogen, erwies. Er liegt, Seite an Seite mit Gattin Vera, in seinem von Giacomo Manzù denkbar schlicht gestalteten Grab, im Bereich der Griechisch- und Russisch-Orthodoxen (Sektor XIV).

Wenige Schritte entfernt ruht der legendäre Choreograf **Sergej Diaghilew** (**2**; 1872–1929). Freunde meisterhafter Lyrik halten im Sektor der Protestanten vor dem efeuumrankten Grab des Amerikaners **Ezra Pound** (**3**; 1885–1972) und jenem des russischen Nobelpreisträgers **Joseph Brodsky** (**4**; 1940–96) inne. Während Liebhaber moderner Musik zu den letzten Ruhestätten von **Ermanno Wolf-Ferrari** (**5**; 1876–1948; Sektor V im äußersten Südwesten) und **Luigi Nono** (**6**; 1924–90; westl. Halbkreis, im Sektor der *preti*) pilgern. Auch beachtenswert ist, unmittelbar links nach dem Eingang unter der ersten Arkade des großen Kreuzgangs, das Grab **Christian Dopplers** (**7**; 1803–53), jenes genialen Mathematikers und Physikers aus Salzburg, der den nach ihm benannten Doppler-Effekt in der Akustik und Optik entdeckte.

Es wird erneut eng

Postskriptum zu einem chronischen Problem aller Venezianer, der Raumnot: Auf San Michele finden wegen des hohen Salzgehalts des Bodens, der den Verwesungsprozess stark verzögert, kaum noch Erdbegräbnisse statt. Die Leichen werden vielmehr, in Wänden übereinander gestapelt, in luftdichten Nischen aufbewahrt. Nach wenigen Jahrzehnten entnimmt man die Gebeine und äschert sie ein. Die Ossarien (Knocheninseln) wie Santa Giustina nahe der Sile-Mündung oder das zwischen Torcello und dem Festland gelegene Inselchen Sant'Ariano sind seit Generationen außer Gebrauch.

Gegen Ende des 20. Jh. wurde es trotz dieses Platz sparenden ›Rotationsprinzips‹, und obwohl sich mittlerweile die Mehrheit der Venezianer auf dem Festland beerdigen lässt, erneut eng. Deshalb wurde der britische Architekt David Chipperfield damit beauftragt, auf San Michele einen Erweiterungsbau zu errichten. Die Arbeiten sollen demnächst abgeschlossen sein.

warten über 60 verschiedene Pizzavariationen darauf, verspeist zu werden. Im Sommer sitzt man unter alten Weinreben im Garten. Auch *cicheti* und andere Speisen.
Kaffee mit Aussicht – **Rosa Salva** 9: Campo San Zanipolo 6779, s. S. 208.
Feines vom Schuppentier – **Da Alberto** 10: Calle Giacinto Gallina 5401, Tel. 041 523 81 53, Stazione Rialto oder Fondamente Nuove, tgl. 10–23 Uhr, ab 20 €. Die Speisekarte strotzt vor Spezialitäten von Scampi, Seebarsch oder Stockfisch bis Fischrisotto oder -gnocchi.
Ideal am Start oder Ende eines Inselausflugs – **Al Giubagio** 11: Fondamente Nove 5039, s. S. 40.

Einkaufen

Accessoires mit persönlicher Note – **Arte Più** 1: Calle delle Rasse 4613, Tel. 041 523 75 14, Stazione San Zaccaria. Originelle, kleine Kunstobjekte, Schmuck, Lampen aus Muranoglas.
Kostbare Masken – **Flavia** 2: Campo Corte Specchiera 6010, s. S. 49
Venedig-Bücher zum Stöbern – **Libreria Miracoli** 3: Campo Santa Maria Nova 6062, s. S. 47.
Handarbeit seit Jahrzehnten – **Magie di Carnevale** 4: 4518, Salizzada San Provolo, s. S. 50.

Aktiv & Kreativ

Intensivkurse im Maskenmachen – **Ca' del Sol** 1: Fondamenta dell'Osmarin 4964, s. Mein Tipp S. 50.
Tifosi auf Zeit?! – **Stadio Penzo** 2: Warum nicht auch in der Lagunenstadt zum Fußballmatch? Der AC Venezia trägt seine Heimspiele im Stadio Penzo auf der ganz im Osten des Centro Storico gelegenen Insel Sant'Elena aus. Infos: Tel. 041 396 96 00, http://veneziacalcio.wordpress.com (nur auf Ital.), Stazione Sant'Elena, Tickets ab 12 €.

Abends & Nachts

Jazz im Kerker – **Palazzo delle Prigioni** 1: Riva degli Schiavoni, s. Mein Tipp S. 204.
Höchster Glamourfaktor – **Club 947** 2: 4338, Campo Santi Filippo e Giacomo, Tel. 041 528 56 86 bzw. 347 85 10 564, Stazione San Zaccaria, tgl. 19 bis mindestens 24 Uhr. Ein Lounge-Club von allerhöchstem internationalen Format, in dem Zeitgenossen mit Styling- und Coolness-Anspruch perfekt abhängen können. Auf zwei Stockwerke verteilt, finden sich, in exzentrischem Mix aus Barock und Minimalismus designt, ein Restaurantbereich, die ›Red Bar‹ sowie ein Lounge-Areal, das zum Five o'Clock Tea, Lesen, Net-Surfen, Apero und Late-Night-Drink, aber auch zu After-Dinner-Partys lädt. Zugehörig: ein extravagantes Boutiquehotel.
Kammermusik in der Kirche – **Santa Maria Formosa** 16: Campo Santa Maria Formosa, s. Mein Tipp S. 204.
Bar-Kiosk für Gesellige – **Zanzibar** 3: Fondamenta Santa Maria Formosa 5840, Tel. 348 045 54 34, tgl. 8–1 Uhr. Good vibrations bei köstlichen Drinks, Snacks und starker Musik vor der unterhaltsamen Menschenkulisse eines Campo, der zu den unbestritten schönsten der Stadt zählt.
Wo die Post abgeht – **Olandese Volante** 4: Campo San Lio 5658, s. S. 54.
Kultplatz für Nachteulen – **Enoteca Mascareta** 5: 5183, Calle Lunga S. Maria Formosa, Tel. 041 523 07 44, www.ostemaurolorenzon.it, tgl. 19–2 Uhr, So auch mittags, Stazione Rialto oder San Zaccaria. Gemütlicher In-Treff mit hohem Geselligkeitsfaktor, pikante Köstlichkeiten, famose Weinliste mit über 100 Kreszenzen, vorwiegend aus Italien und Frankreich. Allabendlich im Zentrum des Geschehens: der umtriebige Besitzer Mauro Lorenzon – eine echte Stimmungskanone.

Das Beste auf einen Blick

San Polo und Santa Croce

Highlights!

Santa Maria Gloriosa dei Frari: Der Kolossalbau der Franziskaner ist ein Juwel der Gotik voller erlesener Ausstattungsstücke – allen voran Tizians »Himmelfahrt« über dem Hochaltar. S. 223

Scuola Grande di San Rocco: Das Bruderschaftsgebäude gleich neben der Frari-Kirche gilt mit seinen weltberühmten Gemäldezyklen Tintorettos als einer der grandiosesten Innenräume Italiens. S. 228

Auf Entdeckungstour

Auf den Spuren der Cucina Veneziana: Vom berühmten Fischmarkt zum Obst- und Gemüsemarkt und danach zu den besten historischen Bàcari im Rialto-Viertel führt diese kulinarische Tour. S. 220

Ca' Pesaro: Das wiedereröffnete Museo d'Arte Moderna bietet einen faszinierenden Querschnitt durch die Kunst des 19. und 20. Jh. S. 234

Kultur & Sehenswertes

Casa Goldoni: Das Geburtshaus des unsterblichen Komödiendichters birgt zwei Gedenkräume und ein Theaterinstitut. 7 S. 223

San Giacomo dall'Orio: Eines der ältesten Gotteshäuser der Stadt – mittelalterliches Ambiente und drum herum der sehr malerische Campo gleichen Namens. 12 S. 230

Palazzo Mocenigo: Authentische Einblicke in aristokratische Wohnkultur und Mode des 17./18. Jh. sowie hochwertigste Textilkunst. 17 S. 236

Genießen & Atmosphäre

Cioccolateria Vizio Virtù: Der Laden mit integrierter Schauwerkstatt ist ein Paradies für Naschkatzen und Süßmäuler. 12 S. 240

Wine & Dine direkt am Canal Grande: Die Gegend zwischen Rialto-Brücke und Pescheria ist zum gastronomischen Szeneviertel geworden. Top-Adressen: Naranzaria 16, Bancogiro 17 und Muro 6. S. 240

Abends & Nachts

Scuola Grande di San Giovanni Evangelista: Genießen Sie ein Konzert oder eine Opernaufführung in einer der anmutigsten Bruderschaftsschulen der Stadt. 11 S. 230

Open-Air-Kino am Campo San Polo: Cineastische Leckerbissen an lauen Hochsommerabenden unter freiem Himmel. 2 S. 56, 241

Das alte Venedig, wie es leibt und lebt

Das alte Geschäfts- und Bankenviertel am Rialto, die Frari-Kirche, die Scuola Grande di San Rocco, dazu Museen wie jene im Ca' Pesaro, dem Fondaco dei Turchi oder Palazzo Mocenigo und Kirchen wie San Rocco oder San Giacomo dell'Orio sowie die lange Reihe prunkvoller Paläste am Canal Grande machen aus San Polo, dem geografischen Kerngebiet der Altstadt, und dem westlich angrenzenden *sestiero* Santa Croce eine an Kunst, Architektur und Atmosphäre besonders reiche Gegend.

Infobox

Reisekarte: ▶ B–F 3–5

Startpunkt und Länge
Für diesen Rundgang, der von der Rialto-Brücke ausgeht, sollte man ohne Museumsbesuche etwa 4 bis 5 Stunden vorsehen – ein bis zwei kurze Kaffeepausen inklusive. Siehe Stadtplan San Polo und Santa Croce s. S. 225.

Paradies für Schnäppchenjäger
Dank der langen Ladengassen zwischen Rialto und San Polo sowie wegen der vielen in Seitengassen verborgenen Boutiquen und Werkstätten ist der Bezirk bei Schatz- und Schnäppchenjägern beliebt. Besondere lohnende Shoppingadressen finden Sie auf S. 240.

Erotisch-literarische Spurensuche
Auf den Campi San Giacomo di Rialto, Santa Fosca und San Samuele startet der expressiv erzählende Poet Lucio Zorzi mehrmals pro Woche italienisch- und englischsprachige Exkursionen auf den Spuren Casanovas bzw. der Welt der Kurtisanen. Infos und Terminvereinbarungen unter Tel. 041 63 07 61 (ganzjährig).

San Polo

Rund um den Rialto

Wenn man die alten Wohngegenden am rechten Ufer des Canal Grande erkunden will, liegt es nahe, damit in den Gassen und auf den Plätzen nahe der Rialto-Brücke anzufangen. Denn hier am *rivo alto*, dem hohen Fluss, wie die ersten Siedler diesen Abschnitt ihres wichtigsten Wasserwegs nannten, laufen viele Lebensfäden zusammen. Hier liegt seit dem Hochmittelalter Venedigs Geschäfts- und Bankenzentrum, hier findet täglich der größte **Markt** 1 statt (s. Entdeckungstour S. 220), und hier führt nolens volens für jedermann der Weg vorbei, der an diesem mittleren Teil des Kanals zu Fuß auf das gegenüberliegende Ufer will. Man schlendere also zuerst einmal ziellos, aber möglichst morgens, durch die **Ruga degli Orefici** 1, die Gasse der Goldschmiede, und die dahinter liegenden Gässchen mit Souvenir-, Obst- und Gemüseständen. Es ist erstens ein sinnliches Vergnügen und zweitens eine gute Einstimmung auf das Labyrinth, durch das man sich in den nächsten Stunden bewegen wird.

San Giacomo di Rialto 2

San Polo 1, Campo San Giacomo di Rialto, derzeit nicht öffentlich zugänglich

Früher oder später aber sollte man beginnen, die Kunstdenkmäler ins Auge zu fassen, die hier, zum Teil halb verdeckt von Kiosken und Kistenstapeln, auf engstem Raum stehen. Vielleicht zuerst die keine 50 Schritte vom Fuß der Brücke entfernte Kirche San Giacomo di Rialto: Auch wenn ihr Grundstein nicht, wie gerne behauptet, bereits im Jahre 421, sondern erst irgendwann im 7. oder 8. Jh. gelegt wurde, so zählt dieser Kreuzkuppelbau doch zu den ältesten Gotteshäusern der Stadt. Ihr heutiges Aussehen verdankt die Kirche dem Generalumbau nach einem Brand in der Zeit der Renaissance. Nur die Vorhalle mit den Marmorsäulen blieb von der 400 Jahre älteren Vorgängerin erhalten. Im Inneren sind die zwei Bilder »Vermählung« und »Verkündigung Mariä« von Marco Vecellio sowie zwei Statuen, der hl. Jakob von Alessandro Vittoria und der hl. Antonius von Girolamo Campagna, besonders beachtenswert. Die große Uhr an der Außenwand hingegen kann man getrost ignorieren. Sie musste, wie der britische Reiseschriftsteller James Morris für sein famoses Venedig-Buch in den 1960er-Jahren minutiös recherchierte, bereits im Mittelalter wegen chronischer Fehlanzeige mehrmals erneuert werden. Nach 1700 stand sie dann jahrzehntelang bei vier Uhr still, im Ersten Weltkrieg zeigte sie drei Uhr nachmittags, und heutzutage steckt sie bei neun Uhr fest.

San Giovanni Elemosinario 3

San Polo 480, Mo–Sa 10–17 Uhr, Eintritt 3 € oder Chorus Pass

Dieser von Häusern völlig umbaute, vom Campo Rialto Nuovo (hinter dem Palast der zehn Weisen) aus zu betretende Renaissancebau war viele Jahre versperrt, ist mittlerweile jedoch, schön renoviert, wieder zugänglich. Er ist ein Werk Antonio Abbondis, genannt Scarpagnino, und birgt je ein schönes Altarbild von Tizian und Pordenone. Letzerer schuf auch das während der Instandsetzung wieder entdeckte, prachtvolle Deckenfresko.

Zum Campo San Polo

Eine weitere Kirche in der unmittelbaren Umgebung, nämlich **San Silvestro** 4 (San Polo 1092), die in ihrer heutigen Form aus der ersten Hälfte des 19. Jh. stammt und über die viel begangene Ruga Vecchia San Giovanni und links abbiegend über den Rio Terra erreichbar ist, lohnt eigentlich nur wegen eines Gemäldes den Besuch: einer freilich wunderschönen »Taufe Christi« von Jacopo Tintoretto.

Sant'Aponal 5

San Polo 1135c

Über die Verlängerung der Ruga Vecchia San Giovanni, die Ruga Ravano, gelangt man auf den Campo Sant'Aponal. Die Kirche selbst, profaniert und in ein Aktenlager umgewandelt, ist völlig uninteressant, aber eine **hölzerne Tafel** über einem niedrigen Hofeingang in der Südwestecke des Platzes verdient Beachtung. Sie erinnert an Papst Alexander III., der im Jahr 1177 auf der Flucht vor den Häschern von Friedrich I. Barbarossa nach Venedig kam. Der Legende nach soll er, mittellos und unerkannt, an dieser Stelle seine erste Nacht in der Stadt unter freiem Himmel verbracht haben. Ein halbes Jahr später sah Venedig die feierliche Versöhnung der beiden Widersacher.

Campo San Polo 6

Immer dem Haupttross der Passanten folgend, kommt man über zwei Kanäle und durch einen dunk- ▷ S. 223

Auf Entdeckungstour:
Auf den Spuren der Cucina Veneziana

Westlich der Rialto-Brücke, im Nahbereich des Fisch- und Viktualienmarkts, geben sich Gourmets besonders gern ein Stelldichein. Hier lässt sich die frischeste Rohware begutachten und verkosten. Und im Anschluss kehrt man zum genüsslichen Schlemmen und Schlürfen in eines der vielen Bacari ein. Willkommen zum Lokal-Augenschein!

Zeit: je nach Appetit und Muße 2 Stunden bis zu einer kleinen Ewigkeit
Planung: Start je früher, desto besser! Das üppigste Marktangebot gibt's ab 7 Uhr morgens.
Ausgangspunkt: Westlich der Rialtobrücke, Zufahrt mit Vaporetto, Linie 1 oder 2, Stazione Rialto

Eine der angemessensten Methoden, der venezianischen Küche auf den Geschmack zu kommen, besteht darin, am frühen Morgen eines Werktags dem Rialto-Viertel einen Besuch abzustatten. Tunlichst so gegen acht, wenn sich die Bäckereien und Metzgerläden allmählich mit Hausfrauen gefüllt haben, sollte man von der berühmten Brücke kommend durch die **Ruga degli Orefici** 1 und danach rechter Hand Richtung Canal Grande schlendern. Da türmt sich beiderseits des Weges frisches Obst und Gemüse – je nach Saison Salate, Spargel,

Artischocken von den Laguneninseln Vignole und Sant'Erasmo oder von den Ufern der Brenta. Daneben, in knisternde Klarsichthüllen verpackt, *paste* (Nudeln) in dutzenderlei Formen, Reis und Mais aus der Po-Ebene oder, in Kühlvitrinen kunstvoll gestapelt, *prosciutto* aus San Daniele und der mildwürzige Käse aus Asagio.

Während man so schaut und schnuppert und hie und da vielleicht sogar ein wenig schmeckt, stürmt das Markttreiben auf einen ein, wie man es zugleich trubeliger und gelassener daheim im Norden nicht erleben kann. Allerorten absolvieren Hausfrauen ihre *chiacchierate* – die unerlässlichen Schwätzchen über Schirocco oder *Acqua alta,* die Kinder oder das neueste Kochrezept. Andere führen witzige Streitgespräche mit dem Verkäufer (Venezianerinnen sind ob ihrer Schlagfertigkeit gefürchtet). Doch es wird auch gejammert über die steigenden Preise, obwohl es hier immer noch am billigsten ist. Gerüche und Farben, Anfassen, Verkosten, Abwiegen, Streiten ... All das offenbart, was uns die Supermarktkultur vorenthält.

Am Fischmarkt 1

Noch sinnlicher geht es nebenan, am Campo della Pescheria, dem Fischmarkt, zu. Hier harrt Schuppengetier verschiedenster Art und Größe auf Eis hingestreckt seiner finalen Bestimmung – Exoten aus fremden Meeren, tiefgefroren eingeflogen, oder *nostrani,* Kiementräger aus der heimischen Lagune, ferner Muscheln, Krebse, Hummer, Langusten und natürlich Tintenfische für die diversen ›schwarzen‹ Spezialitäten *alla seppie.* Der malerische Backsteinbau übrigens, in dessen Loggia sich dieses Getriebe allmorgendlich von neuem selbst inszeniert, wurde erst kurz nach 1900 im Zuge einer Revenezianisierung des Rialto errichtet; und zwar anstelle einer nur wenige Jahre zuvor errichteten, ästhetisch völlig missglückten Gusseisenkonstruktion, nach Plänen eines Malers namens Cesare Laurenti.

Wo auch Commissario Brunetti schlemmt

Die *cucina veneziana* zählte einst zu den feinsten Küchen der Welt. Mag ihr Glanz seither auch etwas verblasst sein: Diese Stadt ist immer noch ein Schlaraffenland für Schlemmer und die Vielfalt insbesondere an frischem Meeresgetier ist – siehe oben – nach wie vor enorm. Als ihr ›Bauch‹ gilt das rechtsuferige ›Hinterland‹ von Rialto, also die nahe dem Canal Grande gelegenen Gassen des *sestiere* San Polo. Sie sind nicht zufällig auch das bevorzugte Revier Donna Leons, wenn es darum geht, Commissario Brunetti und seine Gesprächspartner mit Gläschen und Häppchen zu laben.

Zu Gast in einer Tripperia

Nahezu ungezählt sind die Lokalitäten, an denen sich der Appetit hier ambulant stillen lässt. Einzelne vor den Vorhang zu bitten gleicht einem Akt grober Willkür. Und sei hier dennoch gewagt. Die **Osteria Antico Dolo** 19

in der Ruga Vecchia 778 zum Beispiel: Mehr als 100 Jahre ist diese venezianische *tripperia* (Kuttelhaus) alt, eng und wenig schick, aber dank dem Charme und der Kochkünste von Bruno Ruffini, einem gelernten Bootsbauer, dennoch ein kulinarischer Hotspot. Die *piatti tipici veneziani,* von Vollwert-Bigoli in Sardellensauce bis Kürbisgnocchi oder *mazzancolle* (Garnelen) mit Radicchio, sind so vielfältig wie lecker (und haben freilich auch ihren recht happigen Preis). Und wer will, kann sich hier als besondere Spezialität schon vormittags auf Fettpapier gekonnt gewürzte *trippa lessa,* einen Blättermagen, reichen lassen (San Polo 778, Ruga Rialto, Tel. 041 522 65 46, tgl. 11–22.30 Uhr).

Präkolumbianisch schmausen

Noch viel, viel geschichtsträchtiger ist **Do Mori** 20: Schon 1462, also eine Generation bevor Kolumbus die Neue Welt entdeckte, wurde in dieser eher düsternen Taverne Wein verkauft. Desgleichen geschieht, mit kurzer, Pest und Feuersbrunst bedingter Unterbrechung im 16. Jh., bis heute. Kupferbecher für den Wein, Kupferkessel am Plafond, alte Zeitungen an den Wänden, Flaschen, wohin man blickt ... Das Ambiente ist urig. Auf dem Teller hat das – überwiegend einheimische – Publikum freilich ein sehr zeitgemäßes Sortiment an *cicheti* (die Portion um 3 bis 4 €), und in den Gläsern vorzügliche Tropfen (San Polo 429, Ramo 1° de la Galiazza, Tel. 041 522 54 01, Mo–Sa 8.30–20 Uhr).

Immerhin seit dem späten 19. Jh. schon dient **Da Pinto** 21 den Fisch- und Obsthändlern vom Markt um die Ecke als Kalorientankstelle. Sie bekamen von hier die *tripe* (Kaldaunen) pfannenfrisch an ihren Stand geliefert. Mit raffinieren Leckereien – freilich auch mit einem *menu turistico* – werden Hungrige heute verwöhnt: mit *alici* (hausgemachter Salami) zum Beispiel, *carciofi, baccalà,* einer *frittura mista* oder *masanette,* winzigen grünlichen Krabben, die man samt und sonders verzehrt. Richtig satt wird man hier übrigens schon um ca. 20 € (San Polo 367, Campo Beccarie, Tel. 041 522 45 99, tgl. 11–22 Uhr).

Postskriptum zur Orientierung

In die Rituale der örtlichen Gastronomie Eingeweihte werden beim Lesen dieser Lokaladressen freilich müde lächeln. Sie wissen: Folgte man der peniblen Beschreibung der Wege, würde man sich unweigerlich in den Mäandern des labyrinthischen Geflechts verirren. In solchen Fällen hilft nur die Annäherung *alla veneziana:* Man stimuliere zunächst in einer Bar an einer der Hauptschneisen des Fußgängerverkehrs seine Seele mit einer ersten *ombra* und nenne hierauf dem nächstbesten Passanten den Namen des anvisierten Lokals. Neun von zehn Befragten werden, so es sich um Einheimische handelt, kennerhaft lächelnd den Weg – *»sempre dritto«* – weisen. Das Ritual ist durchschnittlich drei- bis viermal zu wiederholen. Irgendwann, nach mehreren Abzweigern und/oder Kehrtwendungen steht man dann tatsächlich vor einer winzigen Tür. Aus dem holzgetäfelten Lokalinneren dringt herzerwärmendes Gemurmel – der Stallduft eines viele Generationen alten Stammlokals. Draußen verheißt eine vom Wirt eigenhändig bekrakelte Kreidetafel allerlei Wundersames aus den Tiefen venezianischer Küchen und Keller. Wie lautet die zeitlose Regel der Lagunenbewohner? Hier sucht man nicht, man lässt sich treiben.

Weiteres zu Venedigs gastronomischer Tradition s. S. 36.

len Durchgang auf den Campo San Polo. Dieser größte Campo der Stadt, auf dem die Venezianer einst bei jeder Gelegenheit Stier- und Bärenhatzen, Maskenbälle und allerlei andere Volksbelustigungen veranstalteten, wird von den Fassaden zweier mächtiger Paläste beherrscht: dem **Palazzo Corner-Mocenigo** an der Westseite und dem **Palazzo Soranzo** gegenüber. In Letzterem, einem gut instand gehaltenen, noch heute von Nachkommen der altehrwürdigen Patrizierfamilie Soranzo bewohnten Doppelpalast aus der Übergangszeit vom 14. zum 15. Jh., tat der junge Giacomo Casanova einst auf seiner Karriereleiter einen gewaltigen Schritt nach oben: Als Geiger für einen Ball engagiert, rettete er einem kranken Senator das Leben und wurde von diesem zum Dank adoptiert. So gelangte er in den Adelsstand. Ein hässlicherer, doch nicht minder denkwürdiger Zwischenfall ereignete sich im Jahr 1548 in der Südwestecke des Platzes, vor dem Campanile: An einem Februartag wurde dort Lorenzino de' Medici, der nach dem Mord an seinem Vetter Alessandro, dem Herzog von Florenz, in die Lagunenstadt geflohen war, von florentinischen Meuchelmördern erstochen.

Bleibt die Stippvisite in der ziemlich düsteren **Kirche San Polo** (San Polo 2102, Mo–Sa 10–17 Uhr, Eintritt 3 € oder Chorus Pass, Eingang durch das schöne, spätgotische Seitenportal an der Südfront), die zu Domenico Tiepolos Kreuzweg-Zyklus in die Sakristei und zu Tintorettos »Abendmahl« im rechten Seitenschiff führen sollte.

Casa Goldoni 7

San Polo 2794, http://carlogoldoni.visitmuve.it, Tel. 041 275 93 25, April–Anf. Nov. Do–Di 10–17, Nov.–März 10–16 Uhr, Eintritt 5 € bzw. Museumspass (s. S. 65)

Von hier erreicht man nach wenigen Schritten durch die Calle Saoneri, nach einer linken und einer rechten Wendung, noch vor dem nächsten Kanal den Palazzo Centani (Casa Goldoni). In diesem gotischen Palast mit der malerischen Treppe und dem Brunnen im Innenhof wurde 1707 Carlo Goldoni, der Meister der Komödie, geboren. Heute ist hier ein Institut für Theaterwissenschaften untergebracht, mit einem öffentlich zugänglichen Schauraum, der, wie in solchen Fällen üblich, ein paar Erinnerungsstücke des Autors, Theaterplakate, fremdsprachige Ausgaben seiner Bücher, Stiche, historische Kostümteile etc. präsentiert.

Frari-Kirche ! 8

San Polo 3072, Mo–Sa 9–18, So 13–18 Uhr, Eintritt 3 € oder Chorus Pass

Nun überquert man den Kanal, dann diagonal zuerst einen Campiello, gleich danach den Campo San Tomà, wo in der kleinen Ex-Scuola dei Calegheri (San Polo 2857), der Schule der Schuhmacher, manchmal zeitgenössische Künstler beachtenswerte Werkschauen präsentieren. Am Ende der kurzen Calle Prima steht man vor den ziegelroten Mauern der Franziskanerkirche **Santa Maria Gloriosa dei Frari,** in Venedig kurz Frari genannt.

Nach rechts die Front bis zum Seiteneingang entlanggehend (das Hauptportal ist nur selten geöffnet), fällt einem nicht nur das schlichte Äußere dieses weltberühmten Kunstschreins auf, sondern auch seine gigantische Größe. Sie steht in seltsamem Gegensatz zur prinzipiellen Bescheidenheit des Bettelordens, erklärt sich aber aus der ungewöhnlichen Baugeschichte: 1236, nur wenige Jahre nachdem Franz von Assisi mit seinen Anhängern nach Venedig gekommen war,

Sehenswert

1 Ruga degli Orefici
2 San Giacomo di Rialto
3 San Giovanni Elemosinario
4 San Silvestro
5 Sant'Aponal
6 Campo San Polo
7 Casa Goldoni
8 Santa Maria Gloriosa dei Frari
9 Scuola Grande di San Rocco
10 Chiesa und Scoletta di San Rocco
11 Scuola Grande di San Giovanni Evangelista
12 San Giacomo dall'Orio
13 Fondaco dei Turchi

San Polo und Santa Croce

14 San Stae
15 Ca' Pesaro/ Galleria Internazionale d'Arte Moderna
16 Campo Santa Maria Mater Domini
17 Palazzo Mocenigo

Essen & Trinken

1 Madonna
2 Caffè del Doge
3 Ruga Rialto
4 Birraria La Corte
5 Da Fiore
6 Due Colonne
7 Ganesh
8 Antica Besseta
9 Gelateria Alaska
10 Ai Bari
11 All'Anfora
12 La Zucca
13 Vecio Fritolin
14 Al Nono Risorto
15 Poste Vecie
16 Naranzaria
17 Bancogiro
18 Al Mercà
19 Antico Dolo
20 Do Mori
21 Da Pinto

Einkaufen

1 Fischmarkt
2 Attombri
3 Gems of Venice
4 Angelo dalla Venezia
5 Monica Daniele
6 Gilberto Penzo
7 Fanny
8 Castiglia
9 Furlanetto
10 Tragicomica
11 Sfriso
12 Vizio Virtù
13 Arca
14 Cartavenezia
15 Casa del Parmigiano

Abends & Nachts

1 Chiesa di San Giacometto
2 Freiluftkino Campo San Polo
3 Da Baffo
4 Bagolo
5 La Casa del Cinema
6 Muro

hatte der Doge Jacopo Tiepolo den Mönchen ein großes Stück Brachland überlassen. Bereits rund hundert Jahre später ist ein erster, stattlicher Kirchenbau vollendet. Doch in der Zwischenzeit haben die Dominikaner jenseits des Canal Grande mit der Errichtung von ›San Zanipolo‹, einem monumentalen Gotteshaus (s. S. 205), begonnen.

Die Franziskaner packt der Ehrgeiz. Sie beschließen einen Neubau. Da jedoch der alte Chor zum Abhalten der Messen unverzichtbar ist, errichten sie, gleichsam spiegelverkehrt, zuerst an der Westseite einen neuen Chor. Es folgen das heutige Querhaus und der Campanile. Erst 1415 reißt man den alten Bau ab und vollendet, stets im edlen Wettstreit mit den Dominikanern, den neuen mit dem Langhaus und der Weihe des Hochaltars (1469).

Die Größe der beiden Ordenskirchen brachte die politischen Behörden in eine Zwickmühle. Denn bis dahin hatte als ungeschriebenes Gesetz gegolten, dass kein kirchlicher Bau die Dimensionen der staatlichen Repräsentationsbauten (zu denen ja als Palast- und Staatskirche auch die Markusbasilika zählte) erreichen dürfe. Die salomonische Lösung: Frari und San Zanipolo sollten die Gräber der Dogen und anderer politischer Persönlichkeiten beherbergen und so indirekt auch politische Bedeutung erlangen.

Betritt man die Frari, deren Architekt übrigens bis heute nicht bekannt ist, durch den Seiteneingang, wirkt sie zuerst recht uneinheitlich. Erst der Blick vom Haupttor vermittelt den Eindruck eines typisch gotischen Raumgefüges. Man hat ein weitläufiges und lichtdurchflutetes Langhaus vor sich, eine Allee von eher gedrungenen Rundpfeilern, begrenzt von Bartolomeo Bons und Pietro Lombardos ziselierter Chorschranke aus Marmor, durch deren Mittelbogen Tizians berühmtes Hochaltarbild »Himmelfahrt Mariens« hervorleuchtet.

Erste Station auf dem Besichtigungsrundgang ist linker Hand die bleiche **Grabpyramide Antonio Canovas.** Der Star unter den neoklassizistischen Bildhauern (1757–1822) hatte sie ursprünglich als Mausoleum für Tizian entworfen – in Anlehnung an sein Werk in der Wiener Augustinerkirche, das Grabmal für Maria Christina von Österreich. Doch erst nach seinem eigenen Tod hatten Spendengelder aus ganz Europa die Errichtung ermöglicht. Im Innern des Denkmals, das eigentlich überhaupt nicht in seine Umgebung passt, ruht seither in einem Porphyrgefäß Canovas Herz. An der gegenüberliegenden Kirchenwand soll sich der Ort **Tizians letzter Ruhe** befinden. Im Jahre 1576 von der großen Pestepidemie im Alter von mindestens 99 Jahren dahingerafft, soll der Renaissancekünstler zwar zuerst wie alle anderen Pestopfer auch vor der Stadt in einem Massengrab verscharrt, dann jedoch auf Geheiß des Dogen exhumiert und bei den Franziskanern endgültig bestattet worden sein. Beinahe 300 Jahre danach ließ der Habsburgerkönig Ferdinand I. dem Malergenie von Schülern Canovas an dieser Stelle posthum das pompöse Mausoleum aus weißem Carraramarmor errichten.

Die Frari ist für Verehrer Tizians nicht nur wegen dessen Grab, sondern auch wegen zwei seiner wichtigsten Gemälde, die sie beherbergt, ein Wallfahrtsort. Das eine, die sogenannte **»Pesaro-Madonna«,** befindet sich im linken Seitenschiff zur Linken des Seitenportals. Es ist, wie seinerzeit durchaus üblich, religiöses Votivbild und Gruppenporträt in einem, denn die Gläubigen, die andächtig zu Füßen der hl. Maria beten, tragen die Gesichtszüge der Familie Pesaro, deren Oberhaupt, Jacopo

Der erhabene Innenraum der Frari mit Tizians »Himmelfahrt« über dem Hauptaltar

(links kniend), im Auftrag Papst Alexanders VI. gegen die Türken gekämpft und das Werk bei Tizian in Auftrag gegeben hat. Seine kunsthistorische Bedeutung verdankt das Bild unter anderem der kühnen Komposition, bei der die zentralen Personen einschließlich der Muttergottes konsequent aus der Bildmitte gerückt wurden.

Tizians »Himmelfahrt«

Das andere Gemälde, die schon erwähnte »Himmelfahrt« (Assunta) hinter dem Hochaltar, gilt allgemein als Schlüsselwerk zwischen Renaissance und Barock. Allein das Format des Tafelbildes von 6,90 x 3,60 m sprengte den Rahmen des bis dahin Üblichen. Vor allem aber war es die ungewohnt dramatische Dreiteilung des Bildes in die erdverbundene Zone der Apostel und die illusionistisch leuchtenden Himmelsbereiche der Muttergottes und des Allmächtigen, die Gemütsbewegtheit in den Gesichtern der Dargestellten und die suggestive Farbgestaltung, das Rot und Gold, die den Beginn einer neuen Epoche markierten. Tizians Assunta, die das Marienbild der folgenden Jahrhunderte ähnlich stark beeinflussen sollte wie Michelangelos Sixtinische Kapelle die bildliche Vorstellung von Gottvater, war so revolutionär, dass sogar die Franziskaner während ihrer Entstehung immer wieder Missfallen bekundeten und dem Künstler angeblich 30 Jahre lang den vereinbarten Lohn verweigerten.

Bei aller Bezauberung durch den Farbenmagier Tizian sollte man nicht die zahlreichen anderen künstlerischen Glanzstücke innerhalb der Kirche außer Acht lassen, zum Beispiel die Grabmäler der Dogen Francesco Foscari und Nicolò Tron (Gebrüder Bregno bzw. Antonio Rizzo, beide spätes 15. Jh.) an den Seitenwänden des Presbyteriums, das Chorgestühl (deutsche Schnitzer und Marco Cozzi, 1468), das Grab des Opernpioniers Claudio Monteverdi, die hölzerne Johannes-Skulptur von Donatello und das Altarbild Bartolomeo Vivarinis (allesamt in den Chorkapellen), die steinernen Monumente für allerlei Söldner und Heerführer an den Wänden des rechten Querschiffs (u. a. über dem Durchgang zur Sakristei das Grabdenkmal für Admiral Benedetto Pesaro sowie, rechts davon, das Reiterstandbild für General Paolo Savelli) und das Pesaro-Triptychon Giovanni Bellinis in der Sakristei, eine äußerst stimmungsvolle Darstellung der »Madonna mit Heiligen«.

Scuola Grande di San Rocco ! 9

San Polo 3052, www.scuolagrandesanrocco.it, Ende März–Anf. Nov. 9.30–17.30, im Winterhalbjahr 10–17 Uhr, Eintritt 10 €

Geht man an der Südseite um die Frari-Kirche herum, stößt man am Campo San Rocco auf ein Gebäude, das John Ruskin in seinem Klassiker »The Stones of Venice« euphorisch als eines der drei kostbarsten der Welt bezeichnete – die

Einst Versammlungsort der Textilmacher: die prachtvolle Scuola Grande di San Rocco

Scuola Grande di San Rocco. Es handelt sich um einen Renaissancebau, der zwischen 1515 und etwa 1560 entstanden ist und der einflussreichen Gilde der Textilmacher als Versammlungsort diente (vgl. S. 93). Seinen Ruhm verdankt er dem 56-teiligen Gemäldezyklus, mit dem Jacopo Robusti alias Tintoretto zwischen 1564 und 1588 Wände und Decken schmückte. Der gewiefte Maler, dessen Vater als Färber Mitglied dieser Gilde gewesen war *(tintoretto* = kleiner Färber), hatte für die Ausschreibung nicht, wie seine Konkurrenten, bloß Skizzen vorbereitet, sondern gleich ein fertiges Bild gemalt und in der Folge den Gesamtauftrag erhalten.

Allein die etwas lichtarme Erdgeschosshalle mit den acht großformatigen Gemälden, die, von der Verkündigung bis zur Himmelfahrt, Ereignisse aus dem Leben Mariä zeigen, würde die Scuola zu einem Kunstdenkmal ersten Ranges machen. Doch sie ist nur das Vorzimmer zu zwei noch weit großartigeren Räumen – zur sogenannten Herberge (Sala dell'Albergo) und zum großen Saal im Obergeschoss. Letzterer zählt dank seiner perfekten Proportionen und der überreich verzierten Kassettendecke, vor allem aber dank der Ausgestaltung durch Tintoretto zu den prachtvollsten Innenräumen ganz Italiens. Die Wandbilder zeigen neutestamentarische Szenen, die Geburt Christi, die Taufe, die Auferstehung, die Ölberg- und die Abendmahlszene, und – an der Längsseite vis-à-vis – die Brotvermehrung, die Himmelfahrt, die Krankenheilung am Teich Bethesda und die Versuchung.

Der Blick an die Decke versetzt in alttestamentarische Zeiten: Man begegnet unter anderen Adam und Eva, Moses und Elias, Abraham, Jonas, Ezechiel und Jakob, und zwar in Szenen, die sich häufig auf die karitative Aufgabe der Scuola, die Pflege von Kranken und Mittellosen, beziehen (Wasserwunder, Mannaregen, Brotvermehrung, Abendmahl usw.). Besucher erhalten beim Betreten dieser Pinakothek übrigens einen mehrsprachigen Detailplan.

Chiesa und Scoletta di San Rocco 10

Campo San Rocco
Kirche: San Polo 3054, tgl. 9.30–17.30 Uhr; Scoletta: San Polo 3046, tgl. 9.30–18 Uhr, Eintritt 7 €

Nach diesem Kunstrausch wäre eine Verschnaufpause in einer der Bars rechts von der Scuola angebracht. Danach empfiehlt sich ein Blick in die gegenüberliegende Kirche **San Rocco,** wo die Gebeine des Schutzpatrons der Scuola, des Pestheiligen Rochus von Montpellier, ruhen. Dessen Leben und Wirken hat Tintoretto auf etlichen ungemein eindrucksvollen Gemälden thematisiert, welche die Innenfassade (zwei), den Chor (vier) sowie den ersten Altar rechts zieren.

Schräg gegenüber, an der Nordseite des kleinen Campo, erhebt sich ein zweiter, ungleich bescheidenerer, jedoch äußerst charmanter Sitz der ehemaligen San-Rocco-Bruderschaft, die **Scoletta.** Sie wurde in den vergangenen Jahren mit viel Liebe zum Detail generalsaniert und beherbergt seit 2008 interessante Wechselausstellungen. So zeigte man zunächst zwei Jahre lang wertvolle historische Musikinstrumente und danach des Längeren eine Schau über Leben und Werk Leonardo da Vincis.

Hinter der Kirche führt der Weg durch die Calle Nicoletto nach Norden und in weitem Bogen um das ehemalige Kloster der Franziskaner. Hinter dessen hoher Mauer ist seit der Säkularisation im späten 18. Jh. das **Staatsarchiv** (Archivio di Stato, San Polo 3002, www.archiviodistatovenezia.it, Studienraum Mo–Do 8.10–17.50, Fr/Sa bis 13.50 Uhr) untergebracht – ein Schatz aus Millionen Büchern, Faszikeln und Pergamenten, die, in rund 300 Zimmern fein säuberlich geordnet, die 1000-jährige Stadtgeschichte dokumentieren.

Scuola Grande di San Giovanni Evangelista 11

San Polo 2454, www.scuolasangiovanni.it, Tel. 041 71 82 34 (Mo–Fr 9–13, teilweise bis 17 Uhr), Besichtigung nach telefonischer Voranmeldung möglich, Eintritt 5 €

Bei der ersten Möglichkeit rechts abbiegend gelangt man durch die Calle della Lacca in den Hof der Scuola Grande di San Giovanni Evangelista, eine architektonisch überaus anmutige Anlage aus der Frührenaissance (Pietro Lombardo und Mauro Codussi). Diese dem Evangelisten Johannes geweihte ›Schule‹ – sein Tiersymbol, der Adler, spreizt in der Lünette über dem Hofportal die Flügel – wurde bereits 1261 von Flagellanten gegründet und zählte bis zu ihrer Auflösung im Jahre 1806 zu den sechs ›Großen‹ Bruderschaften Venedigs (S. 93). Ihre Berühmtheit verdankt sie jenem Zyklus von Bildern (zu bewundern in der Accademia), auf denen gegen Ende des 15. Jh. u. a. Gentile Bellini und Vittore Carpaccio das »Wunder der Kreuzreliquie« für die Nachwelt festhielten. Von innen ist das Bruderschaftshaus mit seiner großartigen, doppelläufigen Treppenanlage leider nur nach Voranmeldung oder zu Zeiten von Opernaufführungen, Konzerten oder Kunstausstellungen zu besichtigen (s. S. 56).

Santa Croce

San Giacomo dall'Orio 12

Santa Croce 1456, Mo–Sa 10–17 Uhr, Eintritt 3 € oder Chorus Pass

Unter dem erwähnten steinernen Adler des Portals der Scuola Grande stehend, wendet man sich nun nach links, überquert den Rio Marin und danach, in mehr oder weniger gerader Linie, drei ziemlich schäbige Campi namens Cristo, Strope und Nazario Sauro. Von Letzterem gelangt man ostwärts durch die Ruga Bella auf den **Campo San Giacomo dell'Orio,** einen mit alten Bäumen bestandenen, beschaulichen Platz

Mein Tipp

Ein Paradies für Schoko-Liebhaber: die Cioccolateria Vizio Virtù 12
Das betörende Aroma bemächtigt sich der Seele schon beim Betreten dieses Geschäfts. Alle Arten von Nüssen, dazu Nougat, Kaffee und, vor allem natürlich, Kakao, darunter gemischt diverse Ingredienzien, von Blütenessenzen, Wein, Tee und Tabak bis Muskat, Pfeffer, Ingwer und Zimt ... Die Duftmelange ist so raffiniert wie unwiderstehlich. Und auch der Sehsinn wird von Mariangela und Giovanna, den beiden Betreiberinnen dieses noch recht jungen Ladens mit dem frivolen Namen »Laster Tugend«, bei dessen Eröffnung sogar Juliette Binoche, der Star des Kultfilms »Chocolat«, anwesend war, überreich verwöhnt. Denn erlesene Kreationen aus Schokolade galten der venezianischen Aristokratie einst als Prestigeprodukte. Diese Tradition wird hier in liebevoller Handarbeit wiederbelebt. Mehr als 100 Sorten von Schokobrüchen und -riegeln, dazu Dragées, Pralinen, allerlei Kandiertes, Mousses, Fonduemasse, ja sogar aus Milch- oder Grand-Cru-Schokolade gegossene Löffelchen, Tassen, Masken, Buchstaben und Bandnudeln finden sich im Sortiment. Ein zusätzlicher Reiz: Die Schauwerkstatt erlaubt es Besuchern, den Meistern bei der Ausübung ihrer süßen Kunst über die Schulter zu schauen (Calle Campanièl 2898a, www.viziovirtu.com, Tel. 041 275 01 49, tgl. 10–19.30 Uhr).

mit der malerischen Kirche gleichen Namens in der Mitte. Der mehrmals erweiterte Bau aus dem 13. Jh., meist nur durch den kleinen Seitengang an der Südseite zu betreten, verströmt innen eine reizvolle, mittelalterliche Atmosphäre. Beachtenswert sind u. a. die Kelchkanzel aus mehrfarbigem Marmor, die Deckenbilder von Paolo Veronese in der neuen und die zwei Bilder Palmas d. J. in der alten Sakristei.

Fondaco dei Turchi 13

Santa Croce 1730, Naturhistorisches Museum: www.msn.ve.it, Tel. 041 275 02 06, April–Okt. tgl. 10–18, Nov.–März Di–Fr 9–17, Sa/So 10–18 Uhr, Eintritt 8 €

Verlässt man den Campo San Giacomo dall'Orio am Nordende durch die Calle Larga und folgt dem linken Ufer des angrenzenden Kanals, steht man nach einer kurzen Links-Rechts-Kombination am Canal Grande und vor dem Eingang zu einem der ältesten Paläste der Stadt: dem Fondaco dei Turchi. Die Hauptfassade dieses Monumentalbaus aus der veneto-byzantinischen Stilepoche (frühes 13. Jh.) prägt sich dem Besucher dank der breiten, offenen Säulenhalle und der unverwechselbaren *torreselli*, der Seitentürmchen, recht leicht ins Gedächtnis. Umso verwirrender ist seine Geschichte: Erbaut vom Stammvater der einflussreichen Patrizierfamilie der Pesaro, ging das Gebäude bald in den Besitz der Herzöge von Ferrara über – und zwar auf heftigen Wunsch der Stadtväter, die sich bei den d'Este solcherart für ihre Hilfe gegen die Genuesen im Chioggia-Krieg erkenntlich zeigten.

In den folgenden Jahrzehnten wurde der Palast, entsprechend den ständig wechselnden politischen Launen, zwischen Päpsten, Dogen und Legaten hin- und hergeschenkt. Währenddessen diente er häufig als Absteige für erlauchte Gäste, etwa den byzantinischen Kaiser Manuel II., dessen Nachfolger Johannes VIII. oder den Habsburger Friedrich III. 1621 schließlich wurde er für die nächsten zwei Jahrhunderte Kaufhof der türkischen Händler (daher der Name). Danach verkam er zur Ruine. 1860 wurde er auf Betreiben des unermüdlichen John Ruskin komplett – und wie viele Experten behaupten, brutal – renoviert. Heute beherbergt er das **Museo di Storia Naturale,** das Naturhistorische Museum, von dem, nach schier endlosen Jahren der Renovierung, neben Aquarium und Dinosaurier-Saal wieder ein großer Teil zugänglich ist.

Zur Ca' Pesaro

Besonders beeindruckt vom Schmuckstück der Sammlung, einem vollständigen Dinosaurierskelett aus der Südsahara, wandert man den Weg längs des Kanals, den man kam, wieder retour, zweigt dann jedoch über die erste Brücke nach links ab, wiederholt bei der dritten Quergasse, der Salizzada San Stae, dasselbe nochmals und erreicht nach ca. 100 Schritten erneut den Großen Kanal. Neben der weißen, barock-klassizistischen Kirche von **San Stae** 14 (Santa Croce 1981, Mo–Sa 14–17 Uhr, Eintritt 3 € oder Chorus Pass), in der häufig Konzerte stattfinden, erspäht man auf einem Wegweiser den Namen des nächsten Ziels – Ca' Pesaro.

Ca' Pesaro 15

Santa Croce 2076, http://capesaro.visitmuve.it, s. auch Entdeckungstour S. 234 bzw. S. 64

Wer zuvor den Canal Grande entlanggefahren ist, hat diesen mächtigen Barockkomplex mit seiner renovierten Fassade aus istrischem Marmor noch in Erinnerung. Nun bietet sich die Gelegenheit, Baldassare Longhenas Meisterwerk, an dem von 1652 bis weit in das 18. Jh. hinein gebaut wurde, aus der Nähe zu betrachten – den großartigen Vorhof mit Sansovinos Brunnen, das nicht minder eindrucksvolle Vestibül, vor allem jedoch das viel zu wenig besuchte **Museo d'Arte Orientale** mit kostbaren Exponaten aus Japan und Südostasien sowie, im Stockwerk darunter, das nach langer Renovierung wiedereröffnete, mit Meisterwerken

Der Campo San Giacomo dell'Orio zählt zu den malerischsten Plätzen der Altstadt

des 19. und 20. Jh. reich bestückte **Galleria Internazionale d'Arte Moderna** (s. Entdeckungstour S. 234 bzw. S. 64).

Campo Santa Maria Mater Domini 16

Die nächste Station, der Campo Santa Maria Mater Domini, ist vom Eingang der Ca' Pesaro auf fast direktem Weg zu erreichen (nur nach etwa 50 m stößt man auf eine kurze Links-rechts-Schikane) und zählt zu den entzückendsten Plätzen der Stadt. Um den Genuss seiner schönen Palastfassaden – zum Beispiel der Casa Zane (Santa Croce 2174) aus dem 13. Jh., der Casa Barbaro (Santa Croce 2177) oder des Palazzo Viero-Zane (Nr. 2120), beide aus dem 14. Jh. – noch zu intensivieren, sollte man sich in einer der einladenden Cafeterie vor Ort einen Cappuccino oder Tramezzini genehmigen. Die Tore der angrenzenden, der hl. Muttergottes geweihten Renaissancekirche sind übrigens fast immer geschlossen.

Verlässt man den Campo über die Brücke an seiner Stirnseite, hat man bloß noch dem Zickzack-Kurs, den die gelben Schilder mit der Aufschrift ›Rialto‹ vorgeben, zu folgen. Durch das Viertel von **San Cassiano,** ehemals ein beliebter Rotlichtbezirk ▷ S. 236

Auf Entdeckungstour: Ca' Pesaro – moderne Kunst in historischen Gemäuern

Es liegt abseits der üblichen Touristenpfade und steht, was seine Strahlkraft betrifft, ein wenig im Schatten der Collezione Guggenheim. Dabei bietet die Galleria Internazionale d'Arte Moderna 15 einen faszinierenden Querschnitt durch die Kunst des 19. und 20. Jh.

Dauer: 2–3 Std. (ohne Orient-Museum)
Planung: Galleria Internazionale d'Arte Moderna, Santa Croce 2076, http://capesaro.visitmuve.it, Di–So 10–18, im Winter bis 17 Uhr, Eintritt 10 €. Lage: s. Stadtviertelkarte S. 225

Nicht versäumen: das Museo di Arte Orientale im Dachgeschoss des Ca' Pesaro – eine fernöstliche Sammlung von berückender Schönheit (Öffnungszeiten und Ticket wie das Museum Moderner Kunst).

Ein Palast der Superlative

Der Palazzo stellt in seiner marmornen Monumentalität an sich schon eine Sehenswürdigkeit dar. Von Baldassare Longhena, Venedigs einzigem Barockarchitekten von Weltrang, entworfen und in den letzten Jahren mit großem Aufwand restauriert, spiegelt er das massive Repräsentationsbedürfnis seiner Bauherren, der mächtigen Adelsfamilie Pesaro, wider. Noch faszinierender ist, was sich hinter der Fassade aus diamantförmigen Bossen bzw.

pompös umrahmten Bogenfenstern verbirgt: zum einen ein Raumgefüge wie aus dem Musterbuch für venezianische Prachtpaläste – mit einem hallenartigen Korridor, der sich vom Eingangshof bis zum Canal Grande erstreckt, mit majestätischen Treppen und einem ebensolchen zentralen Salon, mit wunderschönen Terrazzo-Böden und freskierten Decken. Zum anderen harrt hier eine der italienweit bedeutendsten Sammlungen der frühen und klassischen Moderne ihrer Bewunderer.

Die Mäzenin, der die Nachwelt diesen Schatz verdankt, wacht in Büstenform über der Treppe zum Piano nobile: Herzogin Felicita Bevilacqua La Masa hatte den Palast 1898 der Stadt mit der Auflage vermacht, darin ein Museum der Modernen Kunst einzurichten. Drei Jahre zuvor hatte Riccardo Selvatico als Bürgermeister die Silberne Hochzeit von Umberto I. und Margherita, dem italienischen Königspaar, zum Anlass genommen, eine internationale Ausstellung zeitgenössischer Kunst, die berühmte Biennale, ins Leben zu rufen. Wenig später begann die Stadt alle dort preisgekrönten Werke aufzukaufen. Und legte so den Grundstein für die heutige Sammlung. Wobei der Kurator des Ca' Pesaro in den Jahren 1908–24 als Antwort auf die damals ziemlich konservative Politik der Biennale-Verantwortlichen in eigenen Sonderschauen die junge Avantgarde vor den Vorhang holte.

Von Folklore bis Avantgarde

Am Beginn des Museumsrundgangs, in **Saal I**, nimmt man drei Hauptvertretern der Bildhauerei des frühen 20. Jh. die Parade ab: Auguste Rodin, Adolfo Wildt und Medardo Rosso. Zuvor schon, an der Treppe, ist man dem enigmatischen »Kardinal« von Giacomo Manzù begegnet. Höhepunkt in **Saal II** sind die überaus originellen, aus Wachs auf Gips gefertigten Skulpturen Rossos, die hier in spannenden Dialog mit Gemälden von Vertretern des sogenannten Divisionismus treten.

Saal III spannt mittels Werken von Künstlern wie De Nittis, Liebermann, Toorop, Zandomeneghi oder Zuloaga den Bogen vom Verismo zur Belle Époque. **Saal IV** birgt etliche Meisterwerke »zwischen Symbolismus und Sezessionismus«, darunter Klimts »Giuditta II«, Stucks »Medusa«, Khnopffs »Weiße Maske«, aber auch Grafiken von Munch sowie Skulpturen u. a. von De Maria, Minne und Max Klinger. In **Saal V** stehen einander eine Gips-Version von Rodins »Denker« und mehrere Arbeiten Wildts gegenüber, dort hängt aber auch Chagalls famoser »Rabbiner von Vitebsk«.

Es folgen venezianische Vertreter der Italienischen Secession (**Sala VI**), hernach die »Archaismen« der 1920er- und 1930er-Jahre (**VII**) und »Metaphysische Echos« mit Highlights von de Chirico (**VIII**). **Saal IX** steht unter dem Motto »Entkräftung der Farbe« mit Bildern u. a. von Nolde, Bonnard und De Pisis. Auf der weiteren Reise durch das 20. Jh. trifft man u. a. auf Kandinsky, Ernst, Klee, Calder und Miró (**XI**), auf die Abstrakten der 1950er – u. a. Lazzari, Deluigi, Chillida (**XII**) sowie zum Finale auf Lokalmatador Emilio Vedova (**XIV** und **XV**).

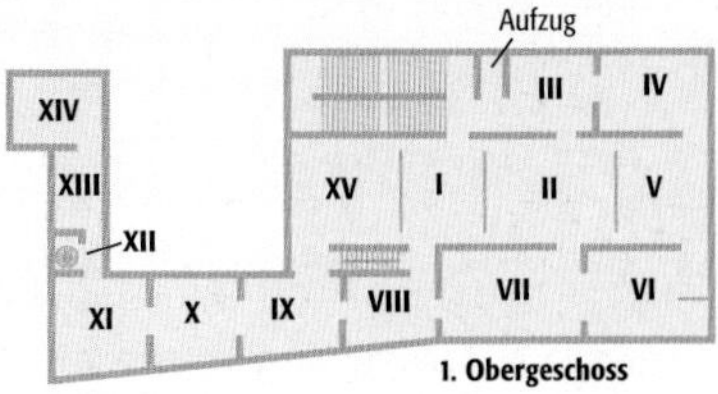

Mein Tipp

Erlesene venezianische Wohnkultur im Palazzo Mocenigo 17
Dieser gotische, als Museum zugängliche Prachtpalast, der einst einer der altehrwürdigsten Adelsfamilien Venedigs als Heimstatt diente, vermittelt wie kaum ein anderer Ort ein authentisches Gefühl für die aristokratische Wohnkultur des 17./18. Jh. Die Salons im Piano nobile, dem ersten Stock, präsentieren sich beinahe so, als wären sie nach wie vor bewohnt – ausgestattet mit erlesenen Beispielen venezianischen Kunsthandwerks in ihrem angestammten Rahmen. Zudem illustrieren kostbare Gewänder, Schuhe und diverse Modeaccessoires, in Vitrinen drapiert und mit erläuternden Texten versehen, wie sich Damen und Herren von Welt seinerzeit zu kleiden pflegten. Im selben Gebäude ist die reich sortierte Bibliothek des Städtischen Studienzentrums für Textil- und Modegeschichte untergebracht (Santa Croce 1992, Salizzada San Stae, Tel. 041 72 17 98, http://capesaro.visitmuve.it, Stazione San Stae, Di–So 10–17, Nov.–März bis 16 Uhr, Eintritt 8 €).

namens Carampane, in dem die Hübschlerinnen einst barbusig um Freier buhlten (s. S. 122), vorbei an der gleichnamigen **Kirche** (hier lohnt eine »Kreuzigung« von Tintoretto), ist man im Nu Teil jenes Menschenstroms, der einen unweigerlich bis an die Fundamente der berühmten Brücke spült.

Essen & Trinken

Behagliches Familienrestaurant – **Madonna 1**: Calle della Madonna 594, Tel. 041 522 38 24, www.ristoranteallamadonna.com, Stazione San Silvestro, Do–Di 12–15, 19–22 Uhr, ab 30 €. Nette Atmosphäre, schneller Service, vor allem aber ausgezeichnete Küche mit Schwerpunkt auf traditionellen Fischgerichten. Empfehlenswert: das Meeresfrüchte-Risotto, Fisch-Vorspeisenteller und die Leber *alla veneziana.*

Erste Adresse für Koffein-Freaks – **Caffè del Doge 2**: Calle dei Cinque 609, s. S. 44.

In-Treff mit langer Tradition – **Ruga Rialto 3**: Ruga Vecchia San Giovanni (auch genannt Ruga Rialto) 692, Tel. 041 521 12 43, Stazione Rialto, tgl. 11–15, 18–24 Uhr, Einzelgerichte ab 13 €. In dieser gemütlichen Osteria tummelt sich bevorzugt junges Publikum, das mit dem Glas in der Hand nicht selten bis auf die Gasse herausquillt. Kein Wunder, bekommt es doch hier neben leckeren Drinks, *cicheti* und einfachen Tellergerichten an manchen Abenden auch Livemusik geboten.

Essen auf Venedigs größtem Campo – **Birraria La Corte 4**: Campo San Polo 2168, Tel. 041 275 05 70, www.birrarialacorte.it, Stazione San Silvestro, tgl. 10–24 Uhr, im Winter Mittagspause, Einzelgerichte ab 10 €. Weitläufiges Lokal in modernem Design, teils in den Räumen eines ehemaligen Kaufhauses, teils in einem gotischen Palast untergebracht. Gute Kost – u. a. hausgemachte Pasta, Grillfleisch, Salate oder Pizzen – zu passablen Preisen. Schön zu sitzen: im überdachten Innenhof oder auf dem Campo.

Venezianische Rezepturen vom Allerfeinsten – **Da Fiore 5**: Calle del Scaleter 2202a, s. S. 38.

Geheimtipp für Pizza-Fans – **Due Colonne 6**: Campo Sant'Agostin 2343, Tel. 041 524 06 85, Stazione San Stae, tgl. 12–14.30, 19–23 Uhr, Pizza ab 9 €. Riesenauswahl erstklassiger Teigräder mit teilweise ungewöhnlichem Belag (z. B. Pferdefleisch).

Indisch statt Italienisch – **Ganesh** 7: Rio Marin 2426, Tel. 041 71 98 04, Stazione Ferrovia, tgl. 12.30–14, 19–23 Uhr, im Winter Mi geschl., ab 15 €. Indisches Ambiente, indische Küche und auch das Personal stammt vom Subkontinent. Kein Wunder, dass der Curry und das Hühnchen aus dem Tandoori-Ofen authentisch schmecken. Stimmig an lauen Sommerabenden: ein Tisch direkt über dem Kanal.

Klassische Genüsse nach alten Rezepten – **Antica Besseta** 8: Salizzada de Ca' Zusto 1395, Tel. 041 721 687, www.anticabesseta.it, Stazione Riva de Biasio, Do–Mo 12–14.30, 19–22.30, Di/Mi nur abends, ab 18 €. Behagl. Trattoria, weithin bekannt für ihre authentisch zubereiteten Spezialitäten.

Eisgenuss der exotischen Art – **Gelateria Alaska** 9: Calle Larga dei Bari 1159, s. Lieblingsort S. 239.

Herzhafte Küche – **Ai Bari** 10: Lista dei Bari 1175, Tel. 041 71 89 00, Stazione Riva di Biásio, Sa–Do 12–22, Fr bis 15 Uhr, Einzelgerichte ab 6 €. Ein Teller Pasta, schmackhaft und preiswert, genossen Tisch an Tisch mit den Arbeitern der bahnhofsnahen Gegend, ideal für den Hunger zwischendurch.

Pizzeria der Extraklasse – **All'Anfora** 11: Lista dei Bari 1223, Tel. 041 524 03 25, Stazione Riva di Biasio, Do–Di 11.30–15, 18–22.30 Uhr, Pizza ab 8 €. Trotz des unscheinbaren Äußeren eine der Top-Adressen für knusprige, delikat belegte Teigräder. Nett sitzt man im begrünten Innenhof.

Idyllisch und kreativ – **La Zucca** 12: Ponte del Megio 1762, s. Tipp rechts.

Frittierter Fisch und vieles mehr – **Vecio Fritolin** 13: Calle della Regina 2262, s. S. 44.

Eine der besten Pizzerien der Stadt – **Al Nono Risorto** 14: Sottoportego della Siora Bettina 2337, Tel. 041 524 11 69, Stazione San Stae, Fr–Di 12–14.30, 19–23 Uhr, Do nur abends, ab 18 €. Eine der meist frequentierten Adressen für Teigräder. Auch klassische venezianische Spezialitäten bekommt man in diesem behaglichen Lokal aufgetischt. Im Sommer lockt der große, von Glyzinien umrankte Garten.

Fabelhafte Fischküche – **Poste Vecie** 15: Pescheria 1608, s. S. 39.

Tafeln direkt am Canal Grande – **Osteria Naranzaria** 16: Campo San Giacometto 130, s. Mein Tipp S. 240.

Feine Lagunenkost – **Bancogiro** 17: Campo San Giacometto 122, s. Mein Tipp S. 240 .

Mein Tipp

Köstliche, auch vegetarische Küche in idyllischer Lage

Die **Trattoria Zucca** 12 zu Füßen des malerischen Brückchens über den Rio del Mégio war seit ihrer Eröffnung 1980 einer der beliebtesten Treffpunkte für Venedigs kritische Intellektuelle. Die Diskussionen der Linken sind mittlerweile merklich verebbt, doch die idyllische Lage, die warmherzige Atmosphäre, das wohltuend moderate Preisniveau und vor allem die köstliche Küche sind geblieben. Kein Wunder, dass sich das Betreiber-Trio Paola, Rudy und Rossana allabendlich über ein proppenvolles Lokal freuen kann. Markenzeichen der exzellenten Hausmannskost im ›Kürbis‹ sind die Vorliebe für Vegetarisches und für einen gewissen orientalischen Touch. Besonders lecker: die Kürbisquiche. Besonders nett: die Tische draußen, neben dem Kanal (Ponte del Megio 1762, www.lazucca.it, Tel. 041 524 15 70, Mo–Sa 12.30–14.30, 19–22.30 Uhr, ab 20 €, Stazione San Stae).

Lieblingsort

Eisliebhaber aufgepasst!
Gelaterie gibt es in Venedig natürlich viele. Aber diese schuhschachtelgroße, etwas versteckt in der Calle Larga dei Bari nahe dem Bahnhof gelegene ist mir aus zwei Gründen ans Herz gewachsen. Zum einen wegen ihres köstlich kauzigen Betreibers Carlo Pistacchi, einem bekennenden Reggae-Fan, der für jedes Schleckermaul ein schrulliges Scherzchen auf den Lippen hat. Vor allem aber wegen der Qualität seines Eises: Rund zwei Dutzend mit naturreinen Zutaten gemixte Sorten hat die **Gelateria Alaska** 9 im Angebot – darunter so exotische wie Maulbeeren, Ingwer, Grüner Tee, Artischocken, Lakritze und Kardamom. Schleck! (Tgl. 11–23, im Winter 12–22 Uhr, Dez./Jan. geschl.)

Mein Tipp

Dine & Wine mit Stil
Die Gegend zwischen Rialto-Brücke und Fischmarkt hat sich in jüngerer Zeit zu einem veritablen Szeneviertel gemausert. Zu den besten Adressen zählen: neben den Fabbriche Vecchie direkt am Canal Grande die **Osteria Naranzaria** 16 (venezianische Spezialitäten, Sushi, exzellente Weine, Tel. 041 724 10 35, www.naranzaria.it, Di–So 12–2 Uhr, ab 30 €); gleich nebenan: **Bancogiro** 17 (verfeinerte Lagunen-Küche, Tel. 041 523 20 61, Di–So 9–24 Uhr); wenige Schritte landeinwärts, auf dem Campo Bella Vienna alias Cesare Battisti, die schicke Restaurant-Bar **Muro** 6 (kreative venezianische Küche, Mo–Sa 9–15, 17–2 Uhr, Tel. 041 523 74 95, ab 35 €). Für den kleinen Hunger/Durst zwischendurch: vis-à-vis die Imbissbar **Al Mercà** 18 (heimische Weine und *cicheti;* nur Stehplätze *open air,* Mo–Sa 9–15, 18–21.30 Uhr).

Pikante Imbisse, gute Weine – **Al Mercà** 18: Campo Bella Vienna 213, s. Tipp oben.
Adressen 19–21 s. Entdeckungstour S. 220.

Einkaufen

Frisches aus dem Meer – **Pescheria** 1: Campo della Pescheria, s. Entdeckungstour S. 221.
Atelier für originellen, schicken Schmuck – **Attombri** 2: Sott. Degli Orafi 65, s. S. 52.
(Ost-)Asiatisches Kunsthandwerk – **Gems of Venice** 3: Ruga Rialto 1044, s. S. 48.
Edle Accessoires aus Holz – **Angelo dalla Venezia** 4: Calle del Scaleter 2204, s. S. 47.
Nur hier: der klassische Tabarro-Mantel – **Monica Daniele** 5: Calle Scaleter 2235, s. S. 51.
Boots- und Schiffsmodelle – **Gilberto Penzo** 6: Calle Seconda dei Saoneri 2681, www.veniceboats.com, Tel. 041 71 93 72 bzw. 041 524 61 39, Stazione San Silvestro. Ob Sandolo oder Mascareta, Vaporetto, großsegeliger Bragozzo oder eine Gondola – Gilberto Penzo fertigt in seiner Werkstatt von Hand Modelle der verschiedenen Boots- und Schiffstypen. Die Palette reicht von Laubsäge-Bausätzen für Kinder zum Selbstzusammenstecken kleiner Gondeln um 25 € bis zu minutiösen Nachbildungen, in denen Hunderte Arbeitsstunden stecken – Souvenirs von bleibendem Erinnerungswert!
Schöne Accessoires aus Leder – **Fanny** 7: Calle dei Saoneri 27/Campo San Polo, s. S. 51.
Modisch-Lässiges aus Leinen – **Castiglia** 8: Calle dei Saoneri 2102, s. S. 51.
Souvenir mit künstlerischem Anspruch – **Furlanetto** 9: Calle dei Nomboli 2768, Tel. 041 520 95 44, Stazione San Tomà. Holzwerkstatt, in der noch die klassischen *forcole* (Rudergabeln) entstehen. In Originalgröße (ca. 800 €), aber auch als Modell (ab 100 €).
Fantasievolle und kreative Masken – **Tragicomica** 10: Calle dei Nomboli 2800, s. S. 50.
Silberschmied nach alter Tradition – **Sfriso** 11: Campo San Tomà 2849, s. S. 48.
Eldorado für Schoko-Liebhaber – **Vizio Virtù** 12: Calle Campanièl 2898a, s. Mein Tipp S. 231.
Originelles Töpferwerk – **Arca** 13: Calle Tintor 1811, Tel. 041 71 04 27, Stazione San Stae. Teresa della Valentina fabriziert selbstentworfene Kacheln,

Vasen und keramische Objekte, aber auch schrullige Miniaturpuppen.

Dreidimensionale Kreationen aus Papier – **Cartavenezia** 14: Calle Santa Maria Mater Domini 2125, s. S. 51.

Käsiges vom Feinsten – **Casa del Parmigiano** 15: Campo della Bella Vienna 214, www.aliani-casadelparmigiano.it, Tel. 041 520 65 25, Stazione Rialto. Ein Eldorado für Freunde des Käses – hier kredenzt man ihn in allen erdenklichen Geschmäckern und Konsistenzen.

Abends & Nachts

Ensemble Antonio Vivaldi – **Chiesa di San Giacometto** 1: Campo Rialto, s. S. 56.

Sommervergnügen für Cineasten – **Freiluftkino am Campo San Polo** 2: s. S. 56.

Kleine Oper in prächtigem Rahmen – **Scuola Grande di San Giovanni Evangelista** 11: Calle dell' Olio 2454, s. S. 56.

Drink-Station mit frivolem Touch – **Da Baffo** 3: Campiello Sant'Agostin 2346, Tel. 041 520 88 62, Stazione San Tomà, Mo–Fr 7.30–2, Sa/So 17–2 Uhr. Benannt nach Casanovas Zeit- und Zunftgenossen, dem erotomanischen Lyriker Giorgio Baffo, und dekoriert mit allerlei schlüpfrigen Verszeilen aus seiner Feder, verströmt diese Kombination aus Taverne und Bar ein jugendlich-beschwingtes Flair. Besonders nett: ein Bier oder *spritz* im Sommer an den Tischen draußen.

Late-Night-Drink gefällig? – **Bagolo** 4: Santa Croce 1584, Campo San Giacomo dell'Orio, Tel. 041 71 75 84, Stazione Riva de Biasio, Mai–Aug. tgl. 7–1, Sept.–April 7–24 Uhr. Szene-Treff, dank viel Holz innen sehr behaglich; noch idyllischer sitzt sich's draußen am Platz bei Kerzenlicht mit Blick auf die uralte Kirche.

Kino für Feinschmecker – **La Casa del Cinema** 5: Salizzada San Stae 1990, Palazzo Carminati (nahe Palazzo Mocenigo) s. S. 55.

Schicke Restaurant-Bar – **Muro** 6: Campo Bella Vienna 222, siehe Mein Tipp links.

Eines der wenigen Lokale direkt am Canal Grande: das Bancogiro im Rialto-Viertel

Das Beste auf einen Blick

Dorsoduro, San Giorgio und Giudecca

Highlight!

Galleria dell'Accademia: Das Werkverzeichnis der weltberühmten Gemäldesammlung gleicht, von den Altarblättern der Gotik über die epochalen Schöpfungen der Renaissance bis zu den Genre- und Landschaftsbildern des Barock und Rokoko, einem Who's who der venezianischen Malerei. S. 244

Auf Entdeckungstour

Auf Palladios Spuren: Kein anderer Architekt hatte über Jahrhunderte eine vergleichbare Strahlkraft auf Europa und Amerika. Seine drei Hauptwerke auf venezianischem Boden, die Kirchen San Giorgio Maggiore 23, Le Zitelle 25 und Il Redentore 27, offenbaren, weshalb. S. 258

Kultur & Sehenswertes

Ca' Rezzonico: Das Museo del Settecento bietet die einmalige Gelegenheit, eine vollständige Palastausstattung aus dem venezianischen Spätbarock zu bewundern. 4 S. 248

Collezione Peggy Guggenheim: Ein Mekka der Kunst des 20. Jh. – in dem Palasttorso am Canal Grande versammelte die Namenspatronin in den über 30 Jahren, die sie hier wohnte, von Magritte und Miró bis Picasso und Pollock alles, was in der klassischen Moderne Rang und Namen hat. 21 S. 256

Aktiv & Kreativ

Ca' Macana: Traditionelle Karnevalsmasken selbst fabriziert – Schnellkurse unter kundiger Führung. 1 S. 266

Genießen & Atmosphäre

Riviera und Linea d'Ombra: Zwei Qualitätsrestaurants an der Zattere – ideal, um an Sonnentagen unter freiem Himmel vor dem Traumpanorama der Giudecca zu schmausen. 7 und 9 S. 41, 254

Abends & Nachts

Il Caffè Rosso: Ein Lieblingstreff der Studentenschaft und linken Intelligentsia und der ideale Ort, um bei einem Café oder *spritz* das pittoreske Treiben auf dem Campo Santa Margherita zu genießen. 8 S. 267

Skyline-Bar: Ein Schlummertrunk – oder Lunch am Pool – auf der Dachterrasse des Hilton-Hotels Molino Stucky, mit Panoramablick auf Stadt und Lagune. 28 S. 267

Venedigs ›Harter Rücken‹

Wer den südwestlichen Altstadtbezirk Dorsoduro durchstreift, pendelt zwischen hoher Malkunst und volkstümlichem Campo-Leben. Wobei die Route durch die Gegend zwischen Canal Grande und Zattere Besuche mehrerer hochkarätiger Kunstsammlungen ebenso umfasst wie einen Bummel über den malerischen Campo Santa Margherita, durch das Hafenviertel und über den Zattere-Kai. Charakteristisch für diese Tour ist, neben der Häufung an Kulturdenkmälern und Kunsttempeln, die streckenweise hohe Dichte an gastronomischen Angeboten. Die Campi San Pantalon und Santa Margherita sowie die angrenzenden Gassen fungieren als starke Magneten für hungrige und durstige Stadtflaneure und auch Nachtschwärmer.

Der Besuch der beiden Inseln San Giorgio und Giudecca, die ebenfalls zum Stadtsechstel Dorsoduro gehören, steht ganz im Zeichen Andrea Palladios: Die drei Kirchen San Giorgio Maggiore, Le Zitelle und Il Redentore am Südrand der Altstadt zählen zu den Meisterwerken des genialen Architekten. Der zwei- bis dreistündige Abstecher dorthin verspricht zudem eine kurze Zeitreise in die Pioniertage der venezianischen Industrie.

Infobox

Reisekarte: ▸ A–H 5–8

Routen und Dauer

Der hier vorgeschlagene Rundgang (s. Stadtplan Dorsoduro S. 247) durch das *sestiere* Dorsoduro kann in zwei Etappen unternommen werden. Deren erste macht, von der Accademia-Brücke ausgehend, in einer weiten Schleife mit dem südwestlichen **Altstadtbezirk Dorsoduro** bekannt. Die zweite Etappe, jene auf die beiden Inseln **San Giorgio und Giudecca,** startet man praktischerweise in San Marco (Stazione San Zaccaria), von wo man per Vaporetto (Linie 2 bzw. 41/42) übersetzt.

Für die rund 4 km lange erste Tour sind ohne Pausen und Besichtigungen etwa 3 bis 4 Stunden einzuplanen. Für die Erkundung der Inseln im Süden sind, die gebührliche Bewunderung der drei Kirchen des Meisters aus Vicenza inklusive, etwa 2 Stunden zu kalkulieren.

Dorsoduro

Galleria dell' Accademia ! 1

Dorsoduro 1050, www.gallerieaccademia.org, Di–So 8.15–19.15, Mo 8.15–14 Uhr, Eintritt 9 €, Ticketbuchung: Tel. 041 520 03 45 Mo–Fr 9–18, Sa 9–2 Uhr, plus 1,50 €, Kassenschluss jeweils eine Stunde früher. Achtung: Immer wieder werden aus Personalmangel ganze Abteilungen spontan geschlossen.

Den Spaziergang durch den Bezirk Dorsoduro, der größtenteils auf festem Grund und nicht auf Pfählen steht (ital. *dorso duro,* harter Rücken), sollte man, weil man dann noch ausgeruht ist, mit dem Besuch von Venedigs wichtigstem Museum beginnen – der Galleria dell'Accademia. Dieser Schrein der venezianischen Malerei erhebt sich am rechten Ufer des Canal Grande, dort, wo die gleichnamige Brücke den *sestiere* San Marco mit Dorsoduro

Eines der vielen Highlights der berühmten Gemäldegalerie: Giorgiones »Gewitter«

verbindet. Er besteht aus drei Gebäuden – dem spätgotischen Ziegelbau der ehemaligen Klosterkirche Santa Maria della Carità, der im rechten Winkel dazu stehenden Ex-Scuola Grande della Carità und dem von Andrea Palladio neu gestalteten, wenig später jedoch durch einen Brand teilweise zerstörten und danach umgebauten Konvent der Lateranischen Kanoniker, in dem seit knapp 200 Jahren die Akademie der Schönen Künste logiert.

Zu dieser Accademia hatten sich Venedigs Maler und Bildhauer schon Mitte des 18. Jh. zusammengeschlossen. Ihr erster Sitz, in dem bereits zahlreiche Ausstellungen stattfanden, war ein Fondaco auf dem Gelände der späteren königlichen Gärten. 1807 übersiedelte sie dann auf Geheiß Napoleons in den Baukomplex am Großen Kanal, wo im selben Jahr noch eine Gemäldesammlung – hauptsächlich aus Beständen der säkularisierten Kirchen und Klöster – begründet und wenig später der Öffentlichkeit zugänglich gemacht wurde. Sie wuchs dank privater Stiftungen, aber auch kluger Ankaufspolitik rasch zu ihrer heutigen Größe.

Die Galerie, die man durch das klassizistische Portal der Scuola gegenüber der Vaporetto-Station betritt, zeigt etwa 800 Werke. Sie dokumentiert, umfassend wie kein zweites Museum der Welt, die Geschichte der venezianischen Malkunst – von den Altarblättern der Gotik über die epochalen Gemälde der Renaissance bis zu den Genre- und Landschaftsbildern des Barock und Rokoko. Aus der Überfülle berühmter Werke seien nur einige Höhepunkte hervorgehoben: die Altarblätter von Alvise und Bartolomeo Vivarini, von Cima da Conegliano sowie Paolo und Lorenzo Veneziano, die Madonnenbildnisse Giovanni Bellinis, Carpaccios Zyklus »Leben und Sterben der hl. Ursula«, der Zyklus »Die Wunder der Kreuzreliquie« von Carpaccio und Gentile Bellini, Giorgiones »Gewitter« und »Die Alte«, Tintorettos Port-

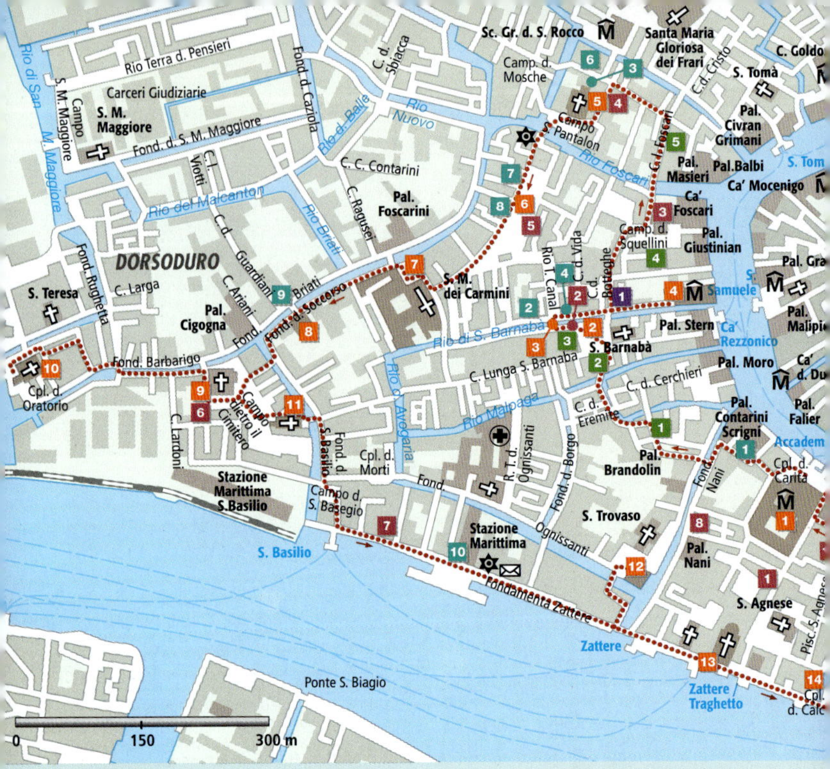

Sehenswert

- 1 Galleria dell'Accademia
- 2 Campo San Barnaba
- 3 Ponte dei Pugni
- 4 Ca' Rezzonico
- 5 San Pantalon
- 6 Campo Santa Margherita
- 7 Scuola Grande dei Carmini
- 8 Palazzo Zenobio
- 9 San Angelo Raffaele
- 10 San Nicolò dei Mendicoli
- 11 San Sebastiano
- 12 San Trovaso
- 13 Gesuati
- 14 Pensione Seguso
- 15 Casa detta degli Incurabili
- 16 Spirito Santo
- 17 Empori dei Sali
- 18 Santa Maria della Salute

räts und »Szenen aus dem Leben des hl. Markus«, Veroneses »Gastmahl im Hause des Levi«, Barockbilder von Piazzetta, Tiepolo und Longhi, Veduten von Francesco Guardi und Canaletto; und – last but not least – Tiziano Vecellio alias Tizian, der unter anderem mit seinem »Tempelgang Mariens« (im letzten Saal, der einstigen Herberge der Scuola) und seiner über die Maßen ergreifenden Pietà vertreten ist.

Campo San Barnaba 2

Vom Museumsausgang nach links führt der Weg rechts an einem Laden für Möbeldesign und an dem Tanzlokal **Club Piccolo Mondo** 1 (s. Mein Tipp S. 54) vorbei, über den Rio di San Trovaso und durch die Calle della Toletta und ihre Verlängerung auf den Campo San Barnaba. Die hiesige, ebenfalls nach dem heiligen Barnabas

Dorsoduro

6 Pane, Vino e San Daniele
7 Riviera
8 Vini Al Bottegon
9 Linea d'Ombra
10 Ai Gondolieri
11 Da Gino

Einkaufen

1 Alla Toletta
2 Pantagruelica
3 Signor Blum
4 Campiello di Arras
5 Rosettin
6 Saverio Pastor
7 Cornici Trevisanello
8 Sent

Aktiv & Kreativ

1 Ca' Macana

Abends & Nachts

1 Club Piccolo Mondo Music & Dance
2 Venice Jazz Club
3 Impronta
4 Imagina cafè
5 Corner Pub/Senso Unico
6 Café Noir
7 Pier Dickens Inn
8 Caffè Rosso
9 Da Codroma
10 Al Chioschetto

19 Punta della Dogana/ Museum für Gegenwartskunst
20 Seminario Patriarcale
21 Collezione Peggy Guggenheim
22 Galleria di Palazzo Cini

Essen & Trinken

1 Agli Alboretti
2 Gemüseschiff Ponte dei Pugni
3 Caffè Ateneo
4 Pasticceria Tonolo
5 Fuori Rotta

benannte **Kirche** (Mo–Sa 9.30–12.30 Uhr, Eintritt frei) ist weit weniger interessant als der gegenüberliegende, köstlich sortierte **Delikatessenladen** 2, das originelle **Geschäft für Holzspielzeug** 3 an der Ecke zur Fondamenta oder das davor ankernde, segeltuchüberdachte **Gemüseschiff** 2. Allerdings werden Kirche und Campo immer wieder von Cineasten aus aller Welt bestaunt, weil sie als Schauplätze einer Schlüsselszene in Steven Spielbergs Abenteuerfilm »Indiana Jones und der letzte Kreuzzug« (1989) mit Harrison Ford und Sean Connery in die Filmgeschichte eingingen. In den angrenzenden Kanal hatte 35 Jahre früher Katherine Hepburn laut Drehbuch zu David Leans Klassiker »Summertime« zu fallen (woran im Fenster eines Souvenirshops bis heute ein Originalposter erinnert).

Ponte dei Pugni 3

Im Boden der Ponte dei Pugni, der Brücke der Fäuste (unmittelbar neben dem Gemüseschiff), kann man vier in Marmor eingelassene Fußabdrücke entdecken. Sie zeugen von einem bis ins 18. Jh. geübten und von den damaligen Behörden als Aggressionsventil geduldeten Brauch: Zu bestimmten Anlässen pflegten sich Venedigs junge Männer in zwei Parteien, die ›Castellani‹ und ›Nicolotti‹, aufzuteilen, die dann versuchten, einander mit bloßen Händen, aber auch mit spitzen Stöcken von der damals noch geländerlosen Brücke ins Wasser zu werfen. Die Fußabdrücke kennzeichneten dabei die jeweiligen Positionen bei Beginn des Kampfes.

Ca' Rezzonico 4

Dorsoduro 3136, http://mocenigo.visitmuve.it, Tel. 041 42 73 08 92, April–Okt. Mi–Mo 10–18, Nov.–März 10–17 Uhr, Eintritt 8 € bzw. Museum Pass

Folgt man dem linken Ufer des Rio San Barnaba Richtung Canal Grande, gelangt man zur Ca' Rezzonico. Um 1660 von Baldassare Longhena begonnen, aber erst nach 1745 von Giorgio Massari aufgestockt und erweitert, war dieser äußerlich an Sansovinos Ca' Pesaro erinnernde Palazzo eine Zeitlang kultureller Brennpunkt der Stadt. Einer seiner Besitzer war Carlo Rezzonico, der 1758 als Clemens XIII. Papst wurde. Gut 100 Jahre später lebte und starb hier der englische Dichter Robert Browning (woran die ein wenig pathetische Ge-

Ein kleiner Plausch, bevor es in eine der unzähligen verlockenden Weinbars geht

denktafel an der kanalseitigen Fassade erinnert). Seit 1939 birgt er das **Museo del Settecento Veneziano,** das Museum des 18. Jh. Dieses bietet die einmalige Gelegenheit, eine vollständige Palastausstattung aus dem venezianischen Spätbarock zu sehen – mit Deckenfresken von G. B. Tiepolo und G. B. Crosato (etwa in Massaris grandiosem Ballsaal), Wandmalereien von Rosalba Carriera (im ersten) und Francesco Guardi (im zweiten Stock), Mobiliar und Dekorationsstücke von Andrea Brustolon, dem Meister der venezianischen Schnitzkunst, sowie zahlreiche köstliche Kabinettbilder von Pietro Longhi.

Ca' Foscari und Umgebung

Biegt man bei der ersten Möglichkeit nach rechts und folgt dem Hauptweg

Richtung Frari, quert man zuerst den Campo Squellini (Wandbild des zeitgenössischen Venezianers Pirro!), kommt danach am **Palazzo Giustinian** vorbei, wo Richard Wagner den 2. Akt seines »Tristan« komponierte, und schließlich an der **Ca' Foscari** der Universität, wo Studenten aus aller Welt Geschichte, Kunst, Philosophie, Wirtschaft, Chemie und östliche Sprachen lernen. In Letzterer lohnt ein Blick in das mit großem Aufwand renovierte Innere.

An der Brücke über den Rio Nuovo empfiehlt sich ein Blick nach rechts. Zu sehen ist nicht nur eine der wenigen Ampeln der Stadt und die architektonisch grobschlächtige, zur Zeit des Mussolini-Faschismus errichtete Zentrale der Feuerwehr, sondern auch der kleine **Palazzo Masieri.** An seiner Stelle sollte der berühmte Frank Lloyd Wright nach dem Krieg ein modernes Gebäude errichten. Doch der kühne Plan wurde zerredet. Immerhin: In dem innen modernst umgebauten Palast ist ein Institut für zeitgenössische Architektur untergebracht. Im **Palazzo Balbi** nebenan amtiert die Regionalverwaltung des Veneto.

San Pantalon 5

Dorsoduro 3703, Mo–Sa 10–12, 13–15 Uhr, Eintritt frei

Von der Calle Larga Foscari zweigt die Route links in die Calle dei Preti Crosera und nochmals links in die Calle San Pantalon ab. Vor dem Betreten der Kirche San Pantalon hole man tief Luft, denn was einen im Inneren erwartet, ist atemberaubend: ein aus rund 40 Leinwandstücken zusammengefügtes Deckenbild, eine barocke Komposition aus illusionistischer Architektur, heiligen und allegorischen Figuren – die größte Decke der Welt, wie sie die Venezianer nennen, an der ein gewisser Giovanni Antonio Fumiani

24 Jahre lang (1680–1704) gearbeitet hat. In den Kapellen der Kirche hängen ein Spätwerk Veroneses (»Der hl. Pantaleon heilt einen Knaben«) sowie Arbeiten von Paolo Veneziano, Antonio Vivarini und Giovanni d'Alemagna.

Campo Santa Margherita und Umgebung

Jenseits der Brücke öffnet sich die Gasse zum **Campo Santa Margherita** 6. Dieser seltsam längliche Platz ist einer der volkstümlichsten der Stadt. Es gibt einen Fisch- und einen Obstmarkt, Weinausschank, etliche Bars und jede Menge liebenswert-schrullige Anwohner. Das würfelige Gebäude in seiner Mitte war einst Gildehaus der Gerber und Färber und diente später lange Zeit der Democrazia Cristiana als Parteilokal. Man sollte sich in diesem Wohnzimmer unter freiem Himmel ein Eis oder einen Cappuccino gönnen, um dem dörflichen Alltag in Ruhe zu folgen.

Scuola Grande dei Carmini 7

Dorsoduro 2617, Scuola: tgl. 11–17 Uhr, Eintritt 5 €; Kirche: Mo–Sa 14.30–17.30 Uhr, Eintritt frei

Im Süden des Campo folgt die nächste Portion Hochkultur: die Scuola Grande dei Carmini (erbaut 1668) mit sehenswerten Deckengemälden von G. B. Tiepolo und die **Kirche** der Karmeliter (geweiht 1348) mit ihrem mächtigen karmesinroten Campanile und einer schönen »Geburt Christi«« von Cima da Conegliano im zweiten Wandaltar. In der Scuola: Opern in historischen Kostümen (www.musicainmaschera.it).

Palazzo Zenobio 8

Dorsoduro 2596, Fondamenta del Soccorso, Besichtigung nur nach Voranmeldung, Tel. 041 522 87 70, Eintritt 3 €

Zwischen Kirche und Bruderschaftsgebäude führt der Weg zum Rio dei Carmini. Folgt man ihm nach Westen, steht man bald vor dem Palazzo Zenobio. In diesem Barockpalast, einem von außen eher unscheinbaren, dafür innen umso üppiger ausgestatteten Werk Antonio Gasparis (spätes 17. Jh.), unterhalten die armenischen Mönche von San Lazzaro seit über 150 Jahren ein Internat für junge Landsleute. Zu empfehlen ist die Besichtigung des Parks und – mehr noch – des schönen, von Louis Dorigny mit Fresken versehenen Ballsaals (Sala della Musica).

San Angelo Raffaele 9

Dorsoduro 1721, Campo dell'Angelo Raffaele, Mo–Sa 9–12, 16–18 Uhr, Eintritt frei

Weiter den Kanal entlang, links um die Ecke und über die Brücke erreicht man den Campo dell'Angelo Raffaele. Die Besonderheiten der Kirche, deren Vorgängerin bereits im 7. Jh. geweiht wurde, sind die von Francesco Guardi bemalten Orgeltüren, die fünf Szenen aus der Tobias-Legende zeigen, und das Deckenbild »Der Erzengel Michael im Kampf mit Luzifer« von Francesco Fontebasso (Mitte 18. Jh.). In der preiswerten **Osteria** 6 auf dem Campo bereitet man übrigens variantenreiche Gerichte mit San-Daniele-Schinken.

Abstecher in das Quartiere Santa Marta

Gleich hinter dem Gotteshaus beginnt das ärmliche Wohnviertel von Santa Marta. Hier, in der Nähe des Bahnhofs, wo früher hauptsächlich Fischer lebten, hatten die Österreicher Mitte des 19. Jh. die neuen Hafenanlagen gebaut und damit den ökonomischen Schwerpunkt der Stadt vom Rialto in den Westen verlagert. In der Folge siedelten sich kleine Industriebetriebe und Arbeiter mit ihren Familien an. Heute trägt die Gegend bei den Venezianern den Beinamen ›il piccolo Bronx‹. Die Arbeitslosigkeit ist hier, seit die Chemieindustrie von Marghera in der Krise steckt, besonders hoch, das Drogenproblem unter den Jugendlichen akut und eine Freizeit-Infrastruktur kaum existent. Symbol für die Situation ist die 1883 erbaute, in den 1960er-Jahren stillgelegte Baumwollspinnerei. Unweit dieses traurigen Industriedenkmals stößt man auf ein reizvolles Relikt aus dem Mittelalter: die Kirche **San Nicolò dei Mendicoli** 10 (Dorsoduro 1907, Campo San Nicolò, tgl. 10–12, 16–18 Uhr, Eintritt frei), deren Baukern aus dem 7. Jh. stammt.

San Sebastiano 11

Dorsoduro 1686, Campo San Sebatiano, Mo–Sa 10–17 Uhr, Eintritt 3 € bzw. Chorus Pass

Zurück auf dem Campo dell'Angelo Raffaele geht man statt Richtung Palazzo Zenobio nach rechts zur Kirche San Sebastiano. Nach Plänen Scarpagninos erbaut (1505–46), wirkt sie von außen recht unscheinbar. Im Innern jedoch bestätigt sie ihren Ruf als Renaissancejuwel. Ihr Saalraum mit den drei Chorkapellen stellt das künstlerische Vermächtnis Paolo Veroneses dar, an dem er zwischen 1553 und 1565 arbeitete. Will man seinen großartigen Bilderzyklus chronologisch besichtigen, beginne man in der Sakristei (Zugang unter der Orgelempore). Ihr Deckengemälde zeigt die Krönung Mariens und die vier Evangelisten. Des Meisters Folgewerk, die Dekoration der Kassettendecke der Kirche, schildert Szenen aus dem Leben Esthers, der jüdischen Gemahlin des Perserkönigs Xerxes, die heroisch ihre Landsleute vom Verdacht einer Verschwörung gegen den König befreite. Ebenfalls von Veronese, dessen Grab sich übrigens unter der Orgel befindet, stammen die wunderschönen Wandmalereien und das Gemälde des Hochaltars.

An der Zattere

Über den Rio di San Sebastiano und die Fondamenta entlang erreicht man die Zattere, einen breiten, an die 1,5 km langen Uferweg, von dem aus man einen herrlichen Ausblick auf die Giudecca (s. S. 261) hat. Insbesondere an sonnigen Wintertagen wähnt man sich hier weiter im Süden, als man tatsächlich ist, weshalb die Venezianer bevorzugt hier promenieren.

Mein Tipp

Sommerakademie im Palazzo Zenobio 8

Zur Zeit der Kunstbiennale ist der Palazzo Zenobio einen knappen Monat lang Schauplatz der Internationalen Sommerakademie für Bildende Kunst und Medientechnologie. Dabei können sich Postgraduate-Studenten und Profis, aber auch ambitionierte Hobbykünstler in von Fachpädagogen geleiteten Kursen in den Bereichen Malerei, Bildhauerei, Film, Musik, Fotografie, Creative Writing und Experimentelle Architektur weiterbilden. In einem separaten Trainingsmodul bekommen auch Anfänger fundiertes Basiskönnen vermittelt. Arbeitsateliers und Wohnmöglichkeit im Klosterkomplex, Buchung in wöchentlichen Blöcken möglich. Unterricht auch unter freiem Himmel im zugehörigen Park sowie in der Stadt und Lagune (Infos und Reservierung im Organisationsbüro in A-1010 Wien, Marc-Aurel-Str. 10/8, Tel. 0043 1 535 45 84 bzw. 0043 660 588 40 18, www.sommerakademievenedig.com).

Lieblingsort

Zu Besuch in einer Forcole-Werkstatt 6

Er gilt als Maestrissimo seines Faches und steht nicht ohne Grund jener Vereinigung namens El Felze vor, in deren Rahmen Venedigs Handwerker, Gondolieri und Bootsvereine das maritime Erbe ihrer Heimat hingebungsvoll pflegen: Saverio Pastor, seines Zeichens einer der letzten verbliebenen Schnitzer von *forcole*, den charakteristischen Rudergabeln für die Gondeln. Sein Atelier an der Fondamenta Soranzo ist denn auch ein Paradies für alle Liebhaber des Werkstoffes Holz. Und eine Inspiration für die Sinne: Regale voller Ruder, rohe Stücke von Baumstämmen, Schablonen, Sägespäne in allen nur erdenklichen Brauntönen schmeicheln dem Auge. Die kurvigen Formen der *forcole* verführen zum Betasten. Und das würzige Aroma frisch bearbeiteten Holzes erfüllt den Raum (Dorsoduro 341, Tel. 041 522 56 99, www.forcole.com).

San Trovaso 12

Dorsoduro 1098, Mo–Sa 14.30–17.30 Uhr, Eintritt frei

Wandert man die Zattere entlang, San Marco entgegen, passiert man zuerst mehrere Konsulate und das Gebäude der Hafenbehörde (Stazione Marittima). Am ersten Querkanal, etwas landeinwärts, stößt man auf die pittoreske **Gondelwerft von San Trovaso,** eine der letzten Venedigs. Die dahinter gelegene **Kirche** (frühes 17. Jh.) enthält zwei Werke von Tintoretto (»Das Abendmahl« im linken Querschiff und »Versuchung des hl. Antonius« in der linken Chorkapelle).

Mein Tipp

Essen an der Zattere

Zwei aussichtsreiche Kulinarik-Tipps: Nahe der Vaporetto-Station San Basilio, am westlichen Ende der Zattere, verwöhnt das Betreiberpaar Monica und Luca in seinem **Restaurant Riviera** 7 Gäste mit feiner Küche, ebensolchen Weinen und behaglicher Atmosphäre. Besonders schön: das Mahl an einem Sonnentag unter freiem Himmel mit Blick über den breiten Kanal auf die Giudecca (Fond. Zattere Ponte Lungo, 1473, Tel. 041 522 76 21, Di, Do-So mittags und abends, Mi nur abends, Drei-Gang-Menü ab 40 €; als Zusatzservice werden vier Zimmer vermietet). Nicht minder prächtig ist die Lage des ganz im Osten, am Rio della Salute gelegenen, für seine vorzüglichen Fischgerichte weithin gerühmten Lokal **Linea d'Ombra** 9. Das Interieur verströmt puristische Elegance. Auf dem Holzponton über dem Wasser ist ein Teil der Tische für »Drinks-only« reserviert. Unvergesslich: ein Sundowner im Angesicht von Redentore und San Giorgio (Ponte dell'Umiltà, 19, Tel. 041 241 18 81, www.ristorantelineadombra.com, geöffnet Do–Di mittags und abends, Bar 8–1 Uhr, ab 30 €).

Gesuati 13

Dorsoduro 917, Mo–Sa 10–17 Uhr, Eintritt 3 € bzw. Chorus Pass

Ein wenig weiter am Ufer entlang Richtung Punta della Dogana erhebt sich die helle, an Palladio erinnernde Marmorfassade der **Dominikanerkirche der Rosenkranzmadonna.** Der zwischen 1726 und 1736 errichtete Bau ist unter dem Namen **Gesuati** bekannt (nicht zu verwechseln mit der nicht minder sehenswerten jesuitischen Gesuiti im Norden der Stadt!). Er verfügt über eine qualitätvolle Barockausstattung – Deckenfresken von G. B. Tiepolo, Statuen von G. M. Morlaiter und Altarbilder von Tintoretto, Tiepolo, Piazzetta und Sebastiano Ricci.

Pensione Seguso 14

Dorsoduro 779

Das Eckhaus am nächsten Querkanal könnte Patricia-Highsmith-Lesern bekannt vorkommen. Hier, in der nur mäßig eleganten Pensione Seguso, hatte sich Ray Garrett, die Hauptfigur in dem Thriller »Venedig kann sehr kalt sein«, eingemietet. Im Nebenhaus mit der Bar Cucciolo (Nr. 781) wohnte John Ruskin, der Autor von »Stones of Venice«.

Richtung Punta della Dogana

Etwa 200 m östlich geht man ein Stück eine hohe Ziegelmauer entlang. Dahinter befindet sich die **Casa detta degli Incurabili** 15 (Dorsoduro 423, Fondamenta Zattere, das Haus der Unheilbaren. Es wurde 1522, auf dem Höhepunkt einer Syphilis-Epidemie, ins Leben gerufen. Für kurze Zeit soll hier Ignatius von Loyola, der Gründer des in Venedig mehr schlecht als recht gelittenen Jesuitenordens, persönlich Kranke betreut haben.

Zu Füßen des nächsten Gotteshauses, **Spirito Santo** 16 (Dorsoduro 917), und der dazugehörigen Scuola (beide spätes 15. Jh.) wird jährlich am dritten Julisonntag jene Pontonbrücke vertäut, auf der zum Fest von Redentore die Dankprozession zu Palladios gleichnamiger Kirche zieht (vgl. S. 60 und Entdeckungstour S. 260). Als Nächstes erreicht man die Mauern der **Empori dei sali** 17 (Dorsoduro 266), der Salzlager. Im Spätmittelalter, als das Konservierungsmittel Salz eines der wertvollsten Handelsgüter darstellte und von Venedig sowohl aus Istrien und Griechenland importiert als auch in der Lagune selbst gewonnen wurde, lagerten hier bis zu 45 000 t des weißen Goldes. Seit einigen Jahren wird ein Teil der gut erhaltenen Magazine von der Biennale für Ausstellungen, ein anderer von der zum Gedenken an den Avantgardemaler Emilio Vedova gegründeten Stiftung für Kunstausstellungen (Mo–Fr 9–17 Uhr, www.fondazionevedova.org) genutzt.

Santa Maria della Salute und Umgebung

Basilica di Santa Maria della Salute 18

Dorsoduro 1, Campo della Salute, tgl. 9–12, 15–18 Uhr, Eintritt frei; Achtung: insbesondere So manchmal wechselnde Öffnungszeiten!

Der Weg führt nun gut 100 m zurück und dann nach rechts in die Gasse Rio Terra ai Saloni. Noch zweimal um die Ecke und schon steht man vor der Basilica di Santa Maria della Salute. Erbaut zwischen 1631 und 1687, ist sie, wie Palladios Redentore, eine Votivkirche, mit der die Stadt ihre Dankbarkeit für das Ende einer Pestepidemie ausdrückte, der rund 50 000 Menschen, ein Drittel der Bevölkerung, zum Opfer gefallen waren.

Ihr Architekt Baldassare Longhena hatte ein jungfräuliches Werk, seltsam und schön, in der Form einer runden ›Maschine‹ angekündigt und nicht übertrieben. Der weiß strahlende, achteckige Bau, Venedigs bedeutendste Barockkirche, ist tatsächlich ein fantastisches Konstrukt. Mit ihrer riesigen Haupt- und der kleineren Chorkuppel, den volutenbekrönten Säulen, dem monumentalen Portal und der Freitreppe, auf der alljährlich am 21. November die Dankprozession emporsteigt, wirkt sie wie aus Zucker gebacken. Ihr Inneres schmücken u. a. drei Deckengemälde (alttestamentarische Szenen) und ein Altarbild (»Markus mit mehreren Heiligen«) von Tizian und eine »Hochzeit zu Kana« von Jacopo Tintoretto.

Punta della Dogana 19

Dorsoduro 3231, Campo San Samuele, Museum für Gegenwartskunst: www.palazzograssi.it, alle Details *s. S. 156 (Palazzo Grassi)*

Ein paar Schritte Richtung Osten erhebt sich die **Dogana da Mar,** die 1676–82 nach Plänen Giuseppe Benonis erbaute einstige Zollstation. Ihre Vorgängerin war ein hoher, zinnenbewehrter Turm, von dem aus man nachts zum Schutz der Stadt quer über den Kanal eine Eisenkette zu spannen pflegte. Der weiße, säulenverzierte Bau, auf dessen Eckturm zwei Atlanten die Erdkugel mit der Figur der Glücksgöttin Fortuna tragen, ist wunderschön. 2009 eröffnete in seinen umgebauten und aufwendig sanierten Mauern das **Museum für Gegenwartskunst** (Centro d'Arte Contemporanea) seine Pforten. Darin

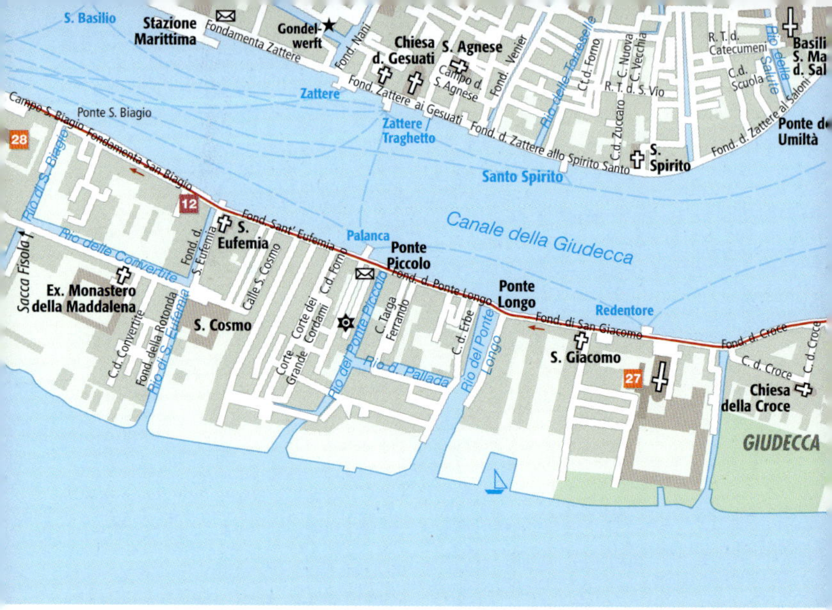

präsentiert der französische Multimilliardär und Mäzen François Pinault, der 2005 schon den Palazzo Grassi als Kunstquartier erwarb, permanent die Highlights seiner umfangreichen Sammlung. Aber schöner noch ist das Panorama, das man von hier aus genießt. Markusplatz, San Giorgio, Giudecca, die Fassadenfront entlang der Riva degli Schiavoni und der Beginn des Canal Grande … alle Pracht des San-Marco-Bassins liegt vor einem hingebreitet.

Seminario Patriarcale 20

Dorsoduro 1, Anmeldung für Besichtigung: Tel. 041 241 10 18

An der Hinterseite der Dogana liegt der schlichte, von Baldassare Longhena errichtete Klosterkomplex des Seminario Patriarcale, der seit 1817 ein Priesterseminar und die leider nur mit Sondergenehmigung zugängliche Pinacoteca Manfrediniana beherbergt – eine reichhaltige Sammlung von Kunst aus dem 14.–18. Jh. mit Werken von Pietro Lombardo, Cima da Conegliano, Vittoria und Veronese.

Collezione Peggy Guggenheim 21

Dorsoduro 704, www.guggenheim-venice.it, Mi–Mo 10–18 Uhr, Eintritt 14 €

Sempre diritto, wie die beliebte Antwort der Venezianer auf die Frage nach der Wegrichtung lautet, steuert man nun von der Salute durch die Calle Abbazia den letzten Höhepunkt dieses Rundgangs an. Einen kurzen Zwischenstopp gilt es noch auf dem entzückenden **Campiello Barbaro** einzulegen, dessen Akazienbäume und Brunnen samt pflanzenüberwucherter Hinterfront des Palazzo Dario mit seiner Schornsteinlandschaft Generationen von Hobbymalern inspirierten. Dann steht man vor jenem Palastfragment **Venier dei Leoni,** in dem die exzentrische Amerikanerin Peggy Guggenheim

San Giorgio und Giudecca

Sehenswert

1 – 22 s. Karte S. 247
23 San Giorgio Maggiore
24 Fondazione Giorgio Cini
25 Le Zitelle
26 Hotel Cipriani
27 Il Redentore
28 Molino-Stucky-Komplex

Essen & Trinken

1 – 11 s. Karte S. 247
12 Harry's Dolci

—— Joggen mit Ausblick

über 30 Jahre hin bis 1979 lebte und eine hochkarätige Kunstsammlung zusammentrug. Die Liste der hier vertretenen Künstler liest sich wie ein Who's who der klassischen Moderne – Braque, Dalì, Chagall, Duchamp, Ernst, Kandinsky, Mondrian, Picabia, Picasso, Pollock, Arp, Brancusi, Calder, Moore ... Eine kleine Besonderheit weist Marino Marinis bronzener nackter Reiter, der vor dem Palast zum Canal Grande hin grüßt, auf: Sein freudig aufgerichtetes bestes Stück kann bei Bedarf, etwa wenn hohe kirchliche Würdenträger auf dem Kanal vorbeifahren, abgeschraubt werden.

Zum Ausgangspunkt des Rundgangs, der Accademia, gelangt man, indem man an der anglikanischen Kirche St. George und dem malerischen Campo San Vio vorbei Richtung Westen wandert. Einen Stopp auf Letzterem lohnt für Kunstfreunde die kostbar bestückte **Galleria di Palazzo Cini** 22 (Dorsoduro 864, Details S. 64).

San Giorgio und Giudecca

Wie eine Bühne erhebt sich vis-à-vis von San Marco die kleine Insel San Giorgio mit dem gleichnamigen, von Palladio geschaffenen Kloster. Westlich angrenzend erstreckt sich die Giudecca. Auf dieser Insel befanden sich zu Zeiten der Republik prächtige Villen und Gärten. Später folgten Fabriksbauten, von denen heute nicht wenige zu modernen Wohnhäusern umfunktioniert sind.

San Giorgio

Einen Blickfang und zugleich Höhepunkt venezianischer Sakralarchitektur stellt der ehemals benediktinische Klosterkomplex von **San Giorgio Maggiore** 23 dar (s. Entdeckungstour S. 258). Die gesamte Anlage war im 19. und frühen 20. Jh. zu- ▷ S. 261

Auf Entdeckungstour: Auf Palladios Spuren

Die drei Kirchen am Südrand der Altstadt San Giorgio Maggiore 23, Le Zitelle 25 und Il Redentore 27 zählen zu den Meisterwerken des genialen Renaissancearchitekten – jede für sich Paradebeispiel klassischer Baukunst.

Lage: s. Stadtviertelkarte S. 257
Zeit: 3 bis 4 Stunden
Start: von Riva degli Schiavoni (Stazione San Zaccaria) per Vaporetto, Linie 2, nach San Giorgio; von dort weiter mit 2, 4.1 oder 4.2 auf die Giudecca.

San Giorgio Maggiore: Isola di San Giorgio Maggiore, Kirche (Eintritt frei) und Campanile (3 €) tgl. 9.30–12.30, 14.30–18, Okt.–April bis 16.30 Uhr; Führungen (auf Ital./Engl.) durch das ehemalige Kloster Sa/So 10–17, im Winter bis 15 Uhr stdl. (10 €).

Le Zitelle: Giudecca 32, Fondamenta delle Zitelle, Fr/Sa 15.30–18.30 Uhr (nur Sommer, zur Sicherheit vorab Tel. 041 532 29 20).
Il Redentore: Giudecca 195, Campo del SS. Redentore, Mo–Sa 10–17 Uhr (3 €).

Ein Tempel als Kirchenfassade: San Giorgio Maggiore

Der optische Effekt könnte spektakulärer nicht sein: Steht man auf der Piazzetta oder an der Mole vor dem Dogenpalast und blickt über das

Wasser Richtung Süden, sieht man vor sich ein Gebäudeensemble, das wie kein anderes prototypisch den insularen Charakter Venedigs versinnbildlicht. Einem antiken Tempel gleich leuchtet einem da die Fassade der Klosterkirche von San Giorgio Maggiore entgegen – vier kolossale korinthische Säulen auf hohen Sockeln, flankiert von nicht minder mächtigen Pilastern, der klassische Giebel und die Nischen dazwischen bevölkert von Heiligenstatuen. Wie bewegt vom ständigen Wechselspiel aus Licht und Schatten wirkt dieses weiße Relief aus istrischem Marmor – eine in der Lagune verankerte Bühnenkulisse, der im Verbund mit der sie krönenden Kuppel, dem Campanile und den seitlich angrenzenden Trakten des ehemaligen Benediktinerklosters eine kaum zu überbietende Theatralik innewohnt.

Klassisch-streng und genial

Die klare Linienführung und strenge Geschlossenheit der Kirchenfront (siehe Abbildung links) lassen unweigerlich an den größten aller neuzeitlichen Meister der klassischen Proportionen denken. In der Tat stammt der Entwurf dafür von ihm: Andrea di Pietro della Gondola, besser bekannt unter dem Künstlernamen Palladio, jenem genialen, 1508 im nahen Vicenza geborenen Renaissancearchitekten, den Goethe mit gutem Grund als »Polarstern« pries, »der ihm den Weg zu aller Kunst geöffnet habe«.

Palladio war zutiefst von der Antikensehnsucht seiner Zeit ergriffen. Er hatte sich auf ausgedehnten Reisen, insbesondere nach Rom, geschult und trachtete, der Architektur wieder zu ihrer klassischen Würde und Größe zu verhelfen. So weisen die Proportionen all seiner Bauten, etwa das Verhältnis der Seitenlängen, aber auch das von Grund- und Aufriss, eindeutig mathematische Parallelen zur musikalischen Harmonielehre auf. Und seine Lehrtraktate über die Bauregeln der Antike, allen voran die »Quattro Libri dell'Architettura«, dienten vielen Generationen von Branchenkollegen als Theorie-Handbücher.

Palladios gebautes Werk umfasst im wesentlichen gut zwei Dutzend Villen, an die 20 Paläste und mehrere Kirchen. Letztere stehen allesamt in Venedig, drei der vier auf den zum Stadtbezirk Dorsoduro zählenden Inseln San Giorgio und Giudecca. Ihre Besichtigung gehört mit zu den feinsten Kunstgenüssen, mit denen die Serenissima aufwartet.

Harmonie in Weiß

Die Klosterkirche von San Giorgio Maggiore ist Palladios Sakralbau mit der wohl größten Strahlkraft. Das Ensemble mit der unvergleichlichen Silhouette mag auf Fernsicht angelegt sein. Doch auch sein Inneres spiegelt die gestalterischen Prinzipien seines Schöpfers, dieses vermutlich einflussreichsten Architekten aller Zeiten, idealtypisch wider. Man fährt einige wenige Minuten im Vaporetto von der Riva degli Schiavoni Richtung Süden. Ein paar Schritte zu Fuß und man steht vor der Fassade, die übrigens erst 1610, drei Jahrzehnte nach Palladios Tod, vollendet wurde. Dann betritt man den in eindrücklich schlichtem Weiß getünchten Raum.

Säulen, Pfeiler, Pilaster, zentrale Kuppel und die für Palladio so charakteristischen Thermenfenster ... Die dreischiffige Basilika atmet auch hier antiken Geist. Höhepunkte der bewusst unaufdringlichen Ausstattung sind rechts und links vom Altar die großformatigen Spätwerke Tintorettos, »Mannaregen« und »Abendmahl«, sowie das geschnitzte Chorgestühl von Gasparo Gatti und Albert de Brulle.

Links davon führt eine Tür zum Aufzug auf den **Campanile,** von dessen Plattform man eine wunderbare Aussicht auf Stadt, Lagune und Umland hat (s. Lieblingsort S. 265).

Im Rahmen von Führungen sind an Wochenenden auch die Räumlichkeiten des **ehemaligen Klosters** zu besichtigen – u. a. die Bibliothek und das Treppenhaus (beide stammen von Baldassare Longhena), der 128 m (!) lange Schlafsaal und das berühmte, von Palladio entworfene und vor wenigen Jahren restaurierte Refektorium. In Letzterem hängt seit 2007 – als Faksimile – wieder Paolo Veroneses grandioses Monumentalgemälde »Die Hochzeit zu Kana«, dessen Original einst von Kommissären der napoleonischen Truppen von hier nach Paris verschleppt worden war. Um einen Blick in die beiden prachtvollen Kreuzgänge werfen zu können, muss man den Pförtner am Tor rechts vom Kirchenportal becircen.

Die Kirche der unverheirateten Frauen: Le Zitelle

Eine Schiffsstation weiter gelangt man auf die Insel Giudecca. Verlässt man das Vaporetto bei dem ersten Haltepunkt nach San Giorgio, steht man vor der ebenfalls hellen Fassade der Kirche Santa Maria della Presentazione, genannt Le Zitelle. Der Entwurf zu dem um 1580 entstandenen Bau, dessen schlichtes Inneres nur im Sommer und auch dann nur zu sehr ausgewählten Zeiten zu besichtigen ist, geht zwar auf Andrea Palladio zurück. Errichtet wurde er aber, vermutlich nach einer starken Überarbeitung des Originalplans, erst nach dem Tod des Meisters unter der Leitung eines gewissen Jacopo Bozzetto.

Im angrenzenden, auf Initiative der Jesuiten gegründeten und von vielen frommen Venezianern unterstützten **Hospiz** wurden im 17. und 18. Jh. arme, aber hübsche – ergo ›sittlich gefährdete‹ – Mädchen (*le zitelle* bedeutet ›die Jungfrauen‹) auf ein künftiges Leben in Ehe oder Kloster hin erzogen. Die feine Spitze, die sie währenddessen klöppelten, war zu ihrer Zeit äußerst begehrt.

Die Erlöserkirche: Il Redentore

Die dritte Palladio-Kirche am Südufer des Canale della Giudecca erhebt sich nur wenige Gehminuten weiter westlich und gilt als eines der bedeutsamsten Bauwerke des Meisters aus Vicenza überhaupt. Il Redentore entstand auf ein Regierungsgelübde hin, im Fall eines baldigen Endes der Pestepidemie eine Votivkirche errichten zu lassen, und wurde 1592 eingeweiht. Seither gedenkt Venedig jeweils am dritten Sonntag im Juli der Erlösung mit einem riesigen Fest.

In seiner köstlich frechen Huldigung der Lagunenstadt hat der Brite James Morris die Redentore als »aseptischen Tempel« bezeichnet, »den niemand ins Herz geschlossen hat«. Andere Kommentatoren rühmen hingegen ihre erhabene Würde oder die wohltuende Großzügigkeit des Innenraums. Wie auch immer: Der Bau mit seiner tempelhaften Fassade, dem hellen, weiten, von Halbsäulen umstandenen Längsschiff und dem zurückversetzten Kuppelbau stellt ein weiteres Musterbeispiel für Palladios strengen Klassizismus dar.

nächst als Freihafen, später als Militärstützpunkt arg verfallen. Sie wurde erst in den 1950er-Jahren durch die Fondazione Giorgio Cini renoviert.

Fondazione Giorgio Cini 24

Isola di San Giorgio Maggiore, Infos unter Tel. 041 528 99 00, www.cini.it, Führungen (engl./franz.) Sa/So 11, 13, 15, im Sommer auch 17 Uhr

Die 1951 gegründete Stiftung des Industriemagnaten Vittorio Cini, zu der heute ein Schifffahrtszentrum, eine Kunstgewerbeschule sowie ein Kultur- und Studienzentrum gehören, besitzt immens kostbare Kunstschätze, Bücher und Manuskripte. In der mit großem Aufwand ausgebauten ehemaligen **Marine-Akademie** veranstaltet sie hochkarätige Ausstellungen, im **Teatro Verde,** einem von Zypressen umrahmten Freiluft-Amphitheater, finden gelegentlich Theater- und Tanzaufführungen statt. Zudem agiert die Stiftung als ein kulturwissenschaftlicher Campus von höchstem internationalem Rang: Dieser umfasst u. a. Institute für Musik- und Kunstgeschichte sowie ein Studienzentrum für italienische Sprache und Literatur.

Erst vor wenigen Jahren wurden die alte Schiffswerft zu einem **Auditorium für Vorträge und Konzerte** und Venedigs seit Langem stillgelegte Schwimmhalle zu einem zusätzlichen **Ausstellungsraum für moderne Kunst** umgebaut. Im dazugehörigen Garten wurde ein **Gartenlabyrinth** nach einer Idee von Jorge Luis Borges umgesetzt. Das Labyrinth kann im Rahmen von Führungen besucht werden.

Giudecca

Nur durch einen Kanal von San Giorgio Maggiore getrennt, erstreckt sich weiter westlich die Giudecca. Die Insel, genau genommen ein schmales Gebilde aus acht mit Brücken verbundenen Eilanden, hieß ursprünglich *spinalunga,* langer Dorn. Die Herkunft ihres modernen Namens ist nicht ganz geklärt. Eine – umstrittene – Theorie besagt, hier hätten vor der Gründung des Ghettos Venedigs Juden, die *giudei,* gewohnt; eine andere, man habe hierher kriminelle oder politisch unerwünschte Adlige verbannt (verurteilt heißt auf Italienisch *giudicato,* der venezianische Dialekt hat daraus *zudegà* gemacht). Der Bezirk gehört zwar verwaltungstechnisch zum gegenüberliegenden Stadtsechstel Dorsoduro, verströmt aber eine gänzlich eigenständige, vom Massentourismus unversehrte Atmosphäre.

In der Frühzeit, bevor sie sich entlang der Brenta ihre Villen baute, verbrachte die Aristokratie gerne hier an der Peripherie, wo hauptsächlich Fischer wohnten, ihre Sommerfrische. Im 19. Jh. schließlich, nachdem die österreichischen Besatzer mit dem Bau der Eisenbahnbrücke, des Bahnhofs und des neuen Hafens das wirtschaftliche Zentrum von der meeresnahen Gegend rund um Rialto, San Marco und das Arsenal in den festlandnahen Westen verlagert hatten, siedelten sich hier viele Gewerbe- und Industriebetriebe an. Seither herrscht auf der Giudecca ein seltsames Nebeneinander von eleganten Villen und billigen Mietskasernen, Fabriken, Kirchen und einem Luxushotel.

Le Zitelle und Cipriani

Hauptattraktion der östlichen Giudecca ist die von Andrea Palladio entworfene Kirche der unverheirateten Frauen, genannt **Le Zitelle** 25 (s. Entdeckungstour S. 260). Ganz in der Nähe, zur offenen Lagune hin, liegt, hinter den Schnellbooten und Gebäuden der

Finanzwache gut verborgen, das ebenso legendäre wie teure **Cipriani** 26 (Giudecca 10), eines der raren Hotels der Stadt mit Swimmingpool und Tennisplätzen. Es ist, außer durch den Boteneingang in Haus Nummer zehn, nur über den hauseigenen Zubringerdienst von San Marco aus erreichbar.

Geht man von der Zitelle beziehungsweise der gleichnamigen Vaporetto-Station aus den Kai entlang, kommt man an dem originellen neogotischen Haus eines Malers, das die Venezianer wegen seiner drei großen Spitzbogenfenster **Casa Tre Oci** (Haus der drei Augen) nennen, und an der **Ostello** (Jugendherberge; Giudecca 86), einem früheren Kornspeicher, vorbei. Nach wenigen Minuten erreicht man das bedeutsamste Bauwerk der Insel, die Palladio-Kirche **Il Redentore** 27 (s. Entdeckungstour S. 260).

Mein Tipp

Aktiv unterwegs: Joggen mit Ausblick

Venedig bietet für Jogger wunderbare Laufstrecken an: Eine davon befindet sich auf der Klosterinsel Giudecca. Idealer Ausstieg und gleichzeitig Startpunkt der Joggingroute ist **Le Zitelle.** Von hier aus geht es geradeaus, immer entlang des Kanals, vorbei an der Palladio-Kirche **Il Redentore** und einigen Bars bis hin zum Backsteinbau **Molino Stucky.** Auf der Strecke gibt es zahlreiche schöne Aussichtspunkte, und ein paar Brücken sorgen konditionstechnisch für einen abwechslungsreichen Lauf. Zurück geht's entweder per pedes oder Vaporetto (einfache Strecke rund 2 km, Route s. Stadtviertelkarte S. 257).

Der Westen der Giudecca

Auf dem weiteren Weg Richtung Westen sollte man, um das Wesen der Insel zu erfassen, immer wieder einmal Abstecher in die Quergässchen unternehmen. Zu entdecken sind – teilweise freilich nur mit kurzen Blicken über Mauern – Werftanlagen, weitläufige private Parks, die leeren Hallen der traditionsreichen Segelleinwand-, Tauwerk- und Kokosteppichwerkstätten, die zum schicken Wohnkomplex umgebaute ehemalige Brauerei Dreher, der Eingang zur stillgelegten Junghans-Uhrenfabrik und deren seinerzeit fortschrittliche Arbeiterwohnsiedlungen rund um die **Corti Grandi,** die großen Höfe. Außerdem erschließt sich ein merkwürdiger proletarischer Charme, der allerdings desto trostloser wird, je mehr Einwohner auf das Festland umziehen. Derzeit leben kaum noch 7000 Menschen auf der Giudecca!

Das letzte Wegstück, die Fondamenta San Biagio, steht im Schatten eines gigantischen Gebäudes, das an norddeutsche Speichersilos erinnert – der vor wenigen Jahren in ein Luxushotel verwandelte Backsteinkomplex der **Molino Stucky** 28 (Giudecca 810, s. Mein Tipp S. 267). Anstatt nun in die wenig interessante, in den 1950er-Jahren entstandene Wohnsiedlung auf der damals aufgeschütteten Insel **Sacca Fisola** oder weiter bis zur Müllinsel dahinter zu wandern, lasse man sich lieber bei **Harry's Dolci** 12 nieder. Dort kann man den wunderbaren Blick auf den gegenüberliegenden Zattere-Kai genießen und zudem von den fantastischen, golddurchwirkten Baumwolldamasten des spanischen Wahlvenezianers Mariano Fortuny träumen, die ein paar Häuser weiter, in der Fabrik von Nr. 805, unter größter Geheimhaltung gewoben werden.

Essen & Trinken

Dorsoduro

Gute Mittelklasse mit kreativer Küche – **Agli Alboretti** 1: Rio Terra Foscarini 882,s. S. 39.

Gesunder Snack zwischendurch – **Ponte dei Pugni** 2: Fondamenta Gherardini, Stazione San Tomà, Mo–Sa ganztägig. Äpfel, Birnen, Bananen & Co. als ambulanter Imbiss gefällig? Zu Füßen der Ponte dei Pugni im Rio di San Bárnaba, auf halbem Weg zwischen Campo San Barnaba und Santa Margherita, ankert ein Schiff, dessen Pächter wochentags von Bord Obst und Gemüse in exzellenter Qualität – fast – zu Supermarktpreisen feilbietet.

Ein Snack unter Studenten – **Caffè Ateneo** 3: Calle Foscari 3246, Ca' Foscari, Tel. 041 241 01 43, Stazione San Tomà, Mo–Fr 8–18.30 Uhr. Preiswerte Kleinigkeiten plus Drinks oder Kaffee und Kuchen im Innenhof der Universität.

Eine der Top-Konditoreien – **Pasticceria Tonolo** 4: Calle dei Crosera 3764, Tel. 041 523 72 09, Stazione San Tomà, Di–Sa 8–20 Uhr, So nur vormittags. Fantastische Torten, Kuchen und Backwerk, aber auch ein guter Platz für einen gelungenen Start in den Tag bei Cappuccino und Croissant.

Standardküche in idyllischer Lage – **Fuori Rotta** 5: Campo Santa Margherita 3004, Tel. 041 523 56 40, www.fuorirottasrl.it, Stazione Ca' Rezzonico, tgl. 11–23 Uhr, Nov.–Feb. Mo geschl., 5–14 €. Für Pizza-Fans: Der hiesige Koch sprüht zwar nicht gerade vor Fantasie, fabriziert aber einwandfreie Hausmannskost. Von einem der Tische im Freien genießt man einen entzückenden Panoramablick auf einen der volkstümlichsten Plätze der Stadt.

Schinken und sardische Spezialitäten – **Pane, Vino e San Daniele** 6: Campo dell'Angelo Raffaele 1722, s. S. 41.

Schwelgerisch schmausen mit Aussicht – **Riviera** 7: Zattere 1473, s. Mein Tipp, S. 254.

Weinbar aus dem Bilderbuch – **Vini Al Bottegon** 8: Fondamenta Nani alias Maravegie 992, Tel. 041 523 00 34, Stazione Zattere, Mo–Sa 8.30–20.30 Uhr. Direkt an der Ponte San Trovaso, schräg gegenüber der gleichnamigen Gondelwerft gelegen, zählt diese Enoteca zu den Top-Treffs traditionsbewusster Einheimischer – angesichts des urigen, mit unzähligen Flaschen ›tapezierten‹, dafür stuhllosen Interieurs und der vorzüglichen Auswahl an Weinen, Panini und Crostini kein Wunder (auch bekannt unter der Bezeichnung Enoteca Cantinone Già Schiavi oder, einfacher, Cantinon).

Traumpanorama direkt am Wasser – **Linea d'Ombra** 9: Ponte dell'Umiltà, 19, s. Mein Tipp, S. 254.

Qualitätvolle Fleischgerichte – **Ai Gondolieri** 10: San Vio, Fondamenta Zorzi Bragadin 366, Tel. 041 528 63 96, www.aigondolieri.com, Stazione Salute od. Accademia, Mi–Mo 12–15 u. 19–22 Uhr, ab 38 €. Proteine für Kunstfreunde! Einen Steinwurf von der Guggenheim-Collection entfernt, kann man hier seinen Hunger wie, nomen est omen, einst die Ruderer stillen – mit Fleischspeisen, und zwar Standards wie *fegato veneziana* (Leber) und Angus Steak, aber auch ausgefallenen Innereien und manchmal sogar Fohlenfleisch. Spezialität: das aus diversen Fleischresten, Karotten, Sellerie, Parmesan und Weißwein gemixte *risotto di secole*.

Klassische Imbiss-Bar – **Da Gino** 11: Calle Nuova S. Agnese 853a, Tel. 041 528 52 76, Stazione Accademia, Mo–Sa 6–20 Uhr. Riesenauswahl an stets frischen Tramezzini, kalten und ofenwarmen Panini und Toast, dazu First-Class-Kaffee am Tresen oder Tisch, familiäre Bedienung, empfehlenswert: Tische draußen mit hohem Schauwert

Lieblingsort

Die gesamte Serenissima zu Füßen

Keine Frage, Jacopo de Barbari wusste sehr genau, weshalb er für seine berühmte, heute im Museo Correr befindliche Ansicht Venedigs gerade diese Perspektive wählte: Wie schon im Jahr 1500, als er den fast 3 m langen Holzschnitt anfertigte, ist auch heute der Blick von der Glockenstube des 60 m hohen **Campanile** der Klosterinsel **San Giorgio Maggiore** 23 konkurrenzlos allumfassend. Dogenpalast, Markusdom, Piazza und Bacino di San Marco, rundum das Häusermeer des Centro Storico, mittendrin das große S des Canal Grande, und nach Süden hin Lido und offenes Meer ... Prächtiger sieht man die Serenissima von keinem anderen Standpunkt aus vor sich hingebreitet. Als besonders atemberaubend erweist sich das Panorama bei klarem Wetter, wenn die Sicht über die Lagune mit ihren Inseln hinweg bis zu den – im Glücksfall sogar schneeweißen – Alpengipfeln reicht (Zugang per Aufzug tgl. 9.30–12.30 und 14.30–18.30, Okt.–April bis 16.30 Uhr, Eintritt 3 €).

dank des dichten Passantenverkehrs, um die Ecke der Accademia.

San Giorgio und Giudecca

Tolle Aussicht mit Preisaufschlag – **Harry's Dolci** 12: Giudecca, Fondamenta San Biagio 773, Tel. 041 522 48 44, Stazione Palanca, April–Okt., Feb. Mi–Mo 10.30–23 Uhr, ab 70 €. Was für eine Location! In dieser vom Cipriani-Clan (Harry's Bar) geführten Lokalität genießt man bei Kaffee und Süßigkeit direkt am Wasser sitzend einen grandiosen Panoramablick über den Giudecca-Kanal auf die Zattere. Doch Vorsicht: Wer hier aus der – zugegeben qualitätvollen – Speisekarte üppiger ordert, muss geradezu unverschämt tief in die Brieftasche greifen!

Der Südwesten der Stadt aus der Vogelperspektive – **Skyline-Bar** 28: Giudecca, Fondamenta San Biagio 810, s. Mein Tipp rechts.

Einkaufen

Dorsoduro

Toll sortierter, preisgünstiger Buchladen – **Alla Toletta** 1: Sacca della Toletta, 1214, s. S. 46.

Pikante Zutaten zum Schlemmen daheim – **Pantagruelica** 2: Campo San Barnaba, 2844, s. S. 47.

Originelles Holzspielzeug – **Signor Blum** 3: Campo San Barnaba, 2840, www.signorblum.com, Tel. 041 522 63 67, Stazione Ca' Rezzonico. Dekorobjekte, Laubsägearbeiten und Steckspiele aus Holz. Eine Fundgrube für kleine, große (und erwachsene) Kinder.

Handgewebte, edle Stoffe – **Campiello di Arras** 4: Campiello Squellini 3234, s. S. 52.

Feines Metall – **Rosettin** 5: Calle Foscari, 3220, s. S. 47.

Doyen der Forcole-Schnitzer – **Saverio Pastor** 6: Fondamenta Soranzo 341, s. S. 253.

Rahmenprogramm – **Cornici Trevisanello** 7: Campo San Vio, 662, Tel. 041 520 77 79, Stazione Accademia. Traditionsbetrieb für vergoldete und auch sonst reich verzierte Bilder- und Spiegelrahmen.

Avantgardistische Glaskunst – **Sent** 8: Campo San Vio, 669, s. S. 48.

Aktiv & Kreativ

Dorsoduro

Mach dir deine Maske – **Ca' Macana** 1: Fondamenta Rezzonico, 3172, www.camacana.com, Tel. 041 277 61 42 (Filiale: Fond. Lombardo, 1169, Tel. 041 522 97 49) beide: Stazione Ca' Rezzonico. Einer der ernsthaften, jenseits des weit verbreiteten Kitsch und Kommerz agierenden Maskenerzeuger, der auch fürs Theater arbeitet. Für Touristen werden außerdem Kurse im Maskenmachen angeboten. Variante A: 45-minütige Schauvorführung; Variante B: ca. 150-minütiger Kurz-Kurs mit Theorie- und Praxisteil; beides auf Anfrage auch auf Deutsch.

Sommerakademie für Bildende Kunst – **Palazzo Zenobio** 8: Fondamenta del Soccorso, Nr. 2596, s. Mein Tipp S. 251.

Abends & Nachts

Dorsoduro

Piano-Bar mit Tanzfläche – **Club Piccolo Mondo Music & Dance** 1: Calle Contarini Corfù 1056a, s. Mein Tipp S. 54.

Traditional Standards – **Venice Jazz Club** 2: Fondamenta dello Squero 3102, s. S. 55.

Für Stilbewusste zu jeder Tages- und Nachtzeit – **Impronta** 3: 3815, Calle dei Preti nahe Crosera Pantalon, Tel. 041 275 03 86, Stazione San Tomà, Mo–Fr 7–2, Sa 9–2 Uhr. Schicke Bar mit kleinen, guten Speisen; Sandwiches, Salate, Tortillas; ideal zum

Frühstücken und für den Late-Night-Drink.

Kunst & Kaffee – **Imagina cafè** 4: Campo Santa Margherita, Rio T. Canal 3126, Ponte dei Pugni, Tel. 041 241 06 25, www.imaginacafe.it, Mo–Do 7–21, Fr/Sa 7–1, So 14–22 Uhr. Eine Kombination aus Bar und Galerie als vibrierender Ort der Begegnung: im Erdgeschoss der gläserne Tresen, an dem ein nettes Barkeeper-Team gute Weine und originelle Longdrinks kredenzt; im Stock darüber ein Ausstellungsraum, in dem junge Künstler aus der Stadt ihre neuesten Werke präsentieren.

Britische Insel – **Corner Pub/Senso Unico** 5: Calle della Chiesa 684, s. S. 54.

Preisgünstiger In-Treff – **Café Noir** 6: Calle Lunga San Pantalon 3805, Tel. 041 71 09 25, Stazione San Tomà, tgl. 7–2 Uhr. Leer findet man dieses Studentenlokal so gut wie nie. Kein Wunder, ist das kleine, aber extravagant designte Café doch nicht zuletzt dank des niedrigen Preisniveaus eine ideale Adresse für einen Cappucchino (1,50 €), Espresso (0,90 €), Spritz (1,70 €) oder Sandwich (ab 2,50 €). Spezialtipp für genießerische Sparefrohs: die *aperitivi* zur Happy Hour am frühen Abend.

Satt werden bis spät in die Nacht – *Klassisch-englisches Pub* – **Pier Dickens Inn** 7: Campo Santa Margherita 3410, s. S. 55.

Treffpunkt der Alternativszene – **Il Caffè Rosso** 8: 2963, Campo Santa Margherita, Tel. 041 528 79 98, www.cafferosso.it, Stazione Ca' Rezzonico, Mo–Sa 7–1.30 Uhr. Hotspot für Studenten und junge Einheimische. *Panini, tramezzini, cichetti,* hervorragende Weine und regelmäßig Live-Blues und -Jazz. Im Sommer besonders schön: ein Sundowner auf dem malerischen Platz.

Studentisch, gemütlich – **Da Codroma** 9: Fondamenta Briati 2540, s. S. 55.

Umtrunk mit Ausblick – **Al Chioschetto** 10: Zattere 1406a (nahe dem Hafenamt), Tel. 348 396 84 66, Stazione San Basilio, tgl. 9–20 Uhr, Dez./Jan. geschl. Ein Brunch oder Abendtrunk vor dem Traumpanorama der Giudecca; an Sommerabenden Jazz- und Reggae live!

Mein Tipp

Gute Drinks – atemberaubender Blick inklusive! 28

Am westlichsten Zipfel der Giudecca überragt seit dem späten 19. Jh. die ehemalige Mühle Molino Stucky die Silhouette der niedrigen Häuser. Der Unternehmer Giovanni Stucky hatte sich seinerzeit den kolossalen Backsteinbau errichten lassen und alle ästhetischen Einwände der Stadtherren missachtet. 1954 wurde die Produktion eingestellt, jahrzehntelang wartete das Industriedenkmal halb verfallen auf einen Dornröschenkuss. 2007 erwachte es zu neuem Leben – als Luxuskomplex, der Hotel, Konferenzzentrum, Shops und Apartments birgt. Zu einem speziellen Anziehungspunkt auch für Gäste, die nicht im Hotel wohnen, hat sich die in der obersten Etage gelegene **Skyline-Bar** entwickelt. Auswahl und Qualität der Drinks ist tadellos, atemberaubend der Blick hinab auf Stadt und Lagune. Zum luftigen Lunch am Rand des Pools auf der Dachterrasse lädt in der warmen Jahreszeit das Restaurant **SkyLunch** (Molino Stucky Hilton, Giudecca 810, Fondamenta San Biagio, Stazione Palanca bzw. hoteleigener Shuttledienst von San Marco; Bar: ganzjährig tgl. 17–1 Uhr (Nov.–Feb. Mo Ruhetag), Restaurant: Mitte Mai–Ende Sept. 12–15.30 Uhr, Info & Reservierung Tel. 041 272 33 11, www.molinostuckyhilton.com).

Der Lido und die Laguneninseln

Auf Entdeckungstour

Mit dem Vaporetto zu den Inseln der nördlichen Lagune: Die Gemüseinseln Sant'Erasmo und Vignole, die alte Quarantänestation Lazzaretto Nuovo und Certosa mit dem neuen Yachthafen … Ausflüge zu den kleinen Inseln im Nordosten komplettieren das Venedig-Bild mit ungeahnten, überaus spannenden Eindrücken. S. 276

Mondän und elegant – ein Spaziergang auf dem Lido: Diese Tour führt u. a. zu legendären Hotels von höchster Grandezza und in Villenviertel mit elegantem Belle-Époque-Flair. S. 282

Kultur & Sehenswertes

Murano: Der Besuch von Glasfabrik und -museum ist obligat. Doch die malerische Insel hat mehr zu bieten, u. a. zwei herrliche Kirchen. 1 S. 270

Torcello: Melancholische Reminiszenzen an Venedigs Frühzeit ruft die einstige Bischofsinsel hervor. Herausragend: die Kathedrale mit ihren byzantinischen Mosaiken. 4 S. 275

Aktiv unterwegs

Am Meer entlang nach Chioggia: Eine Radtour für die ganze Familie, inklusive kulinarischer Zwischenstopps! S. 280

Villen-Tour per Rad: Schöne Tagestour entlang des Brenta-Kanals mit herrschaftlichen Sightseeing-Stopps. S. 280

Walken und Radfahren in Mestre: Bei einem Ausflug aufs Festland den Landschaftspark San Giuliano entdecken und ein Eis genießen. S. 281

Genießen & Atmosphäre

San Francesco del Deserto: Eine alte Kirche, ein mediterraner Garten – das nur noch von wenigen Franziskanermönchen bewohnte Eiland südlich von Burano bezaubert seine Besucher mit bukolischer Stille. 3 S. 273

Sommerliches Dolce Vita: Vor allem für Familien attraktiv wie eh und je – das bunte Treiben am flachsandigen Strand des Lido und in den angrenzenden (Luxus-)Hotels. 10 S. 282

Inselhüpfen zwischen San Lazzaro, Murano und Torcello

Manche der großen Inseln im Norden der heutigen Altstadt blicken auf eine reiche Vergangenheit als selbstständige Siedlungsgebiete zurück. Als in sich geschlossene kleine Welten, deren Eigenarten bis heute ziemlich unbeschadet blieben, sind sie ideale – per Vaporetto leicht erreichbare – Ausflugsziele für nostalgisch gestimmte Venedig-Besucher und zum Teil auch kunsthistorisch von großem Interesse.

Südlich der Altstadt lockt der Lido, dessen extrem flacher Sandstrand ihn schon im 19. Jh. zum Bade- und Erholungsgebiet par excellence prädestinierte. Kulturinteressierte sollten für einen Nachmittag auf die armenisch geprägte Klosterinsel San Lazzaro pilgern.

Murano 1 ▸ Karte 3

Der aus fünf Inseln bestehende, von knapp 7000 Menschen bewohnte Ort ist für seine Glasindustrie weltberühmt. Bereits im späten 13. Jh. wurden die Schmelzöfen *(fornaci)* wegen der ständigen Brandgefahr und um die Produktionsmethoden geheim zu halten von Venedig nach Murano gebracht. Seither lebt die Insel für das und vom Glas. Überall stößt der Besu-

Infobox

Reisekarte: ▸ Karte 2 und 3

Vaporetto-Verbindungen

Zu den drei Inseln **Murano, Burano** und **Torcello** gelangt man mit der Linie 12 im Halbstundentakt von den Fondamenta Nuove; erstere auch mit den Linien 13 und (von Piazzale Roma und Ferrovia) 4.1 und 4.2.

Nach **San Lazzaro** – und auch **San Servolo** bzw. zum **Lido** – kommt man mit der Linie 20 von San Zaccaria.

Zeitrahmen

Für den Ausflug zu den drei kulturellen Hauptattraktionen der nördlichen Lagune sollte man im Idealfall einen ganzen, mindestens jedoch einen guten halben Tag einplanen. Wer die Inseln wirklich mit Muße und an den Tagesrändern weitgehend ohne Touristen genießen will, bleibt auf Murano oder Burano über Nacht. Für den Abstecher nach San Lazzaro degli Armeni genügen in der Regel drei Nachmittagsstunden. Um dort zeitgerecht vor Beginn der Klosterführung anzukommen, sollte man ab San Zaccaria spätestens das Boot um 15.10 Uhr nehmen. Achtung: rechtzeitig für die Rückfahrt wieder am Anleger einfinden!

Rundflüge

Wer möchte, kann im Helikopter die Lagune zwischen Torcello und Pellestrina aus der Vogelperspektive bestaunen. Start ist am Aeroporto Nicelli, dem Flughafen am Lido, Tel. 041 526 02 15, www.heliairvenice.it, pro Person ab 75 Euro €.

Markenzeichen für Murano-Glas: filigrane Formen und kraftvolle Farben

cher auf Ateliers, in denen er bei der Herstellung zuschauen und mehr oder weniger schöne Massenartikel erstehen kann.

Glasmuseum

Murano 8, Fondamenta Giustinian, www.museicivicivenezianiit, Tel. 041 73 95 86, tgl. 10–18, Nov.–März bis 17 Uhr, Eintritt 8 €

Einen Überblick auf das Schaffen historischer und zeitgenössischer Glaskünstler bietet das **Museo Vetrario di Murano** im gotischen Palazzo Giustinian. Es präsentiert über 4000 Raritäten, darunter frühe Kristalle, Mosaikgläser, Glasperlen, Spiegel und das wertvolle Eis- und Milchglas.

San Pietro Martire und Palazzo Mula

Campiello Marco Michieli, Pfarrkirche: Mo–Sa 9–12, 15–18, So 15–18 Uhr, Eintritt frei, Sakristei 1,50 €

Murano, das seit dem 7. Jh. besiedelt ist und zu seiner Blütezeit im 16. Jh. 30 000 Einwohner zählte, lohnt auch wegen mehrerer Kunstdenkmäler einen Besuch. Seine Pfarrkirche **San Pietro Martire** (1474–1511) an der Fondamenta Vetrai beherbergt eines der Hauptwerke Giovanni Bellinis: das Votivbild, auf dem der hl. Markus der Madonna den Dogen Agostino Barbarigo anempfiehlt (1488).

Der benachbarte, für das Publikum leider unzugängliche **Palazzo Mula** bildet mit seinem Park Muranos einzige erhaltene Villenanlage aus der Renaissance, als viele venezianische Patrizier, aber auch Intellektuelle wie der Dichter Pietro Aretino oder der Humanist Pietro Bembo hier den Sommer verbrachten.

Santi Maria e Donato

Murano 11, Campo San Donato, Mo–Sa 8.30–12 und 16–19 Uhr, So nur nachmittags, Eintritt frei

Die Laguneninseln

Sehenswert
- 1 Murano
- 2 Burano
- 3 San Francesco del Deserto
- 4 Torcello
- 5 Sant'Erasmo
- 6 Le Vignole
- 7 Lazzaretto Nuovo
- 8 La Certosa
- 9 San Lazzaro degli Armeni
- 10 Lido
- 11 San Clemente

Übernachten
- 1 Murano Palace
- 2 Venissa

Essen & Trinken
- 1 Trattoria Valmarana
- 2 Al Gatto Nero
- 3 Al Ponte del Diavolo

Einkaufen
- 1 Cenedese
- 2 Costantini
- 3 Seguso Archimede
- 4 Emilia
- 5 Merletti dalla Olga

Die ehemalige Kathedrale der Bischöfe von Torcello und Murano ist noch eine Gründung aus dem ersten Jahrtausend; der jetzige romanische Bau stammt aus dem frühen 12. Jh. Er wurde zwischendurch barockisiert, um 1860 dann wieder radikal re-romanisiert und erscheint heute außen wie innen etwas museal und steril.

Seine zwei besonderen Kostbarkeiten sind die Chorpartie mit ihrer zweistöckigen Arkadenwand, die ein wenig an die Fassaden der großen romanischen Kirchen am Rhein erinnert, und der originale Mosaikfußboden, der in den 1970er-Jahren vor der Zerstörung durch Grundwasser gerettet wurde.

Übernachten

Charmant geführte Locanda – **Murano Palace** 1: Fondamenta Vetrai 77, Tel. 041 73 96 55, www.muranopalace.com, Stazione Colonna, DZ ab 110 €, mit Kanalblick 150 €. Gästehaus der gehobenen Mittelklasse direkt am Kanal in der Altstadt, geräumige, nett möblierte Zimmer, sehr freundlich-familiär geführt.

Essen & Trinken

Exzellenter Fisch in zentraler Lage – **Trattoria Valmarana** 1: Fondamenta Navagero, 31, http://ristorantevalmaranamurano.com, Tel. 041 73 93 13, Stazione Murano-Navagero, tgl. 9–17, warme Küche nur 11.30–16 Uhr, ab 15 €. Restauriertes Lokal gegenüber dem Glasmuseum und der Basilika San Donato. Typisch venezianische Küche lässt sich hier genießen, vorwiegend Fisch. Spezialitäten: gedünsteter Meerbutt und Aal, gebratene Krabben.

Einkaufen

Einer der famosesten Glaserzeuger – **Cenedese** 1: Murano, Fondamenta Venier 48, s. S. 144.

Alte Perlen, neuer Schmuck – **Costantini** 2: Murano, Via Cimitero 11, s. S. 48

Ein großer Innovator der Glasbläserkunst – **Seguso Archimede** 3: Murano, Fondamenta Serenella 18, s. S. 48.

Burano 2 ▶ Karte 2

Was Murano sein Glas, sind Burano seine Spitzen *(merletti)*. Die etwa 20 Schiffsminuten nördlich von Venedig gelegene Siedlung (4800 Einw.) lebt neben dem Fischfang hauptsächlich von der Stickerei. Kulturgeschicht-

lich interessante Einblicke in diese vor Ort seit dem 16. Jh. gepflegte Handarbeitskunst eröffnet das vor einigen Jahren renovierte **Museo del Merletto** (Piazza Galuppi 187, Di–So 10–18, Nov.–März bis 17 Uhr, Eintritt 5 €). Kunsthistoriker wissen über den Ort wenig zu sagen – einzig die Kirche **San Martino Vescovo** (Piazza Baldessare Galuppi 20, tgl. 8–12 und 15–19 Uhr, Eintritt frei) mit ihrem erstaunlich schiefen Campanile ist wegen einer frühen »Kreuzigung« von G. B. Tiepolo erwähnenswert.

Die eigentliche Attraktion Buranos ist sein pittoreskes Erscheinungsbild. Seine kindlich bunten, alljährlich frisch getünchten Häuschen, die winzigen Kanäle und Brücken, die knorrigen Fischer und alten Klöpplerinnen verleihen ihm den Charakter einer Bühnenkulisse – etwa für eine heitere Oper, wie sie der auf Burano geborene Baldassare Galuppi (1706–1785) zu Dutzenden komponierte.

San Francesco del Deserto 3

Klosterkonvent: Di–So 9–11 und 15–17 Uhr, Tel. 041 528 68 63, www.sanfrancescodeldeserto.it, Eintritt frei, Spende erbeten

Ein entzückender Ausflug führt auf die Burano 1 km südlich vorgelagerte Klosterinsel der Franziskaner, auf der schon die frühen Römer siedelten und im Jahr 1220 der Legende nach der hl. Franziskus von Assisi auf dem Rückweg vom Heilige Land Schutz suchte. Das bloß noch von einer Hand voll Mönchen bewohnte Kloster ist eine Oase der Stille, wo sich zwischen Zypressen, Pinien und Palmen herrlich lustwandeln lässt. Erreichbar ist das Idyll nur im Wassertaxi von Burano aus (tour-retour pauschal für bis zu vier Personen ca. 80 €) bzw. per Privatboot. Für Besuche außerhalb der angeführten Zeiten bitte vorher anrufen!

Übernachten

Übernachten auf Mazzorbo – **Venissa** 2 : Isola di Mazzorbo, Fondamenta Santa Caterina 3, Tel. 041 527 22 81, www.venissa.it, 6 DZ ab 100 €. Die im Raum Treviso-Valdobbiadene seit fast 500 Jahren im Weinbau tätige Familie Bisol hat vor einigen Jahren auf der Insel Mazzorbo ein Landgut adaptiert und eröffnet. Damit greift sie auf der Burano unmittelbar benachbarten, über eine Holzbrücke zu Fuß erreichbaren Gemüseinsel eine uralte Winzertradition wieder auf. Das Anwesen bietet eine nette Übernachtungsmöglichkeit fernab jeglichen Touristenrummels. Im zugehörigen **Ristorante** fabriziert Patronne Paola Budel Vorzügliches aus heimischer Küche, dazu gibt es regionale Weine, die man vor Ort auch gleich flaschenweise erwerben kann (Drei-Gänge-Menü ca. 55 €).

Essen & Trinken

Eines der besten Restauraunts der Lagune – **Al Gatto Nero** 2 : Burano, Fondamenta Giudecca 88, Tel. 041 73 01 20, www.gattonero.com, Stazione Burano, Di–So 12–15, 19–22 Uhr, ab 25 €. Abseits des Touristenpfads zeichnet sich diese Antica Trattoria durch famos zubereitete frische Fischgerichte, aber auch herrliche hausgemachte *dolci* und ein gepflegtes Weinsortiment aus.

Blick vom Campanile der Kathedrale von Torcello auf den Hauptplatz der Insel

Einkaufen

Zwei der besten Adressen für **Spitzen-Ware** mit großer Auswahl an kunstvoll Geklöppeltem in allen Formaten, garantiert aus örtlichen Ateliers:
Emilia 4: Burano, Piazza Galuppi 205, Tel. 041 73 52 99, www.emiliaburano.it.
Merletti dalla Olga 5: Burano, Piazza Galuppi 105, Tel. 041 73 02 83.

Torcello 4

Gleich hinter Burano erreicht man jene Insel, die romantischen Venedig-Reisenden als Sinnbild der Vergänglichkeit gilt: Torcello. Bereits von den Römern bewohnt und im 7. Jh. von Flüchtlingen vom Festland neu besiedelt, erlebte es im Frühmittelalter als Wirtschaftszentrum mit eigener Gerichtsbarkeit, einem eigenen Bischof und zeitweilig über 20 000 Einwohnern eine Blütezeit. Doch bald darauf wurde es durch Seuchen, zunehmende Versumpfung und die übermächtige Konkurrenz der Stadt am Rialto entvölkert. Heute stimmt die Verlassenheit der Insel inmitten der weiten Lagunenlandschaft melancholisch. Nur drei Dutzend Einwohner kümmern sich um die Felder und die wenigen Häuser.

Hauptanziehungspunkt ist die verlassene **Piazza Torcello,** die man vom Landungssteg der Vaporetti in zehnminütigem Fußmarsch an einem Kanal entlang, vorbei an der geländerlosen Ponte del Diavolo, erreicht. An ihr stehen die beiden als Museum genutzten Palazzi dell'Archivio und del Consiglio, die Kirche Santa Fosca und die Kathedrale Santa Maria Assunta mit ihrem weithin sichtbaren Campanile, dessen Spitze im 17. Jh. vom Blitz getroffen wurde und abbrach.

Santa Maria Assunta

Basilica und Campanile: tgl. 10.30–18, Nov.–Feb. 10–17 Uhr, Eintritt 5 €/Camp. 4 €, Kombi-Ticket mit Museo 4 bzw. 6 €
Die Kathedrale ist ein Bau von hohem Symbolwert. Im Jahr 640 gegründet, in der jetzigen Form um 1000 errichtet, steht sie historisch und stilistisch gleichsam am Schnittpunkt der römischen und der byzantinischen Welt. Ihr Aufbau mit drei Schiffen, aber ohne Querhaus, erinnert noch an eine frühchristliche Basilika, die Höhe nimmt jedoch bereits die Luftigkeit eines frühgotischen Doms vorweg. Ihre großartigen Mosaiken sind nur mit jenen der Markusbasilica vergleichbar. Sie entstanden großteils im 12. Jh. und zeigen u. a. die Muttergottes mit den Aposteln (in der Halbkuppel der Apsis) und das Jüngste Gericht (Westwand). ▷ S. 278

Auf Entdeckungstour: Mit dem Vaporetto zu den Inseln der nördlichen Lagune

Murano, Burano und auch Torcello sind viel besuchte Ausflugsziele. In ihrem Umfeld harren jedoch kaum minder reizvolle Inseln der Entdeckung: Sant'Erasmo 5 zum Beispiel, Le Vignole 6, Lazzaretto Nuovo 7 oder La Certosa 8 versprechen interessante Exkursionen in die lagunare Geschichte und Natur.

Planung: Anfahrt nach La Certosa mit den Linien 4.1 und 4.2 (den Wunsch auszusteigen rechtzeitig melden!); zu den drei anderen Inseln mit der 13 von Fondamente Nuove via Murano.

Öffnungszeiten: Sant'Erasmo: Torre Massimiliano ca. April–Okt. Mi–Fr 15–19, Sa/So 11–19 Uhr, Eintritt frei, www.parcolagunavenezia.it; Lazzaretto Nuovo: Führungen April–Okt. Sa/So 9.45 und 16.30 Uhr, Infos: www.lazzarettonuovo.com.

Bäuerliches Venedig

Ein Spaziergang über Felder, keine 30 Bootsminuten von Venedigs Altstadt entfernt? Man muss bloß im Vaporetto ein Stück weit nordwestwärts schippern, um das Unerwartete zu erleben. Auf der ›Gemüseinsel‹ **Sant' Erasmo** findet, wer als Abwechslung zum vielen Stein nach Natur lechzt, eine ländliche Idylle par excellence. Mehr als 3 km² ist dieser *orto* (Garten) *di Venezia* groß, von nur 750 Menschen bewohnt und zahlreichen Feldwegen durchzogen. Es gibt einen kleinen Strand, Pizzeria-Bar inklusive, und auch mehrere Tümpel, an denen man mit etwas Glück seltene Wasservögel antrifft. Hauptattraktion ist der **Torre Massimiliano,** ein im 19. Jh. vom österreichischen Militär errichteter Festungsturm, der heute als Kunstschauraum dient. Feinschmecker pilgern von hier zum Fischrestaurant **Ca' Vignotto** (Sant'Erasmo, Via Forti 71, www.vignotto.com).

Gar nur 50 Dauerbewohner zählt die ebenfalls nur agrarisch genutzte Nachbarinsel **Le Vignole.** Doch auch hier, wo einst die berühmten Trauben für den ›Wein der Dogen‹ in der Sonne reiften, lädt eine nette Trattoria zur Einkehr. Die im 16. Jh. von Sanmichele an der Südwestspitze erbaute Seefestung **Sant'Andrea** jedoch, deren Kanonen einst Feinden der Serenissima die Zufahrt vom Meer verwehrten, ist nur vom Wasser her im Privatboot mit spezieller Genehmigung erreichbar.

Zu einer Ex-Quarantänestation

Traurige Assoziationen weckt die Sant'Erasmo nordwestlich vorgelagerte Insel: In Reaktion auf die Verheerungen durch die Schwarze Pest erklärte der Senat 1486, nachdem er zuvor schon das nahe dem Lido gelegene Eiland Santa Maria di Nazareth zur Spitals- und Siecheninsel gemacht hatte – deren zu ›Lazzaretto‹ verballhornter Name wurde bald in aller Welt zum Synonym für Orte der Pflege von Schwerkranken –, das 9 ha große Gebiet zur Entseuchungs- und Quarantänestation für Menschen und Waren. **Lazzaretto Nuovo,** wie man die Insel seinerzeit taufte, ist heute im Unterschied zur »alten« **(Vecchio)** Namensvetterin im Süden öffentlich zugänglich.

Bei Führungen bekommt man die riesigen Hallen, vor allem den über 100 m langen **Teson Grande,** gezeigt, in denen einst die aufwendig gereinigten Schiffsladungen gelagert waren: Und dazu einen kleinen Film zur Geschichte der Pest, die allein im Katastrophenjahr 1575/76 mehr als 40 000 (!) Venezianer dahinraffte. Auch die Grundrisse der Häuser, in denen die Behörden damals zeitgleich die Besatzungen von Dutzenden Schiffen 40 Tage lang festzuhalten pflegten, sind noch gut erkennbar. Unbedingt sollte man auch den **Naturlehrpfad** (s. S. 279) entlang der Außenmauer abgehen!

Ein Eldorado für Segler

In gewissem Sinne an Venedigs große Seefahrertradition wird auf **La Certosa** angeknüpft. Das 2,2 km² große Eiland vis-à-vis Sant'Elena war von 1424 bis zur Eroberung durch Napoleon im Besitz von Kartäusermönchen und wurde seit dem 19. Jh. vom Militär als Schieß- und Lagerplatz genutzt – woran bis heute diverse Ruinen erinnern. 2003 hatten zwei italienische Profisegler beschlossen, auf ihm ein Yachtzentrum von internationalem Top-Format zu errichten. Heute existieren ein modernes Werftgebäude und ein Bootshafen, eine Schule für Hochsee-Segler in spe und ein Institut zur Ausbildung von ›Yachtdesignern‹ sowie, auch für Gäste von auswärts, ein kleines, schmuckes Hotel.

Mein Tipp

Barken-Exkursionen in die Randzonen der Lagune
Im traditionellen Boot die Ökologie und Geschichte der Randzonen erkunden: In die entlegenen, von Menschenhand kaum berührten Gebiete der Lagune gelangt man auf ein- und mehrtägigen geführten Exkursionen an Bord historischer Segel- bzw. Motorbarken, genannt *bragozzi.* Zwischen Schilf, Salzmarschen *(barene)* und Schlickinseln *(velme)* durch stille, gewundene Kanäle gleitend, genießt man die wässrige Traumwelt. Dabei und im Rahmen diverser Landgänge erfährt man Hintergründiges, etwa über San Francesco del Deserto, die Inselchen San'Ariano, La Cura, Ammiana, Costanziaca, die Salinen von San Felice, die Pfahlhütten *(casoni)* der Fischer in den Sümpfen von Santa Rosa, archäologische Stätten, Zugvogelstationen, Sant'Andrea und andere Festungsbauten, die Murazzi u. v. m. (Infos: Zu den ortskundigsten, wenngleich nur eingeschränkt deutschsprachigen **Anbietern** zählen: Alfredo Zambon, Roberto Terzi, Cristina della Toffola, die Kooperativen »La Famiglia«, »Il Sestante«, Familie Stefanato und der »Ekos Club«. Programmdetails sind auf der Website des Guide Martino Rizzi (engl.) **www.guidetovenice.it** bzw. auf **www.ilnuovotrionfo.org** ersichtlich. Letztere offeriert Rundfahrten auf einer picobello restaurierten alten Transportbarke (ital. *trabacolo*).

Santa Fosca

Tgl. 10.30–18, Nov.–Febr. 10–17, Messe: jew. So um 10.30 Uhr
Die angrenzende Kirche Santa Fosca ist ein sehenswertes Beispiel eines äußerst gelungen proportionierten romanischen Gotteshauses mit der Grundform eines griechischen Kreuzes.

Museo della Provincia

Tgl. außer Mo 10.30–17.30, Nov.–Feb. 10–17 Uhr, Eintritt 3 €, Kombi-Tickets um 7 bzw. 10 €
Das Museum präsentiert römisch-antike Fundstücke aus der Lagune, verschiedene Gemälde aus früheren Kirchen der Insel sowie Gold- und Silberschätze aus der Kathedrale von Torcello und diverse kostbare Schriftstücke. Postskriptum: Wer sich näher für die lagunare Frühgeschichte interessiert, sollte auch den Besuch des Archäologischen Museums in Altino in Betracht ziehen (6 km nördlich des Flughafens am Festland, Tel. 042 282 90 08, tgl. 8.30–19.30 Uhr, Eintritt 2 €).

Essen & Trinken

Zeitgemäßer Schick – **Al Ponte del Diavolo** 3: Torcello, Fondamenta Borgognoni 10/11, Tel. 041 73 04 01, www.osteriaalpontedeldiavolo.com, Café, Snack und Lounge: Mai–Okt. tgl. 10–16 Uhr, Restaurant ganzjährig (außer Jan.) tgl. Dinner, Fr–So nur nach Reservierung. In dem elegant umgestalteten Fischerhaus aus dem 17. Jh., auf halbem Weg zwischen Vaporetto-Station und Kathedrale, wird fein aufgekocht. Fisch aus der Lagune, Gemüse aus dem Garten nebenan, Pasta, Brot und Süßes aus eigener Herstellung, im Winter am offenen Kamin, sommers auf der Gartenterrasse oder im Pavillon. Eine wahre Freude für Gaumen und Auge.

Sant'Erasmo 5, Le Vignole 6, Lazza-retto Nuovo 7 und La Certosa 8
S. Entdeckungstour S. 276

San Lazzaro degli Armeni 9

Nur im Rahmen einer Führung zugänglich: Tel. 041 526 01 04, tgl. 15.25–17.25 Uhr, Eintritt 6 €
Zwischen San Servolo und dem Lido liegt die Klosterinsel von San Lazzaro. Das Eiland, das der Republik jahrhundertelang als Quarantänestation für Leprakranke diente, wurde Anfang des 18. Jh. dem armenischen Orden der Mechitaristen überantwortet. Dessen Mönche waren zuvor mitsamt dem Ordensstifter Mechitar (= Tröster) von den Türken aus ihrem Stammkloster vertrieben worden. Sie setzten die Gebäude instand, vergrößerten ihre neue Heimat, indem sie ihre Ränder aufschütteten, und machten sie zu einer Hochburg armenischer Gelehrsamkeit und Religion.

Wer das Kloster besucht, wird von einem der gastfreundlichen Patres sachkundig geführt. Zu sehen bekommt man Kreuzgang, Kirche und Refektorium, eine recht kuriose Gemäldegalerie, ein ebensolches kleines Museum, das u. a. eine pharaonische Mumie, Miniaturen und Dokumente aus der armenischen Geschichte bewahrt, eine alte Bibliothek sowie das mit Memorabilia gespickte Zimmer, in dem sich Lord Byron 1816 bemühte, die armenische Sprache zu erlernen. Höhepunkt des Rundgangs ist das moderne Bibliotheksgebäude mit seiner Sammlung alter Manuskripte.

Aktiv unterwegs

Geschichte ergraben und erwandern auf Lazzaretto Nuovo 7
Anfahrt und Hintergrundinfos zur Insel s. Entdeckungstour S. 276; Infos zu Grabungen: Tel. 041 24 44 011 oder www.lazzarettonuovo.com
Natur und Ruhe lassen sich auf der ehemaligen Pestinsel Lazzaretto Nuovo erleben. Zum einen kann man von April bis Oktober gemütlich den ca. einstündigen, von botanischen und zoologischen Schautafeln gesäumten **Naturlehrpfad** entlang der Außenmauer abwandern. Zum anderen bietet der

Mein Tipp

Schiffspartie auf dem Brenta-Kanal nach Padua
Von Anfang März bis Ende Oktober verkehren zwischen Venedig und Padua diverse Ausflugsboote. Die geruhsame Fahrt macht mit der Landschaft und etlichen der die Ufer säumenden Meisterwerke der venezianischen *architettura villeggiatura* bekannt. In der Regel werden mehrere Landsitze (u. a. Palladios La Malcontenta/Foscari, die Villen Valmarana und Widman in Mira und die »Villa« – besser gesagt: das Schloss – Pisani) von innen besichtigt. Die Hin- oder Rückfahrt erfolgt per Bus. Anbieter u. a.: **Il Burchiello** – Abfahrt in Venedig: jeweils Di, Do, Sa 9 Uhr, vor der Pietà-Kirche an der Riva degli Schiavoni, www.ilburchiello.it; **I Battelli del Brenta** – Büro in Padua, Via Porciglia 34, Tel. für beide 049 876 02 33, www.battellidelbrenta.it bzw. www.booking-on-line.com. Informationen zu beiden auch bei der Rezeption jedes besseren Hotels.

Archeoclub d'Italia, eine italienweit aktive Non-Profit-Kulturorganisation, im Sommer Studenten und Laien die Möglichkeit, auf dieser und auch anderen Inseln der Lagune als Gäste bei Grabungen mitzumachen.

Mit dem Rad am Meer entlang vom Lido bis nach Chioggia

Einfache Strecke ca. 20 km; Radverleih in der Nähe des Vaporetto-Anlegers am Lido, Adressen s. S. 63

Mit dem Rad vom Lido bis Chioggia

Will man die entlegeneren Gegenden des Lido erkunden, empfiehlt es sich, ein Fahrrad auszuleihen. Damit kann man bis zu den malerischen Dörfern **Malamocco** und **Alberoni** sowie – über den **Lido di Pellestrina** – die Steindämme (*murazzi*) entlang bis in das 25 km entfernte, entzückende Fischerstädtchen **Chioggia** strampeln.

Unterwegs warten zwei kleine, aber interessante **Museen** – eines im Nordteil des Lido di Pellestrina, eines in Chioggia selbst –, die sich mit Themen rund um die südliche Lagune befassen (s. Essay S. 105), sowie, in der warmen Jahreszeit, drei formidable **Restaurants** – in Malamocco Le Garzette (Lungomare Alberoni, 32, Tel. 041 73 10 78, www.legarzette.it, Mo–Fr 12–14.30 und 18.30–21, Sa/So nur mittags, Dez–Febr. geschl.), in San Pietro in Volta Da Nane (San Pietro in Volta 282, Tel. 041 527 91 10, tgl. 12–15 und abends 18–21 Uhr, Mitte Dez.–März geschl.) und in Pellestrina da Celeste (Calle Vianelli 625, Tel. 041 96 73 55, www.daceleste.it, Do–Di 12–14.30, 19–21 Uhr). Zweimal muss man nach meist kurzen Wartezeiten mit einer Fähre übersetzen.

Riviera del Brenta auf zwei Rädern

Einfache Strecke ca. 25 km, Radverleih in Mestre (Rückgabe vor Ort), Adresse s. S. 63, Zuliefer- und Abholservice über www.rentalbike italy.com, Tel. 0346 847 1141, u. a. in Mestre, Dolo oder Stra

Der Brenta-Kanal verbindet die Lagune von Venedig mit Padua und ist bekannt für seine prachtvollen Villen, die sich auch im Rahmen einer organisierten Schiffstour besichtigen lassen (s. Mein Tipp S. 279). Es lohnt sich aber auch schon, die architektonischen Meisterwerke auf einer Radtour vom Ufer aus zu bewundern. Eine schöne Tagesetap-

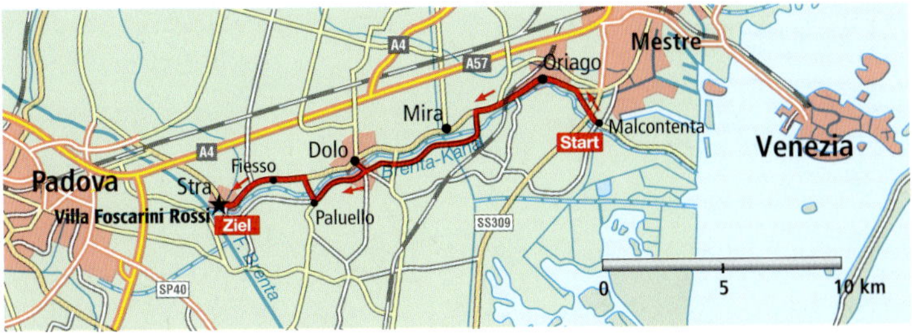

Riviera del Brenta auf zwei Rädern

pe ist die Fahrt von **Malcontenta** bis zur Villa Foscarini Rossi in Stra. Entlang des Ufers geht es Richtung Padua. Immer wieder gibt es Brücken, um auf die andere Seite zu wechseln. Mittags bietet sich eine Pause in **Dolo** an, wo es neben der alten Mühle auch eine traditionsreiche Trattoria gibt (Via Mazzini Giuseppe 9, Dolo, Tel. 041 410 532, www.molinidolo.com, Di–So 12–14.30, 19–24 Uhr). Danach geht's weiter nach **Stra.** Hier sollte man auf keinen Fall die Villa Pisani (Stra, Via Doge Pisani 7, www.villapisanibeniculturali.it, April–Sept. tgl. 9–19, Okt.–März tgl. 9–16 Uhr) mit einem Deckengemälde von Tiepolo verpassen. Zum Abschluss ist ein Besuch in der Villa Foscarini Rossi (Stra, Via Doge Pisani 1, www.villafoscarini.it, Mai–Sept. Mo–Fr 9–13, 14–18, Sa/So nur 14.30–18, Okt.–April Mo–Fr 9–13 Uhr) zu empfehlen, ein grandioser, kürzlich erst renovierter Bau, für den die venezianische Adelsfamilie seinerzeit die illustresten Architekten (u. a. V. Scamozzi) beauftragt hat und der heute Gästezimmer sowie ein Museum der Schuhmacherkunst beherbergt.

Sofern man den Rad-Abholservice in Anspruch genommen hat, kann man den Rückweg per Schiff oder Bus antreten. Wer länger unterwegs sein möchte, erweitert die Tour mit ein oder zwei Übernachtungen.

Walken und Radfahren im Parco San Giuliano in Mestre

www.parchidimestre.it, Radverleih am Eingang und in Mestre, s. S. 63

Der Landschaftspark San Giuliano wurde in erster Linie für Radfahrer geschaffen, aber auch Nordic Walker kommen hier auf ihre Kosten. Entweder man fährt auf den vordefinierten Rundwegen oder lässt sich einfach auf den verschlungenen Wegen treiben. Sportler können sich auf den Volleyball- oder Basketballplätzen austoben, Familien in den Picknick-Bereichen entspannen. An der Nord- und Südseite gibt es jeweils eine Bar mit Snacks, und auch für leckeres Eis ist gesorgt!

Walken und Radfahren in Mestre

Auf Entdeckungstour: Mondän und elegant – ein Spaziergang auf dem Lido

Legendäre Hotels von höchster Grandezza, ein Palazzo del Cinema, in dem sich alljährlich die Großen der Filmwelt zeigen, Villenviertel mit elegantem Belle-Époque-Flair und ein kleiner, aber feiner Airport aus den 1930ern – der Lido 10 hat abseits der Adriastrände auch nostalgischen Spurensuchern mancherlei zu bieten.

Zeit: mind. 3 Stunden, max. ein ganzer Tag
Planung: Die zentrale Vaporetto-Station, Lido/S. Maria Elisabetta, ist mit der Altstadt durch die Linien 1, 5.1, 5.2, 6.1, 6.2 und N verbunden. Auf dem Lido verkürzen bei Bedarf die ACTV-Linienbusse die doch recht langen Gehdistanzen.
Start: Am Nordende der Gran Viale S. Maria Elisabetta, vor der gleichnamigen Vaporetto-Station.

Die 12 km lange, knapp 1 km breite Insel, die Stadt und Lagune vor der Adria schützt, ist ein ideales Ausflugziel, wenn man zur Abwechslung einmal schwimmen, reiten, Golf und Tennis spielen, im Grünen oder über Sandstrände spazieren will. Wer durch die Gran Viale Richtung Meer schlendert, kann sich allerdings nur schwer vorstellen, dass der Lido um 1900 Europas oberen Zehntausend als Refugium für Sommerfrischen diente. Das Bild bestimmen Nachkriegsbauten und die für Seebäder übliche Mixtur aus Pizzerien, Souvenir-Boutiquen und Eissalons. Nur vereinzelte Villen im Liberty-Stil, der italienischen Variante des Art Nouveau, zeugen von der vornehmen Vergangenheit.

Prunkvoll-pompöse Herbergen

Einen Blickfang von beträchtlicher Extravaganz bildet freilich das **Hotel Hungaria (1;** Gran Viale S.M. Elisabetta 28, www.hungaria.it). Die Fassade des auf Vier-Sterne-Glanz renovierten Grande Albergo aus der Belle Époque ist komplett mit polychromen Majoliken verkleidet (im Inneren beachtenswert: die Originalmöbel des Mailänder Kunsttischlers Eugenio Quarti).

Noch viel nachdrücklicher bekommt man die einstige Noblesse vorne am Meer vor Augen geführt: Dort, westlich der Piazzale Bucintoro, steht das **Grand Hotel des Bains (2;** Lungomare Marconi 17, www.grandhotel desbainsvenezia.com), jener 1900 eröffnete Luxuskasten, in dem Luchino Visconti zentrale Teile von Thomas Manns »Tod in Venedig« verfilmte. Und etwa 1 km weiter erhebt sich das nur sieben Jahre jüngere, nicht minder pompöse, sehr maurisch anmutende **Hotel Excelsior (3;** Lungomare Marconi 41, www.hotelexcelsiorvenezia.com), von dessen illustrem Vorleben eine Galerie amüsanter alter Fotos in der Lobby erzählt. Dazwischen stößt man an der Uferstraße, oberhalb der Strandkabinen, auf den **Palazzo del Cinema (4;** Lungomare Marconi 90/ Piazzale Casino) alias Palagalileo, der alljährlich beim Filmfestival Anfang September zum Mekka der Cineastenwelt mutiert.

Zu einem Architekturjuwel

Empfehlenswert ist auch ein Abstecher nach San Nicolò im Osten. Man passiert, noch an der Meerseite unter Pinien, zunächst eine neumodische Aussichtsterrasse, wenig später (Kinder aufgepasst!) das **Planetarium (5;** Lungomare D'Annunzio, www.ast rovenezia.net/planetario.htm) und schließlich, nach diagonaler Querung der Insel, den **Alten Jüdischen Friedhof (6,** s. S. 182). Die Endstation bildet der **Aeroporto Nicelli (7).** Mitte der 1930er-Jahre errichtet und nach einem Fliegerhelden des Ersten Weltkriegs benannt, ist sein – vor einigen Jahren aus dem Dornröschenschlaf geküsster und musterhaft sanierter – Terminal ein Architekturjuwel im späten Bauhausstil.

Lieblingsort

Durchatmen auf San Clemente 11

Wer zur Abwechslung mal im Schatten von Bäumen sitzen oder spazieren will, findet im Centro Storico dafür nur wenige Möglichkeiten: die Giardini Pubblici und die Giardini Papadopoli neben der Piazzale Roma. Nachhaltiger durchatmen lässt sich auf der nur zehn Bootsminuten von San Marco entfernten Insel San Clemente. Wo ursprünglich Pilger nächtigten, später Mönche beteten und zuletzt Kranke gepflegt wurden, eröffnete 2004 ein Luxushotel. Dort zu logieren ist herrlich. Doch sind auch – individualreisende! – Tagesgäste willkommen. Wärmstens empfehlen kann ich für jede Jahreszeit einen Spaziergang durch den wunderschönen Park dieser 6,5 ha großen Oase der Stille. Im Anschluss labt man im hoteleigenen Beauty & Wellness Club Leib und Seele. Und genießt beim Drink oder Snack an der Poolbar den Blick über die Lagune zur Stadt (eigener Shuttle-Boot-Dienst zum Molo von San Marco. Das Hotel wurde 2014 unter neuem Management wiedereröffnet.

CLEMENTE
ALACE

Sprachführer

Ausspracheregeln

In der Regel wird Italienisch so ausgesprochen wie geschrieben. Treffen zwei **Vokale** aufeinander, so werden beide einzeln gesprochen (z. B. E-uropa). Die **Betonung** liegt bei den meisten Wörtern auf der vorletzten Silbe. Liegt sie woanders, ist die Verwendung eines Akzents möglich (z. B. città, mèdico).

c	vor a, o, u wie k, z. B. conto; vor e, i wie tsch, z. B. cinque
ch	wie k, z. B. chiuso
ci	vor a, o, u wie tsch, z. B. doccia
g	vor e, i wie dsch, z. B. Germania
gi	vor a, o, u wie dsch, z. B. spiaggia
gl	wie ll in Brillant, z. B. taglia
gn	wie gn in Kognak, z. B. bagno
h	wird nicht gesprochen
s	teils stimmhaft wie in Saal, z. B. museo; teils stimmlos wie in Haus, z. B. sinistra
sc	vor a, o, u wie sk, z. B. scusi; vor e, i wie sch, z. B. scelta
sch	wie sk, z. B. schiena
sci	vor a, o, u wie sch, z. B. scienza
v	wie w, z. B. venerdi
z	teils wie ds, z. B. zero; teils wie ts, z. B. zitto

Allgemeines

guten Morgen/Tag	buon giorno
guten Abend	buona sera
gute Nacht	buona notte
auf Wiedersehen	arrivederci
Entschuldigung	scusa
hallo/grüß dich	ciao
bitte	prego/per favore
danke	grazie
ja/nein	sì/no
Wie bitte?	Come dice?

Unterwegs

Haltestelle	fermata
Bus/Auto	autobus/màcchina
Ausfahrt/-gang	uscita
Tankstelle	stazione di servizio
rechts/links	a destra/a sinistra
geradeaus	diritto
Auskunft	informazione
Telefon	telèfono
Postamt	posta
Bahnhof/Flughafen	stazione/aeroporto
Stadtplan	pianta della città
alle Richtungen	tutte le direzioni
Einbahnstraße	senso ùnico
Eingang	entrata
geöffnet	aperto/-a
geschlossen	chiuso/-a
Kirche/Museum	chiesa/museo
Strand	spiaggia
Brücke	ponte
Platz	piazza/posto

Zeit

Stunde/Tag	ora/giorno
Woche	settimana
Monat	mese
Jahr	anno
heute/gestern	oggi/ieri
morgen	domani
morgens/abends	di mattina/di sera
mittags	a mezzogiorno
früh/spät	presto/tardi
Montag	lunedì
Dienstag	martedì
Mittwoch	mercoledì
Donnerstag	giovedì
Freitag	venerdì
Samstag	sàbato
Sonntag	doménica

Notfall

Hilfe!	Soccorso!/Aiuto!
Polizei	polizìa
Arzt	mèdico
Zahnarzt	dentista
Apotheke	farmacìa
Krankenhaus	ospedale
Unfall	incidente

Schmerzen	dolori
Panne	guasto

Übernachten

Hotel	albergo
Pension	pensione
Einzelzimmer	camera singola
Doppelzimmer	camera doppia
mit/ohne Bad	con/senza bagno
Toilette	bagno, gabinetto
Dusche	doccia
mit Frühstück	con prima colazione
Halbpension	mezza pensione
Gepäck	bagagli
Rechnung	conto

Einkaufen

Geschäft/Markt	negozio/mercato
Kreditkarte	carta di crédito
Geld	soldi
Geldautomat	bancomat
Lebensmittel	alimentari
teuer	caro/-a
billig	a buon mercato
Größe	taglia
bezahlen	pagare

Zahlen

1	uno	17	diciasette
2	due	18	diciotto
3	tre	19	diciannove
4	quattro	20	venti
5	cinque	21	ventuno
6	sei	30	trenta
7	sette	40	quaranta
8	otto	50	cinquanta
9	nove	60	sessanta
10	dieci	70	settanta
11	ùndici	80	ottanta
12	dòdici	90	novanta
13	trédici	100	cento
14	quattò rdici	150	centocinquanta
15	quìndici	200	duecento
16	sédici	1000	mille

Die wichtigsten Sätze

Allgemeines

Sprechen Sie … Deutsch/Englisch?	Parla … tedesco/inglese?
Ich verstehe nicht.	Non capisco.
Ich spreche kein Italienisch.	Non parlo italiano.
Ich heiße …	Mi chiamo …
Wie heißt du/heißen Sie?	Come ti chiami/si chiama?
Wie geht es dir/Ihnen?	Come stai/sta?
Danke, gut.	Grazie, bene.
Wie viel Uhr ist es?	Che ora è?

Unterwegs

Wie komme ich zu/nach …?	Come faccio ad arrivare a …?
Wo ist bitte …?	Scusi, dov'è …?
Könnten Sie mir bitte … zeigen?	Mi potrebbe indicare …, per favore?

Notfall

Können Sie mir bitte helfen?	Mi può aiutare, per favore?
Ich brauche einen Arzt.	Ho bisogno di un mèdico.
Hier tut es weh.	Mi fa male qui.

Übernachten

Haben Sie ein freies Zimmer?	C'è una càmera libera?
Wie viel kostet das Zimmer pro Nacht?	Quanto costa la càmera per notte?
Ich habe ein Zimmer bestellt.	Ho prenotato una càmera.

Einkaufen

Wie viel kostet …?	Quanto costa …?
Ich brauche …	Ho bisogno di …
Wann öffnet/schließt …?	Quando apre/chiude …?

Kulinarisches Lexikon

Zubereitung/Spezialitäten

alla griglia	gegrillt
amabile/dolce	süß
arrosto/-a	gebraten
arrostato/-a	geröstet
bollito/-a	gekocht
caldo/-a	warm
formaggio	Käse
freddo/-a	kalt
fritto/-a	gebacken
al forno	aus dem Backofen
gratinato/-a	überbacken
stufato/-a	geschmort
con/senza	mit/ohne

Vorspeisen und Suppen

antipasti misti	gemischte Vorspeisen
antipasti del mare	Vorspeisenplatte mit Fisch/Meeresfrüchten
bruschetta	geröstetes Weißbrot mit Knoblauch und Öl
cannellini	weiße längliche Bohnen, ungewürzt
carciofi	Artischocken
cozze ripiene	gefüllte Muscheln
faggiolini bianchi	weiße Bohnen
insalata di polpo	Tintenfischsalat
melanzane alla griglia	gegrillte Auberginen
minestrone	Gemüsesuppe
pepperonata	gemischtes geschmortes Gemüse
prosciutto	Schinken
salame di cinghiale	Wildschweinsalami
sarde in saour	sauer eingelegte Sardinen mit Zwiebeln
vitello tonnato	Kalbbraten mit Thunfischpaste
zucchini alla griglia	gegrillte Zucchini
zuppa di pesce	Fischsuppe

Pasta und Co

cannelloni	gefüllte Nudelröhren
fettucine/tagliatelle	Bandnudeln
gnocchi	Kartoffelklößchen
lasagne	Nudelauflauf
paglia e fieno	gelbe und grüne Bandnudeln
pasta fresca (fatta in casa)	frische (hausgemachte) Pasta
pasta ripiena	gefüllte Pasta, meist mit Spinat und Ricotta
polenta	Maisbrei
risotto ai funghi	Pilzrisotto
risotto alla marinara	Risotto mit Meeresfrüchten

Fisch und Meeresfrüchte

anguilla	Aal
aragosta	Languste
cozza	Miesmuschel
gamberetto	Garnele
gambero	Hummer
orata	Dorade/Goldbrasse
ostrica	Auster
pesce persico	Barsch
salmone	Lachs
seppia	Tintenfisch
sogliola	Seezunge
trota	Forelle

Fleisch und Geflügel

agnello	Lamm
anatra	Ente
arrosto	Braten
brasato	Rinderschmorbraten
capra	Ziege
carne	Fleisch
cinghiale	Wildschwein
coniglio	Kaninchen
coscia/cosciotto	Keule
faraona	Perlhuhn
lepre	Hase
maiale/porco	Schwein
manzo	Rind
oca	Gans
pernice	Rebhuhn
pollo	Hähnchen
quaglia	Wachtel
salumi	Wurstwaren

spezzatino	Gulasch
tacchino	Pute
vitello	Kalb

Gemüse und Beilagen

bietola	Mangold
carota	Mohrrübe
cavolfiore	Blumenkohl
cavolo	Kohl
cipolla	Zwiebel
faggioli/fave	Bohnen
finocchio	Fenchel
fungo porcino	Steinpilz
insalata mista	gemischter Salat
melanzana	Aubergine
pane	Brot
patata	Kartoffel
pisello	Erbse
polenta	Maisbrei
pomodoro	Tomate
porro	Lauch
riso	Reis
sedano	Sellerie
spinaci	Spinat
verdure	Gemüse
zucca	Kürbis

Nachspeisen und Obst

albicocca	Aprikose
cantuccino	Mandelgebäck
cassata	Eisschnitte mit kandierten Früchten
cocomero	Wassermelone
fico	Feige
fragola	Erdbeere
frutta	Obst
gelato	Eiscreme
lampone	Himbeere
macedonia	frischer Obstsalat
mela	Apfel
mellone	Melone
panna cotta	gekochte Sahnecreme
tiramisù	Löffelbiskuit mit Mascarponecreme
torta (di frutta)	(Obst-)Torte
zabaione	Eierschaumcreme
zuppa inglese	likörgetränktes Biskuit mit Vanillecreme

Getränke

acqua (minerale)	(Mineral-)Wasser
... con gas/gassata	... mit Kohlensäure
... senza gas/liscia	... ohne Kohlensäure
birra (alla spina)	(Fass-)Bier
caffè (coretto)	Kaffee (mit Grappa)
ghiaccio	Eis
granita di caffè	Eiskaffee
grappa	Branntwein
latte	Milch
liquore	Likör
spumante	Sekt
succo	Saft
tè	Tee
vino rosso/bianco	Rotwein/Weißwein

Im Restaurant

Ich möchte einen Tisch reservieren.	Vorrei prenotare un távolo.
Die Speisekarte, bitte.	Il menù, per favore.
Weinkarte	lista dei vini
Die Rechnung, bitte.	Il conto, per favore.
Vorspeise	antipasto/ primo piatto
Suppe	minestra/zuppa
Hauptgericht	piatto principale
Nachspeise	dessert/dolce
Beilagen	contorno
Tagesgericht	menù del giorno
Gedeck	coperto
Messer	coltello
Gabel	forchetta
Löffel	cucchiaio
Glas	bicchiere
Flasche	bottiglia
Salz/Pfeffer	sale/pepe
Zucker/Süßstoff	zùcchero/saccarina
Kellner/Kellnerin	cameriere/cameriera

Der Autor: Walter M. Weiss, der in Wien lebt, kennt Venedig von unzähligen Aufenthalten wie seine Westentasche. Seit gut 25 Jahren als freier Autor mit den Themenschwerpunkten mitteleuropäische Kultur, islamische und in jüngerer Zeit auch buddhistische Welt tätig, hat er über Venedig sehr viel geschrieben. Insgesamt veröffentlichte er bislang ca. 80 Reise- und Sachbücher – für DuMont u. a. über Wien, Niederösterreich, Salzburg, Kärnten, Prag und Syrien. Details unter: www.wmweiss.com.

Abbildungsnachweis

DuMont Bildarchiv, Ostfildern: S. 187 (Kiedrowski); 7, 72/73, 84, 90, 96, 109, 118, 124/125, 149 li., 161, 169, 196, 227, 241, 242 re., 248/249, 268 re., 274/275 (Lubenow); 92

Bildagentur Huber, Garmisch-Partenkirchen: S. 66 (Baviera); 82/83 (Cristofori); 8, 148 re., 154/155 (Gräfenhain); 57 (Murador); 129 (SIME/Kaos); 120/121, 127 li., 134 (SIME/Simeone)

Markus Kirchgessner, Frankfurt a. M.: S. 12 (2 x),13 (4 x), 24/25, 32, 41, 46, 49, 148 li., 158/159, 170 li., 171 li., 180, 184/185, 190 re., 208/209, 212, 217 li., 220, 234, 238/239, 242 li., 243, 252/253, 258, 264/265, 268 li., 269 li., 271, 282, 284/285

laif, Köln: S. 133 (Babovic); 16/17 (Bungert); 170 re., 174/175 (Celentano); 22 (Morandi); 113 (Zanettini)

Look, München: S. 190 li., 193, 207 (Lubenow); 216 re., 228/229 (Sjöberg); 99, 126 li., 140/141 (Zielske)

Kunsthandel Rudolf Mahringer, Wien: S. 74

Mauritius Images, Mittenwald: S. 61,162, 216 li., 232/233 (CuboImages)

picture alliance, Frankfurt a. M.: S. 94/95, 115 (Cameraphoto); 245 (Rabatti-Domingie); 102 (Thieme); 88 (TopFoto)

Schapowalow, Hamburg: S. 11 (Borchi/SIME); Umschlagklappe vorn (daRos/SIME); Titelbild (Wlodarczyk); S. 31, 106/107 (SIME)

Walter M. Weiss, Wien: S. 6, 12 u. re., 86, 126 re., 146/147, 191 li., 200, 276, 296

Kartografie

DuMont Reisekartografie, Fürstenfeldbruck

Titelbild: Gondeln auf dem Canal Grande
Umschlagklappe vorn: Dogenpalast an der Piazzetta S. Marco

Hinweis: Autor und Verlag haben alle Informationen mit größtmöglicher Sorgfalt geprüft. Gleichwohl erfolgen alle Angaben ohne Gewähr. Bitte schreiben Sie uns! Über Ihre Rückmeldung und Ihre Verbesserungsvorschläge freuen wir uns: **DuMont Reiseverlag,** Postfach 3151, 73751 Ostfildern, info@dumontreise.de, www.dumontreise.de

Ein herzliches »Grazie!« des Autors an Diane Naar, Angelika Fehle-Franco, Martino Rizzi und das Team der APT, namentlich Cristina Bottero, Roberta Valmarana und Matteo Tassan, für die wertvolle Mithilfe.

4., vollständig überarbeitete Auflage 2015

Redaktion/Lektorat: S. Pütz, S. Zitzmann; S. Pollex (Bilder)
Grafisches Konzept: Groschwitz/Blachnierek, Hamburg
Printed in China